国家社科基金项目“国际货币体系改革视角下
中非命运共同体金融合作研究（19BJL125）”资助成果

中非命运共同体金融合作研究

——基于国际货币体系改革视角

叶　芳　著

责任编辑：贾　真
责任校对：刘　明
责任印制：陈晓川

图书在版编目（CIP）数据

中非命运共同体金融合作研究：基于国际货币体系改革视角 / 叶芳著．
-- 北京：中国金融出版社，2025. 2. -- ISBN 978 - 7 - 5220 - 2632 - 9
Ⅰ. F832. 6；F834. 06
中国国家版本馆 CIP 数据核字第 20246DP387 号

中非命运共同体金融合作研究——基于国际货币体系改革视角
ZHONGFEI MINGYUN GONGTONGTI JINRONG HEZUO YANJIU——JIYU GUOJI HUOBI TIXI GAIGE SHIJIAO

出版
发行　中国金融出版社

社址　北京市丰台区益泽路 2 号
市场开发部　(010)66024766，63805472，63439533（传真）
网 上 书 店　www. cfph. cn
(010)66024766，63372837（传真）
读者服务部　(010)66070833，62568380
邮编　100071
经销　新华书店
印刷　涿州市般润文化传播有限公司
尺寸　169 毫米×239 毫米
印张　25
字数　381 千
版次　2025 年 2 月第 1 版
印次　2025 年 2 月第 1 次印刷
定价　68.00 元
ISBN 978 - 7 - 5220 - 2632 - 9
如出现印装错误本社负责调换　联系电话（010）63263947

摘　要

当前美元信誉不断透支，国际货币体系改革更加紧迫却面临改革困境，作为中非命运共同体构建实践的中非金融合作是对国际货币体系改革的有益探索。本书基于国际货币体系改革视角，在中非命运共同体理念下，系统、全面研究中非金融合作问题，具有重要的理论意义和实践价值。

从国际公共产品理论看，人类命运共同体作为一种全球层面的国际公共产品，有利于推动国际货币体系改革。中非命运共同体是中国在区域范围内对人类命运共同体构建的探索和实践，是一种区域性的国际公共产品且其构建具有较强的现实基础。中非金融合作作为中非命运共同体构建的具体实践，也具有区域性国际公共产品特征。中非在货币合作、开发性金融、资本市场、商业银行、保险市场、金融包容性发展等领域合作有利于推动国际货币体系改革。但中非金融合作也面临集体行动问题，需要通过加强中国与非洲国家、新兴经济体、发达经济体之间的交流和沟通来缓解。

在中非货币合作方面，人民币在非洲区域化取得了一定进展，但规模和速度未达预期。基于VAR－DCC－MVGARCH模型、信息溢出指数模型实证分析人民币对非洲国家货币的影响力，结果表明人民币对非洲国家货币具有一定的影响力，但影响力仍有限。通过拓展的货币引力模型实证分析人民币非洲区域化的影响因素，有如下发现：人均GDP、双边贸易和中国对非直接投资等引力因素及非洲国家外债负担、中国金融发展程度对人民币非洲区域化具有显著的正向影响；地理距离和语言距离等斥力因素及非洲国家汇率波动、金融开放度及非洲法郎区国家虚拟变量抑制人民币非洲区域化。可通过进一步推动中非贸易和中国对非直接投资发展、推进中非文化交流和对非援助、推动中国金融发展和增加人民币汇率弹性、推进中国与非洲法郎区国家及法国的三方合作及推动人民币非洲离岸市场建设、进一步增加人民币与非洲国家货币互换和使用规模、推动中非移动支付合作及法定数字人民币发展等，推进人民币非洲区域化，但对不同收入水平国家、不同汇率制度国家需因地制宜，有所侧重。

中非官方开发性金融合作取得了一定进展，但仍处于初级阶段。基于“互补性竞争关系”理论，通过拓展的Hotelling模型分析中国与世界银行在非洲开发性金融领域的互补性竞争关系及其动态性的理论机制，使用PPML等估计方法进行实证分析，结果表明，中国与世界银行在非洲开发性金融领域体现为互补性竞争关系，当前处于以互补为主阶段，中国对非洲开发性金融支持对世界银行的影响在不同支持领域影响的时滞和是否为优惠贷款国方面存在一定差异。中国与世界银行在互补为主的关系中应加强合作，共同支持非洲发展，应基于非洲国家的需求及互利共赢的偏好而非政治偏好推动非洲国家发展。中国参与的新型多边开发银行与传统多边开发银行也为互补性竞争关系。金砖国家新开发银行可吸取非洲开发银行发展的经验教训，提升支持非洲基础设施领域和可持续发展的能力。通过建立交流沟通机制、加强业务合作、加强风险管理合作等，推动新型多边开发银行与传统多边开发银行合作，共同支持非洲发展。

中非资本市场发展仍不完善，双方缺乏实质性合作。基于MS－Copula模型和CoVaR模型分别考察资本市场开放过程中中非股市之间的联动性与溢出效应，结果表明：中国与所选非洲国家股市均具有一定的联动性和溢出效应，但数值相对较小；中非股市有较弱的正向联动效应，其中，中国与南非股市联动性最强，与突尼斯股市联动性最弱；中非股市具有非对称的双向正向溢出效应，中国对非洲国家股市的风险溢出效应远大于非洲国家对中国股市的风险溢出效应；中非股市联动性与溢出效应均具有时变性，并存在一定的增强趋势。通过进一步推动中国资本市场开放，加强中非金融市场互联互通，加强金融监管合作，防范中非金融风险传染，以支持“八大行动”和“九项工程”为目标，推动股票投融资模式创新，提高投资者金融素养等，促进中非资本市场合作。

中非在商业银行、保险市场合作及其他私人资本参与金融合作方面均处于初步发展阶段。其中，非洲基础设施领域是中非金融合作的重要领域。私人资本倾向于投资有多边开发银行参与的非洲基础设施项目。金融发展程度、人均GDP、政府支出、外债负担、制度质量、项目属性等因素对私人资本参与也具有显著的影响。推动中非金融包容性发展是中非金融合作的重要目标之一。微观个体因素对中非金融包容性发展的影响体现为：中非年轻人、受教育程度较低的个体、收入较低的个体获得金融服务的可能性更小，且年龄对金融包容性的影响呈非线性；就业率和手机普及率提高有利于促进非洲国家移动金融使用；受益于金融科技、数字金融的发展，女性获得金融服务的可能性已高于男性。加强中非商业银行、保险市场机构互设与业务合作，推动商业银行等私人资本参与支持非洲基础设施项目，提升中非金融包容性水平等，有利于进一步推动中非金融合作。

在中非金融合作效应方面，实证分析发现：中国贷款有利于提升非洲国家的福利水平，但提升效应与非洲国家经济发展水平呈显著负相关关系；中国对非洲金融支持对中非产能合作水平具有显著的促进作用，中非金融发展差异的影响则显著为负，两者交互项影响不显著；中国对非洲直接投资有利于提升非洲国家可持续发展目标的整体得分，有助于非洲国家经济、环境维度部分可持续发展目标的实现和提升其实现速度，但对社会维度可持续发展目标的影响基本不显著。进一步提升中非金融合作效应，可通过推动中国对非洲贷款领域和主体多样化、实行差异化的贷款策略、深化中非交流合作和增进民心相通等提升中国贷款的福利效应；通过扩大中国对非洲金融支持规模、推动对非洲投资融资主体多元化、减小中非金融发展差异等，推动中非产能合作；进一步扩大中国对非洲直接投资规模和行业领域尤其增加对社会维度相关领域投资、营造良好的投资环境，助力非洲国家实现各个维度可持续发展目标。

当前中非金融合作的机制化建设尚处于起步阶段。推动中非金融合作机制建设，可在中非合作论坛框架下，推动论坛后续机制进一步优化，推动中非金融合作分论坛机制化建设，建立健全金融监管合作及风险防控机制，建立中非金融人才培养交流与合作机制；在“一带一路”倡议下，借由“一带一路”国际合作高峰论坛资金融通分论坛推动中非金融合作，依托“一带一路”倡议下的文化交流机制提升中非金融合作共识，共同构建金融创新的制度化、常态化合作机制；在金砖合作机制下，依托金砖国家交易所联盟、金砖—非洲对话机制、新开发银行推动中非金融合作机制建设。

关键词： 国际货币体系改革；中非命运共同体；金融合作

目　录

第一章
导　论

第一节　选题的背景和意义

一、选题的背景

在2008年国际金融危机及2020年新冠疫情的冲击下，美国采取了大规模的量化宽松政策，导致全球流动性泛滥，美元信誉不断透支。而俄乌冲突以来，美国对俄罗斯采取的包括冻结俄罗斯中央银行的储备资产、将俄罗斯踢出SWIFT系统等一系列金融制裁，引发了全球对美元资产安全性的担忧，这进一步透支了美元信誉，削弱了美元国际地位，引发国际货币体系变革加速。此外，美国对包括中国在内的发展中经济体采取的一系列极端的单边主义贸易保护措施等逆全球化行为，也进一步暴露了美元主导的国际货币体系的缺陷，破坏了国际贸易和经济秩序，不利于世界经济的发展，国际货币体系改革更加迫切。尽管在2008年国际金融危机驱动下，国际货币体系改革取得了一定进展，但随着危机影响减弱，国际货币体系改革处于发达经济体不愿参与承担责任、发展中经济体无力单独改革的困境。

面对当前包括国际货币体系改革在内的全球治理困境，中国作为负责任的大国，积极参与全球治理并贡献自己的方案，提出构建人类命运共同体的创新性全球治理理念。中非命运共同体构建是中国积极推动人类命运共同体构建在区域层面的探索和实践，也成为人类命运共同体构建的典范。自2013年3月习近平主席第一次提出中非命运共同体理念以来，从“十大合作计划”“八大行动”到“九项工程”，中非务实合作不断深化和提质。2015年12月，中非合作论坛约翰内斯堡峰会上，习近平主席提出“十大合作计划[①]”，中非建立全面战略合作伙伴关系。2018 年 9 月，中非合作论坛北京峰会上，习近平主席提出“八大行动[②]”，围绕党的十九大构建新型国际关系和人类命运共同体，秉持真实亲诚理念和正确义利观，对接“一带一路”、联合国 2030 可持续发展议程、非盟《2063 年议程》和非洲各国战略，开启了中非“合作共赢，携手构建更加紧密的中非命运共同体”新篇章。2021 年 11 月，中非合作论坛第八届部长级会议成功召开，中非双方共同制定了《中非合作 2035 年愿景》，共同实施“九项工程[③]”，推动构建新时代高水平的中非命运共同体。其中，金融合作是中非合作的重要领域，“八大行动”“九项工程”的实施也离不开中非金融合作的支持，推动构建中非命运共同体需要不断深化中非金融合作。而中非金融合作实践本身作为区域间的金融合作，是中国和发展中经济体参与国际货币体系改革的一种重要方式，有利于提升中国和非洲国家的国际金融话语权，推动国际货币体系改革。

二、选题的意义

在前述背景下，本书基于国际货币体系改革视角，在中非命运共同体理念下，研究中非金融合作问题，其理论意义和实践价值主要体现在以下几个方面：首先，本书基于国际公共产品理论探讨命运共同体、中非命运共同体、中非金融合作与国际货币体系改革的关系，既深化对国际货币体系改革的探究，也丰富了中非命运共同体、中非金融合作的理论研究；其次，分析中非金融合作在各领域发展现状，在此基础上，提出深化各领域金融合作的对策，有利于推进国际货币多元化、多边开发金融体系改革，提升中非经济金融实力和国际金融话语权，提升中非参与国际货币体系改革的能力，推进国际货

① 中非“十大合作计划”，即中非工业化合作计划、中非农业现代化合作计划、中非基础设施合作计划、中非金融合作计划、中非绿色发展合作计划、中非贸易和投资便利化合作计划、中非减贫惠民合作计划、中非公共卫生合作计划、中非人文合作计划、中非和平与安全合作计划。

② 中非合作论坛的“八大行动”，即产业促进行动、设施联通行动、贸易便利行动、绿色发展行动、能力建设行动、健康卫生行动、人文交流行动、和平安全行动。

③ 九项工程，即卫生健康工程、减贫惠农工程、贸易促进工程、投资驱动工程、数字创新工程、绿色发展工程、能力建设工程、人文交流工程、和平安全工程。

币体系改革；再次，分析中非金融合作的效应，有利于推动非洲国家正确认识中非金融合作在中非发展尤其是非洲国家发展中的作用，进一步提升中非金融合作的效应；最后，在对中非金融合作机制建设现状分析基础上，提出完善中非金融合作机制的建议，这既有利于推动中非金融合作深化，也为中国未来的经济金融政策，尤其在推动人民币国际化、防范和化解金融合作中的风险等国家战略方面提供理论依据和重要参考。

第二节 相关研究回顾

中非命运共同体金融合作相关研究主要集中于中非命运共同体，中非合作论坛，中国对非援助，中国对非直接投资，中非金融合作、现状、问题、对策及作用，人民币非洲区域化等方面。

一、中非命运共同体相关研究

在中非命运共同体内涵、意义和实现路径方面，李雪冬和王严（2019）在分析中非命运共同体的意义和内涵基础上，指出“八大行动”是中非命运共同体实现的有效路径，通过加强与非盟、非洲各区域组织的协商对话，推进“一带一路”建设，积极开展多边合作，构建更加紧密的中非命运共同体。武涛（2020）分析了中非命运共同体的理论内涵、实现路径和时代意义，指出中非可通过中非合作论坛机制，“一带一路”框架及搭建与运用全方位、多层次和立体化的合作体系，构建中非命运共同体。姚遥（2021）深入分析了中非命运共同体的历史意义和理论价值，他指出，中非命运共同体解构了强权均势体系，制衡了“自由世界秩序”，促进了人类文明多样性，并提供了超越西方国际关系理论的世界观和方法论。Mushinda 等（2023）则基于中非合作实践探讨了人类命运共同体理念的哲学内涵。

在中非命运共同体与全球治理的关系方面，李平一和王萌（2023）指出，构建更紧密的中非命运共同体是人类命运共同体构建的生动实践，中非双方将共同推动全球治理体系改革。中非合作作为构建中非命运共同体的实践，为构建人类命运共同体树立了光辉典范（徐秀军，2018；宋微，2019a）；作为南南合作的典范，中非合作有利于推动全球治理体系改革（Shelton，2005；苏杭，2017；万喆，2018；黄昭宇，2018；宋微，2019a）。张永蓬（2020）指出，多边主义与多边合作在推进全球治理改革方面发挥着重要的作用，中非合作应积极推动更深层次、高质量的国际多边合作，推动建立多层次和宽领域及交叉互补的国际多边合作体系。吴传华（2020）指出，中非命运共同体的世界意义在于，其所包含的一系列思想及理念、政策、举措有助于推动全球治理朝共治、善治、良治的方向发展，最终惠及全世界。余涛和张宏明（2021）指出，中非命运共同体是对过去与当前中非友好关系的写照，中非在求同存异基础上共同争取建立更公正合理的国际新秩序，也为中国和其他国家间的关系树立榜样。王珩和朱伟铭（2022）强调，中非双方以命运共同体思想作为指引，为破解全球发展和治理难题提供了独特的方案，构建新时代的中非命运共同体，有利于促进世界和平、稳定与繁荣。周倩和苏韦铨（2022）指出，中非把应对影响人类共同命运的挑战作为目标，一起肩负全球责任，彰显了双方的全球担当、荣辱与共，在维护多边主义合作框架下，以实践证明中非命运共同体是推动人类命运共同体的关键力量。周玉渊（2023）指出，大变局时代，中非合作面临新问题和新挑战，中非应强化南南合作及全球治理、国际秩序方面的理念认同，强化两者在全球层面的共同点。

基于新冠疫情背景，张忠祥（2020）指出，中非携手共同抗疫，是构建更加紧密的中非命运共同体具体行动体现，也是中国和国际社会合作以应对全球性挑战和践行人类命运共同体思想重大实践。贺文萍（2022）指出，非洲发展面临新冠疫情冲击及疫情后中非合作面临复杂的舆情环境等方面的挑战，中非命运共同体六个维度内涵为中非命运共同体构建指明了方向；后疫情时代，中国和非洲国家可在卫生、经贸、媒体及民间、国际事务等领域加强合作，以构建更加紧密的中非命运共同体（贺文萍，2020）。马汉智（2022）指出，中非卫生合作历程与共同抗击新冠疫情的经历，说明共同健康是中非命运共同体的重要内容，疫情加速了中非卫生健康共同体构建进程，未来中非卫生健康共同体构建中有诸多机遇但也面临挑战。武涛（2023）指出，新冠疫情冲击，使全球公共卫生安全问题日益突出，中非卫生健康共同体构建为中非命运共同体、人类命运共同体构建树立了典范。王林聪（2022）

在分析中非团结抗疫特别峰会的特点和内涵基础上，指出峰会展现了中非以实际行动阐释人类命运共同体理念，有利于完善全球治理体系。

基于“一带一路”倡议背景，保建云（2018）指出，中非合作是中非命运共同体构建的关键与主要内容，应以“一带一路”倡议作为指导，在中非合作目标规划与设计的条件下稳步推进。张春（2019a）强调，应抓住共建“一带一路”的机遇，构建更加紧密的中非命运共同体。曹亚雄和孟颖（2019）指出，“一带一路”倡议是中非命运共同体构建的“桥梁”，有利于加强中非经济、政治、文化、安全及生态等领域合作。姚桂梅和许蔓（2019）指出，中非共建“一带一路”将在“真、实、亲、诚”的合作理念与正确义利观的引领下，逐渐落实“八大行动”，推动构建更加紧密的中非命运共同体和中非全面战略合作伙伴关系。仝菲（2022）认为，中非命运共同体是中非共建“一带一路”的信念目标，“一带一路”务实合作有利于加速构建中非命运共同体。

二、中非合作论坛相关研究

大部分学者探讨中非合作论坛的发展历程、贡献，并对论坛未来发展进行展望或提出建议。Taylor（2010）分析中非合作论坛的起源、结构、运作及其面临的挑战。Enuka（2011）指出，尽管中国在中非合作论坛框架下加强和非洲的联系面临指责和对抗，但该论坛加强了中非双边经济关系，并为中国向非洲人道主义援助提供了平台。基于中非合作论坛成立15周年背景，周玉渊（2016）在分析论坛的特殊价值和成功经验基础上，指出论坛可持续发展方面存在动力和压力，为“一带一路”提供实践案例、推动中非合作的机制建设、加强中非地方合作及和平安全、卫生医疗等领域合作是中非合作论坛未来的发展方向。张宏明（2018）分析了论坛机制对中非合作转型升级的作用，指出中非合作论坛有利于中非合作全方位快速发展，使中非合作关系更加注重规划发展、双方的利益关切、合作的全面推进及跨国跨区域合作，推动中非关系进入平等互利与合作共赢新时代。基于中非合作论坛成立20周年背景，沈晓雷（2020）分析了中非合作的起源、发展及其在中国外交、中非关系、非洲国家发展及国际对非合作等方面的贡献；张忠祥和陶陶（2020）

提出新时代推动中非论坛可持续发展的建议，包括推动中非合作全面和可持续发展、不断开辟新合作领域、加强人文交流与民间交流、加强中非合作论坛机制建设及坚持合作的开放性等方面；贺文萍（2020）进一步分析了中非合作论坛与“一带一路”建设的关系，指出后疫情时代中非合作论坛的发展方向——着力从卫生健康、重振经济及保证民生、加强民间交流和增加“民心相通”项目的投入等方面加强中非合作；杨民（2020）从论坛的创建过程、机制创新和运作方式、重大举措及政府的作用等方面，分析其对中非合作、非洲国家发展、南南合作等方面的作用，并阐述了论坛对国际对非合作的影响；李安山（2020）在回顾中非合作论坛历程和成就的基础上指出，当前中非合作面临诸多机遇和挑战，中非要求同存异，加强沟通，同时中国也需客观认识中非合作在各国的实际反应，趋利避害，推动中非命运共同体构建行稳致远。周玉渊（2021）指出，中非合作论坛有利于促进非洲经济社会发展，为中非多边合作提供了机制平台，中国应构建更开放包容的中非合作论坛，为中非关系及中国国际合作提供有利的社会和国际环境。

从国际公共产品的角度，郑先武（2010）指出，中非合作论坛在国际安全保障、多边机制等国际公共产品的供应方面存在明显不足。张春（2019b）指出，中非合作论坛具有国际公共产品供应者的特征，其提供的公共产品包括物质性公共产品，也包括安全性和思想性的公共产品，推动形成了中国特色的国际公共产品供应特征，有利于国际社会对非合作进一步优化发展。

从机制建设的角度，贺文萍（2020）认为，中非合作论坛的本质是一个发展倡议、对话平台与行动机制，在促进非洲发展、中非合作、国际对非合作、南南合作及全球治理方面发挥了重要的作用。许尧（2021）基于人权视角，指出中非合作框架机制体现为理念沟通、物资（设施）援助、能力提升、体系优化、问题集中突破等五种框架性机制，且这些机制形成了潜在的网状结构，有利于推进中非命运共同体构建。王新影（2022）指出，中非合作论坛作为中国和非洲国家集体对话及多边合作的平台和机制，为南南合作树立了典范，推动了国际对非洲合作的新发展。一些学者提出，应完善论坛的机制化建设。郑先武（2010）强调，中非合作论坛作为一种区域间的合作机制，具有明显的弱制度特征，强化其制度化水平是中非合作论坛未来发展的重要方向。李伟建等（2010）认为，完善自身的机制建设是推动中非合作论坛可持续发展的重要方面。Zhang（2011）指出，中非合作论坛缺乏常设机构，是一种不发达、松散的机制，缺乏具有约束力的文件，中非合作论坛将仍然是一个名义上的多边实体，目标和利益定义松散。Delgado（2015）、Gazibo 和 Mbabia（2012）、Herman（2020）等则认为，尽管缺乏法律基础，但中非合作论坛是一个有可能在中非之间达成规范性共识和形成集体认同的平台，可以说，这比具有约束力的条约更能构成持续合作的基础。除制度化建设不完善外，中非合作论坛机制还存在包括缺乏问责制、国家行为者占主导地位等方面的不足，只有这些问题得以解决，中非合作论坛才能促进中非合作和更加公平发展（Monyae，2023）。赵晨光（2021）认为，尽管中非合作论坛已经建立了较为完善的后续机制，但后续机制在非洲国家的协调及相关项目的评估方面仍存在一定的不足。杨民（2020）、赵晨光（2021）提出，通过确立峰会的"时间规则"，规划好峰会和部长级会议间的机制性关系，推动论坛峰会的机制化，有利于为中国地区整体外交深化发展积累经验，拓宽非洲国家参与全球治理的渠道，为推动中非共建"一带一路"高质量发展提供机制保障。一些学者比较分析了中非合作论坛和其他合作机制，如周玉渊（2011）比较分析了欧盟对非洲制度化的地区间合作和中非合作论坛的论坛化地区间合作模式，指出地区间的制度设计应注重其适用性，中非合作论坛制度设计可更好地适应非洲发展的需要。周志伟（2018）比较分析了中非论坛和中拉论坛在机制建设方面的相似性和差异性，提出了中非合作论坛对中拉合作论坛建设可借鉴的对策。

三、中国对非援助相关研究

（一）中国对非援助对传统援助者的影响

关于中国对非洲资金支持，大部分学者使用传统官方发展援助（ODA）下的"援助"（Aid）分析框架。传统 ODA 分析框架下，西方国家往往将中国对非洲援助视为对非洲资源的攫取（Berthelemy，2011；Foster 等，2008），并认为这种不附带任何政治条件的援助是对无赖国家的支持（Naim，2007；Pehnelt，2007）从而破坏了西方国家的援助条件（Kurlantzick，2006；Watkins，2022）。中国对非洲援助甚至被指责为“新殖民主义”（Sanusi，2013；Taylor 和 Zajontz，2020）。这些非议的本质是认为中国对非援助威胁到了西方传统援助者的利益，中国与这些国家在非利益形成了竞争关系。然而，并没有经验证据支持这些非议（Dreher 和 Fuchs，2011；Strange 等，2013；Dreher 等，2017；程诚，2016）。许多非洲国家领导人也公开抨击“新殖民主义”的非议，指出中国是非洲的朋友，中国从来没有在非洲实行殖民主义，而是给非洲带来生机（黄昭宇，2018）；中国对非援助是互利共赢的，是中国努力构建中非命运共同体和负责任大国的体现（宋微，2019b；孙楚仁等，2019）。

实际上，中国为包括非洲国家在内的受援国提供了除传统西方援助以外更多的融资选择（Greenhill 等，2013；Kilama，2016b）。Gilpin（2023）指出，中国的援助削弱了传统援助国决定非洲国家发展道路的力量，打破了西方援助在决定全球“南方”贫困国家的发展方式方面的垄断，中非援助关系使非洲国家拥有以非洲为中心的角度追求可持续发展所需的政策空间，从而挑战当前的世界秩序。Davies 和 Klasen（2017）、Fuchs 等（2015）的研究表明捐赠者之间存在竞争关系或羊群行为，但中国对非洲开发性金融与传统捐赠者的关系是互补的且合作潜力巨大。Moss 和 Rose（2006）指出，中国对非洲开发性金融支持与西方捐赠者对非援助是互补的关系，因为中国资金支持的行业主要是非洲国家需求巨大但又被西方捐赠者忽视的有形基础设施行业，同时，由中国进出口银行等官方资金支持进入非洲市场的中国企业也因为风险、缺乏信息或对于腐败担心而被西方私营部门普遍回避。Xu（2011）指出，中国与非洲传统捐赠者的合作是传统捐赠者、新兴捐赠者和受惠国三方共同参与的新型三角发展模式的一部分，尽管中国和传统援助国合作面临诸多挑战，如各援助国加强协调仍主要停留在呼吁及倡议层面，各国基于本国利益的原则，短期内要协调并不容易（毛小菁，2009），但双方在非洲开展进一步合作仍有潜力。Kilama（2016a）研究表明，非洲国家接受的中国项目数量与七国集团（G7）捐赠者提供的双边援助水平之间存在稳健的正相关关系，这是因为发展援助委员会（DAC）的捐赠者利用双边援助，向拥有自然资源或符合其相关战略的政治利益偏好的国家提供更多援助，以应对中国在非洲日益增长的影响力，但包括中国在内的新兴捐赠者行为不应被视为对传统捐赠者的威胁，两者之间应该建立合作框架，共同促进非洲国家有效发展（Kilama，2016b）。Swedlund（2017）认为，中国对传统捐赠者的议价能力产生影响还为时尚早，中国几乎没有和传统捐赠者直接进行竞争，传统捐赠者在健康和教育领域仍然发挥着特殊的作用。

一些学者进一步探讨了中国与西方国家主导或 DAC 国家主导的国际金融机构在非洲开发性金融领域的关系。Hernandez（2017）研究表明，中国对非援助每增加 1% 将使世界银行对非援助的条件减少 15%，即世界银行将通过减少援助限制条件以应对中国在对非援助市场中的竞争；Zeitz（2021）指出，作为开发性资金提供者，中国的崛起正在改变传统捐助者支持的发展类型，体现为世界银行通过效仿中国对基础设施的重视来应对来自中国的竞争压力，对获得较多中国援助的受援国，世界银行将其资金的更大份额分配给这些国家的基础设施密集型部门；Gehring 等（2022）指出，中国对非援助模式挑战了世界银行等传统捐助者的做法。但大部分观点认为中国与世界银行等传统国际金融机构对非金融支持是互补的。Mwase（2011）发现，包括中国在内的金砖国家主要支持布雷顿金融机构认为有风险的，在制度和治理方面较弱的国家。Berger 等（2011）指出，DAC 主导的国际金融机构和新兴捐赠者应加强合作以促进援助的有效性和可持续性；Mothe 和 Pontemayor（2016）指出，中国无意挑战或取代西方国家在撒哈拉以南的非洲项目，中国与西方国家在对非洲开发性金融领域的关系是互补的而不是存在零和竞争，非洲国家当地政府和机构、全球金融机构及中国可以通过合作实现“双赢”。Humphrey 和 Michaelowa（2019）基于非洲国家的面板数据及访谈数据研究结果表明，中国对非洲开发性金融的增加对世界银行、非洲开发银行、双边捐赠等传统开发性金融几乎没有显著的影响，中国对非洲融资是急需资金的非洲国家除传统多边开发性银行、双边捐赠之外的补充选择，但对非洲的非优惠贷款国家，中国的融资对传统开发性金融存在一定的影响。

（二）中国对非援助的动因

一些学者认为中国对非援助是资源驱动的（Berthelemy，2011；Foster 等

2008)，甚至是对非洲国家的“新殖民主义”行为（Sanusi，2013；Taylor 和 Zajontz，2020），然而并没有证据支持中国对非援助受自然资源禀赋支配（Hoeffler 和 Sterck，2022），那些将中国援助称为“流氓援助”的说法是不合适的（Dreher 和 Fuchs，2011）。哈巍等（2018）基于双重差分模型研究结果表明，中国对非教育援助并没有显著针对能源丰富的非洲国家。同时，中国对非援助也在很大程度上独立于受援国的民主和治理（Broich，2017）。中国对非洲国家援助的动机因部门而异，社会基础设施和服务部门的援助主要基于受援国的经济需求，也受外交政策考虑的驱动；中国在经济基础设施和服务部门援助受资源驱动，且制度质量较弱的国家获得更多中国在经济基础设施和服务部门，以及生产部门援助（Guillon 和 Mathonnatb，2020）；中国对非援助是外生的，援助分配时并未区别国家制度的好坏和经济增长表现（Wako，2018）。Jiang 等（2020）研究发现，中非双边贸易、中国对非洲直接投资、中非是否具有外交关系、自然资源需求及非洲的人口规模等均对中国对非援助具有显著的正向影响。Wang 等（2020）则认为，人口较少、经济发展较差、石油租金较高的非洲国家更有可能从中国获得信息和通信技术方面的援助。Xu 和 Zhang（2022）发现，中国对非洲的基础设施项目并不是通过资源开发来促进增长的。

（三）中国对非援助的效应

一些学者研究了中国对非援助对非洲经济增长的影响。Busse 等（2014）基于 1991—2001 年数据研究指出，中国对非援助对非洲经济增长效应可能仍需要几年时间才能显现。大部分研究表明中国援助有利于促进非洲经济增长（Dreher 等，2017；Dreher 等，2021；Xu 和 Zhang，2022；朱玮玮等，2018；冯凯等，2021；胡建梅和单磊，2022）。援助与增长之间的关系因援助类别的不同而存在差异（Dong 和 Fan，2020；冯凯等，2021），且中国和西方国家对非援助的经济效应也存在差异，这可能是各自项目属性和地理分布特点引起的。对坦桑尼亚而言，距离中国援助项目越近的民众越可能觉得自身的生活水平与经济状况得以提升，而距离世界银行援助项目越近的民众的感受则相反（黄振乾，2019）。Bluhm 等（2018）则探讨了中国援助项目对中低收入国家地区层面经济活动分布的影响，发现基础设施项目有利于降低地区间经济不平等性。胡建梅和单磊（2022）发现，中国对非援助有利于完善受援国基础设施从而推动其经济增长，但这种中介效应只在撒哈拉以南非洲地区显著，在北非地区不显著。冯凯等（2022）验证了中国对非援助与非洲国家经济增长之间存在双向因果关系，即中国援助可促进非洲经济增长，同时非洲经济增长会进一步吸引中国援助资金流入。

一些学者探讨中国对非援助的贸易效应。朱丹丹和黄梅波（2017）发现，中国对非援助有利于促进非洲国家对中国出口，但影响呈倒“U”形。韩彩珍和王煜皓（2018）指出，中国对非官方援助和非官方援助的贸易效应均是显著的。吴凌芳和戴金平（2019）从非洲在全球价值链地位的提升角度指出，中国对非援助有利于非洲出口工业升级，且与中国对非直接投资出口升级边际效应具有互补性。孙楚仁等（2019，2020）指出，中国对非援助通过扩展边际和集约边际共同促进中国对非产品出口，有助于非洲国家改善出口结构，促进其经济健康发展。比较中国与西方国家对非援助的贸易效应，刘爱兰等（2018）指出，中国和欧盟对非援助均具有促进贸易的考虑，但贸易动机并非中国对非援助的唯一动机，仅从贸易角度评价一国对外援助过于局限；Liu 和 Tang（2018）指出，中国对非贸易有利于中国从非洲进口，而美国援助则几乎不影响其从非洲进口；Savin 等（2020）研究发现，对非援助有利于援助国对非出口，与美国基于自身利益考虑不同的是，中国和欧洲对非援助也增加了其从非洲的进口，中国对非援助体现了中非双赢的理念，即中国在向非洲出口机械和运输设备的同时，也从非洲进口了低附加值的工业品，从而反驳了中国援助是以自然资源驱动的观点。顾振华和高翔（2019）研究发现，中国对非援助具有贸易制裁削减效应，且农业部门相对工业部门的削减效应更强。

中国对非援助对 FDI 的促进效应方面，董艳和樊此君（2016）发现，中国对非援助对直接投资的影响因援助类型而异，社会基础设施部门援助有利于中国对非直接投资，经济基础设施部门援助及生产性部门、政府援助的影响则呈倒“U”形。杨亚平和李琳琳（2018）指出，中国对非援助中，改善非洲国家经济基础设施有利于促进中国对非直接投资，同时，经济基础设施类的援助还可有效减轻腐败对直接投资的“摩擦效应”。孙楚仁等（2021）发现，中国对非援助可有效促进中国企业对非直接投资，这主要通过提高受援国的监管质量、法治水平等政府的治理能力实现。

部分文献从减贫效应、教育健康、基础设施的获得性、政治影响等方面探讨中国对非援助的效应。Omoruyi 等（2017）研究结果表明，中国对埃塞俄比亚援助有助于其经济增长和减缓贫困。杨励等（2022）指出，中国对非援助可显著降低受援国贫困率，这主要通过公共支出效应与促贸效应等经济路径及降低地区冲突的政治路径实现。李晓等（2023）对撒哈拉以南非洲国家的研究发现，中国援助项目总体上可有效降低附近居民贫困程度，减贫效应主要通过调整居民的就业结构、带动当地工业发展、提升经济表现、提升居民收入及提高公共资源的可获得性实现。Martoranoa 等（2020）指出，中国对非援助对撒哈拉以南非洲国家的教育和儿童健康有积极的影响，且相关影响具有非线性，但对营养不良影响不显著，社会基础设施援助项目有利于非洲社会发展，并由经济福祉的提高间接推动。Xu 等（2023）研究指出，中国对非卫生援助并没有显著改善儿童和妇女的营养状况，相反，其他促进收入和就业机会的援助项目大大减少了儿童和妇女的营养不良状况，中国的援助主要改善了弱势居民的营养状况。Dreher 等（2023）研究发现，中国援助提高了地方层面的婴儿死亡率，但降低了国家层面的婴儿死亡率。Mandon 和 Woldemichael（2023）研究发现，中国的援助对非洲国家的经济和社会方面均产生了有利影响，但对治理产生了较小的负面影响。Tang 和 Shen（2020）使用 DID 模型研究中国资助的布维水电站（Bui Dam）对加纳居民福利的影响，发现布维水电站建成后，相关区域家庭获得电力的可能性增加了约 4%，且水电站建成对城市居民和高收入居民福利的改善作用更大。余林徽和李莹（2023）研究表明，中国对非外援可有效促进中非双方的政治互信与经济互融，但在技术溢出和文化互通方面仍存优化空间。中国对非援助有利于减少非洲国家的国内冲突（Assefa，2022），但也降低了受援国对政府的信任（Atitianti，2022）。

四、中国对非直接投资相关研究

大量文献探讨了中国对非洲直接投资的动因或影响因素。Bezuidenhout 和 Kleynhans（2018）指出，中国对非投资尽管偏向资源行业，但和其他国家投资模式并没有很大差异。刘爱兰等（2017）指出，中国对非直接投资是多重因素共同作用的结果，资源寻求并非唯一动机；中国对非直接投资企业2009年后主要以市场导向型为主（黎明等，2017）。朱丽萌和韩雨（2023）的研究也表明，中国对非投资由目标国自然资源、市场及效率等综合因素决定，其中，自然资源的影响程度有限且随目标国经济水平提升而不断变小。陈思和马野青（2017）、Lu 等（2018）分别分析政治风险对不同指标衡量的直接投资、企业投资模式的影响。李子文和李青（2017）指出，双边领导人的访问对中国对非直接投资具有促进作用，且非洲领导人来华访问的促进效应强于中国领导人访问非洲。Gagne（2018）则强调文化距离对中国在非洲投资的负面影响。Landry（2021）对比分析了中国和西方国家对非直接投资的影响因素，指出联合国投票结盟和发展贷款对中国对非直接投资的影响程度大于西方国家，而市场规模的影响和人均收入的影响程度较小。Mccauley 等（2022）研究了居民对中国对非直接项目的评价，结果表明，总体来看居住在中国直接投资项目附近的居民的评价更低，但不同类型项目的影响存在差异，如居住在制造业项目附近的受访者认为中国助推了其基础设施发展，而居住在资源相关项目附近的人则对中国的土地掠夺和就业威胁表示担忧，居住在服务项目附近的人则持不同看法。

一些学者研究了中国对非直接投资对非洲的经济增长效应。中国对非直接投资对非洲经济的增长具有促进作用（刘晨和葛顺奇，2018），中国对非直接投资不仅直接促进非洲经济增长，还通过改善非洲国家的医疗健康水平推动其经济发展（赵春明等，2021）。Darko 和 Xu（2022）研究了中国 FDI 对非洲国家工业部门发展的影响，发现中国 FDI 通过就业和自然资源对非洲国家工业部门发展具有调节作用，同期的中国 FDI 与工业发展之间存在显著的正相关关系。Claudio - Quiroga 等（2022）研究发现，中国对非直接投资与尼日利亚的经济增长水平之间存在显著的正相关关系。中国对非直接投资有利于非洲资源依赖国的制造业发展（郑燕霞等，2019），但 Martuscelli（2020）认为中国投资的竞争效应可能对非洲国家本来较为薄弱的制造业产生不利影响。Busse 等（2016）则指出，中国对非直接投资对非洲经济增长没有显著的影响。李荣林和徐邦栋（2021）指出，中国对非直接投资具有显著的出口效应，主要促进出口的间接增值部分，促进作用随着目标国区域一体化程度的提升而提高，但对最终产品直接增值部分的出口效应不明显。Ngepah 和 Ngundu（2019）研究表明，来自中国和亚洲其他地区的 FDI 不会通过出口升级对撒哈拉以南非洲地区的增长产生显著影响。孙志娜（2018）则研究了中国对非直接投资对非洲环境的影响，指出中国和其他国家的直接投资均对非洲国家二氧化碳排放增加具有正向影响，但中国对非洲环境的负面影响相对更大。Ofori 等（2021）指出，中国的直接投资有助于非洲的公平收入分配，但效果较弱。

五、中非金融合作现状、问题、对策及作用相关研究

（一）中非金融合作现状、问题、对策

大部分学者从中非金融合作现状出发，指出中非金融合作仍处于起步阶段，但随着中非经贸水平提升和双方政治互信加强，中非金融合作前景广阔（张小峰，2013；杨国英，2013；张春宇和唐军，2014；李国红和赵息，2014；黄梅波和唐正明，2017；智宇琛，2018a）。张小峰（2013，2014）、黄梅波和唐正明（2017）、黄梅波和沈婧（2017）考察了中非商业银行、政策性银行及多边开发银行等银行业合作模式、合作领域和发展前景，并提出了对策建议。詹向阳等（2010）基于工商银行成功进入非洲，提出了进一步推动中资银行拓展在非业务的对策。贺文萍（2018）认为中非金融合作应注重非洲中小企业融资、使用开发性金融等创新金融工具。刘明志（2019）在对非洲国家经济发展形势和存在的问题进行分析的基础上，提出通过扩大中国对非直接投资规模、实行股权和债权融资相配套的融资形式、推动人民币对非直接投资、加快中资金融机构的非洲布局及完善投资风险管理和投资者保护机制等加强中非金融合作。王珊珊和黄梅波（2020）在分析中非金融合作现

状基础上，指出中非金融合作仍存在诸多问题，这些问题的本质是中非金融市场发展差距。他们还根据非洲国家金融发展影响因素的实证结论，提出了推动中非金融合作的对策建议。罗青林（2023）分析非洲金融领域面临的问题和中非金融合作的现实基础，提出中非金融合作未来的路径选择包括优化供应链融资安排、加大传统金融业务布局、重视金融制度衔接及培育金融经济领域友华力量等方面。袁菲等（2023）提出，可积极推动中非数字普惠金融合作，强化数字基础设施建设，提升技术水平，改进从业人员技能，助力非洲国家完善数字普惠金融能力。

张小峰（2013）、黄梅波和唐正明（2017）、罗青林（2023）分析了中非保险业和资本市场合作情况，指出中非保险合作、资本市场合作仍处于初步阶段，未来应积极推进中非保险市场与资本市场方面合作。王锦霞（2013）分析了非洲保险市场发展现状和保险市场风险评级情况，指出中国保险机构可通过在非洲设立分支机构或以收购方式进入非洲保险市场，但要注重风险预警；吴芳（2018）探讨了中国保险业进入非洲的可行性，并从国别选择、市场定位、人才培养、法律合规研究等方面提出中资保险机构开拓非洲保险市场的建议。部分学者探讨了中非资本市场的联动性。Giovannetti 和 Velucchi（2013）指出中国和非洲国家金融市场联系更加紧密；Ahmed 和 Huo（2018）研究了中国和 15 个非洲国家股票市场的联系，指出中国与非洲大多数国家的股市之间存在交互关系；Guo 和 Ibhagui（2019）则研究了中国和非洲五个国家股票市场的联系，结果表明，中国对非洲股市的影响在金融危机期间较为明显，但危机后中非股市关联度有所下降；Osarumwense（2021）指出，美国和中国对非洲资本市场相关指数的均值和方差存在单向的因果关系，表明美国和中国资本市场冲击会影响非洲市场。

一些学者探讨了中国与非洲国家双边金融合作，相关研究主要集中于中国和南非的金融合作。Pretorius（2008）指出，中南金融合作特别是银行业方面以支持能源、电信及机械等项目的融资为主要形式。中南金融合作受欧美非洲战略的影响（Carbone 和 Maurizio，2011；Larry，2015）。张小峰和沈虹（2015）在对南非金融发展态势进行分析基础上，从顶层设计、银行、保险、证券市场等方面提出了中南金融合作的建议。Alfieri（2014）指出，中国工商银行收购南非标准银行作为中国和南非金融合作的新模式，使中资企业既可以获得中国资金来源，还可以获得南非的资金支持，同时，工商银行也可以利用南非标准银行在安哥拉、赞比亚等国家的分支机构获得更多的客户。Yeboah（2022）则以中国工商银行和南非标准银行为例，比较中国和南非银行业的公司治理问题。Kim 和 Tukić（2015）则基于金砖合作机制和中非合作论坛等多边合作框架，认为中南金融合作应加强机制建设，提升机制效能；中南金融合作在中非合作论坛、金砖机制、二十国集团和联合国等国际多边机制下密切协调和配合有利于推动全球治理体系改革（林松添，2018）。薛志华（2018）从金融服务自由化视角，强调中南金融合作应注重跨境金融监管合作和维护金融稳定。刘钊轶（2022）分析了新冠疫情对南非金融市场的冲击，指出中国可利用此机会加强和南非在数字金融、保险等方面的金融合作，但要注重规避金融风险。中国和南非股票市场联动方面，Cheteni（2017）基于 1998 年 1 月到 2014 年 10 月数据，考察了南非与中国股市回报率和波动性之间的关系，结果表明，中国和南非股票价格均存在高度的波动性且波动性是持续的，两个市场股票收益率的走势较为相似。一些学者则考察了金砖国家之间的股市联动效应，指出中国和南非的股市存在一定的联动性，但联动性不强（Sharma 等，2014；Kannadhasan 和 Das，2019）。李岸等（2016）的研究则表明，中国股市的波动会直接传导至金砖各国，中国和金砖各国股市波动存在双向溢出效应。Panda 和 Thiripalraju（2018）则发现，中国和南非股市收益率存在单向的因果关系。Ganguly 和 Bhunia（2022）研究结果表明，俄罗斯股市与中国股市、印度股市与南非股市存在长期关系，从巴西股市到其他特定股市、从印度股市到巴西和南非股市、从南非股市到印度股市都存在短期关系，但中国股市和南非股市之间不存在长期和短期关系。Ouattara（2017）也表明，中国股市大多独立于其他金砖国家的市场。

中国和非洲法郎区金融合作方面，林海（2012）分析了深化中国和非洲法郎区货币合作的可行性，指出可通过密切双边金融关系、选择重点合作伙伴、借助对外援助等措施深化中国和非洲法郎区货币合作。李林和舒莉（2017）分析中非法郎区面临的货币及汇率危机，指出加强中国与中部非洲的货币金融合作，以金融合作服务经济合作，从而推动中非产能合作和促进

“一带一路”倡议的实施。叶永刚等（2018）对中非法郎区银行风险预警进行研究，指出中非产能合作和金融合作应充分认识非洲金融市场的特点和风险，持续完善政府层面中非金融合作机制。徐奇渊等（2017）指出，中国与法郎区国家双边金融合作较少，银行网点几乎空白，为避免政治风险，增强互信，中国政府可加强与法国在非银行及非洲本地投资者合作。

（二）中非金融合作在中非产能合作中的作用

一些学者强调中非金融合作在中非产能合作中的作用。黄梅波和唐正明（2016）指出，中非产能合作过程中存在诸多融资问题，应大力推进金融合作以保障中非产能合作顺利进行；王泺（2016）则探讨了对非援助促进中非产能合作的目标、原则，并提出对策建议；宋微（2016）提出，可通过开展中非金融合作、创新融资模式、拓宽融资渠道等方式破解中非产能合作中的融资难题；韩红梅（2018）分析了中非产能合作基金在中非产能合作中的作用；姚桂梅和许蔓（2019）指出，可采取“内保外贷”的方式及建立民营企业对非投资专项基金，同时在境内外设立专门可打通中国在非洲企业间的资金循环通道，解决在非洲民营企业融资难题。

六、人民币非洲区域化相关研究

（一）人民币区域化的含义

关于货币区域化的含义，郑凌云（2006）指出，人民币国际化将遵循周边国家区域化再向非毗邻地区扩散，最终从量变到质变而实现国际化的思路，因此，人民币国际化将从边贸计价交易开始，再转向一般贸易结算，这种以边贸为最初推动方向的国际化，具有明显的地域色彩，可称为区域化。邱兆祥和何丽芬（2008）也强调货币区域化的地理区域特征，认为人民币区域化是指人民币在某一地理区域内实现流通、交易、自由兑换及储备货币等方面的职能，且当前阶段人民币区域化并不是人民币在亚洲的一体化，而是与亚洲区域内其他货币合作竞争成为区域关键货币的过程。倪明明和王满（2015）也认为，人民币区域化是一个地域范围内货币推动过程，人民币国际化应先推进人民币区域化，跳过区域化而直接国际化可能影响效果甚至可能失败。韩民春和袁秀林（2007）则从最优货币角度指出，人民币区域化是人民币在亚洲区域实现国际货币的各项职能，最终形成亚洲区域人民币最优货币区的过程。

（二）人民币非洲区域化

人民币非洲区域化①相关研究主要集中于人民币在非洲使用的前景，对非洲发展的意义，人民币在非洲区域化的现状、问题及路径等方面。由于中非贸易互补性强，加之非洲无主导货币，接受人民币的能力较强，人民币在非洲的使用前景广阔（冯维江，2010；朱孟楠和叶芳，2012；李峰和吴海霞，2015；Josie，2016；李峰，2018）。中国国际贸易地位不断巩固、中非合作不断深化、中非产业结构互补性强及全球去美元化等均为人民币非洲使用提供了重大的机遇（周诚君等，2022）。使用人民币进行交易，可以提高效率，降低中非、非洲国家及亚非贸易成本；将人民币列为储备货币，对非洲各国都是有利的，有利于提高中国在非洲商业贸易中的影响力，降低交易成本，吸引更多中国投资；人民币较南非兰特等区域货币更为稳定，将给增长乏力的纳米比亚经济带来转机。② 从跨境结算、清算渠道、货币互换、储备货币等方面看，人民币在非洲的使用取得一定的进展，但也面临非洲国家经济增长脆弱、储备资产下降、货币贬值、政局不稳定、对人民币认知度较低等问题（张小峰和吴珊，2016）；由于非洲严格的外汇管制、金融基础设施薄弱等（司马亚玺，2020），美元依然占据霸权地位、非洲营商环境欠佳、非洲对华贸易逆差较大、金融市场和金融服务跟不上及跨境人民币基础设施建设仍不完善等（周诚君等，2022），人民币在非洲使用面临诸多挑战。非洲人民币国际化路径是，继续签署货币互换和推动人民币直接兑换及挂牌交易、大宗商

① 借鉴已有文献定义，本书中人民币非洲区域化是指人民币在非洲区域内实现交易、结算、自由兑换、储备货币等方面的职能，与非洲区域内其他货币合作与竞争并成为该区域关键货币的过程；从与货币国际化的关系看，人民币区域化可以是人民币国际化的一个阶段，也可以与人民币全球范围内国际化共同推进，也可称为人民币非洲区域国际化。本书不再区分人民币非洲区域化和人民币非洲国际化。

② 张工克．财经观察：人民币在非洲获得更多认可［EB/OL］．http：//economy. gmw. cn/2018－08/16/content_30562765. htm.

品人民币定价，从国家层面加大人民币资金输出，如人民币贷款和援助、发挥中资金融机构作用、提升非洲对人民币的认知度，[①] 设立人民币基金，加强产业与金融政策协调，推动金融服务“走出去”（刘增彬，2012），推动非洲人民币离岸中心建设（于宁，2014），发挥巴黎作为全球人民币离岸市场的作用（徐奇渊等，2017），以政府推进为主，优化人民币使用的环境，专注重点国家和领域，循序渐进推进（司马亚玺，2020）。

在人民币非洲区域化的其他研究方面，陈佳琪（2019）采用 VECM 模型分析了人民币在非洲部分国家的货币替代现象，发现人民币已经与部分国家的货币需求函数呈稳定状态，货币替代程度已明显提高。肖文珍（2020）提出，应通过不断扩大中非之间的产能合作来推进人民币在非跨境支付结算的发展，以此推进人民币非洲区域化进程。王珊珊和黄梅波（2019）也指出，人民币在中非产能合作中的使用具有较大的潜力，可将人民币作为对中非产能合作提供融资支持的选择，中非产能合作本身也会增强人民币在中非经贸合作中的影响力。人民币非洲区域化的影响因素中，引力因素和斥力因素对人民币非洲使用的影响不显著，各国对外债务负担是人民币非洲区域化的主要影响因素（朱孟楠和叶芳，2012）。在人民币对非洲国家货币的影响方面，张莹莹（2020）指出，在“一带一路”区域内，人民币在亚洲与非洲地区的影响力较强。

综上可知，已有文献对中非命运共同体的内涵和意义及实现路径、中非命运共同体与全球治理及“一带一路”的关系，中非合作论坛的发展历程和贡献及其机制建设，中国对非援助与传统捐赠者的关系，中国对非援助的动因和效应，中国对非直接投资的动因和效应，中国对非金融合作的现状、问题、对策、作用及人民币非洲区域化等方面进行了较为全面的研究，这些文献对本书进一步研究具有重要的指导意义。但从国际货币体系改革的角度系统、深入研究中非命运共同体金融合作的文献较少，已有研究多为合作的某个领域，专门研究中非金融合作的相关文献研究方法主要为定性分析，因此，相关研究还可在以下几个方面深入推进：一是中非金融合作作为推动中非命运共同体构建与国际

① 张玉亮．财经观察：人民币在非洲获得更多认可［EB/OL］．http：//economy. gmw. cn/2018－08/16/content_30562765. htm.

货币体系改革的重要实践，其理论基础是什么，中非金融合作过程中面临怎样的集体行动问题，如何破解；二是如何量化分析人民币在非洲的影响力，人民币非洲区域化的影响因素是什么，如何进一步推进人民币非洲区域化；三是如何合作推进多边开发性金融体系改革，共同提升中非国际金融话语权，包括如何跳出传统的援助分析框架认识中国对非洲的开发性金融支持，如何构建模型并实证分析中国与世界银行等传统多边开发性金融机构在非洲开发性金融领域的关系，如何推动中国参与的新开发银行、亚投行等新型多边开发银行与传统多边开发银行合作；四是中非资本市场发展和合作现状如何，如何探讨中国股市和非洲股市的联动性和溢出效应，并提出进一步推动中非资本市场合作的对策建议；五是中非在商业银行、私人资本、保险业合作现状如何，私人资本参与非洲基础设施建设的影响因素有哪些，中非金融包容性发展的微观个体因素是什么，如何推动中非商业银行、保险市场合作，如何推动私人资本参与非洲基础设施建设和推动中非金融包容性发展；六是中非金融合作的具体效应如何，包括中国贷款对非洲国家福利水平的影响、中国对非金融支持对中非产能合作水平的影响、中国对非直接投资对非洲国家实现2030年可持续发展目标的影响等方面，如何提升中非金融合作的效应；七是中非金融合作的拓展和深化需要进一步推进中非金融合作机制建设，那么，中非金融合作机制建设的理论内涵是什么，中非金融合作建设的现状如何，存在哪些问题，如何在中非合作论坛框架及“一带一路”倡议、金砖国家合作机制等多边机制框架下推动中非金融合作的机制化建设。

第三节　研究思路方法、结构安排及创新之处

一、研究思路

本书沿着“提出问题—分析问题—解决问题”的逻辑展开研究，研究的核心在于分析中非命运共同体金融合作与国际货币体系改革的关系、中非货币合作、中非开发性金融合作、中非资本市场合作、中非商业银行及其他领域合作、中非金融合作的效应、中非金融合作机制建设（见图1－1）。

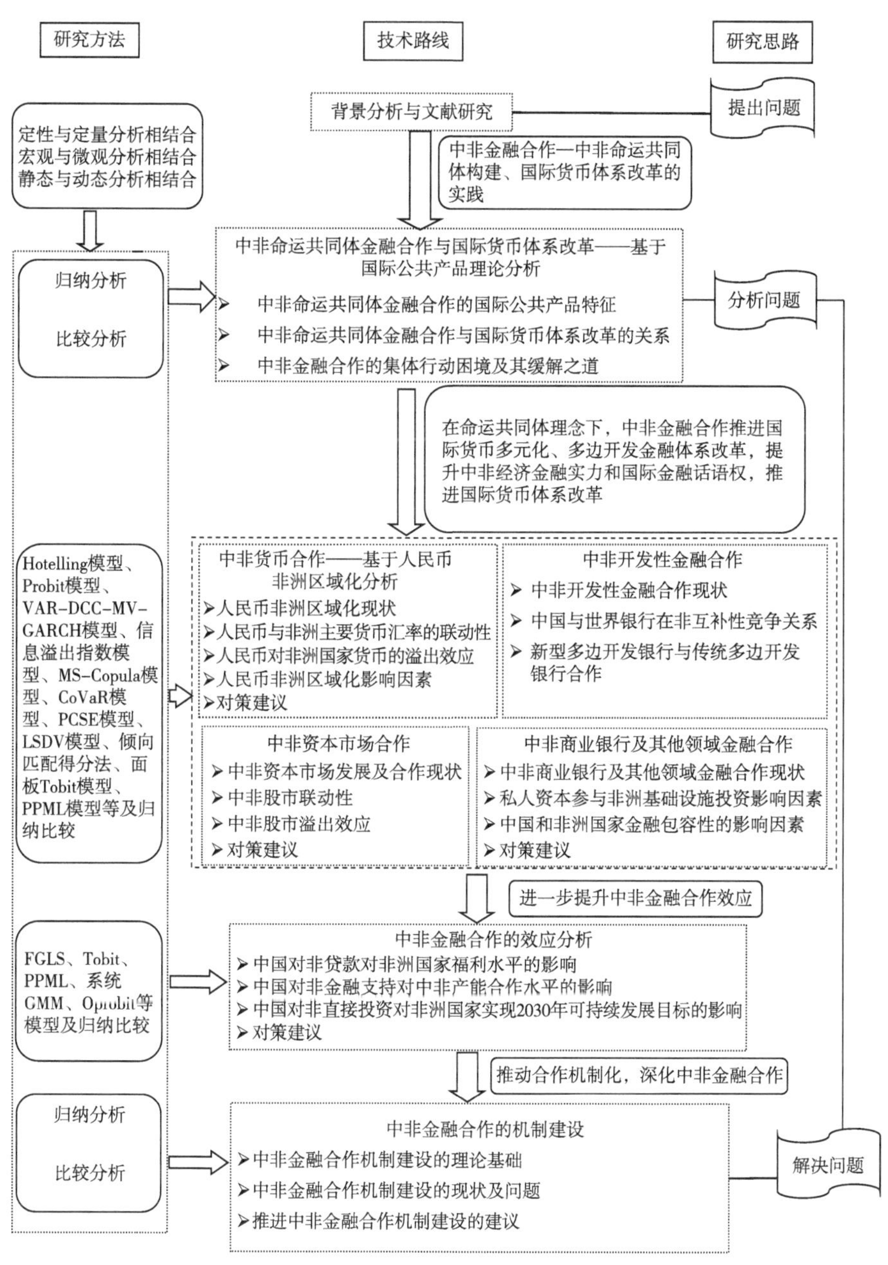

图 1－1　研究思路及研究方法

二、研究方法

本书在国际金融学、新制度经济学、宏观经济学、微观经济学、博弈论等理论基础上，采用定性分析与定量分析相结合、宏观分析与微观分析相结合、静态分析与动态分析相结合，以及比较归纳分析等研究方法，分析中非命运共同体金融合作与国际货币体系改革的关系，中非货币合作，中非在开发性金融、资本市场、商业银行、保险市场、金融包容性发展等领域的合作，中非金融合作的效应，中非金融合作机制建设等问题（见图1－1）。

（一）定性分析与定量分析相结合

运用国际公共产品理论、互补性竞争理论、国际区域金融合作理论、国际机制理论分别定性分析中非命运共同体金融合作与国际货币体系改革的关系、中国与世界银行在非洲开发性金融领域的互补性竞争关系、中非金融合作的阶段特征及中非金融合作机制建设的内涵。定性分析中非在货币合作及开发性金融、资本市场、商业银行及其他领域合作的现状和特点。在定量分析方面，基于信息溢出指数模型、VAR－DCC－MVGARCH 模型、面板校正标准差（PCSE）估计方法，定量分析人民币与非洲国家货币汇率的联动性和溢出效应及人民币非洲区域化的影响因素；使用 PPML 法、面板 Tobit 模型实证分析中国与世界银行在非洲开发性金融领域的关系；基于马尔可夫状态转移 Copula 模型、CoVaR 模型分析中非股市的联动性和溢出效应；基于用 LSDV（虚拟变量 OLS 回归）模型、倾向匹配得分法等实证分析私人资本参与非洲国家基础设施投资的影响因素，使用 Probit 模型分析中非金融包容性发展的微观个体因素；基于面板数据相关模型、Oprobit 模型分析中非金融合作的效应等。

（二）宏观分析与微观分析相结合

从宏观角度分析中非金融在各个领域发展现状和特点、中非金融合作的现状、中非金融合作机制的现状和问题等；同时基于微观经济学中的经典模型 Hotelling 模型分析中国与世界银行在非洲开发性金融领域的互补性竞争关系及其动态性，基于世界银行 Global Findex 微观个体数据比较分析中非金融包容性发展的影响因素。

（三）静态分析与动态分析相结合

静态和动态结合分析中非金融合作现状。从动态角度分析中国与世界银行、新型多边开发银行与传统多边开发性金融机构的互补性竞争关系，分析人民币与非洲国家货币联动的时变特征，分析资本市场不断开放进程下中国与非洲国家股市联动性与溢出效应的动态变化趋势等。

（四）归纳比较分析

比较分析中国与非洲国家在资本市场、商业银行、保险业等领域的发展现状，比较分析中非金融包容性发展的微观个体影响因素，归纳比较二十国集团（G20）历届峰会主要议题，归纳非洲开发银行的治理经验，归纳中国政策性金融机构与非洲金融合作情况、中国商业银行对非金融合作情况、私人资本对非贷款情况、中非金融合作相关会议或论坛情况等。

三、结构安排

本书共分为八章。

第一章　导论。主要对选题背景和意义进行阐述，在相关研究回顾基础上，介绍本书的研究思路、研究方法、结构安排、创新之处及进一步研究的方向。

第二章　中非命运共同体金融合作与国际货币体系改革——基于国际公共产品理论分析。人类命运共同体作为一种新的全球治理理念，有利于推进国际货币体系改革。中非命运共同体是人类命运共同体构建的重要组成部分，而中非金融合作则是中非命运共同体构建的重要实践，也有利于推动国际货币体系改革。该章首先探讨了人类命运共同体、中非命运共同体及中非金融合作的国际公共产品特征，其次在分析国际货币体系改革现状和困境基础上，分析了命运共同体、中非命运共同体、中非金融合作与国际货币体系改革之间的逻辑关系，最后分析了中非金融合作过程中的集体行动困境及其缓解之道。

第三章　中非货币合作——基于人民币非洲区域化分析。进一步推动人民币非洲区域化是中非金融合作的重要内容，也是人民币国际化的重要组成部分，有利于推动中非命运共同体构建和国际货币体系改革。该章首先在人民币非洲区域化现状的基础上，基于 VAR – DCC – MVGARCH 模型分析人民币与非洲主要货币汇率的联动性，基于信息溢出指数模型分析人民币对非洲货币溢出效应的方向和大小，从而探讨人民币在非洲国家的影响力，其次通过拓展的货币引力模型实证分析人民币非洲区域化的影响因素，最后提出推动人民币非洲区域化的对策建议。

第四章　中非开发性金融合作。从理论和实证方面全面探索中国与世界银行等传统多边开发金融机构在非洲开发性金融领域的关系，推动中国参与的新型多边开发银行与传统多边开发银行合作，对进一步推进非洲国家发展、中非命运共同体构建及多边开发性金融体系改革具有重要的理论和现实意义。此章首先在分析中非开发性金融合作现状基础上，基于拓展的 Hotelling 模型分析中国与世界银行在非洲开发性金融领域的互补性竞争关系及其动态性的理论机制，并进行实证分析，其次从非洲开发银行发展中存在的问题和调整策略出发，分析其经验教训对新开发银行发展的启示，并提出推动中国参与的新型多边开发银行与传统多边开发银行的合作策略。

第五章　中非资本市场合作。推动中非资本市场合作，为中非实体经济发展注入活力，有利于提升中国和非洲国家整体的经济实力，推进双方资本市场开放，增强中非在国际金融市场的话语权，推动国际货币体系改革。此章在分析中非资本市场发展和合作现状基础上，基于 MS – Copula 模型、CoVaR 模型分析中国股市和非洲国家股市的联动性和溢出效应，提出了进一步推动中非资本市场合作的对策建议。

第六章　中非商业银行及其他领域金融合作。商业银行及其他社会资本是中非金融合作的重要参与者，保险既可以为中非金融合作提供风险保障，保险资本参与也是中非金融合作的重要方式，推动中非金融包容性发展则是中非金融合作的重要目标之一。中非这些领域金融合作，有利于提升中国和非洲国家经济金融实力，增强中非参与国际货币体系改革的能力。此章首先在分析中非商业银行及其他金融领域合作现状基础上，探讨私人资本参与非洲国家基础设施项目融资的影响因素，以期为商业银行及其他社会资本参与基础设施项目提供经验支持，其次基于世界银行 Global Findex 的微观个体数据比较分析中非金融包容性发展的影响因素，以期在中非金融合作框架下推动中非金融包容性发展，最后提出了推动中非商业银行合作、推动中非保险业合作及推动中国私人资本参与非洲国家基础设施投资、推动中非金融包容性发展的具体建议。

第七章　中非金融合作的效应分析。分析中非金融合作的效应，有利于非洲国家正确认识和切实体会中非金融合作对非洲国家福利、可持续发展、中非产能合作等方面提升效应，实现中非互利共赢、推动中非命运共同体构建和国际货币体系改革。该章首先以中国对非贷款、中国对非直接投资作为中非金融合作的主要代表变量，在分析中国对非贷款发展现状基础上，分析中国贷款对非洲国家福利水平的影响和对中非产能合作水平的影响，其次分析中国对非直接投资对非洲国家实现2030年可持续发展目标的影响，最后提出提升中非金融合作效应的具体建议。

第八章　中非金融合作的机制建设。推进中非金融合作机制化建设，有利于中非金融合作的深化，且金融合作机制化建设也是对国际货币体系治理改革的探索和实践过程。此章首先基于国际区域金融合作理论、国际机制理论分别探讨中非金融合作的本质及其阶段性特征、中非金融合作机制建设的理论内涵，其次分析中非金融合作机制建设的现状和问题，最后提出在中非合作论坛框架下、“一带一路”倡议和金砖合作机制等国际多边合作框架下推动中非金融合作机制建设的建议。

四、创新之处

（一）学术观点方面

一是基于国际公共产品理论分析中非金融合作与中非命运共同体、国际货币体系改革的关系，提出两个观点：命运共同体理念作为一种非物质性公共产品是中国参与全球经济金融治理的新思路，中非金融合作则是中非命运共同体构建和国际货币体系改革的有益探索；中非金融合作存在集体行动问题。

二是基于互补性竞争理论，指出中国与世界银行在非洲开发性金融领域的关系是互补性竞争关系，且这种关系是动态发展的，在当前非洲开发性金融需求无法得到完全满足的阶段，中国与世界银行在非洲开发性金融领域的关系以互补为主，未来以竞争为主导，无论哪个阶段，互补与竞争均体现为互融互促。中国参与的新型多边开发银行与传统多边开发银行在非洲开发性金融领域也体现为互补性竞争。推动中国及其参与的新型多边开发银行与传统多边开发银行的合作，有利于支持非洲发展，推动多边开发性金融体系改革。

三是基于国际区域金融合作理论、国际机制理论分析中非金融合作的本质及其阶段性特征、中非金融合作机制建设的理论内涵，指出中非金融合作的本质属于国际区域金融合作，且属于亚洲国家与非洲国家的跨区域国际金融合作，在合作层次上，中非金融合作仍处于初级阶段，具有明显的双边性、松散性、非制度性，缺乏完整的组织架构和制度安排等。中非金融合作机制是中非双方在金融合作领域形成的一套调整相关行为体行为的原则、规范、规则及决策机制，是双方功能性金融合作行为的一种机制化塑造，具有规范性、系统性、常态性、连续性。

（二）研究内容方面

本书系统、深入分析了中非金融合作与中非命运共同体、国际货币体系改革的关系；本书以推进国际货币多元化、多边开发金融体系改革、提升中非经济金融实力和国际金融话语权、推动国际货币体系改革为目标，在中非命运共同体理念下，对中非金融合作展开全面、深入、系统研究，包括人民币非洲区域化及中非在开发性金融、资本市场、商业银行、保险业、金融包容性发展等方面的合作，并分析中非金融合作对非洲国家的福利效应、对中非产能合作水平的影响及对非洲国家实现 2030 年可持续发展目标的影响；本书结合中非金融合作阶段特征，探讨了在中非合作论坛及“一带一路”、金砖合作机制等国际多边合作框架下如何推进中非金融合作的机制建设。

（三）数据选取方面

本书主要选取中国对非贷款数据库（CLA）中的中国对非贷款数据分析中国对非金融支持情况，该数据除包含政策性金融机构贷款外，还包括商业银行及其他社会资本对非洲的贷款，因此，涵盖的金融合作范围比援助更全面，且时间序列跨度为 2000—2020 年，比已有文献常用的 AidData 数据库 2000—2014 年的援助数据时间跨度更长。

（四）应用模型方法方面

以往研究多为定性、宏观分析，本书使用 VAR - DCC - MVGARCH 模型、信息溢出指数模型、面板校正标准差（PCSE）估计方法、PPML 法、面板 Tobit 模型、MS - Copula 模型、CoVaR 模型、Probit 模型、Oprobit 模型等对人民币在非洲的影响力及人民币非洲区域化的影响因素、中国与世界银行在非洲开发性金融领域的关系、中非股市的联动性和溢出效应、中非金融合作的效应等相关问题进行定量分析。同时，本书从微观方面，使用经典的 Hotelling 博弈模型对中国与世界银行在非洲开发性金融领域的关系进行分析，比较分析中非金融包容性发展的微观个体因素等。

五、进一步研究方向

其一，鉴于人民币在非洲国家的使用包括官方储备货币、计价结算等方面的具体数据难以获得，因此，如何更为合理地量化人民币在非洲国家的区域化程度，是未来研究需要进一步考虑的方向。其二，本书所使用的相关理论模型尽管结合实际情况进行了一定的修正和拓展，但仍基于一定假设，假设情境与现实仍存差距，因此应进一步对这些模型进行修正和改进。其三，在中非命运共同体金融合作对国际货币体系改革的推进效应方面，由于当前合作仍处于初步阶段，相关数据无法获得，难以进行定量分析，因此本书后续章节中主要对涉及中非各个领域金融合作对国际货币体系改革的推进效应进行定性分析。随着中非金融合作的推进和深化，是否可以进行量化并动态分析这种推进效应，将是未来研究的方向。

第二章 中非命运共同体金融合作与国际货币体系改革——基于国际公共产品理论分析

人类命运共同体作为一种新的全球治理理念，有利于推进国际货币体系改革。中非命运共同体是人类命运共同体构建的重要组成部分，而中非金融合作则是中非命运共同体构建的重要实践，也有利于推动国际货币体系改革。那么，人类命运共同体、中非命运共同体、中非金融合作和国际货币体系改革之间关系的理论机制是什么？中非金融合作过程中面临怎样的集体行动问题，如何缓解？本章试图基于国际公共产品理论对上述问题进行研究和思考。本章首先探讨人类命运共同体、中非命运共同体及中非金融合作的国际公共产品特征，其次在分析国际货币体系改革的现状和困境基础上，分析命运共同体、中非命运共同体、中非金融合作与国际货币体系改革之间的逻辑关系，最后分析中非金融合作过程中的集体行动困境及其缓解之道。

第一节　中非命运共同体金融合作的国际公共产品特征

一、人类命运共同体内涵及其国际公共产品特征

（一）人类命运共同体内涵

习近平主席于2013年在莫斯科首次向世界提出了“命运共同体”理念，此后，人类命运共同体的内涵不断丰富和发展。2017年，习近平主席在日内瓦演讲中进一步系统、全面阐述了人类命运共同体理念，指出构建人类命运

共同体，应坚持对话协商、共建共享、合作共赢、交流互鉴、绿色低碳，以建设一个持久和平、普遍安全、共同繁荣、开放包容和清洁美丽的世界。① 其核心理念是合作共赢、开放包容与可持续发展。从逻辑体系看，人类命运共同体以命运休戚相关的全人类作为主体，在责任共担下，解决世界性的问题，实现国际环境秩序的安全、有序，最终推动人类繁荣和福祉提升（金永明，2018）。朱赛飞和孙亚忠（2018）从利益共同体、价值共同体、责任共同体等维度理解人类命运共同体的内涵：利益是共同体的黏合剂，将世界各国或地区的局部利益和人类的整体利益、长远利益、根本利益结合在一起，形成各国和各民族利益之最大公约数；价值观是引领行动的指南，人类命运共同体理念要被普遍接受，需要在利益共同体基础上，打造各国或地区、民族间共同的价值理念，形成价值共同体；当前国际环境下，任何一个或几个国家都无法单独有效承担提供国际公共产品的职责，需要各国积极参与国际事务共同承担国际责任，形成责任共同体。

（二）人类命运共同体的国际公共产品特征

人类命运共同体作为一种新的全球治理理念，是中国以其独特的视角和思维方式对人类共同面临的全球性问题的深刻理解，是中国在推动全球治理及世界未来发展方面的智慧体现，也是对全人类的重要思想贡献，可以看成一种世界性的公共思想产品（赵可金，2017）。从其内涵看，人类命运共同体理念超越了国家、种族、文化、意识形态界限，为人类未来发展和世界和平有序发展提供了可行的方案，符合 Kaul（1999）关于国际公共产品的定义，即受益跨越边界、人口、时代组成的产品，具备国际公共产品的特征。首先，从排他性、竞争性和外部性看，人类命运共同体理念要解决的是人类共同面临的全球性问题，其中利益共同体维度强调结合全人类的共同利益，因此受益群体是全人类，任何人都不会被排除在外，且某个人受益不会减少其他人受益。其次，从代际性看，人类命运共同体不仅着眼于当代人的发展，更着

① 蒋涛．习近平出席“共商共筑人类命运共同体”高级别会议并发表主旨演讲［EB/OL］．http：//www.chinanews.com/gn/2017/01－19/8129080.shtml.

眼于人类未来的可持续发展，因此将惠及世代。再次，从形态上看，不同于基础设施等物质性公共产品，人类命运共同体作为一种理念，属于思想性的、价值性的非物质性公共产品。最后，从区域看，人类命运共同体着眼于全球，因此属于全球性的国际公共产品。

二、中非命运共同体的区域性国际公共产品特征

习近平主席在 2013 年 3 月出访南非、坦桑尼亚及刚果（布）非洲三国时，首次提出“中非命运共同体”的概念，指出中非从来就是命运共同体，“共同的历史遭遇、共同的发展任务、共同的战略利益”使中非紧密联系。[①] 中非命运共同体在“传统友谊”的情感基础上，奉行“真实亲诚”的交往原则，坚持“正确义利观”价值标准，以实现“合作共赢”目标（张颖和潘敬国，2017），中非命运共同体包括六个维度内涵，即打造“责任共担、合作共赢、幸福共享、文化共兴、安全共筑、和谐共生”的中非命运共同体。[②] 这与人类命运共同体“合作共赢、开放包容、可持续发展”的核心理念及“利益共同体、价值共同体、责任共同体”等维度内涵相契合，中非命运共同体是人类命运共同体构建的重要组成部分。同时，中非命运共同体开创了区域命运共同体的先河，在人类命运共同体构建中具有基础性的地位，成为推动构建人类命运共同体的典范（吴传华，2020）。

除前述人类命运共同体国际公共产品特征外，中非命运共同体理念中“正确义利观”价值标准，作为一种价值层面的公共产品，超越了传统经济学中狭隘的理性认知，体现了国际公共产品的公益性，开辟了公共产品有效发挥弥补市场缺陷功能的新道路（王镭，2022）。从公共产品的区域维度看，中非命运共同体是中国针对发展中经济体最为集中的非洲所设计的区域性国际公共产品，相对全球层面的人类命运共同体构建更为容易，这不仅因为区域性公共产品提供具有奥尔森强调的“小集团”性质，还因为中非命运共同体

① 杜尚泽，倪涛．习近平在坦桑尼亚发表演讲：中非永远做可靠朋友和真诚伙伴［EB/OL］. http：//cpc. people. com. cn/n/2013/0326/c64094 – 20911828. html.

② 习近平．习近平在 2018 年中非合作论坛北京峰会开幕式上的主旨讲话［EB/OL］. http：//www. xinhuanet. com/world/2018 – 09/03/c_129946128. htm.

构建具有较强的现实基础。

一是中国与非洲国家具有较强的集体身份认同感。集体身份的形成取决于四个变量，即相互依存、共同命运、同质性、自我约束，其中，相互依存、共同命运和同质性是集体身份形成的主动或有效因素，自我约束则是助燃或许可因素（温特，2014）。相互依存是形成集体身份认同的基础，中国与非洲国家在经贸、政治等领域的合作实践，客观上形成了中非相互依存的关系。共同命运或相似的处境对集体身份的形成也至关重要。中非同属发展中经济体，同为第三世界，有着相似的历史遭遇，同样遭受过殖民和侵略，有着共同的全球治理诉求和发展诉求。同质性是集体身份认同形成的有效原因，指行为体在文化及价值观等方面的统一性。中国与非洲国家在语言、文化、宗教、价值观、意识形态等方面均存在较大差异，从而对中非集体身份认同造成一定的阻碍，但语言、文化、宗教等方面的差异并不意味着中国与非洲国家就无法达成统一性，何况中国新疆和宁夏等地区的居民与非洲国家居民在宗教信仰及文化观念方面存在较高的相似性（吴佳茗，2019）。同时，文化文明可以交流互鉴，双方可以在“求同存异”原则下相互尊重，相互包容，促成集体身份认同的形成。自我约束有利于消除行为体在形成身份认同过程中被其他行为体吞没的担心，促进集体身份认同的深化。中国与非洲国家通过建立包括中非合作论坛在内的机制，形成合作的规范、准则，对双方均形成自我约束，有利于构建集体身份认同。

二是中非具有优势互补和互利共赢的基础。这体现于非洲拥有广阔的市场、丰富的自然与人力资源，但缺乏技术、资金和经验，而中国经济经过多年的增长，拥有较为成熟的人才、设备和技术及经济增长的成功经验，但面临市场竞争加剧、资源短缺等方面的问题（贺文萍，2018），因此，中非可通过双边及多边合作实现优势互补和共同发展。

三、中非金融合作的区域性国际公共产品特征

中非金融合作是2015年中非合作论坛约翰内斯堡峰会确定的“十大合作计划”之一，而2018年中非合作论坛北京峰会确定的“八大行动”、2021年的“九项工程”的顺利实施均需中非金融合作的支持。中非金融合作作为中

非合作的重要领域，是中非命运共同体构建的具体实践，因此，中非命运共同体在金融领域的合作也是一种区域性国际公共产品①，不仅具有一般性公共产品的非排他性、非竞争性和外部性，还具有区域性国际公共产品的综合性、开放性和包容性、多元性和互惠性等特征（叶芳，2018）。一方面，中非命运共同体金融合作及其机制建立，不仅惠及中国和非洲国家，对于其他国家尤其是发展中经济体也会产生积极的影响。例如，开发性金融合作中，推动多边开发性金融机构治理改革和话语权争取，有利于提升包括中国和非洲国家在内的发展中经济体国际金融话语权；中非金融合作实践可以为“一带一路”共建国家或区域金融合作提供经验借鉴等。另一方面，中非命运共同体理念中“开放包容、合作共赢”精神和中非金融合作实践本身就具有区域性国际公共产品开放性和包容性、多元性和互惠性等方面的特征，同时，中非金融合作涉及货币合作、开发性金融合作、资本市场合作、商业银行及其他领域金融合作等方面，合作微观主体包括政府、企业、金融机构及其他民间组织等，因此，合作具有多元性和综合性特征。

第二节　中非命运共同体金融合作与国际货币体系改革的关系

一、国际货币体系改革的现状和困境

在救市需求与危机预防需求动机下（张发林和张巍，2018），发达经济体和发展中经济体均参与国际货币体系改革，改革取得了一定的进展。一方面，新兴经济体和发展中经济体获得了表达国际货币体系改革诉求的机会，主要体现于G20机制的成立使广大发展中经济体获得了参与包括国际货币体系改革在内的相关国际事务的空前机会，国际货币体系改革因此成为2008年之后历届G20峰会的重要议题（见表2－1）。另一方面，在发达经济体让渡部分

① 本书中区域性国际公共产品为广义概念，包括同一区域和不同区域间的国际公共产品，而从地理区域上看，中非金融合作属于跨区域合作，属于区域间国际公共产品。

利益情况下，国际金融机构改革取得了一定的进展，使新兴发展中经济体国际金融话语权得到一定程度的提升，主要体现于国际货币基金组织（IMF）和世界银行的投票权和份额改革及 SDR 份额改革①。此外，金砖国家合作成立的新开发银行、应急储备安排及中国倡议成立的亚洲基础设施投资银行等由新兴经济体主导的新型国际金融机构或机制，有利于进一步推动 IMF、世界银行等传统国际金融机构治理改革，从而推动国际货币体系改革。

然而，尽管国际货币体系改革取得了前述进展，但当前美元主导的国际货币体系的本质问题依然没有发生实质性的改变，国际货币体系改革仍然存在困境。

一是国际货币体系改革的危机驱动动力减弱，发达经济体不再有动力参与，反而阻挠改革，从而导致面临集体行动困境。2008 年以来的国际货币体系改革的外在动力在于危机救助和危机预防。随着各国尤其是美国为首的发达经济体经济逐渐复苏，国际货币体系改革的外部动力也逐渐减弱（张发林和张巍，2018）。发达经济体不再有动力参与改革，它们为了维护既得利益，还通过各种手段阻挠发展中经济体参与，甚至变本加厉地使用其“过度特权”，进一步增加了国际货币体系的负外部性。“美国优先”“美国第一”的理念及因此引发的与其他国家特别是中国的贸易争端行为，离不开其强大的货币金融优势支撑（李晓，2018）；俄乌冲突以来，以美国为首的西方国家对俄罗斯的一系列金融制裁行为，实际上也是当前美元主导的货币体系支撑下，美国不负责任而使用“过度特权”肆意妄为的结果，对国际贸易金融秩序产生了极大的负面影响。

二是国际货币体系改革议题在 G20 峰会上的关注度和相对重要性在逐渐减弱。由于机制本身的非正式性、成员国对议题偏好存在差异及考虑议题的关联性，加上联合国平台的低效，近年来 G20 峰会的议题越来越广泛（刘宏松，2015），从最初危机驱动下的宏观经济政策协调、国际货币体系改革扩展

---

① 世界银行投票权改革中，发达经济体向发展中经济体转移 3.13 个百分点的投票权；IMF 改革方案中，中国、印度、巴西、俄罗斯等新兴发展中经济体份额和投票权均在 IMF 前十大国之列。2016 年 10 月 1 日，人民币加入 SDR，成为紧随美元、欧元其后的第三大储备货币。

到了气候变化、能源安全、反腐败、反恐、难民移民、绿色增长、可持续增长、卫生健康等诸多领域（见表 2－1）。在诸多议题下，国际货币体系改革的相对关注度降低，尤其是在轮值主席国偏好差异下，发达经济体更强调气候变化、能源安全等议题，而不可能对其利益产生影响的国际货币体系进行改革，因此它们压缩对国际货币体系改革相关议题的讨论时间，或者即使提及也只是宣称继续推动前面峰会达成的决议或承诺，很少提出实质性的改革思路或措施（张发林和张巍，2018），加上 G20 机制的非正式性，峰会达成的决议或承诺也未必能得以执行，因此，G20 也难以为国际货币体系改革提供持续的推动力（李蕊，2018）。

表 2－1　G20 历届峰会主要议题

峰会	议题
2022 年 11 月印度尼西亚巴厘岛（第十七次）	全球卫生基础设施、数字化转型、可持续的能源转型
2021 年 10 月意大利罗马（第十六次）	气候变化、新冠疫情、全球经济复苏
2020 年 11 月沙特阿拉伯利雅得（第十五次）	能源、环境、气候、数字经济、贸易、农业、医疗保健、教育和劳工
2019 年 6 月日本大阪峰会（第十四次）	全球经济、贸易与投资、就业、女性赋权、创新、环境与能源、可持续发展、全民健康等
2018 年 11 月阿根廷布宜诺斯艾利斯峰会（第十三次）	世界经济、数字经济、贸易和投资、基础设施和气候变化、可持续发展等
2017 年 7 月德国汉堡峰会（第十二次）	世界经济形势、数字经济、贸易、金融、能源、气候变化、非洲、发展、卫生、难民移民、反恐等
2016 年 9 月中国杭州峰会（第十一次）	政策协调、经济增长方式、全球经济金融治理、国际贸易和投资、包容和联动式发展等
2015 年 11 月土耳其安塔利亚峰会（第十次）	包容性增长、世界经济形势、国际金融机构及货币体系改革、贸易、能源、反腐败等
2014 年 11 月澳大利亚布里斯班峰会（第九次）	经济增长与就业、基础设施投资、全球经济恢复力、贸易和能源、气候变化、反腐败等
2013 年 9 月俄罗斯圣彼得堡峰会（第八次）	世界经济增长和金融稳定、就业和投资、可持续发展和国际贸易、反洗钱等

续表

峰会	议题
2012 年 6 月墨西哥洛斯卡沃斯峰会（第七次）	世界经济形势、国际金融机构及货币体系改革、发展、贸易、就业、粮食安全、能源安全及气候变化等问题
2011 年 11 月法国戛纳峰会（第六次）	欧债危机、世界经济复苏与增长、国际货币体系改革、国际金融监管、发展问题、能源安全、气候变化和全球治理等
2010 年 11 月韩国首尔峰会（第五次）	汇率、全球金融安全网、国际金融机构及货币体系改革、能源安全和气候变化问题等
2010 年 6 月加拿大多伦多峰会（第四次）	经济可持续与平衡增长、金融部门改革、国际金融机构及国际货币体系改革、促进全球贸易增长、发展援助、能源安全、应对气候变化等
2009 年 9 月美国匹兹堡峰会（第三次）	世界经济复苏、宏观经济政策协调、经济发展方式转变、国际金融体系改革、发展援助、能源安全、应对气候变化等
2009 年 4 月英国伦敦峰会（第二次）	全球经济复苏、改革国际金融机构、加强国际金融监管、反对贸易保护主义等
2008 年 11 月美国华盛顿峰会（第一次）	金融危机原因、国际社会应对金融危机的进展、促进全球经济发展举措、加强国际金融领域监管规范等

资料来源：刘洁妍，杨牧．回顾历次 G20 领导人峰会主题与成果［EB/OL］．http://world.people.com.cn/n1/2018/1201/c1002－30436401.html；刘宏松．G20 议题的扩展及其对机制有效性的影响［J］．国际论坛，2015（3）：8.

三是发展中经济体改革诉求强烈但无力独自改变现有国际货币体系。尽管以金砖国家为代表的新兴经济体在合作推动国际货币体系改革过程中取得了一定的成效，但合作仍处于初步阶段。诸如新开发银行、金砖国家应急储备安排、亚洲基础设施投资银行等金融合作机制在运行过程中需要借鉴 IMF、世界银行等传统国际金融机制的运行经验，其中，金砖国家应急储备安排由于尚未建立起自身的经济监测机构与谨慎性贷款等机制，将其贷款规模的 70% 与 IMF 贷款挂钩，因而仍依赖于 IMF 的监测机制，因此，这些新型金融合作机制在推动传统国际金融机构治理机制改革的效应仍有限。新兴经济体在国际货币体系中的话语权有所提升，但仍然无法改变发达经济体主导尤其是美国“一票否决”的国际金融话语体系现状。同时，新兴经济体或发展中经济体合作过程中也存在利益分歧和部分国家的搭便车问题，也面临集体行动困境问题（叶芳，2018）。

二、人类命运共同体理念推动国际货币体系改革

如前所述，在提供国际货币体系改革这种国际公共产品的过程中，出现了发达经济体不愿承担国际责任且为了维护既得利益不愿改革甚至阻挠改革、发展中经济体无力独自改革的困境。这意味着无论发达经济体还是发展中经济体都无法单独有效承担国际货币体系改革这种国际公共产品供给的职责。这种困境的破解需要一种能让所有国家都参与、实现合作共赢的全新的全球治理理念，而中国提出的人类命运共同体理念正是契合了这一特点的全球治理理念，它作为一种非物质性的国际公共产品，有利于推动国际货币体系改革。

具体而言，人类命运共同体倡导的合作共赢、开放包容、可持续发展的核心理念和其价值共同体、责任共同体维度的理论内涵，有利于缓解国际货币体系改革过程中的集体行动困境问题，从而推动国际货币体系改革。

首先，合作共赢理念是国际货币体系改革进一步推进的动力。当前国与国之间无论在哪个领域再采用“非此即彼”“你死我活”的零和博弈策略已经无法适应不断发展和变化的国际环境；以邻为壑、单边保护主义政策等将会使各方受损。各国在追求自身利益的同时要考虑其他国家利益，在谋求自身发展的同时要促进各国共同发展，在竞争中合作，在合作中实现共赢，才能实现世界和人类共同发展。人类命运共同体理念下的合作共赢还强调公平，即国家无论大小，无论强弱，无论贫富，都是平等的国际社会成员，都应参与全球事务的治理并享有与本身国力相应的权利。当前美国霸权供给的国际货币体系被美国“私物化”的情况下出现越来越多的负外部性，不再适应世界各国的发展，而为了维护其既得利益，美国不会主动改革国际货币体系，因此霸权方已无法单独提供有效的国际货币体系这种国际公共产品。当前国际货币体系改革困境化解的关键是各国合作共赢理念的形成。在各国形成兼顾他国利益、谋求共同发展、各国平等参与的合作共赢理念下，各国尤其是发展中经济体能够共同积极参与推动国际货币体系改革，获得与各自国力相应的国际金融话语权，国际货币体系才能向着有利于各国共同发展的方向发展。

其次，可持续发展是国际货币体系改革的目标。可持续发展是人类共同发展的目标和保证，不仅包括能源、气候、环境等物质性生态环境绿色可持续发展，也包括国际经济金融体系等制度性生态环境的可持续发展。在当前美元主导的国际货币体系下，美国独霸国际金融话语权，并肆无忌惮地使用“美元特权”，实行以邻为壑的宏观经济政策和单边主义贸易、金融保护政策，扰乱国际经济金融生态秩序，实际是对美元信誉的透支，不利于国际货币体系生态环境可持续发展，同时这种模式于美国自身发展来说也不可持续。国际货币体系改革的目标应该是推动国际货币体系生态环境的可持续发展，避免美国“竭泽而渔”的短视行为。

再次，开放包容理念是国际货币体系得以推进的基础。只有高度开放型的经济体才能深度融入世界经济中，才能全面积极地参与全球经济金融治理，推动经济全球化和世界共同繁荣。然而，参与国际合作的各国和各民族在文化、宗教信仰、生活习俗方面的差异性，可能会影响到价值共同体的形成和国际合作的顺利进行，而兼容并包、多元共生、交流互鉴、求同存异的包容性理念和实践则是解决这一问题的关键。作为全球经济治理的重要方面，国际货币体系改革需要各国开放发展，深度融入世界经济并全面参与。同时，在参与过程中，不仅会面临发达经济体与发展中经济体的文化、文明和发展理念冲突，还面临发达经济体之间、发展中经济体之间文化和文明差异。因此，各国顺利合作，推动国际货币体系改革，同样需要开放包容理念和实践的支撑。

最后，价值共同体和责任共同体内涵有利于缓解国际货币体系改革中的集体行动困境问题。公共产品的提供之所以陷入集体行动困境，其重要原因在于成员对参与行动的收益与成本的权衡，因此，合理的成本—收益机制设置，对公共产品能否有效供给至关重要。王刚（2013）指出，除奥尔森强调的集团规模外，集体成员的身份认同对公共产品的提供具有重要的影响，因为较强的身份认同意味着成员在提供公共产品中可以获得较高的精神收益，包括声望、权力、地位和内心的享受等，属于社会性激励，有利于集体行动进行。而身份的认同需要成员间的文化认同和共同的价值理念。价值共同体构建强调在尊重各国价值观基础上，打造各国共通的价值理念，正是促进成员身份认同的过程，从而为各国参与国际货币体系改革提供社会性激励，是从公共产品提供的收益端提出的推动国际货币体系改革集体行动的理念设计。当然，单纯提供收益激励，并不能避免公共产品中的搭便车问题，要解决搭便车问题，合理的成本分担机制就十分重要。责任共同体构建则是命运共同体理念对于国际公共产品中搭便车问题解决机制的思考。在全球治理中，任何国家或主体都要参与承担相应的责任。尽管实际中不同国家国情和实力存在差异，从而承担责任的大小有差异，但责任共同体的构建并不会因此受到影响；同时，责任共同体理念还强调权利与义务的对应性，遵循责任共担、权利共享的原则，且相应的机制和制度设计应考虑给予发展中经济体充分的发言权（罗刚，2018）。因此，责任共同体理念意味着国际货币体系改革中无论发达经济体还是发展中经济体均应参与承担自身对应的责任，每个国家或主体不再可能只享受权利而不承担责任，即不可能再出现纯粹自利的搭便车行为。当然，各国参与承担责任的同时，也应享有充分的权利，尤其是给予国际金融话语权与其经济增长实力不相称的发展中经济体充分的发言权。

三、中非金融合作实践推动国际货币体系改革

作为一种区域性国际公共产品，中非金融合作实践有利于推动国际货币体系改革。从集体行动的角度看，区域合作的“小集团”性质和中非较强的“身份认同感”，使中非在金融合作过程中相关的决策、规则、规范等集体行动相对全球层面更易于沟通和可行，如中非通过开发性金融合作解决非洲基础设施建设资金短缺问题，相对全球层面关于开发性金融解决基础设施难题问题的倡议更为可行，从而有利于缓解国际货币体系改革中的集体行动问题，推动国际货币体系朝着更加公平、有序的方向发展。

从合作具体内容来看，中非在货币领域、开发性金融领域、商业银行及其他金融领域、资本市场领域等具体领域的合作及中非金融合作的机制化建设实践有利于提升中非经济金融实力，提高中非整体在国际货币金融领域的话语权，从而推动国际货币体系改革。具体而言，在货币领域，中非双边互换协议可以推动双方国际贸易的发展，促进资本流动，便于人民币的境外流入和流出，降低货币交易成本和交易风险，减少中非对其他主要货币的依赖性；中非双边互换协议还可以推动人民币在非洲国家贸易、计价、结算、储

备等职能领域的使用，有利于提升人民币的国际化程度，促进国际货币体系的多元发展，缓解美元霸权下的“新特里芬难题”，增加当前国际货币体系的稳定性、公平性。在开发性金融领域，中国对非洲国家的开发性金融支持有利于解决非洲基础设施建设的资金瓶颈问题和推动非洲国家的可持续发展，提升非洲国家的综合实力；同时，通过推动中国参与的新型多边开发银行与传统多边开发银行的业务合作与治理合作，共同支持非洲发展的同时，有利于倒逼美国等发达经济体主导的国际金融机构治理改革，提升中国和非洲国家在多边开发性金融体系中的话语权。推动中非资本市场合作，为中非实体经济发展注入活力，有利于提升中国和非洲国家整体的经济实力，同时也为中非投资者及其他国际投资者提供了投资的机会，有利于双方资本的优化配置。中非资本市场合作过程，有利于推进双方资本市场开放，提升各自的国际化水平，从而增强中非在国际金融市场的话语权，推动国际货币体系改革。中非商业银行及其他领域金融合作，推动非洲国家基础设施和可持续发展的同时，有利于推动中国及非洲国家国内金融体系改革，推动双方企业发展，促进各自经济增长，提升中国和非洲国家经济金融实力，从而增强中非参与国际货币体系改革的能力。推动中非金融合作的机制化建设，是中非金融合作深化的需要，有利于推进双方具体领域合作成果的落实落地，推动金融合作的常态化、可持续化；同时金融合作的机制化制度化本身就是对国际金融治理体系改革的探索和实践过程，从而对国际货币体系改革产生正面的溢出效应。而探讨中非金融合作的效应，有利于非洲国家正确认识和切实体会到中非金融合作对非洲国家福利、可持续发展、中非产能合作等方面提升效应，从而实现中非互利共赢，推动中非命运共同体构建和国际货币体系改革。

第三节　中非金融合作的集体行动困境及其缓解之道

一、中非（金融）合作中的集体行动困境

中非合作主体涉及非洲50多个国家、非盟及非洲次地区组织，同时合作中还面临中非区域外的主体因素干扰，如美国等发达经济体传统因素、其他

新兴经济体和发展中经济体也在不断加快对非合作步伐，因此，中非合作也面临集体行动问题，不仅包括非洲国家之间、非洲国家与非盟及非洲次地区组织之间的利益分歧，还包括非洲国家对中国因素的担忧、中国与发达经济体之间在非利益矛盾、中国与其他新兴经济体对非合作竞争及部分国家搭便车问题等。中非金融合作是中非合作的重要领域，同样面临中非合作过程中相关的集体行动问题。

第一，非洲国家之间、非洲国家与非盟及非洲次地区组织间的利益分歧。尽管在泛非主义理念影响下，非洲国家有团结一致行动的时候，但由于各国在政治制度、宗教信仰、文化制度、发展道路等方面均存在很大差异，当涉及各国的具体利益与政策导向时，仍可能产生意见分歧（涂志明和张凯，2017），这可能影响非洲整体与中国合作的顺利进行。近年来，中国加强了与非盟及非洲次地区组织的互动与合作，如中国—非盟战略对话机制、中国—东非共同体经贸合作机制、中国—南共体经贸论坛等，相对中国与50多个非洲国家的双边或多边合作而言，中国与非盟或次地区组织间更容易沟通和协调，从而有利于推动中非合作的顺利进行。然而，非盟治理能力仍然有限，财政来源依赖于域外力量支持，且非洲各国对非盟、非洲次地区组织的政策导向可能存在分歧（涂志明和张凯，2017），一定程度上影响了其对非洲整体或次地区的代表性，这可能对中国与非洲整体及次地区合作产生不利影响。

第二，非洲国家对中国因素的担忧。尽管在南南合作理念下，多数非洲国家对中国进入非洲持认可和积极态度，但随着中国崛起及中非互动合作中可能存在的一些问题，部分非洲国家对中国因素依然存在一定的担忧，如担忧中国崛起后对全球权力结构评估及处理与美国关系时可能并非与非洲利益一致，担忧中国对非主要出口工业制成品，非洲对中国主要出口矿产、石油等初级产品这种经贸模式不可持续（涂志明和张凯，2017）。这些担忧对中非合作的顺利进行也将产生消极的影响。

第三，中国与发达经济体之间对非合作可能存在利益冲突。基于历史和现实因素，外部援助成为非洲国家经济发展的重要力量，且大部分援助来自发达经济体，非洲因此也成为发达经济体的战略要地。近年来，随着中国走进非洲步伐加快，中国与发达经济体在非洲利益发生摩擦或冲突的概率也在上升。如由于中国对非投资合作的理念、方式等与美国对非投资存在差异，触碰了美国“维持现状”对外政策原则，使美国单方面对中国对非投资角色进行“妖魔化”，将中国对非投资定义为对非洲经济的“新殖民主义”，是对非洲资源的“掠夺”（苏杭，2017）；中国对非洲的援助也往往被西方视为是对非洲资源的攫取（Berthelemy，2011；Foster 等，2008），破坏了西方国家的援助条件（Kurlantzick，2006；Watkins，2022），是对非洲的“新殖民主义”（Sanusi，2013；Taylor 和 Zajontz，2020）。作为非洲曾经最大的殖民宗主国，法国与非洲利益关系盘根错节，中国对非合作日益紧密，也使同为非洲“利益攸关”的中法两国可能成为最大的竞争对手（张宏明，2019）。

第四，中国与其他新兴经济体对非合作竞争。除传统发达经济体外，巴西、印度、俄罗斯等新兴经济体都在强化与非洲经贸、投资及安全领域合作，并建立相应的对非多边互动机制。例如，印度与非洲建立了印非峰会，双方在政治、经济、文化、安全等领域开展了紧密的合作，其中印非经贸合作发展迅速，能源合作是印非合作重点领域，并通过商贸会议、项目合作会议等方式加强双方沟通与合作；巴西与非洲在文化、种族及历史方面渊源已久，尤其与非洲葡属国家关系密切，其对非贸易、投资、援助均取得了较快的进展，在生物燃料技术方面与非洲合作良好；印度、巴西、南非还建立了三国对话论坛；俄罗斯对非贸易规模不大，主要在能源开发和并购方面对非合作（张忠祥，2014）。

第五，作为一种国际公共产品，中非合作也存在“搭便车”问题。公共产品理论中的“搭便车”问题包括“免费搭便车”和“强制搭便车”。前者由于公共产品的“非排他性”，任何消费者可无须承担成本而参与消费，从而导致公共产品供给不足，后者则是行为体既承担了成本，又被强迫消费不喜欢的公共产品，如西方国家在提供全球公共产品时，往往将其国内的规则和制度等也强制推向了公共产品使用者（张春，2019b）。一方面，由于资源限制和自身发展战略问题，一些非洲国家可能无力或不愿参与合作，或者权衡合作收益—成本后，选择免费搭便车是最优策略，从而最终选择搭便车；另一方面，中非合作始终秉持不附加任何条件的原则，但提供公共产品的过程中，仍可能存在有些公共产品并非其所需，有些国家可能无意愿参与提供和消费，如果强制进行，就会成为“强制搭便车”问题。

二、中非（金融）合作集体行动困境的缓解

在命运共同体理念下，加强中国与非洲国家、非盟及非洲其他次地区组织、新兴经济体、发达经济体之间的交流和沟通，是缓解中非（金融）合作中集体行动问题的关键。

第一，加强中国与非洲国家、非盟及非洲其他次地区组织的交流和沟通。针对非洲国家之间、非洲国家与非盟及非洲次地区组织间的利益分歧，一方面，可积极推动社会力量参与中非合作，发挥其民意沟通和形象塑造的作用，有助于中非合作民意基础构建，同时也与非盟在推动非洲地区主义发展过程中“以人为中心”的原则相适应（涂志明和张凯，2017），从而有利于缓解中国与非盟合作过程中的集体行动困境。另一方面，如果一个集团能和另一集团的领导者首先达成协议，那么集团和集团之间的集体行动也容易达成。因此，中非合作可选择在非洲次地区组织发展过程中作用突出的政治组织和地区性主导大国合作，从而强化中国与非盟及非洲其他次地区组织的关系，同时也有利于非盟和非洲次地区组织本身制度执行能力的提升，促进非洲国家整体在全球治理体系中的影响力提高。针对非洲国家对中国因素的担忧，在中非命运共同体理念下，中国始终坚持正确的义利观，通过支持非洲基础设施建设，推动非洲国家之间的互联互通，共同推动非洲工业化进程，推动中非经贸模式平衡发展，有利于减少非洲国家对中国因素的担忧，为中非合作顺利进行创造有利的条件。金融合作方面则应不断提升中国对非金融支持在其促进中非产能合作、提升非洲国家福利水平、推动非洲国家实现2030年可持续发展目标等方面的效应，使非洲国家意识到并体会到这些效应，从而减少非洲国家对中国因素的担忧。

第二，加强与发达经济体的沟通与合作。中国对非合作过程中，不仅要获得发展中经济体的认可，还要谋求与发达经济体之间的合作，尤其是加强中美及同为“利益攸关”方的中法在非洲问题上的协调和沟通。中国和美国的关系方面，非洲国家面临发展、反恐、难民、粮食安全等诸多全球性问题，这决定了中美在非洲问题上的关系并不是传统意义上零和博弈的竞争关系，而是竞争与合作的交织。中国和美国对抗或冲突对中国、美国、非洲三方都是不利的（王磊，2018a），未来，中国与发达经济体在对非合作中的关系也

将呈现“竞争中合作、合作中竞争”的态势。因此，中美在非洲问题上应积极主动寻求在经济、安全和社会等领域的合作，在尊重对方的核心利益基础上，给予非洲国家自主选择发展道路的权利，最终实现中美非三方共赢。在金融合作方面，体现为可积极寻求中国及中国参与的新型多边开发性金融机构和美国等发达经济体为主导的国际金融机构在非洲的合作。在中国和法国的关系方面，由于中国、法国和非洲国家在产业发展方面具有互补的特点，开展三方合作具有强大的现实基础和实践，如中国石化和道达尔公司在非洲共同进行油气开发、中欧水电站集团承建的乌干达发电站使用法国公司的涡轮机等。因此，中法可发挥各自的比较优势，在尊重非洲国家发展道路基础上，实现中法非三方的互利共赢。在金融合作方面，可推动中法非三方在人民币离岸市场发展、资本市场等方面合作。

第三，中国对非合作中，还要注重与其他新兴经济体间的政策协调及合作，建立相应的制度安排，避免与其他新兴经济体在对非合作中的利益摩擦。通过类似印度—巴西—南非这种中国与其他新兴经济体加上非洲国家的三国或多国对话机制进行沟通协作，有利于缓解中国与其他新兴经济体的集体行动问题，如借由金砖—非洲对话机制及新开发银行约翰内斯堡区域中心，共同助力非洲基础设施建设和工业化建设，推动非洲国家互联互通，提升非洲区域一体化水平。

第四，针对“搭便车”问题，中国采取的是“欢迎搭便车”的态度，并在制度设计上避免“强制搭便车[①]”（张春，2019b）。“欢迎搭便车”彰显了中国主动为非洲国家及其他发展中经济体分享自身发展经验，谋求各国互利共赢、共同发展的伟大胸怀，从而打破了传统国际公共产品供给不足问题，极大拓展了国际公共产品的供给空间。而其理论依据在于，由于资源限制和自身发展战略问题，一些国家或集团无力或不愿参与承担成本，或者权衡收益—成本后，选择搭便车是最优策略，从而最终选择搭便车；如果搭便车行

① 强制搭便车，指一些国家或集团在提供国际公共产品时，附加了一些代表自己利益的规则和制度，如美国在提供援助时往往附加要求受援国金融开放、使用美元等，这些附加要求使受援国本来不好的经济雪上加霜，但被强制接受（张春，2019b）。

为促进了这些国家的发展或者由于其自身发展战略变化促进了发展，那么这部分国家可能跨越成本大于收益阶段，加入自主承担成本提供公共产品的队伍（叶芳，2018）。同时，为避免“强制搭便车”现象，中国在对非合作中采取的是多边对话、双边落实的原则，即通过多边对话和沟通确定提供公共产品的意愿，而具体公共产品的提供则通过双边合作落实，即包括金融合作在内的中非合作应强调因地、因时制宜原则。

本章小结

在危机驱动效应逐渐减弱情况下，当前国际货币体系改革处于美国为首的发达经济体极力维护既得利益和阻挠改革、发展中经济体无力独自改革的困境。国际货币体系改革进一步推动需要一种能让所有国家参与、合作共赢的全新的全球治理理念。中国所倡导的人类命运共同体理念，是中国为完善全球治理结构、构建新型国际关系提供的一种全新的思维和方略，是一种非物质性的全球性国际公共产品。人类命运共同体合作共赢、开放包容、可持续发展的核心理念和价值共同体、责任共同体维度的理论内涵，有利于推动国际货币体系改革。但作为一种全球层面的国际公共产品，人类命运共同体构建并非易事，需要世界各国一起付出长期艰辛的努力。当前可以探索的是首先构建双边、多边或区域性的命运共同体。中非命运共同体正是中国在区域范围内对人类命运共同体构建的探索和实践，是一种区域性的国际公共产品且其构建具有较强的现实基础。中非金融合作是中非合作的重要领域，是中非命运共同体构建的具体实践，具有区域性国际公共产品特征。在中非命运共同体理念指引下，中非金融合作在货币、开发性金融、资本市场、商业银行、保险市场、金融包容性发展等领域的合作实践有利于推动国际货币体系改革。但作为一种区域性国际公共产品，中非金融合作也面临集体行动问题。加强个体间的交流和沟通，有利于集体行动的实现和公共产品的提供（Oprea 等，2014），尤其是面对面或可视化的交流（Haruvy 等，2017）。因此，在命运共同体理念下，加强中国与非洲国家、新兴经济体、发达经济体之间的交流和沟通，是缓解中非（金融）合作中集体行动问题的关键。

第三章
中非货币合作
——基于人民币非洲区域化分析

进一步推动人民币非洲区域化是中非金融合作的重要内容，也是人民币国际化的重要组成部分，有利于推动中非命运共同体的构建和国际货币体系改革。随着中非合作关系日益紧密及人民币国际化战略的推进，人民币在非洲的区域化取得了一定的进展，但规模和速度仍未达预期。那么，当前人民币在非洲区域化的现状如何，如何量化人民币对非洲货币的影响力及人民币非洲区域化程度，影响人民币非洲区域化的因素有哪些，如何进一步提高人民币在非洲国家的影响力和区域化程度？本章试图对这些问题进行思考和研究。本章在人民币非洲区域化现状的基础上，基于 VAR - DCC - MVGARCH 模型首先分析人民币与非洲主要货币的联动性，基于信息溢出指数模型分析人民币对非洲货币的溢出效应，从而探讨人民币在非洲国家的影响力，其次通过拓展的货币引力模型实证分析人民币非洲区域化的影响因素，最后提出推动人民币非洲区域化的对策建议。

第一节　人民币非洲区域化现状

一、非洲人民币业务发展的现实基础

中非合作论坛成立以来，中非在贸易、投资等方面呈现良好的发展态势，为人民币在非洲区域化推进奠定了良好的基础。

中非贸易快速增长（见图 3 - 1）。2000—2014 年中国对非贸易整体呈现

增长趋势，2000 年贸易总额仅为 105.97 亿美元，其中，出口 50.42 亿美元、进口 55.55 亿美元，2014 年贸易总额达到较高值 2216.66 亿美元，其中，出口 1060.35 亿美元，进口 1156.32 亿美元；2015 年后，中国对非出口，除 2016 年下降外，2017 年之后又呈现增长趋势，2021 年达 1483.41 亿美元，2022 年则达到 1644.91 亿美元；中国对非进口 2014 年之后波动相对较大些，2015 年、2016 年、2019 年、2020 年均出现同比下降情况，中国对非进口额 2021 年为 1059.05 亿美元，较 2020 年增长幅度较大，同比增长 43.65%，2022 年进一步增长至 1175.10 亿美元；中国对非贸易总额则在 2015 年、2016 年、2020 年呈现同比下降情况，2021 年中国对非贸易总额为 2542.46 亿美元，较 2020 年同比增长 35.28%，2022 年进一步增长至 2820 亿美元。截至 2022 年，中国已持续 14 年成为非洲最大的贸易伙伴国。

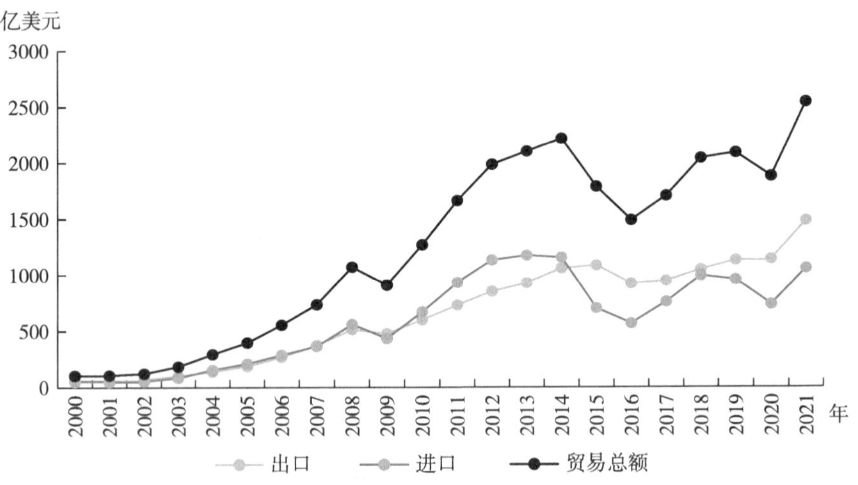

图 3-1 2000—2021 年中国对非洲进出口贸易情况

（资料来源：国家统计局、海关总署）

中国对非直接投资也不断推进（见图 3-2）。从流量看，2003 年中国对非直接投资流量仅为 0.75 亿美元，2008 年达到最高值 54.9 亿美元，2009 年受金融危机影响急剧下降，但之后主要呈现增长趋势，2018 年进一步突破 50 亿美元，达 53.89 亿美元，2019 年下降幅度较大，下降了将近一半，2020 年又反弹，

2021 年中国对非直接投资流量为 49.87 亿美元，同比增长 18.01%。从存量看，中国对非直接投资存量整体呈现较快的增长趋势，2003 年中国对非洲直接投资存量仅为 4.9 亿美元，之后迅速增长，从 2010 年开始超过 100 亿美元，2018 年达到最高值 461.04 亿美元，与 2003 年相比，增长了 93.09 倍；2021 年中国对非直接投资存量为 441.86 亿美元，同比增长 7.87 亿美元。中国对非直接投资前五位的行业分别为建筑、采矿、制造、金融、租赁和商务服务。截至 2021 年末，这些行业直接投资存量为 385 亿美元，占全部行业直接投资存量的比例达 87.1%。截至 2021 年，中国在非洲设立的境外企业达3409 家。

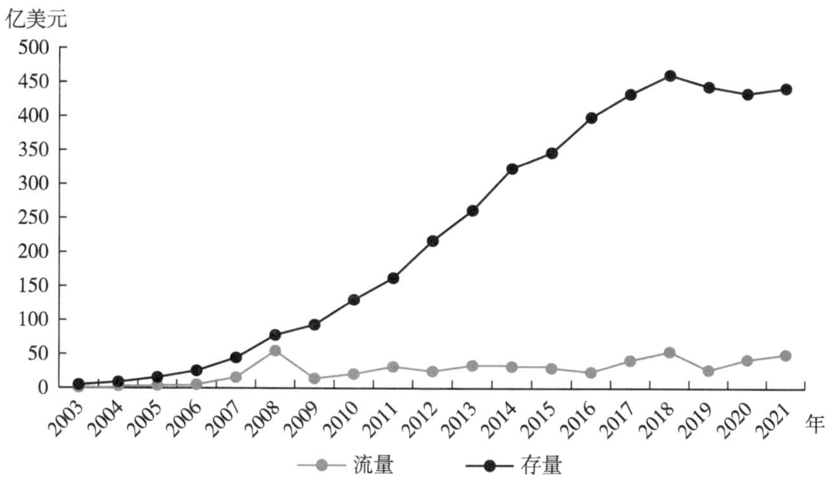

图 3－2　2003—2021 年中国对非洲直接投资情况

（资料来源：历年《中国对外直接投资统计公报》）

此外，中国通过国家开发银行、中国进出口银行、商业银行等金融机构及股权投资和多边开发性金融机构等方式对非洲基础设施建设、中非产能合作及其他项目提供的融资支持，也为促进人民币在非洲区域化奠定了良好的基础。

二、人民币非洲跨境业务发展

中非贸易的快速增长使使用人民币进行跨境结算的非洲国家（地区）不断增加。截至 2020 年 12 月末，非洲使用人民币跨境结算国家（地区）共 59 个，人民币跨境结算总额共 5642.8 亿元。中非人民币跨境收付累计总额呈现不断增长趋势，从2010年的5.2亿元增长至2020年的790.2亿元，年均增长65.4%。从国别分布看，2009—2020年，南非是人民币跨境收付总额占比最大的国家，占比为18.9%，毛里求斯次之，占比为17.1%，塞舌尔、科特迪瓦、尼日利亚分别排在第三、第四和第五位，占比分别为16.4%、12.3%、5.9%。这5个国家人民币跨境收付总额占非洲整体的比例达70.6%，国别分布并不均衡。①

从中国对非跨境人民币收支每年总额情况来看（见图3-3），2018年至2020年中国对非跨境人民币收支总额呈现不断增长趋势。2018年为708亿元，其中经常账户收支262.1亿元，资本与金融账户收支445.9亿元；2020年增长至790.2亿元，其中经常账户收支298亿元，资本与金融账户收支492.2亿元。资本与金融账户收支占比为主，2018年至2020年占比分别为63%、55%、62%。在中国对非经常账户跨境人民币收支方面（见图3-4），2018年收支总额为235.4亿元，其中货物贸易收支总额为182.8亿元，服务贸易收支总额为52.6亿元；2019年经常项目收支总额为272.8亿元，同比增长15.89%，其中货物贸易收支总额为215.6亿元，服务贸易收支总额为57.2亿元；2020年收支总额为249.2亿元，同比下降8.65%，其中货物贸易收支总额为192.8亿元，服务贸易收支总额为56.4亿元。货物贸易收支占比为主，2018年至2020年占比均在77%以上。中国对非资本与金融账户跨境人民币收支方面（见图3-5），2018年收支总额为404.8亿元，其中证券投资收支总额为240.4亿元，其他投资收支总额为164.4亿元；2019年资本与金融账户收支总额为367.8亿元，同比下降9.14%，其中证券投资收支总额为108亿元，其他投资收支总额为259.8亿元；2020年收支总额为462.9亿元，同比增长25.86%，其中证券投资收支总额为189.9亿元，其他投资收支总额为273亿元。2018年证券投资收支为主，占比为59.39%，2019年、2020年则以其他证券投资收支为主，占比分别为70.64%、58.98%。从国别分布来看，2018年，中国对非跨境人民币收支总额居前三位的分别是科特迪瓦、南非和毛里求斯，三者收支总额占对非整体的比例为59.2%；2019年南非和毛里求

① 周诚君，张奎，侯加林，张慎．人民币在非洲使用研究［J］．金融经济，2022（8）：3-19.

斯分别跃居第一和第二，尼日利亚排名第三，三者占比为56%；2020年，南非和毛里求斯仍分别位于第一和第二，科特迪瓦排名第三，三者占比为66.6%，因此，各年中国对非跨境人民币收支也存在国别分布较为集中的现象①。

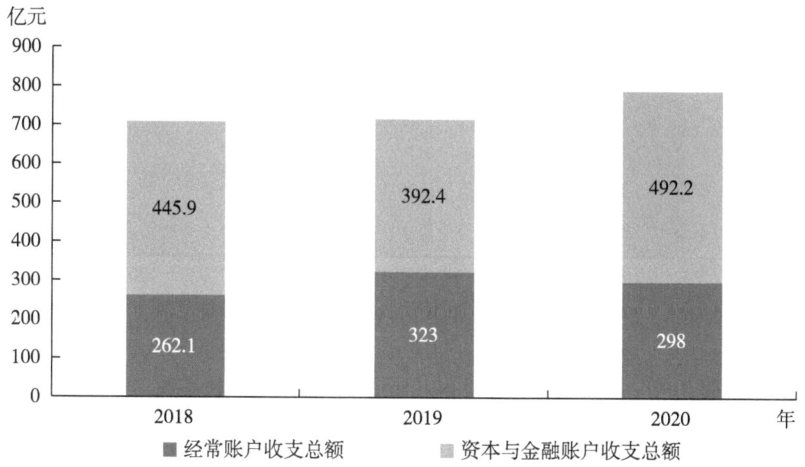

图3-3　2018—2020年中国对非跨境人民币收支情况

（资料来源：周诚君，张奎，侯加林，张慎．人民币在非洲使用研究［J］．金融经济，2022（8）：3-19）

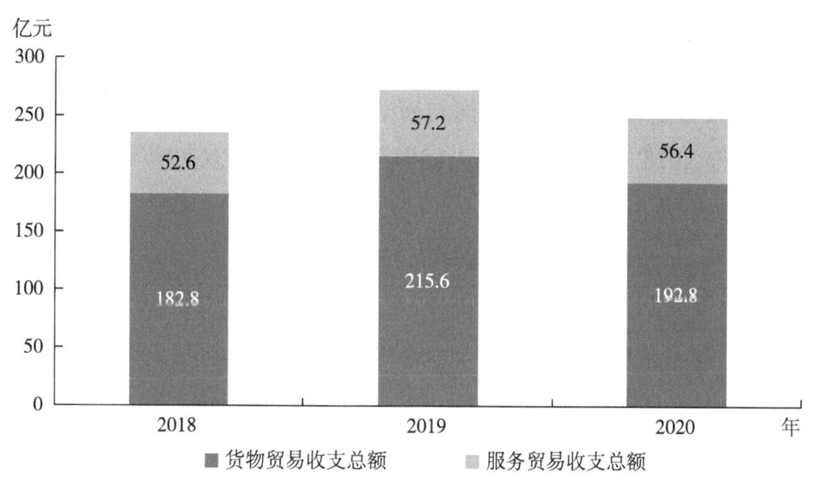

图3-4　2018—2020年中国对非经常项目跨境人民币收支情况

（资料来源：周诚君，张奎，侯加林，张慎．人民币在非洲使用研究［J］．金融经济，2022（8）：3-19）

① 周诚君，张奎，侯加林，张慎．人民币在非洲使用研究［J］．金融经济，2022（8）：3-19.

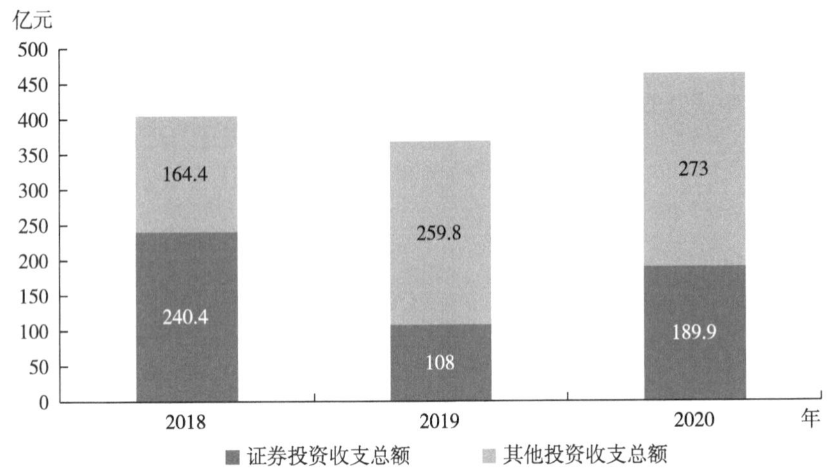

图 3－5　2018—2020 年中国对非资本项目跨境人民币收支情况

（资料来源：周诚君，张奎，侯加林，张慎．人民币在非洲使用研究［J］．金融经济，2022（8）：3－19）

三、人民币与非洲国家货币互换情况

2018 年 4 月 27 日，中国人民银行与尼日利亚中央银行签署规模为 150 亿元人民币/7200 亿奈拉的双边本币互换协议，以促进双边贸易和直接投资，维护两国金融市场稳定。此前，中国与南非、摩洛哥、埃及均签署双边本币互换协议，截至 2018 年 5 月，中国人民银行与非洲国家双边本币互换协议金额达 730 亿元人民币（见表 3－1）。

表 3－1　中国与非洲国家货币互换情况

国别	协议签署时间	互换规模	期限
南非	2015 年 4 月 10 日	300 亿元人民币/540 亿南非兰特	3 年
摩洛哥	2016 年 5 月 11 日	100 亿元人民币/150 亿摩洛哥迪拉姆	3 年
埃及	2016 年 12 月 6 日	180 亿元人民币/470 亿埃及镑	3 年
尼日利亚	2018 年 4 月 27 日	150 亿元人民币/7200 亿奈拉	3 年

资料来源：中国人民银行网站。

四、人民币在非洲储备货币、投融资方面的使用情况

2012 年 8 月之后，尼日利亚、坦桑尼亚均将人民币列入其储备货币，并

通过中国国家开发银行购买了 3 年期价值总额为 5 亿美元的人民币国债，这意味着人民币开始在非洲发挥国际储备职能；2014 年 2 月，尼日利亚中央银行宣布人民币持有份额从 2% 提升到 7%，增持人民币约 130 亿元。[①] 人民币纳入 SDR 货币篮子后，大部分非洲国家将部分储备货币转化为人民币，包括津巴布韦、赞比亚、肯尼亚、卢旺达、纳米比亚、博茨瓦纳等 14 个国家也考虑将人民币作为其储备货币，其中，津巴布韦、安哥拉已承认将人民币作为其法定货币。[②] 非洲各国中央银行对使用人民币投融资也存在浓厚的兴趣。南非中央银行于 2013 年 3 月与中国人民银行签署了在中国银行间债券市场投资额度为 90 亿元人民币的协议；[③] 南非、毛里求斯、尼日利亚、莫桑比克、纳米比亚五国中央银行、非洲开发基金和非洲开发银行均已进入中国银行间债券市场进行交易，而非洲开发银行和非洲开发基金还准备进入中国银行间外汇市场进行相关投资。[④] 2017 年中国银行约翰内斯堡分行发行的“彩虹债”作为非洲第一只离岸人民币债券，成为人民币在非洲区域化、国际化的重要里程碑。[⑤] 此外，2016 年人民币获准对南非兰特直接交易，对加强中国与南非双边贸易和投资、推进双方金融合作具有重要的意义。

五、人民币非洲使用金融基础设施建设情况

人民币跨境业务相关的金融基础设施包括人民币跨境支付系统（CIPS）和人民币跨境收付信息管理系统（RCPMIS）。CIPS 专门为境内外金融机构的人民币跨境及离岸业务提供资金清算与结算服务，在促进人民币跨境业务发展、推动人民币国际化方面发挥了重要的作用。截至 2023 年 5 月末，全球共

① 于宁．非洲建立人民币离岸清算中心的思考——以肯尼亚地区为例［J］．中国市场，2014（32）：34－38.

② 刘龙基．为何众多非洲国家要将人民币作为储备货币？［EB/OL］．https：//item. btime. com/301ipn4r4gn8rtosvibc61tcbld.

③ 于宁．非洲建立人民币离岸清算中心的思考——以肯尼亚地区为例［J］．中国市场，2014（32）：34－38.

④ 千讯咨询．离岸人民币债券市场实现从无到有突破［EB/OL］．http：//www. qianinfo. com/index/34/45/4586121. htm.

⑤ 张玉亮．人民币在非洲获得更多认可［EB/OL］．http：//www. xinhuanet. com/2018－08/15/c_1123275227. htm.

有直接参与者 80 家、间接参与者 1357 家，其中非洲直接参与者有 2 家（中国银行约翰内斯堡分行和赞比亚中国银行）、间接参与者 49 家。[①] RCPMIS 则是收集人民币跨境收付及相关业务信息的金融基础设施，依法开展跨境人民币业务的银行和相关接入机构均应接入该系统，目前接入 RCPMIS 的主要为境内商业银行。

在人民币清算安排方面，2015 年 7 月和 9 月，中国人民银行分别与南非储备银行、赞比亚中央银行签署了在南非和赞比亚建立人民币清算安排合作备忘录，并分别授权中国银行约翰内斯堡分行、赞比亚中国银行担任人民币业务的清算行。截至 2021 年 6 月末，中国银行在非洲开立的人民币清算账户共有 45 个[②]。

在境内中非跨境人民币中心建设方面，2020 年，中非跨境人民币中心在中国工商银行湖南省分行挂牌成立，作为中非合作“九项工程”的重要举措，该中心主要致力于为中非经贸各参与方提供便捷优质的金融服务，具体包括对非货币兑换、非洲小币种套保等服务。2021 年 8 月 18 日，该中心挂牌了肯尼亚先令、加纳塞地、赞比亚克瓦查等 6 个非洲货币的结售汇交易，开创了国内非洲货币结售汇交易的先河，并在 2022 年 6 月 6 日完成了全国第一笔 242 万肯尼亚先令（折合人民币约 13.7 万元）的跨境汇款和结售汇业务。2022 年 11 月，由中国银行授权，进一步成立了中非跨境人民币结算中心（浙江）。该中心主要依托中国银行全球化的经营优势，有助于推动中非贸易项下跨境人民币的使用，降低涉非企业的汇兑成本和汇率风险，使企业跨境收付更加便利。2022 年 1 月至 10 月，该中心服务涉非企业累计达 329 户，覆盖 45 个非洲国家，跨境人民币结算种类不断扩大。为提升收款速度，该中心为涉非企业开通了跨境汇款直入账业务。截至 2020 年 10 月末，该中心累计办理 15.86 亿元对非跨境人民币业务，同比增长 414%。[③]

由以上可见，人民币非洲区域化在跨境结算、储备货币、直接兑换、交

① http：//www.cips.com.cn/.

② 周诚君，张宝，侯加林，张慎．人民币在非洲使用研究［J］．金融经济，2022（8）：3－19.

③ http：//www.jinhua.gov.cn/art/2022/11/22/art_1229159979_60245837.html.

易货币等职能方面取得了一定的进展，同时，中非在贸易、投融资等领域合作的推进，使人民币在非区域化拥有广阔的空间，但也应该注意到，当前人民币在中非贸易结算中所占的比例仍然较低，发展速度未达预期，而投融资项下的人民币计价结算业务也处于起步阶段，人民币储备货币所占比例也有限。在此现状基础上，进一步探讨人民币对非洲货币的影响力和人民币非洲的区域化程度及其影响因素成为当务之急。

第二节　人民币与非洲主要货币汇率的联动性——基于 VAR - DCC - MVGARCH 模型

本节运用 VAR - DCC - MVGARCH 模型分析人民币与非洲主要货币之间的联动性及其时变特征。

一、模型设定和数据处理

（一）模型设定

已有文献主要采用“常系数条件相关模型”（CCC 模型）（Bollerslev，1990）探讨货币汇率之间的联动性，但 CCC 模型仅考虑静态条件相关性。Engle（2002）提出了“动态条件相关模型”（DCC 模型），该模型在参数估计及模型的经济意义、实用性上具有比较优势，对于样本波动的刻画更加细致与全面。为能更好描述中国与非洲主要国家货币汇率的动态变化及条件异方差性，且能够有效控制参数个数，采用 DCC 模型。此外，为削弱各汇率变量及其滞后期之间的相互影响和制约，研究货币间的均值溢出效应，将 VAR 模型引入均值方程中，形成 VAR - DCC - MVGARCH 模型。模型如式（3 - 1）至式（3 - 8）所示。

$$Y_{i,t} = \varepsilon_0 + \alpha_1 Y_{i,t-1} + \cdots + \alpha_k Y_{i,t-k} + u_t \quad (3-1)$$

$$u_t \mid \theta_{t-1} \sim N(0, H_t) \quad (3-2)$$

$$H_t = D_t R_t D_t \quad (3-3)$$

$$R_t = (Q_t^*)^{-1} Q_t (Q_t^*)^{-1} \quad (3-4)$$

$$Q_t = (1 - \sum_{m=1}^{M} \alpha_m - \sum_{n=1}^{N} \beta_n) \overline{Q} + \sum_{m=1}^{M} \alpha_m (\varepsilon_{t-m} \varepsilon'_{t-m}) + \sum_{n=1}^{N} \beta_n Q_{t-n} \quad (3-5)$$

$$Q_t^* = \begin{bmatrix} \sqrt{q_{11}} & 0 & 0 \\ 0 & \ddots & 0 \\ 0 & 0 & \sqrt{q_{nn}} \end{bmatrix} \quad (3-6)$$

$$\overline{Q} = T^{-1} \sum_{t=1}^{T} \varepsilon_t \varepsilon'_t \quad (3-7)$$

$$D_t = \text{diag}(\sqrt{h_{11,t}}, \cdots, \sqrt{h_{kk,t}}) \quad (3-8)$$

式中，$Y_{i,t}$为各国货币汇率收益率序列；u_t 为 VAR 模型所估计出的残差；θ_{t-1} 为 $t-1$ 时期的信息集；D_t 是 GARCH 模型测算出的条件标准差组成的 $k \times k$ 对角矩阵；R_t 是条件相关系数矩阵；矩阵 Q_t^* 由 Q_t 的对角线元素的单位根组成；$\overline{Q}$ 是标准化残差 ε_{t-m}的无条件方差；α_m，β_n 为 DCC 模型估计相关参数；m，n 为 GARCH(m,n) 的滞后阶数，阶数通常设定为 1。为满足 H_t 正定且服从均值回归假设，α_m 与 β_n 均大于 0，且满足 $\alpha_m + \beta_n < 1$。

（二）数据选取及处理

1. 数据的选取

为考察“一带一路”倡议、人民币入篮以及新冠疫情冲击对人民币非洲区域化的不同影响，本书选取从 2015 年 3 月 28 日中国发布《推动共建丝绸之路经济带和 21 世纪海上丝绸之路的愿景与行动》至 2020 年 10 月 31 日各国货币对美元的日度汇率数据，研究人民币与非洲主要货币之间的联动性。同时，以 2016 年 10 月 1 日人民币正式入篮和 2019 年 12 月 1 日中国首例新冠肺炎患者出现为时间点，将样本划分为第一阶段（2015 年 3 月 28 日至 2016 年 9 月 30 日）、第二阶段（2016 年 10 月 1 日至 2019 年 11 月 30 日）以及第三阶段（2019 年 12 月 1 日至 2020 年 10 月 31 日）三个阶段分别进行研究。相关数据来源于 Wind 数据库及英为财情网站。尽管加蓬、赤道几内亚、喀麦隆、乍得、中非共和国、刚果（布）六国共同使用中非法郎，而尼日尔、布基纳法索、科特迪瓦、贝宁、马里、几内亚比绍、塞内加尔及多哥八国共同使用西非法郎，即非洲金融共同体法郎，但鉴于中非法郎和西非法郎等价，二者对外汇率相同，故仅选择中非法郎进行研究。同时，由于阿尔及利亚、南苏丹、利比亚、津巴布韦等18国数据存在严重缺失，而埃及货币政策变动较大，且在2016年前实行固定汇率制度，故最后共选取22种货币（包含人民币）的日度汇率数据，并通过对部分缺失值取前后交易日的平均值以及剔除连续缺失值的方式共得到32593个观测值。各国货币名称及符号如表3－2所示。

表3－2　各国货币名称及符号

货币名称	符号	货币名称	符号
人民币	CNY	摩洛哥迪拉姆	MAD
安哥拉宽扎	AOA	马达加斯加阿里亚里	MGA
布隆迪法郎	BIF	毛里求斯卢比	MUR
阿尔及利亚第纳尔	DZD	马拉维克瓦查	MWK
埃塞俄比亚比尔	ETB	莫桑比克梅蒂卡尔	MZN
冈比亚达拉西	GMD	纳米比亚元	NAD
加纳塞地	GHS	卢旺达法郎	RWF
几内亚法郎	GNF	突尼斯第纳尔	TND
肯尼亚先令	KES	乌干达先令	UGX
科摩罗法郎	KMF	中非法郎	XAF
莱索托洛蒂	LSL	南非兰特	ZAR

2. 数据的处理

由于本节采用各国货币对美元的日度汇率数据，当美国国内货币政策发生变动时可能对非洲主要国家货币及人民币的汇率变动产生影响，即非洲主要国家货币与人民币产生的联动关系可能部分是美元影响导致的，故可能高估人民币与非洲主要国家货币的联动关系，因此，应考虑剔除美元的影响。借鉴Shu等（2007）针对货币锚模型的变化形式，将人民币汇率和非洲国家货币汇率收益率序列分别对美元指数收益率序列做辅助回归，回归所得的残差序列即代表人民币汇率和非洲国家货币汇率独立于美元指数收益率的部分，以此来剔除美元对其他国家货币的影响，其辅助回归方程如式（3－9）所示。

$$R_t = \beta U_t + \sigma_t \tag{3-9}$$

式中，R_t 是人民币和所选非洲国家货币汇率收益率序列；U_t 为美元指数的收益率序列。

3. 变量描述性统计

整体样本及各阶段人民币和非洲主要货币收益率序列描述性统计结果见表 3－3 至表 3－6。可见，大部分货币的标准差整体样本和不同阶段在 0.1 以下，说明各国货币汇率自身的变动幅度较小。从偏度和峰度来看，各国货币在整体样本和不同阶段的峰度都大于 3，表明各国的货币收益率序列呈明显的“尖峰厚尾”特征。从 JB 值看，除了第三阶段（即新冠疫情暴发以来），除卢旺达法郎不拒绝原假设和南非兰特在 5% 的显著性水平下拒绝原假设之外，其余货币不同阶段均在 1% 的显著性水平下拒绝原假设，因此，除卢旺达法郎外，其他 21 种货币收益率序列都不服从正态分布，其波动状态具有 GARCH 模型的特征，因而使用 GARCH 类模型较为合理。从 ADF 值可知，除南非兰特和纳米比亚元在新冠疫情暴发以来在 5% 的显著性水平下拒绝原假设，其余 20 种货币不同阶段均在 1% 的显著性水平下拒绝原假设，表明所选货币汇率收益率序列均不存在单位根，即都为平稳序列，可直接进行 VAR 模型分析。因此，最终选取人民币与非洲除卢旺达法郎外的其余 20 种货币进行 VAR－DCC－MVGARCH 模型估计。

表 3－3　整体样本人民币与非洲主要货币收益率序列描述性统计

货币	标准差	偏度	峰度	JB 值	ADF 值
CNY	0.0023	0.6612	10.8624	4138.66 ***	－40.15 ***
AOA	0.0081	7.3720	112.2863	7.3e＋05 ***	－38.07 ***
BIF	0.0056	0.4612	14.5957	1.9e＋04 ***	－56.82 ***
DZD	0.0053	－1.2353	19.6718	1.7e＋04 ***	－37.81 ***
ETB	0.0057	11.0572	273.8348	5.5e＋06 ***	－46.25 ***
GMD	0.0100	0.4165	16.6436	6251.29 ***	－56.24 ***
GHS	0.0096	－0.2424	12.3076	5264.44 ***	－48.39 ***
GNF	0.0086	3.1492	56.0986	2.4e＋05 ***	－52.19 ***
KES	0.0019	－0.3179	9.7696	2698.57 ***	－32.54 ***
KMF	0.2330	0.0140	305.6027	7.5e＋06 ***	－65.74 ***

续表

货币	标准差	偏度	峰度	JB 值	ADF 值
LSL	0.0099	0.3142	5.4614	383.13 ***	-38.34 ***
MAD	0.0019	-0.5061	19.1945	1.8e+04 ***	-42.16 ***
MGA	0.4860	0.0481	224.3586	4.0e+06 ***	-65.69 ***
MUR	0.0045	0.1878	5.2913	456.08 ***	-49.63 ***
MWK	0.0068	2.5523	75.0032	2.4e+05 ***	-49.83 ***
MZN	0.0109	2.5659	54.5246	2.2e+05 ***	-49.31 ***
NAD	0.0097	0.2543	4.1968	100.67 ***	-37.45 ***
RWF	0.1250	-0.1168	341.1379	9.2e+06 ***	-65.72 ***
TND	0.0068	-1.0237	29.1463	2.3e+04 ***	-60.36 ***
UGX	0.0051	-2.1069	43.5705	1.1e+05 ***	-40.82 ***
XAF	0.0066	-0.2446	10.2066	2848.74 ***	-55.10 ***
ZAR	0.0099	0.2263	4.1836	96.25 ***	-38.05 ***

注：***、**、* 分别代表统计量在1%、5%、10%的显著性水平下显著，表3-4至表3-6相同。

表3-4　第一阶段人民币与非洲主要货币收益率序列描述性统计

货币	标准差	偏度	峰度	JB 值	ADF 值
CNY	0.0019	1.9560	29.8007	1.2e+04 ***	-5.73 ***
AOA	0.0087	11.8496	174.2148	4.8e+05 ***	-20.64 ***
BIF	0.0093	0.3646	6.6513	590.54 ***	-5.98 ***
DZD	0.0069	-2.1486	22.8937	7138.63 ***	-6.67 ***
ETB	0.0046	0.4673	15.6348	1276.35 ***	-7.44 ***
GMD	0.0098	1.4827	22.0356	6251.29 ***	-17.38 ***
GHS	0.0109	-0.3840	9.3057	523.90 ***	-6.53 ***
GNF	0.0145	2.3166	25.0696	1.0e+04 ***	-8.40 ***
KES	0.0024	-0.3764	8.5154	506.04 ***	-3.99 ***
KMF	0.0075	-0.0562	24.0027	9418.15 ***	-10.37 ***
LSL	0.0108	0.3500	6.6823	223.01 ***	-7.17 ***
MAD	0.0019	0.0330	5.0521	66.08 ***	-13.27 ***
MGA	0.0135	0.7805	11.0625	1012.35 ***	-7.01 ***
MUR	0.0039	0.2030	6.9743	378.17 ***	-16.96 ***

续表

货币	标准差	偏度	峰度	JB 值	ADF 值
MWK	0. 0119	1. 7275	28. 8326	7826. 73 ***	-3. 12 ***
MZN	0. 0176	2. 2632	28. 7716	1. 3e +04 ***	-6. 90 ***
NAD	0. 0108	0. 1951	4. 2072	26. 61 ***	-18. 85 ***
RWF	0. 0223	0. 1486	5. 5022	113. 30 ***	-9. 28 ***
TND	0. 0031	0. 6276	12. 822	688. 24 ***	-5. 76 ***
UGX	0. 0089	-1. 5006	17. 6329	4304. 43 ***	-13. 04 ***
XAF	0. 0052	-0. 0297	7. 2025	115. 92 ***	-8. 98 ***
ZAR	0. 0108	0. 1561	4. 3165	31. 36 ***	-18. 82 ***

表 3-5 第二阶段人民币与非洲主要货币收益率序列描述性统计

货币	标准差	偏度	峰度	JB 值	ADF 值
CNY	0. 0023	0. 4908	8. 1290	1023. 52 ***	-12. 77 ***
AOA	0. 0074	7. 5057	115. 6996	4. 5e +05 ***	-8. 01 ***
BIF	0. 0035	0. 0240	7. 8787	810. 71 ***	-8. 18 ***
DZD	0. 0044	0. 2224	4. 8661	128. 28 ***	-30. 68 ***
ETB	0. 0063	13. 9723	314. 3013	3. 6e +06 ***	-22. 81 ***
GMD	0. 0112	0. 0394	12. 3050	2728. 18 ***	-9. 79 ***
GHS	0. 0096	-0. 1761	13. 5769	1803. 65 ***	-6. 84 ***
GNF	0. 0051	1. 2885	22. 7798	1. 5e +04 ***	-19. 45 ***
KES	0. 0014	-0. 3188	7. 4115	633. 80 ***	-26. 25 ***
KMF	0. 3080	0. 0106	174. 8975	1. 4e +06 ***	-12. 91 ***
LSL	0. 0091	0. 1949	4. 8373	112. 82 ***	-28. 70 ***
MAD	0. 0015	0. 0940	7. 8937	401. 79 ***	-24. 79 ***
MGA	0. 6427	0. 0364	128. 3522	7. 4e +05 ***	-16. 07 ***
MUR	0. 0046	0. 1623	4. 8997	133. 61 ***	-11. 41 ***
MWK	0. 0032	0. 0221	9. 0774	1148. 00 ***	-6. 04 ***
MZN	0. 0076	-0. 2144	7. 7427	516. 03 ***	-7. 43 ***
NAD	0. 0089	0. 2030	4. 1475	50. 60 ***	-10. 26 ***
RWF	0. 1643	-0. 0899	199. 1713	1. 8e +06 ***	-24. 46 ***
TND	0. 0085	-0. 9307	20. 7511	6680. 17 ***	-8. 79 ***
UGX	0. 0024	-0. 1142	7. 0874	612. 92 ***	-6. 91 ***
XAF	0. 0058	-0. 4965	13. 1149	3730. 20 ***	-21. 86 ***
ZAR	0. 0091	0. 1679	4. 1490	48. 44 ***	-9. 46 ***

表3-6 第三阶段人民币与非洲主要货币收益率序列描述性统计

货币	标准差	偏度	峰度	JB 值	ADF 值
CNY	0.0027	0.2227	6.4152	126.79 ***	-18.10 ***
AOA	0.0093	0.2482	8.0358	214.60 ***	-5.90 ***
BIF	0.0022	0.0260	13.0833	1328.31 ***	-15.83 ***
DZD	0.0052	-0.1617	4.3252	16.65 ***	-14.53 ***
ETB	0.0050	1.0399	8.4457	327.85 ***	-19.01 ***
GMD	0.0037	-0.1116	8.1964	149.70 ***	-4.92 ***
GHS	0.0066	0.2538	6.3973	157.36 ***	-13.82 ***
GNF	0.0037	-0.0134	12.0638	592.24 ***	-11.94 ***
KES	0.0022	-0.0724	6.4544	111.12 ***	-4.01 ***
KMF	0.0069	0.4469	9.8376	228.75 ***	-4.51 ***
LSL	0.0108	0.5003	3.8058	9.70 ***	-3.51 ***
MAD	0.0028	-1.0734	20.9687	3096.39 ***	-4.75 ***
MGA	0.0051	0.0680	13.9447	971.07 ***	-10.68 ***
MUR	0.0050	0.2393	4.6218	104.19 ***	-4.67 ***
MWK	0.0029	-0.0072	6.2692	94.63 ***	-6.88 ***
MZN	0.0029	0.5318	9.3492	302.27 ***	-4.28 ***
NAD	0.0105	0.4709	3.6307	12.09 ***	-3.82 **
RWF	0.0129	0.0593	3.3808	0.83	-6.25 ***
TND	0.0038	-0.0818	4.2641	22.29 ***	-4.87 ***
UGX	0.0033	0.5573	10.1641	398.29 ***	-4.48 ***
XAF	0.0104	-0.0874	5.0821	49.34 ***	-6.72 ***
ZAR	0.0108	0.4684	3.4932	8.24 **	-3.84 **

二、VAR 模型估计结果

（一）最优滞后阶的确定

在研究人民币汇率收益率与非洲主要国家货币汇率收益率的动态联动关系时，先采用 VAR 模型确定最优滞后阶数，再进一步选取具有代表性的货币收益率序列进行 VAR 模型估计，以分析人民币对非洲国家货币汇率的传导性及溢出效应，最后对动态相关系数进行分析。

采用最终预测误差准则（FPE），似然比（LR）检验，以及赤池准则（AIC）、施瓦茨准则（SIC）、汉南—奎因准则（HQIC）三大信息准则，并优先选取符合以上准则最多的阶数为最优滞后阶数来确定 VAR 模型的最优滞后期，若选取的标准发生不一致时，则参考 SIC 准则，当最优滞后阶数为 0 时，则参考 LR 检验。最终选取的最优滞后阶数如表 3－7 所示。

表 3－7　最优滞后阶数选择

货币	总体	阶段 1	阶段 2	阶段 3
CNY－AOA	5	2	5	1
CNY－BIF	4	1	4	2
CNY－DZD	28	2	7	24
CNY－ETB	2	3	4	1
CNY－GMD	4	2	2	2
CNY－GHS	12	13	1	1
CNY－GNF	4	1	4	1
CNY－KES	1	1	1	1
CNY－KMF	13	1	10	2
CNY－LSL	49	41	47	9
CNY－MAD	3	1	4	1
CNY－MGA	10	1	10	3
CNY－MUR	3	1	4	1
CNY－MWK	13	12	11	1
CNY－MZN	9	1	6	1
CNY－NAD	38	1	4	9
CNY－TND	13	1	7	1
CNY－UGX	12	12	4	5
CNY－XAF	4	3	1	4
CNY－ZAR	60	1	12	19

（二）VAR 模型估计结果分析

限于篇幅，本节结合非洲地区不同的地理区位、表 3－7 中对最优滞后阶数的选择情况，以及非洲各国的经济发展水平，列出了人民币与非洲不同区域的8种主要代表性货币汇率收益率序列的VAR模型结果（见表3－8至表3－11）。选取的8种主要货币分别为东非的肯尼亚先令和埃塞俄比亚比尔，南部非洲的莫桑比克梅蒂卡尔、安哥拉宽扎和南非兰特，西非的加纳塞地，北非的摩洛哥迪拉姆，以及中部非洲的中非法郎。

1. 整体样本VAR模型估计结果分析

表3－8显示：人民币在滞后1期的情况下对安哥拉宽扎、加纳塞地和中非法郎均产生正向的均值溢出效应；[①] 人民币在滞后2期下对埃塞俄比亚比尔产生负向的均值溢出效应，对南非兰特产生显著的正向均值溢出效应；而人民币在滞后4期和11期情况下分别对肯尼亚先令、摩洛哥迪拉姆和莫桑比克梅蒂卡尔产生正向的均值溢出效应。

表3－8　整体样本VAR模型估计结果

货币	CNY	AOA	ETB	GHS	KES	MAD	MZN	XAF	ZAR
CNY（－1）	－2.80***	1.86*	－1.53	2.20**	1.03	0.32	－0.00	3.55***	－0.79
CNY（－2）	0.68	－0.13	－3.14***	－0.47	0.64	－0.29	－0.83	－0.46	2.69***
CNY（－4）	1.82*	－0.83	－1.10	－0.00	2.15**	－0.77	－0.43	－0.29	0.05
CNY（－11）	－1.40	－0.74	0.93	－0.79	－0.27	2.25**	1.54*	0.79	0.56
AOA（－5）	－2.18**	8.20***	－0.23	0.06	－1.51	0.14	0.39	－1.39	1.57
ETB（－4）	2.19**	1.38	－0.53	1.50	0.75	1.71*	－0.67	－0.06	0.85
GHS（－11）	2.43**	－1.68*	－0.38	－2.03**	－0.40	1.46	－0.24	0.19	1.51
GHS（－12）	2.57***	－0.62	－0.15	－2.83***	2.41**	0.79	－0.88	－1.00	－0.49
KES（－1）	－2.51**	0.78	0.13	1.13	5.08***	－1.49	－0.53	0.82	－2.00**
KES（－3）	1.65*	2.21**	－1.13	0.55	0.22	－1.80*	0.82	－0.40	1.61
MAD（－13）	－1.98**	0.46	1.26	0.55	1.54	－1.95*	0.50	－0.18	－0.04
XAF（－10）	1.69*	0.72	1.84*	0.00	－0.55	－2.81***	－1.15	－2.52**	0.83
XAF（－11）	2.18**	0.66	1.76*	0.04	－1.30	－2.98***	0.26	－1.08	－0.89
XAF（－13）	2.34**	－0.68	2.14**	－0.20	1.74*	－1.93*	－0.69	－0.59	－0.11

注：***、**、*分别代表统计量在1%、5%、10%的显著性水平下显著，表3－9至表3－15相同。

① 本节中货币之间的均值溢出效应均指各货币汇率收益率之间的溢出效应。

非洲货币对人民币的影响方面。安哥拉宽扎在滞后5期的情况下对人民币产生负向的均值溢出效应；埃塞俄比亚比尔在滞后4期的情况下对人民币产生正向的均值溢出效应；加纳塞地则在11期、12期下均对人民币产生正向的均值溢出效应；而肯尼亚先令在滞后1期和3期的情况下分别对人民币产生负向的均值溢出效应和正向的均值溢出效应；摩洛哥迪拉姆在滞后13期情况下对人民币产生负向的均值溢出效应；而中非法郎在滞后10期、11期、13期情况下均对人民币产生显著的正向均值溢出效应。

可见，整体样本下，人民币与安哥拉宽扎、埃塞俄比亚比尔、加纳塞地、肯尼亚先令、摩洛哥迪拉姆、中非法郎6种货币之间具有双向的均值溢出效应。

2. 分阶段样本VAR模型估计结果分析

（1）“一带一路”倡议实施至人民币入篮前VAR模型估计结果。

表3-9显示，“一带一路”倡议实施至人民币入篮前，人民币与非洲主要国家货币之间产生了一定的均值溢出效应。人民币滞后1期对加纳塞地和肯尼亚先令均产生正向的均值溢出效应；人民币滞后2期对摩洛哥迪拉姆和中非法郎产生显著的负向均值溢出效应；人民币滞后3期对埃塞俄比亚比尔和摩洛哥迪拉姆产生正向的均值溢出效应。而人民币在滞后4期、6期、7期、9期和13期情况下分别对肯尼亚先令、摩洛哥迪拉姆、加纳塞地、莫桑比克梅蒂卡尔和埃塞俄比亚比尔等几种货币产生均值溢出效应，其中对摩洛哥迪拉姆产生负向的均值溢出效应，对其余4种货币产生正向的均值溢出效应。人民币滞后8期对摩洛哥迪拉姆、莫桑比克梅蒂卡尔以及中非法郎均产生负向的均值溢出效应，对南非兰特产生正向的均值溢出效应；人民币滞后10期对埃塞俄比亚比尔和摩洛哥迪拉姆产生负向的均值溢出效应；人民币滞后11期对安哥拉宽扎、加纳塞地、摩洛哥迪拉姆和莫桑比克梅蒂卡尔等货币产生不同的均值溢出效应，其中对前两种货币产生负向的均值溢出效应，对其余两种货币产生正向的均值溢出效应；人民币滞后12期对埃塞俄比亚比尔和加纳塞地产生显著的负向均值溢出效应。

表 3-9 "一带一路"倡议实施至人民币入篮前 VAR 模型结果

货币	CNY	AOA	ETB	GHS	KES	MAD	MZN	XAF	ZAR
CNY (-1)	2.33 **	-0.15	0.95	1.97 **	1.69 *	0.58	-0.12	0.61	-0.01
CNY (-2)	-2.25 **	-0.88	-1.29	1.36	-0.72	-1.97 **	-0.35	-1.71 *	0.88
CNY (-3)	1.46	0.62	2.20 **	-0.21	1.58	2.06 **	0.85	0.48	-0.01
CNY (-4)	-1.5	-0.78	-1.00	-0.80	3.01 ***	-1.40	-1.15	0.03	0.25
CNY (-6)	-0.74	-1.17	-1.15	0.28	1.59	-1.85 *	0.56	0.34	0.23
CNY (-7)	1.17	0.25	0.44	2.16 **	0.05	-0.16	0.37	0.76	0.60
CNY (-8)	0.64	-0.77	-1.15	-0.12	-0.25	-2.07 **	-2.07 **	-1.73 *	1.80 *
CNY (-9)	1.94 *	-1.05	1.17	1.58	-0.58	-0.08	1.80 *	-0.23	1.11
CNY (-10)	-1.18	-0.59	-2.04 **	-1.04	-1.20	-2.15 **	-0.55	-0.27	-0.32
CNY (-11)	-1.22	-1.87 *	0.75	-1.98 **	-0.60	3.49 ***	2.74 ***	0.96	-0.35
CNY (-12)	-2.55 **	-0.85	-3.23 ***	-3.23 ***	1.18	-0.60	-1.48	0.14	-0.55
CNY (-13)	-1.36	0.49	1.86 *	0.27	-1.57	1.18	0.77	1.50	0.79
AOA (-1)	-1.96 *	-0.66	0.48	-0.55	0.57	0.91	-0.96	1.22	-0.33
AOA (-2)	4.07 ***	-0.30	1.63	-0.50	-0.69	0.05	0.49	1.37	2.18 **
AOA (-5)	-3.05 ***	0.72	-1.58	-1.19	-0.01	-2.07 **	-0.35	-1.43	2.00 **
ETB (-13)	1.66 *	7.89 ***	0.54	0.44	0.94	1.35	-2.22 **	0.41	0.79
GHS (-8)	-1.67 *	-0.02	-1.94 *	0.75	2.33 **	-0.40	-1.01	0.98	1.27
GHS (-10)	2.21 **	0.13	2.70 ***	2.42 **	-2.15 **	-0.44	-1.05	0.66	0.21
GHS (-11)	4.14 ***	-0.66	-0.22	-2.25 **	0.07	1.20	0.22	-1.50	1.65 *
KES (-6)	-2.95 ***	-0.59	-0.80	0.25	0.97	-1.28	0.51	-1.72 *	0.17
KES (-11)	1.76 *	-0.25	-0.98	1.35	1.47	-1.12	0.02	-1.37	1.33
MZN (-4)	-3.08 ***	-0.76	-0.06	-0.05	0.53	1.81 *	-2.75 ***	0.60	-0.01
MZN (-7)	2.27 **	0.28	-0.81	0.46	1.09	0.01	0.10	-0.25	-1.51
XAF (-5)	2.36 **	-0.72	0.49	1.12	0.79	0.31	-0.49	-2.71 ***	1.70 *
XAF (-6)	1.73 *	-0.17	-1.05	-0.73	-0.09	0.48	-0.44	-1.37	2.29 **
XAF (-8)	1.91 *	0.52	-2.22 **	-2.40 **	-2.33 **	-0.22	-0.37	-2.13 **	1.10
ZAR (-1)	2.73 ***	0.34	0.84	0.61	1.00	-2.92 ***	-0.45	-0.47	1.29
ZAR (-2)	-1.82 *	-0.93	-1.13	1.37	0.48	-2.17 **	-2.08 **	-1.28	-0.01
ZAR (-8)	1.93 *	1.13	0.28	-0.37	-0.10	1.52	2.01 **	0.84	1.48
ZAR (-11)	3.04 ***	-0.34	-1.57	1.94 *	0.40	-2.35 **	0.34	-1.23	0.96
ZAR (-13)	1.72 *	-0.76	-0.86	-1.18	1.05	0.79	-0.41	1.33	-0.51

在非洲货币对人民币的影响方面。安哥拉宽扎在滞后 1 期、2 期、5 期的情况下对人民币产生均值溢出效应，其中，滞后 2 期的影响为正，其余为负向均值溢出效应。埃塞俄比亚比尔滞后 13 期对人民币产生正向的均值溢出效应。加纳塞地则在滞后 10 期、11 期下均对人民币产生正向的均值溢出效应，在滞后 8 期下产生负向的均值溢出效应。肯尼亚先令滞后 6 期、11 期对人民币分别产生负向均值溢出效应和正向均值溢出效应。莫桑比克梅蒂卡尔滞后 4 期和 7 期对人民币分别产生负向均值溢出效应和正向均值溢出效应。而中非法郎滞后 5 期、6 期、8 期对人民币产生显著的正向均值溢出效应。南非兰特则在滞后 2 期下对人民币产生负向的均值溢出效应，滞后 1 期、8 期、11 期、13 期情况下对人民币具有正向均值溢出效应。

可见，“一带一路”倡议实施至人民币入篮期间人民币已与安哥拉宽扎、埃塞俄比亚比尔、加纳塞地、肯尼亚先令、莫桑比克梅蒂卡尔和中非法郎，以及南非兰特 7 种货币之间具有双向的均值溢出效应。

（2）人民币入篮至新冠疫情发生前 VAR 模型结果。

由表 3－10 可知，人民币入篮至新冠疫情发生前，人民币在滞后 1 期的情况下，对埃塞俄比亚比尔、南非兰特产生负向的均值溢出效应，而对安哥拉宽扎产生正向的均值溢出效应；人民币在滞后 2 期、3 期、7 期、8 期和 12 期情况下分别对埃塞俄比亚比尔、加纳塞地、摩洛哥迪拉姆和安哥拉宽扎产生显著的负向均值溢出效应；而人民币在滞后 6 期的情况下对加纳塞地和肯尼亚先令均产生正向的均值溢出效应。

表 3－10　人民币入篮至新冠疫情发生前 VAR 模型结果

货币	CNY	AOA	ETB	GHS	KES	MAD	MZN	XAF	ZAR
CNY（－1）	－1.80*	3.23***	－2.61***	1.59	1.56	0.71	0.37	1.33	－1.65*
CNY（－2）	1.03	0.78	－3.14***	－1.26	1.26	－0.96	－1.49	0.21	0.92
CNY（－3）	1.35	－0.81	0.36	－1.79*	－1.11	－0.77	1.07	－0.45	0.57
CNY（－6）	0.00	0.34	0.51	2.24**	2.93***	－0.83	－1.05	－0.32	－1.14
CNY（－7）	－0.68	0.27	－0.16	－1.15	0.23	－2.14**	－0.38	0.66	－0.62
CNY（－8）	－1.35	1.30	－1.04	－1.44	0.26	－2.85***	－1.09	0.10	0.39
CNY（－12）	1.89*	－1.69*	1.48	－0.60	－0.15	0.25	－0.45	0.11	－0.93
AOA（－2）	－3.00***	1.01	－0.32	0.90	2.08**	－0.84	0.46	2.41**	1.02

续表

货币	CNY	AOA	ETB	GHS	KES	MAD	MZN	XAF	ZAR
AOA（-7）	1.73*	-1.64	1.17	0.06	-0.91	1.05	-0.40	-1.12	-0.06
ETB（-4）	3.12***	-0.04	-0.79	0.29	1.20	2.19**	0.45	0.39	1.79*
GHS（-7）	-1.65*	0.31	-0.31	-0.89	-0.60	-0.05	1.84*	-3.17***	0.37
KES（-1）	-2.72***	2.33**	0.38	0.69	2.36**	-0.60	-0.57	-0.78	-1.69*
KES（-11）	-1.83*	0.00	-1.43	0.83	-0.18	-1.10	-0.66	-2.17**	1.20
MAD（-3）	2.52**	-0.24	-1.72*	0.36	0.23	-1.82**	-0.23	2.02**	0.16
MZN（-1）	-1.94*	1.50	-0.06	0.04	0.76	-0.22	-15.81***	-0.57	-0.08
MZN（-2）	-2.01**	1.93*	-0.35	0.26	-0.20	-0.46	-5.87***	-0.97	-2.87***
ZAR（-2）	2.59**	1.11	-0.15	-0.73	1.13	0.17	0.15	-0.66	-1.77*
ZAR（-8）	2.01**	0.91	-0.14	-0.18	-0.89	1.37	-0.55	0.52	-1.24

在非洲货币对人民币的溢出方面。肯尼亚先令和莫桑比克梅蒂卡尔均在滞后 1 期的情况下对人民币产生负向均值溢出效应；同时肯尼亚先令滞后 11 期对人民币具有负向的均值溢出效应；安哥拉宽扎、莫桑比克梅蒂卡尔和南非兰特滞后 2 期对人民币具有均值溢出效应，南非兰特产生的均值溢出效应为正，其余两种货币产生的均值溢出效应为负；安哥拉宽扎和南非兰特分别在滞后 7 期和滞后 8 期情况下对人民币产生正向的均值溢出效应；摩洛哥迪拉姆在滞后 3 期下对人民币具有正向的均值溢出效应；埃塞俄比亚比尔滞后 4 期对人民币产生正向的均值溢出效应；加纳塞地滞后 7 期对人民币具有负向的均值溢出效应。

可见，人民币入篮以来，人民币与安哥拉宽扎、埃塞俄比亚比尔、加纳塞地、肯尼亚先令、摩洛哥迪拉姆和南非兰特 6 种货币之间存在双向的均值溢出效应，较入篮前阶段双向的均值溢出货币数量有所下降，但大部分货币的滞后期明显较短。整体上，入篮前后人民币与非洲国家货币的均值溢出效应没有明显变化。

（3）新冠疫情暴发以来 VAR 模型结果。

表 3-11 显示：自新冠疫情暴发以来，人民币滞后 1 期对埃塞俄比亚比尔和中非法郎均产生正向的均值溢出效应；人民币在滞后 2 期下对加纳塞地和南非兰特产生显著的均值溢出效应，其中，对加纳塞地为负效应，南非兰

特为正向效应；人民币在滞后4期、5期和9期情况下分别对加纳塞地、安哥拉宽扎和摩洛哥迪拉姆产生显著的正向均值溢出效应。

表3－11　新冠疫情暴发以来VAR模型结果

货币	CNY	AOA	ETB	GHS	KES	MAD	MZN	XAF	ZAR
CNY（-1）	-1.99**	0.06	2.93***	-1.02	0.78	-0.35	-0.57	1.68*	-1.61
CNY（-2）	-0.94	-1.14	0.96	-2.19**	-0.85	0.25	-1.21	0.12	1.75*
CNY（-4）	-0.04	-0.43	-0.20	2.83***	0.19	-0.8	1.44	0.44	0.55
CNY（-5）	1.27	2.59**	-1.36	-1.34	-1.52	0.94	0.01	-0.76	0.60
CNY（-9）	1.38	1.01	0.83	-0.90	1.54	1.81*	0.51	-1.47	-1.44
AOA（-7）	2.29**	0.10	0.11	0.88	-0.50	0.72	1.04	0.33	0.19
ETB（-1）	-1.89*	0.84	-3.68***	1.66*	1.94*	2.57**	-2.09**	0.32	0.67
ETB（-5）	-2.88***	-0.76	-0.87	0.86	0.04	-1.15	1.64	0.48	-0.62
GHS（-9）	2.22**	0.00	0.96	-0.57	2.35**	-1.33	0.45	-1.59	-0.40
KES（-4）	1.70*	-0.47	0.01	-1.28	-1.45	-0.09	0.69	-1.59	-0.17
MZN（-4）	-1.80*	-1.46	-0.78	-1.11	2.74***	0.85	-0.11	-0.45	-2.20**
MZN（-9）	1.65*	0.69	1.27	-1.59	-1.96*	0.75	-0.55	0.19	0.14
XAF（-1）	-2.05**	-2.54**	1.10	-0.16	-1.06	-0.45	-1.60	-8.97***	-0.86
XAF（-5）	-2.68***	-0.19	0.92	-1.23	-0.78	-2.30**	-0.84	-1.04	-1.45
XAF（-7）	-2.98***	-2.91***	0.43	-0.09	0.50	-2.95***	-0.98	-0.14	-0.16
ZAR（-6）	-1.81*	-1.91*	-0.62	0.05	1.78*	0.25	0.48	0.32	-1.20
ZAR（-9）	2.13**	-2.58**	-0.92	0.24	-0.07	0.70	0.47	1.09	2.24**

非洲货币对人民币的影响。安哥拉宽扎在滞后7期下对人民币产生显著的正向均值溢出效应；埃塞俄比亚比尔在滞后1期和5期情况下对人民币均产生负向的均值溢出效应；而加纳塞地和肯尼亚先令分别在滞后9期和4期情况下对人民币产生正向的均值溢出效应；莫桑比克梅蒂卡尔在滞后4期下对人民币产生负向均值溢出效应，滞后9期下对人民币产生正向均值溢出效应；而中非法郎在滞后1期、5期和7期情况下均对人民币产生显著的负向均值溢出效应；南非兰特滞后6期和9期情况下分别对人民币产生负向、正向的均值溢出效应。

可见，新冠疫情暴发后，人民币与安哥拉宽扎、埃塞俄比亚比尔、加纳塞地和中非法郎及南非兰特5种非洲货币具有双向的均值溢出效应，货币数量较前期减少，尽管受疫情下世界经济不确定因素影响，但人民币与非洲主要货币均值溢出效应较前期变动并不明显。

三、DCC－MVGARCH 模型估计结果

（一）GARCH 模型参数估计结果分析

在进行 DCC 参数估计前首先对单变量 GARCH 模型进行参数估计，模型阶数通常设定为 1，GARCH（1，1）估计结果如表 3－12 至表 3－15 所示。可见，ARCH 项参数（α）参数和 GARCH 项参数（β）都大于 0 小于 1，并且 $\alpha+\beta<1$，表明 GARCH 模型设定是合理的。$\alpha+\beta$ 的值大部分接近于 1，说明各国汇率的波动有明显的持续性。

表 3－12　整体样本 GARCH（1，1）估计结果

货币	ω	α	β	$\alpha+\beta$
CNY	0.0000***	0.1852***	0.4578***	0.6429
AOA	0.0000***	0.7320***	0.1851***	0.9172
BIF	0.0000***	0.1066***	0.8915***	0.9981
DZD	0.0000***	0.1246***	0.8368***	0.9614
ETB	0.0000***	0.0643***	0.0138	0.0781
GMD	0.0000***	0.1083***	0.8883***	0.9966
GHS	0.0000***	0.2941***	0.7033***	0.9974
GNF	0.0000***	0.0417***	0.9524***	0.9941
KES	0.0012***	0.0013***	0.9799***	0.9811
KMF	0.0022***	0.0025***	0.9623***	0.9648
LSL	0.0000***	0.0419***	0.9373***	0.9792
MAD	0.0000***	0.6853***	0.1588***	0.8441
MGA	0.0030***	0.3158***	0.6763***	0.9921
MUR	0.0000***	0.1935***	0.6551***	0.8486
MWK	0.0000***	0.0352***	0.9462***	0.9814
MZN	0.0000***	0.0955***	0.9013***	0.9968
NAD	0.0000***	0.0595***	0.9111***	0.9706
TND	0.0000***	0.1587***	0.8388***	0.9975
UGX	0.0000***	0.1180***	0.8802***	0.9982
XAF	0.0000***	0.1846***	0.7435***	0.9281
ZAR	0.0000***	0.0695***	0.8986***	0.9681

表 3－13　第一阶段 GARCH（1，1）估计结果

货币	ω	α	β	α＋β
CNY	0. 0000 ***	0. 0459 **	0. 8193 ***	0. 8652
AOA	－0. 0000	0. 0001	0. 9659 ***	0. 9661
BIF	0. 0000 ***	0. 2497 ***	0. 6445 ***	0. 8942
DZD	0. 0000 **	0. 2348 ***	0. 6750 ***	0. 9098
ETB	0. 0000 ***	0. 5760 ***	0. 2790 ***	0. 8550
GMD	0. 0000 ***	0. 1286 ***	0. 7970 ***	0. 9256
GHS	0. 0000 ***	0. 2398 ***	0. 7300 ***	0. 9698
GNF	0. 0000 ***	0. 2175 ***	0. 4870 ***	0. 7045
KES	0. 0000 ***	0. 1794 ***	0. 8131 ***	0. 9925
KMF	0. 0000 ***	0. 1938 ***	0. 6806 ***	0. 8743
LSL	0. 0000 **	0. 2157 **	0. 3538 *	0. 5695
MAD	0. 0000	0. 0318	0. 8549 ***	0. 9667
MGA	0. 0000 ***	0. 2154 ***	0. 7682 ***	0. 9836
MUR	0. 0000 ***	0. 1226 ***	0. 6667 ***	0. 7893
MWK	0. 0000 ***	0. 3918 ***	0. 4979 ***	0. 8897
MZN	0. 0000 ***	0. 1842 **	0. 6894 ***	0. 8736
NAD	0. 0000 **	0. 2155 ***	0. 5362 ***	0. 7518
TND	0. 0000 ***	0. 3772 ***	0. 4525 ***	0. 8296
UGX	0. 0000 ***	0. 4294 ***	0. 5603 ***	0. 9897
XAF	0. 0000	0. 0849 ***	0. 6793 ***	0. 7642
ZAR	0. 0000 ***	0. 2024 ***	0. 5474 ***	0. 7498

表 3－14　第二阶段 GARCH（1，1）估计结果

货币	ω	α	β	α＋β
CNY	0. 0000 ***	0. 2534 ***	0. 5987 ***	0. 8520
AOA	0. 0000 ***	0. 2400 ***	0. 6015 ***	0. 8415
BIF	0. 0000 ***	0. 2291 ***	0. 6581 ***	0. 8872
DZD	0. 0000 ***	0. 1507 ***	0. 6732 ***	0. 8240
ETB	0. 0000 ***	0. 0015 ***	0. 9906 ***	0. 9921
GMD	0. 0000 ***	0. 1724 ***	0. 8173 ***	0. 9897
GHS	0. 0000 ***	0. 3923 ***	0. 5697 ***	0. 9620

续表

货币	ω	α	β	$\alpha+\beta$
GNF	0.0000***	0.1334***	0.8517***	0.9851
KES	0.0000***	0.2331***	0.6816***	0.9147
KMF	0.0000***	0.5961*	0.0000*	0.5961
LSL	0.0000***	0.0384***	0.9162***	0.9547
MAD	0.0000***	0.3387***	0.1756***	0.5142
MGA	0.0836***	0.3251***	0.5078***	0.8329
MUR	0.0000***	0.2038***	0.6448***	0.8486
MWK	0.0000***	0.1359***	0.8617***	0.9977
MZN	0.0000***	0.1444***	0.8468***	0.9912
NAD	0.0000*	0.0407***	0.9169***	0.9576
TND	0.0000***	0.2701***	0.7060***	0.9761
UGX	0.0000***	0.0740***	0.9093***	0.9833
XAF	0.0000***	0.1918***	0.7012***	0.8930
ZAR	0.0000*	0.0530***	0.9032***	0.9562

表3-15 第三阶段GARCH（1，1）估计结果

货币	ω	α	β	$\alpha+\beta$
CNY	0.0012*	0.7583***	0.1505**	0.9088
AOA	0.0000***	0.3062***	0.3648***	0.6710
BIF	0.0000***	0.4362**	0.3187***	0.7549
DZD	0.0000***	0.1820**	0.5771**	0.7590
ETB	0.0000***	0.1383***	0.7101***	0.8484
GMD	0.0025***	0.8246***	0.0483	0.8729
GHS	0.0000**	0.1411***	0.8454***	0.9866
GNF	0.0000***	0.1342***	0.8376***	0.9719
KES	0.0000***	0.2994***	0.4166***	0.7160
KMF	0.0000***	0.2221***	0.7018***	0.9239
LSL	0.0000	0.0974**	0.8130***	0.9104
MAD	0.0000***	0.4323***	0.3510***	0.7833
MGA	0.0134***	0.0206***	0.9386***	0.9592
MUR	0.0000***	0.3329***	0.4898***	0.8226

续表

货币	ω	α	β	$\alpha+\beta$
MWK	0.0000**	0.0520***	0.9448*	0.9969
MZN	0.0000***	0.2339***	0.5292***	0.7630
NAD	0.0000*	0.2723**	0.3935*	0.6658
TND	0.0000***	0.5156***	0.2255*	0.7411
UGX	0.0000***	0.2188***	0.6700***	0.8888
XAF	0.0000***	0.2414***	0.7262***	0.9676
ZAR	0.0000	0.1890***	0.6473***	0.8362

（二）DCC 模型参数估计结果

在 GARCH(1,1) 模型基础上进行 DCC 模型估计，模型阶数设定为 1。本节将 DCC 模型均值残差系数 α_m 估计结果记为 λ_1，条件异方差系数 β_n 估计结果记为 λ_2，各阶段估计结果如表 3-16 至表 3-19 所示。可见，λ_1（即受外部前期干扰因素的影响程度，表示变量对新信息的敏感度）和 λ_2（即受自身前期值干扰因素的影响程度，表示两变量相关关系的持续性）均不为 0，说明各货币汇率在滞后期内的动态相关系数受前期干扰因素的影响，同时 $\lambda_1+\lambda_2<1$，满足约束条件。

1. 整体样本 DCC 参数估计结果

由表 3-16 可知，整体样本中，所有货币的 λ_2 均大于 λ_1，且除布隆迪法郎、加纳塞地、肯尼亚先令和科摩罗法郎、马达加斯加阿里亚里、马拉维克瓦查、莫桑比克梅蒂卡尔、突尼斯第纳尔、中非法郎外，其余货币的 λ_2 均大于 0.5，同时人民币与所有货币的 λ_1 均小于 0.5，表明该期间人民币与大部分非洲国家货币的联动性受自身前期值的干扰因素的影响大于外部前期值的干扰，人民币与主要非洲国家货币之间的动态相关关系主要受自身前期值干扰因素的影响，受前期外部干扰因素影响较小。而人民币与安哥拉宽扎、几内亚法郎、莱索托洛蒂 3 种货币的 λ_2 均大于 0.8，表明人民币与这 3 种货币汇率相关关系具有较强的持续性；人民币与阿尔及利亚第纳尔、埃塞俄比亚比尔、冈比亚达拉西、摩洛哥迪拉姆、毛里求斯卢比、纳米比亚元、乌干达先令、南非兰特8种货币的 λ_2 大于0.5小于0.8，表明人民币与这8种货币相关性具有一定的持续性。可见，人民币与部分非洲国家货币的相关关系具有一定的持续性，但持续性水平大部分位于0.8以下，说明当前人民币对非洲国家货币的影响力仍有限。

表3-16　整体样本DCC参数估计结果

名称	λ_1	λ_2	$\lambda_1+\lambda_2$	名称	λ_1	λ_2	$\lambda_1+\lambda_2$
CNY-AOA	0.0060	0.9769	0.9829	CNY-MAD	0.0660	0.6099	0.6759
CNY-BIF	0.0781	0.4957	0.5738	CNY-MGA	0.2186	0.3854	0.6041
CNY-DZD	0.0532	0.7149	0.7681	CNY-MUR	0.0509	0.7041	0.7550
CNY-ETB	0.0660	0.6894	0.7554	CNY-MWK	0.3390	0.3940	0.7330
CNY-GMD	0.0517	0.6882	0.7399	CNY-MZN	0.1982	0.4051	0.6033
CNY-GHS	0.0943	0.3553	0.4496	CNY-NAD	0.0544	0.7838	0.8383
CNY-GNF	0.0177	0.9473	0.9650	CNY-TND	0.1385	0.4979	0.6364
CNY-KES	0.0772	0.4653	0.5425	CNY-UGX	0.0851	0.5397	0.6248
CNY-KMF	0.2596	0.4317	0.6913	CNY-XAF	0.1404	0.4276	0.5680
CNY-LSL	0.0314	0.8738	0.9052	CNY-ZAR	0.0680	0.7859	0.8539

2. 分阶段样本DCC参数估计结果

（1）"一带一路"倡议实施至人民币入篮期间DCC参数估计结果。

由表3-17可知，在"一带一路"倡议实施至人民币入篮期间，除摩洛哥迪拉姆、马达加斯加阿里亚里、马拉维克瓦查和中非法郎4种货币的 λ_2 小于0.5且小于 λ_1，肯尼亚先令和科摩罗法郎的 λ_2 也小于0.5，其余货币的 λ_2 均大于0.5且大于 λ_1，表明该期间人民币与大部分非洲国家货币的动态相关关系受自身前期值的干扰因素影响大于外部前期值的干扰，且前期外部干扰因素影响值较小，自身前期值干扰因素影响值较大。人民币与安哥拉宽扎、埃塞俄比亚比尔、加纳塞地、几内亚法郎、莱索托洛蒂、毛里求斯卢比、突尼斯第纳尔、乌干达先令8种货币的 λ_2 均大于0.8，表明人民币与这8种货币相关关系具有较强的持续性；人民币与布隆迪法郎、阿尔及利亚第纳尔、冈比亚达拉西、莫桑比克梅蒂卡尔、纳米比亚元、南非兰特6种货币的 λ_2 大于0.5小于0.8，表明人民币与这6种货币相关关系具有一定的持续性。

表3－17 “一带一路”倡议实施至人民币入篮期间DCC参数估计结果

名称	λ_1	λ_2	$\lambda_1+\lambda_2$	名称	λ_1	λ_2	$\lambda_1+\lambda_2$
CNY－AOA	0.0096	0.9843	0.9939	CNY－MAD	0.0033	0.0000	0.0033
CNY－BIF	0.0382	0.5181	0.5563	CNY－MGA	0.1322	0.0302	0.1624
CNY－DZD	0.0815	0.5571	0.6386	CNY－MUR	0.0838	0.8142	0.8980
CNY－ETB	0.0019	0.9821	0.9840	CNY－MWK	0.1604	0.0585	0.2189
CNY－GMD	0.0283	0.6731	0.7014	CNY－MZN	0.0467	0.6460	0.6927
CNY－GHS	0.0101	0.9849	0.9950	CNY－NAD	0.1389	0.5730	0.7119
CNY－GNF	0.0289	0.9406	0.9695	CNY－TND	0.0221	0.9525	0.9746
CNY－KES	0.0537	0.4895	0.5432	CNY－UGX	0.0112	0.9809	0.9921
CNY－KMF	0.0141	0.4927	0.5068	CNY－XAF	0.1266	0.0970	0.2236
CNY－LSL	0.0084	0.9914	0.9998	CNY－ZAR	0.1428	0.6295	0.7723

（2）人民币入篮至新冠疫情暴发前DCC参数估计结果。

随着人民币正式入篮，人民币与非洲主要货币之间的变动持续状态相较入篮前产生一定的变化。如表3－18所示，除中非法郎外，其余货币的 λ_2 均大于 λ_1，表明人民币与大部分货币之间的动态相关关系受自身前期的干扰仍然大于受外部前期值干扰，人民币入篮后有9种货币的 λ_2 小于0.5，相较于第一阶段，部分货币受前期自身干扰的因素影响有所削弱。人民币与阿尔及利亚第纳尔、几内亚法郎、肯尼亚先令、科摩罗法郎、莱索托洛蒂、摩洛哥迪拉姆、马达加斯加阿里亚里、纳米比亚元、南非兰特9种货币的 λ_2 大于0.8，与布隆迪法郎和乌干达先令2种货币的 λ_2 在0.5～0.8，可见相较于第一阶段，第二阶段人民币与非洲主要国家货币之间相关关系具有强持续性的货币数量有所增加，但中强度的持续性货币数量具有一定程度的下降。说明人民币与非洲主要货币之间的关联性随着“一带一路”倡议的提出短期内有所提升，但与部分国家货币相关性不存在稳定的持续性。

表 3－18　人民币入篮至新冠疫情暴发前 DCC 参数估计结果

名称	λ_1	λ_2	$\lambda_1+\lambda_2$	名称	λ_1	λ_2	$\lambda_1+\lambda_2$
CNY－AOA	0.1252	0.2718	0.3970	CNY－MAD	0.0081	0.9021	0.9102
CNY－BIF	0.0283	0.6803	0.7086	CNY－MGA	0.0538	0.9129	0.9667
CNY－DZD	0.0047	0.8812	0.8859	CNY－MUR	0.0302	0.0557	0.0859
CNY－ETB	0.1684	0.4031	0.5715	CNY－MWK	0.1285	0.4944	0.6229
CNY－GMD	0.0296	0.4043	0.4339	CNY－MZN	0.0282	0.2878	0.3160
CNY－GHS	0.0399	0.2616	0.3015	CNY－NAD	0.0012	0.9919	0.9931
CNY－GNF	0.0002	0.9896	0.9898	CNY－TND	0.1328	0.4256	0.5584
CNY－KES	0.0061	0.9938	0.9999	CNY－UGX	0.0893	0.5929	0.6822
CNY－KMF	0.0341	0.9601	0.9942	CNY－XAF	0.1382	0.0770	0.2152
CNY－LSL	0.0122	0.9514	0.9636	CNY－ZAR	0.0266	0.8943	0.9209

（3）新冠疫情暴发以来 DCC 参数估计结果。

新冠疫情暴发后，人民币与非洲主要货币之间的关联性较新冠疫情暴发前有一定提升。由表 3－19 可知，在新冠疫情暴发后，人民币与安哥拉宽扎、阿尔及利亚第纳尔、冈比亚达拉西、几内亚法郎、科摩罗法郎、莱索托洛蒂、南非兰特这 7 种货币的 λ_2 大于 0.8；而人民币与埃塞俄比亚比尔、加纳塞地、纳米比亚元 3 种货币 λ_2 在 0.5～0.8。总体来看，人民币与这 10 种货币相关关系的持续性相对于第二阶段具有一定程度的提升。就受前期值干扰因素来看，仅肯尼亚先令和马达加斯加阿里亚里的 λ_1 大于 λ_2，表明人民币与大部分非洲国家货币自身前期值干扰仍然大于外部前期值干扰；且除布隆迪法郎、摩洛哥迪拉姆、毛里求斯卢比、马拉维克瓦查、莫桑比克梅蒂卡尔、突尼斯第纳尔、乌干达先令和中非法郎，以及肯尼亚先令和马达加斯加阿里亚里外，其余 10 种货币的 λ_2 均大于 0.5，说明仍有较大部分货币与人民币之间的联动性主要受制于前期自身干扰因素的影响，但相较于第二阶段有所减弱。可见，自新冠疫情暴发以来，人民币与非洲主要货币之间相关性的持续程度有一定程度的提升，但提升幅度不太明显，表明尽管当前金融市场存在一定的不确定性，但新冠疫情对人民币与非洲主要货币之间的联动关系并未产生持续的影响。

表 3-19 新冠疫情暴发以来 DCC 参数估计结果

名称	λ_1	λ_2	$\lambda_1+\lambda_2$	名称	λ_1	λ_2	$\lambda_1+\lambda_2$
CNY - AOA	0.0305	0.9636	0.9941	CNY - MAD	0.0861	0.4817	0.5678
CNY - BIF	0.2829	0.2967	0.5796	CNY - MGA	0.3283	0.0008	0.3291
CNY - DZD	0.0017	0.9874	0.9891	CNY - MUR	0.0389	0.4866	0.5255
CNY - ETB	0.0820	0.7065	0.7885	CNY - MWK	0.2309	0.4998	0.7307
CNY - GMD	0.0169	0.9674	0.9843	CNY - MZN	0.2833	0.3198	0.6031
CNY - GHS	0.0592	0.6938	0.7530	CNY - NAD	0.0222	0.7601	0.7823
CNY - GNF	0.0201	0.9792	0.9993	CNY - TND	0.0721	0.4520	0.5241
CNY - KES	0.0365	0.0316	0.0681	CNY - UGX	0.0883	0.2965	0.3848
CNY - KMF	0.0387	0.8287	0.8674	CNY - XAF	0.0811	0.4086	0.4897
CNY - LSL	0.0152	0.9847	0.9999	CNY - ZAR	0.0332	0.8223	0.8555

（三）人民币与主要非洲国家货币汇率动态相关系数时变图分析

图3-6（限于篇幅，仅对上文 VAR 模型分析中的8种货币进行分析）显示，2001 年至2020 年间，人民币与安哥拉宽扎的动态相关系数基本大于0，出现两次先升后降，“一带一路”倡议实施的前期阶段，具有较大的提升，2016 年1 月出现0.2 的峰值，人民币入篮后的一段时间较为稳定，2018 年1 月急剧下降至-0.05，2020 年4 月的时候出现接近0.2 的峰值，之后在疫情和全球不确定性影响下，急剧下降至-0.05。人民币与其他7 种货币动态相关系数具有较大的波动性，且波动较为频繁，也具有一定的聚集性。其中，人民币与埃塞俄比亚比尔的动态相关系数集中在0.03 左右，2017 年10 月达到接近0.5 的峰值，2020 年2 月负相关系数一度达到-0.7；人民币与加纳塞地动态相关系数集中在0.05 上下，最高峰值在2015 年8 月，为0.53，负相关系数的绝对值在2020 年3 月最大，为0.51；人民币与肯尼亚先令的动态相关系数集中在-0.02，最高值出现在2018 年11 月，为0.38，负相关系数最低值出现在2020 年10 月，为-0.4；人民币与摩洛哥迪拉姆的相关系数集中在-0.02，最高值出现在2020 年10 月，为0.41，负相关系数最低值出现在2016 年2 月，为-0.64；人民币与莫桑比克梅蒂卡尔的相关系数集中在0.05，最大值出现在2017 年9 月，为0.64，而2016 年1 月和2019 年2 月负相关系

数接近－0.8；人民币与中非法郎的相关系数集中在－0.02～0.02，2016 年 11 月和 2017 年 8 月负相关系数均接近－0.6，2020 年 7 月正相关系数接近 0.5；人民币与南非兰特相关系数集中在 0.2，2016 年 6 月出现接近 0.5 的峰值，2020 年 2 月负相关系数最低值接近－0.4。

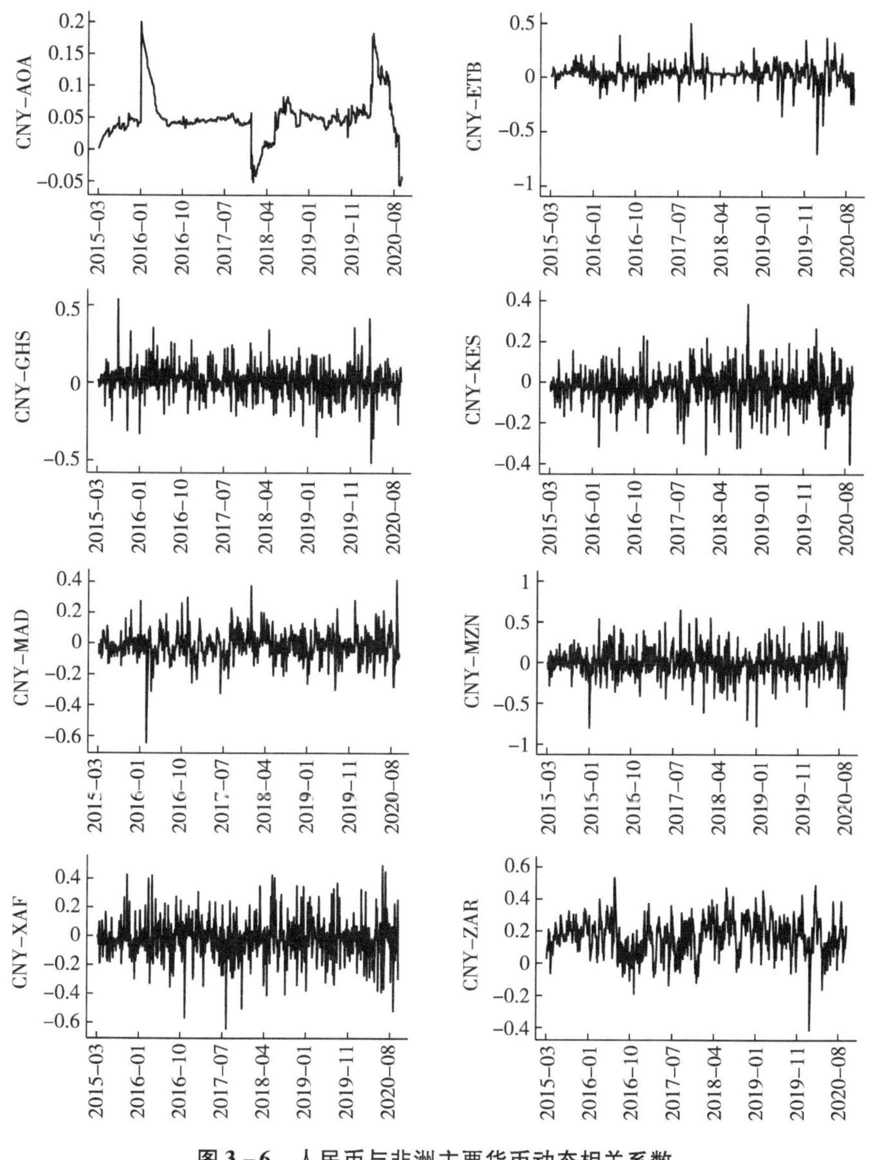

图 3－6　人民币与非洲主要货币动态相关系数

可见，“一带一路”倡议实施和人民币入篮的早期阶段，人民币与这8种货币正向动态相关性均具有一定的提升，而在疫情冲击的早期阶段，人民币与大部分非洲国家货币的负向动态相关性也有一定的提升（负相关系数绝对值增大）。总体来看，人民币与大部分货币存在一定的动态相关性，但并不稳定。

四、结论

本节基于2015年3月28日至2020年10月31日中国与非洲国家20种货币对美元汇率的日度数据，以人民币入篮和新冠疫情为节点分三个阶段，使用VAR－DCC－MVGARCH模型分析人民币与非洲主要货币汇率的均值溢出效应和联动的时变特征，得出如下主要结论。

第一，人民币与部分非洲国家之间具有双向的均值溢出效应，人民币对非洲国家货币具有一定的影响力。人民币与安哥拉宽扎、埃塞俄比亚比尔、加纳塞地和南非兰特在不同阶段均具有双向的均值溢出效应，而肯尼亚先令、摩洛哥迪拉姆、莫桑比克梅蒂卡尔和中非法郎在部分阶段与人民币存在双向的均值溢出效应。随着人民币入篮和新冠疫情暴发，人民币与非洲主要货币存在均值溢出效应的货币数量有所下降。所选非洲8种代表性货币中，在“一带一路”倡议实施到人民币入篮前，除摩洛哥迪拉姆外其余货币与人民币之间存在双向的均值溢出效应；人民币入篮至新冠疫情暴发前，人民币与6种非洲货币存在双向均值溢出效应；新冠疫情暴发后，则有5种非洲货币与人民币存在双向的均值溢出效应。

第二，人民币与非洲主要货币之间的动态相关关系主要受自身前期值干扰因素的影响，受前期外部干扰因素的影响较小，但自身前期值的干扰因素影响逐渐减弱；人民币与非洲大部分国家货币存在一定的联动持续性，且动态相关系数呈时变性，并不稳定。“一带一路”战略实施前期阶段和人民币入篮前期阶段对人民币与部分货币的动态性相关系数具有一定的提升作用，新冠疫情冲击早期阶段对人民币与大部分非洲国家货币的负向动态相关性也有一定的提升（即负相关系数绝对值增大）。因此，政策实施或新冠疫情冲击对人民币与非洲国家货币联动性主要呈现短期性影响。总体来看，人民币对非洲国家货币的影响力仍然有限，人民币非洲区域化进程有待进一步推进。

第三节　人民币对非洲国家货币的溢出效应——基于信息溢出指数模型[①]

Diebold 和 Yilmaz（2012）构建的信息溢出指数模型可测度变量之间的信息溢出方向与溢出规模大小。本节运用此模型对比分析在岸人民币与离岸人民币对非洲国家货币的溢出效应及其时变特征，并探讨采用不同汇率制度的非洲国家中，人民币对其货币溢出效应的差异性，以进一步探讨人民币对非洲国家货币的影响，从而为进一步推进人民币在非洲的区域化提供有益启示。

一、模型构建与数据处理

（一）模型构建

借鉴 Diebold 和 Yilmaz（2012）的信息溢出指数模型，以投入—产出分解表的形式给出不同冲击的溢出贡献，以此判断溢出效应的主要来源和主要接受者。

首先建立 VAR 模型：

$$X_t = \sum_{i=1}^{p} \varphi_i X_{t-i} + \varepsilon_t \tag{3-10}$$

假设式（3－10）有平稳的协方差，则转换成移动平均的形式：

$$X_t = \sum_{t=0}^{\infty} A_i \varepsilon_{t-i} \tag{3-11}$$

式中，系数矩阵为 N 阶单位矩阵。当 $i<0$ 时，$A_i=0$；当 $i>0$ 时，A_i 满足：

$$A_i = \varphi_1 A_{i-1} + \varphi_2 A_{i-2} + \cdots + \varphi_p A_{i-p} \tag{3-12}$$

做 H 步（$H=1,2,3\cdots$）方差分解，广义方差分解之后将每一变量来自非自身冲击的部分加和并标准化，即为总溢出指数。

i 国货币汇率对 j 国货币汇率的溢出效应为对向前 H 步的预测误差的方差贡献，即

① 本节主要内容发表于《区域国别学刊》2023 年第 1 期。

$$\theta_{ij}(H) = \frac{\sigma_{ii}^{-1}\sum_{h=0}^{H-1}(e_i'A_h\sum e_j)^2}{\sum_{h=0}^{H-1}(e_i'A_h\sum A_i'e_i)} \tag{3-13}$$

式中，$i \neq j$，σ_{ii}为第 i 个方程预测误差的标准差，e_i 为第 i 个元素为 1，其余元素均为 0 的列向量。

对式（3－13）进行标准化，得

$$\tilde{\theta}_{ij}(H) = \theta_{ij}(H)/\sum_{j=1}^{N}\theta_{ij}(H) \tag{3-14}$$

式中，$\sum_{j=1}^{N}\tilde{\theta}_{ij}(H) = 1$，$\sum_{i,j=1}^{N}\tilde{\theta}_{ij}(H) = N$ （3－15）

构建总溢出指数：

$$S(H) = 100 \times \frac{\sum_{i,j=1,i\neq j}^{N}\tilde{\theta}_{ij}(H)}{\sum_{i,j=1}^{N}\tilde{\theta}_{ij}(H)} = 100 \times \frac{1}{N} \times \sum_{i,j=1,i\neq j}^{N}\tilde{\theta}_{ij}(H) \tag{3-16}$$

总溢出指数越大，表明货币汇率变动更大程度上取决于不同货币间的信息溢出，各国货币间的联系也越密切。

j 国货币对 i 国货币的溢出指数定义为

$$S_{ij}(H) = 100 \times \frac{\tilde{\theta}_{ij}(H)}{\sum_{i,j=1}^{N}\tilde{\theta}_{ij}(H)} = 100 \times \frac{\tilde{\theta}_{ij}(H)}{N} \tag{3-17}$$

其他国家货币汇率对 i 国货币汇率的溢出指数定义为

$$S_{i\cdot}(H) = 100 \times \frac{\sum_{j=1,j\neq i}^{N}\tilde{\theta}_{ij}(H)}{\sum_{i,j=1}^{N}\tilde{\theta}_{ij}(H)} = 100 \times \frac{\sum_{j=1,j\neq i}^{N}\tilde{\theta}_{ij}(H)}{N} \tag{3-18}$$

i 国货币汇率对其他国家货币汇率的定向溢出指数定义为

$$S_{\cdot i}(H) = 100 \times \frac{\sum_{j=1,j\neq i}^{N}\tilde{\theta}_{ji}(H)}{\sum_{i,j=1}^{N}\tilde{\theta}_{ji}(H)} = 100 \times \frac{\sum_{j=1,j\neq i}^{N}\tilde{\theta}_{ji}(H)}{N} \tag{3-19}$$

i 国货币汇率对其他国家货币汇率的净溢出效应为

$$S_i(H) = S_{\cdot i}(H) - S_{i\cdot}(H) \tag{3-20}$$

（二）数据选取

本节货币汇率为人民币与非洲国家货币对美元的名义汇率。由于非洲法郎区国家统一用非洲法郎，即中非法郎与西非法郎，两者均与欧元挂钩且基本等价，故仅选择中非法郎作为研究对象。博茨瓦纳、吉布提、冈比亚、佛得角、南苏丹、津巴布韦等13个非洲国家货币汇率数据缺失较多，故没有包括在样本中，最终选取中国与非洲的28个国家的货币汇率进行研究。其中，人民币汇率包括在岸人民币（CNY）和离岸人民币（CNH）汇率，非洲国家货币包括安哥拉宽扎（AOA）、布隆迪法郎（BIF）、阿尔及利亚第纳尔（DZD）、埃及镑（EGP）、埃塞俄比亚比尔（ETB）、加纳塞地（GHS）、几内亚法郎（GNF）、肯尼亚先令（KES）、科摩罗法郎（KMF）、莱索托洛蒂（LSL）、利比亚第纳尔（LYD）、摩洛哥迪拉姆（MAD）、马达加斯加阿里亚里（MGA）、毛里求斯卢比（MUR）、马拉维克瓦查（MWK）、莫桑比克梅蒂卡尔（MZN）、纳米比亚元（NAD）、尼日利亚奈拉（NGN）、卢旺达法郎（RWF）、塞舌尔卢比（SCR）、苏丹镑（SDG）、索马里先令（SOS）、突尼斯第纳尔（TND）、坦桑尼亚先令（TZS）、乌干达先令（UGX）、中非法郎（XAF）、南非兰特（ZAR）。基于数据的连续性与匹配性，选取2005年1月4日至2020年12月31日在岸人民币汇率和27个非洲国家货币汇率的日度数据。该时间段内人民币进行了两次汇率改革，同时该时间段也是人民币国际化战略不断推进的时期。基于数据可获得性，人民币离岸汇率则选取2013年7月19日至2020年12月31日的日度数据，此阶段覆盖离岸人民币市场发展以来绝大部分交易活跃的区间。最终在岸人民币汇率与27个非洲国家货币汇率数据的观测值有4173个，离岸人民币汇率的观测值有1945个。所选取货币的名义汇率数据均来源于英为财情投资网站（http：//cn. investing. com/）。同时通过对数处理得到货币汇率的收益率序列：

$$R_t = 100 \times (\ln P_t - \ln P_{t-1}) \tag{3-21}$$

式中，P_t 表示货币汇率的第 t 日的收盘价格，R_t 为货币汇率的日收益率。数据相关处理主要通过 Eviews 软件和 Stata 软件进行。

主要数据描述性统计结果如表 3 - 20 所示。

表 3 - 20　中国与非洲国家货币汇率收益率序列统计特征

货币	均值	标准差	最大值	最小值	偏度	峰度	JB 统计量
CNY	-0.0057	0.1669	1.8382	-2.0322	0.1024	21.0557	56691.88 ***
CNH	0.0029	0.2652	2.7613	-1.4984	0.3529	13.0518	8228.748 ***
AOA	0.0491	0.7384	13.9770	-7.0847	3.4895	92.0325	1386739 ***
BIF	0.0140	0.6429	7.5932	-7.6961	0.5419	22.7790	68225.82 ***
DZD	0.0146	0.4697	3.7717	-3.0843	0.2396	13.6597	19797.27 ***
EGP	0.0239	0.9303	54.0778	-5.5689	48.0363	2747.0520	12.5609 ***
ETB	0.0363	0.5406	18.2340	-5.9383	15.3617	461.9392	36786572 ***
GHS	0.0452	0.8356	10.0705	-7.7921	0.2100	24.9500	83803.69 ***
GNF	0.0304	1.4448	13.7201	-50.6668	9.8822	383.1331	25193061 ***
KES	0.0078	0.4393	5.4892	-4.0879	0.5538	25.1168	85264.70 ***
KMF	0.0023	13.6910	476.0314	-475.9507	0.0209	883.5316	11.6697 ***
LSL	0.0228	1.0483	7.5978	-6.8620	0.3585	6.7713	2562.363 ***
LYD	0.0022	0.5238	12.6513	-12.6513	3.2598	252.5934	10839258 ***
MAD	0.0017	0.4621	3.3093	-2.7877	0.0044	5.9687	1532.456 ***
MGA	0.0176	33.5564	922.1823	-920.7659	0.0204	429.3800	31610460 ***
MUR	0.0081	0.3102	7.9890	-6.8163	0.6071	25.7858	90531.09 ***
MWK	0.0472	1.1210	40.7471	-9.5310	12.1821	431.2576	31992685 ***
MZN	0.0335	1.2028	21.6238	-18.3595	1.2554	59.0169	546697.5 ***
NAD	0.0229	1.0405	8.8013	-7.2231	0.4164	6.5834	2353.308 ***
NGN	0.0267	1.0196	34.9891	-6.9374	11.3867	373.6079	23971949 ***
RWF	0.0139	7.3482	233.5669	-235.5320	-0.2072	985.7258	12.5667 ***
SCR	0.0337	1.6914	50.5001	-13.1643	6.4183	201.3590	6869988 ***
SDG	0.0275	2.3085	96.8605	-94.2364	4.2089	1467.0900	18.1392 ***
SOS	-0.0504	0.6978	6.6215	-6.3361	-0.3399	31.6124	142426.8 ***
TND	0.0192	0.5933	4.4029	-9.5449	-0.7641	23.8101	75704.39 ***
TZS	0.0192	0.5645	9.4187	-10.1389	-1.3607	80.7515	1052415 ***
UGX	0.0176	0.5626	4.5892	-6.5695	-0.4662	21.5223	59803.08 ***
XAF	0.0026	0.6980	5.0232	-7.0678	-0.3323	9.9488	8472.404 ***
ZAR	0.0229	1.1062	16.0173	-7.5707	0.9972	17.5612	37558.21 ***

注：***、**、*分别表示在1%、5%、10%的显著性水平上显著。

二、实证结果分析

基于 Diebold 和 Yilmaz（2012）溢出指数模型计算在岸人民币 CNY、离岸人民币 CNH 与非洲国家货币间的溢出效应指数，包括总溢出效应指数、溢入效应指数、溢出效应指数和净效应指数，并分析人民币汇率对非洲国家货币汇率溢出效应的动态特征。在此基础上进一步考察人民币汇率与不同汇率制度非洲国家货币汇率间溢出效应及剔除美元影响后人民币汇率对非洲国家货币汇率的溢出效应。

（一）人民币汇率对非洲国家货币汇率溢出效应

分别基于 5 天和 10 天的预测期，分析在岸人民币汇率和离岸人民币汇率对非洲国家货币汇率的溢出效应，发现最终结果并无显著差别，因此只列出在 10 天预测期下的溢出效应结果，如表 3 - 21 和表 3 - 22 所示。

表 3 - 21 显示，在岸人民币汇率与 27 个非洲国家货币汇率间的总溢出效应为 21.359%，表明这些货币汇率具有一定的关联性。从溢入效应看，在岸人民币汇率受非洲国家货币汇率的总溢入为 19.200%，表明在岸人民币汇率的波动有 19.200% 来源于非洲国家货币，其主要来自纳米比亚（2.652%）、南非（2.642%）、摩洛哥（2.534%）、莱索托（2.412%）、突尼斯（2.114%）和中部非洲经济与货币共同体货币（1.414%），而索马里（0.052%）、肯尼亚（0.075%）、加纳（0.083%）、坦桑尼亚（0.085%）和几内亚（0.092%）货币对在岸人民币汇率的溢入效应贡献较少。在溢出效应方面，在岸人民币汇率对非洲国家货币汇率的总溢出为 9.508%，主要是对莱索托（0.924%）、苏丹（0.857%）、南非（0.845%）、纳米比亚（0.844%）和阿尔及利亚（0.611%）货币汇率的溢出，对乌干达（0.034%）、莫桑比克（0.042%）、马拉维（0.069%）、肯尼亚（0.071%）、几内亚（0.083%）和索马里（0.085%）货币的溢出相对较低。可见，在岸人民币汇率对非洲各国货币汇率的溢出效应仍有限，溢出效应均小于 1%。在岸人民币汇率对非洲 27 个国家货币汇率的净溢出效应为 -9.692%，表明在岸人民币汇率是货币汇率收益率波动的主要承担者。

表3－21　在岸人民币汇率对非洲国家货币汇率的溢出效应　单位：%

$T=10$		AOA	BIF	DZD	EGP	ETB	GHS	GNF	KES	KMF
CNY	To	0. 335	0. 238	0. 611	0. 185	0. 240	0. 245	0. 083	0. 071	0. 369
	From	0. 238	0. 183	0. 730	0. 440	0. 187	0. 083	0. 092	0. 075	0. 374
$T=10$		LSL	LYD	MAD	MGA	MUR	MWK	MZN	NAD	NGN
CNY	To	0. 924	0. 382	0. 427	0. 505	0. 201	0. 069	0. 042	0. 844	0. 347
	From	2. 412	0. 170	2. 534	0. 560	0. 203	0. 145	0. 126	2. 652	0. 767
$T=10$		RWF	SCR	SDG	SOS	TND	TZS	UGX	XAF	ZAR
CNY	To	0. 196	0. 457	0. 857	0. 085	0. 443	0. 121	0. 034	0. 353	0. 845
	From	0. 147	0. 184	0. 436	0. 052	2. 114	0. 085	0. 157	1. 414	2. 642
Total		To	From	Net	Index					
		9. 508	19. 200	－9. 692	21. 359					

注："To"表示人民币汇率对非洲国家货币汇率的溢出效应，"From"表示人民币汇率受非洲国家货币汇率影响的溢入效应，"Net"表示人民币汇率对非洲国家货币汇率的净效应，Index表示样本期内人民币汇率与非洲国家货币汇率总体溢出效应。表3－22及表3－24至表3－27的表注相同。

由表3－22可知，包含离岸人民币汇率在内的28种货币汇率相互间的影响程度为26. 037%，高于在岸人民币汇率与非洲国家货币汇率间的相互影响程度；离岸人民币汇率受非洲国家货币汇率的溢入效应为43. 199%，对非洲国家货币汇率的溢出效应为36. 201%，均高于在岸人民币汇率相应的溢入效应和溢出效应。① 离岸人民币汇率受非洲国家货币汇率的溢入效应，以及对非洲国家货币汇率的溢出效应的主要非洲国家货币与在岸人民币汇率相关结果一致。离岸人民币汇率对非洲国家货币汇率的净溢出效应为－6. 998%，高于在岸人民币汇率对非洲国家货币汇率的净溢出效应，但离岸人民币汇率依旧是货币汇率收益率波动的净承担者。总体来看，离岸人民币汇率的溢出、溢入和净溢出效应均强于在岸人民币汇率。

① 为了使结果更具可比性，本书进一步比较在岸人民币和离岸人民币同一样本期间的结果，即均使用2013年7月19日至2020年12月31日的日度汇率数据进行计算，结果为：在岸人民币汇率与非洲国家货币汇率间的相互影响程度为25. 285%；溢入效应为30. 310%，溢出效应为21. 880%，净溢出效应为－8. 430%。下文离岸、在岸人民币相关结果的比较均同时比较了同期的结果。

表 3－22　离岸人民币汇率对非洲国家货币汇率的溢出效应　单位：%

T = 10		AOA	BIF	DZD	EGP	ETB	GHS	GNF	KES	KMF
CNH	To	1.164	0.442	3.839	0.178	1.275	0.772	0.195	0.412	1.116
	From	0.238	0.183	0.730	0.440	0.187	0.083	0.092	0.075	0.374
T = 10		LSL	LYD	MAD	MGA	MUR	MWK	MZN	NAD	NGN
CNH	To	4.205	0.828	4.097	0.250	1.508	0.195	0.227	4.339	0.545
	From	2.412	0.170	2.534	0.560	0.203	0.145	0.126	2.652	0.767
T = 10		RWF	SCR	SDG	SOS	TND	TZS	UGX	XAF	ZAR
CNH	To	0.302	0.543	0.355	0.095	2.136	0.212	0.574	1.796	4.603
	From	0.147	0.184	0.436	0.052	2.114	0.085	0.157	1.414	2.642
Total		To	From	Net	Index					
		36.201	43.199	－6.998	26.037					

（二）人民币汇率对非洲国家货币汇率溢出效应的动态特征

基于200天滚动窗口和10天预测期描绘在岸人民币汇率与非洲国家货币汇率的总体溢出指数时变图，进一步分析人民币汇率与非洲国家汇率间的整体关系及预测溢出效应的总体变化趋势，结果如图3－7和图3－8所示。

由图3－7可知，2008年至2009年在岸人民币汇率与非洲国家货币汇率的总体溢出效应呈“U”形波动，这是因为2008年国际金融危机冲击加剧了非洲国家经济的脆弱性和波动性，投资者对全球经济发展持悲观预期，同时中国资本流向非洲的速度明显减缓；而金融危机后期，中国积极采取应对危机的措施初见成效，并保持对非洲国家各项援助，人民币汇率与非洲国家货币汇率总溢出效应也逐渐增强。2012年溢出效应达到阶段性峰值，而后开始下降，这是因为2012年欧债危机爆发后，中国与非洲经济增速有所放缓，中国对非洲的投资和贸易均受到影响，同时还受欧元、美元贬值影响。2015年溢出效应开始反弹，这是因为，2014年末，中国政府正式成立丝路基金，促使中国与非洲国家开展更多区域金融合作；2015年“8·11”汇改营造了良好的外汇市场环境，人民币汇率的形成机制进一步市场化。2017年至2018年初溢出效应又呈“U”形波动，2018年后波动情况趋于稳定，这是因为2017年非洲国家债务风险不断加剧、本币贬值和外汇储备不足的压力等因素相互叠加，中非货币间的溢出效应降低；2018年中国出台一系列对非合作的新政策和新举措，并将中非合作纳入共建“一带一路”中，期间中非贸易额的增幅超出中国同期外贸总体增幅 7.1 个百分点，非洲国家对人民币的信心有所增加。可见，人民币汇率和非洲国家货币汇率溢出效应出现各个阶段时变特征主要与各个阶段国内外经济金融环境变化相关。

图 3－7　在岸人民币汇率与非洲国家货币汇率的总溢出指数时变图

由图 3－8 可知，2015 年 6—7 月，离岸人民币汇率与非洲国家货币汇率间的溢出效应攀升至 39%，同年 8 月至 12 月，溢出效应值保持在 37% 上下的较高水平，原因是 2015 年 6 月，中国银行约翰内斯堡分行被指定为非洲首家人民币清算行，10 月，人民币跨境支付系统（一期）成功上线运行，非洲多家银行是该系统的首批间接参与者，而 2015 年中非贸易往来金额中有 40% 是以人民币直接结算的，且“8·11”汇改的汇率制度改革也给离岸人民币的发展注入了活力。2016 年人民币溢出效应有所下降，因为 2016 年中非货物贸易交易额波动较大，非洲各国贸易逆差增大。但 2016 年 10 月人民币加入 SDR 货币篮子后，离岸人民币汇率与非洲国家货币汇率间的溢出效应有所上升。2018 年末后，离岸人民币汇率的溢出效应波动较为平稳，因为 2018 年中非合作迈入新征程，合作稳中有进，有利于提升人民币在非洲的使用。总之，离岸人民币汇率对非洲国家货币汇率也开始具有一定的影响力，但目前人民币尚未在非洲建立离岸人民币市场，其影响力仍然有限。

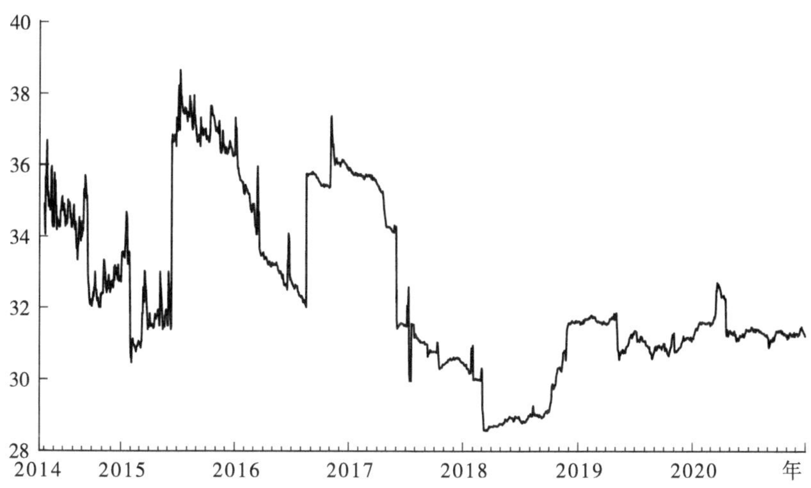

图3－8　离岸人民币汇率与非洲国家货币汇率的总溢出指数时变图

（三）异质性检验

根据IMF 2020年汇率制度分类并参考Gnimassoun和Coulibaly（2014）对非洲国家汇率制度分类安排，将所选取的27个非洲国家的汇率制度分成固定汇率制度、中间汇率制度和浮动汇率制度三类，具体汇率制度分组如表3－23所示。进一步考察CNY、CNH和不同汇率制度非洲国家货币汇率的溢出效应，结果如表3－24和表3－25所示。

表3－23　非洲国家汇率制度分组

固定汇率制度	中间汇率制度	浮动汇率制度
科摩罗	安哥拉	加纳
莱索托	布隆迪	肯尼亚
利比亚	阿尔及利亚	马达加斯加
摩洛哥	埃塞俄比亚	马拉维
纳米比亚	埃及	尼日利亚
中非	几内亚	索马里
	毛里求斯	突尼斯
	莫桑比克	坦桑尼亚
	卢旺达	乌干达
	塞舌尔	南非
	苏丹	

注：固定汇率制度的非洲国家货币汇率主要是硬盯住欧元、法郎或者南非兰特。

表3－24显示，在岸人民币汇率与实行固定汇率制度的非洲国家货币汇率间的溢出效应要显著强于中间和浮动汇率制度国家货币汇率，总溢出效应分别为30. 255%、2. 837%、5. 623%。在溢入效应方面，在岸人民币汇率受固定汇率制度非洲国家货币汇率的溢入效应为11. 085%，主要贡献者是纳米比亚（3. 199%）、莱索托（2. 919%）和摩洛哥（2. 832%）货币；在岸人民币汇率受浮动汇率制度国家货币汇率的溢入效应为7. 697%，主要由南非（3. 177%）和突尼斯（2. 393%）货币产生；而在岸人民币汇率受中间汇率制度国家货币汇率的溢入效应为3. 930%，其中阿尔及利亚（1. 336%）货币占比最大。在溢出效应方面，在岸人民币汇率对固定汇率制度国家货币汇率的溢出效应是4. 866%，其中对纳米比亚（1. 423%）和莱索托（1. 463%）货币的溢出效应更大；在岸人民币汇率对浮动汇率制度国家货币汇率的溢出效应为4. 814%，其中南非（2. 308%）和突尼斯（1. 028%）货币受到的影响更大；而在岸人民币汇率对中间汇率制度国家货币汇率的溢出效应为4. 322%，其中受影响较大的是阿尔及利亚（1. 235%）货币。在岸人民币汇率对固定汇率制度、浮动汇率制度国家货币汇率的净溢出效应为负，即人民币为货币汇率收益率波动的净承担者，人民币对中间汇率制度国家货币汇率的净溢出效应为正，即人民币是货币汇率收益率波动的净输出者。

表3－24　在岸人民币对不同汇率制度非洲国家货币溢出效应　　单位：%

$T=10$	固定汇率制度的非洲国家货币						
CNY		KMF	LSL	LYD	MAD	NAD	XAF
	To	0. 347	1. 463	0. 455	0. 673	1. 423	0. 505
	From	0. 408	2. 919	0. 171	2. 832	3. 199	1. 555
	Total	To	From	Net	Index		
		4. 866	11. 085	－6. 216	30. 255		
$T=10$	中间汇率制度的非洲国家货币						
CNY		AOA	BIF	DZD	EGP	ETB	GNF
	To	0. 358	0. 196	1. 235	0. 185	0. 287	0. 093
	From	0. 275	0. 223	1. 336	0. 492	0. 187	0. 127
		MUR	MZN	RWF	SCR	SDG	
	To	0. 321	0. 043	0. 242	0. 428	0. 935	
	From	0. 346	0. 131	0. 136	0. 192	0. 486	
	Total	To	From	Net	Index		
		4. 322	3. 930	0. 392	2. 837		

续表

T=10	浮动汇率制度的非洲国家货币					
CNY		GHS	KES	MGA	MWK	NGN	
	To	0.222	0.071	0.509	0.048	0.398	
	From	0.079	0.073	0.674	0.148	0.822	
		SOS	TND	TZS	UGX	ZAR	
	To	0.063	1.028	0.119	0.047	2.308	
	From	0.058	2.393	0.084	0.190	3.177	
	Total	To	From	Net	Index		
		4.814	7.697	-2.883	5.623		

表3-25显示，离岸人民币汇率与固定汇率制度的非洲国家货币总溢出效应（25.321%）要强于其与浮动汇率制度的非洲国家货币汇率间的总溢出效应（9.070%）及其与中间汇率制度非洲国家货币汇率的总溢出效应（7.126%）；除固定汇率制度外，离岸人民币汇率与中间汇率制度和浮动汇率制度国家货币的总溢出效应均强于在岸人民币汇率相应的总溢出效应。离岸人民币汇率对固定、浮动、中间汇率制度的非洲国家货币汇率的溢出和溢入效应均高于在岸人民币相关结果。此外，离岸人民币汇率对固定、浮动汇率制度的非洲国家货币汇率的净溢出效应为负，即人民币为货币汇率收益率波动的净承担者，其对中间汇率制度的非洲国家货币汇率净溢出为正，即人民币为货币收益率波动的净输出者。

表3-25　离岸人民币对不同汇率制度的非洲国家货币溢出效应　　单位：%

T=10	固定汇率制度的非洲国家货币						
CNH		KMF	LSL	LYD	MAD	NAD	XAF
	To	1.223	6.086	1.228	6.031	6.448	2.172
	From	0.227	8.710	0.463	6.731	9.490	2.207
	Total	To	From	Net	Index		
		23.187	27.822	-4.642	25.321		

续表

T=10	中间汇率制度的非洲国家货币						
CNH		AOA	BIF	DZD	EGP	ETB	GNF
	To	1. 413	0. 433	6. 400	0. 164	1. 279	0. 176
	From	1. 298	0. 716	5. 401	0. 482	0. 230	0. 522
		MUR	MZN	RWF	SCR	SDG	
	To	1. 851	0. 252	0. 273	0. 570	0. 308	
	From	0. 581	0. 745	0. 105	0. 293	0. 830	
	Total	To	From	Net	Index		
		13. 120	11. 204	1. 916	7. 126		
T=10	浮动汇率制度的非洲国家货币						
CNH		GHS	KES	MGA	MWK	NGN	
	To	0. 675	0. 426	0. 264	0. 184	0. 570	
	From	0. 374	0. 560	0. 697	0. 436	1. 095	
		SOS	TND	TZS	UGX	ZAR	
	To	0. 105	3. 342	0. 243	0. 606	11. 541	
	From	0. 176	3. 241	0. 160	0. 345	11. 497	
	Total	To	From	Net	Index		
		17. 956	18. 581	-0. 625	9. 070		

（四）稳健性检验

为保证实证结果的稳健性，剔除美元影响后分析人民币汇率对非洲国家货币汇率的溢出效应。剔除美元影响的做法同前文，回归结果如表 3-26 和表 3-27 所示。

表 3-26 去美元效应后在岸人民币对非洲国家货币溢出效应 单位：%

T=10		AOA	BIF	DZD	EGP	ETB	GHS	GNF	KES	KMF
CNY	To	0. 293	0. 133	0. 269	0. 120	0. 295	0. 199	0. 070	0. 036	0. 277
	From	0. 287	0. 073	0. 337	0. 257	0. 126	0. 086	0. 094	0. 134	0. 435
T=10		LSL	LYD	MAD	MGA	MUR	MWK	MZN	NAD	NGN
CNY	To	0. 534	0. 343	0. 547	0. 280	0. 235	0. 060	0. 015	0. 458	0. 184
	From	1. 004	0. 096	0. 616	0. 360	0. 203	0. 110	0. 119	1. 023	0. 392

续表

T=10		RWF	SCR	SDG	SOS	TND	TZS	UGX	XAF	ZAR
CNY	To	0.150	0.225	0.915	0.024	0.274	0.075	0.062	0.481	0.394
	From	0.078	0.088	0.419	0.047	0.276	0.074	0.189	0.569	0.852
	Total	To	From	Net	Index					
		6.950	8.643	-1.693	13.122					

表 3-27 去美元效应后离岸人民币对非洲国家货币溢出效应 单位：%

T=10		AOA	BIF	DZD	EGP	ETB	GHS	GNF	KES	KMF
CNH	To	0.746	0.064	0.988	0.075	1.062	0.669	0.127	0.286	0.752
	From	0.973	0.274	0.866	0.147	0.132	0.484	0.142	0.442	0.250
T=10		LSL	LYD	MAD	MGA	MUR	MWK	MZN	NAD	NGN
CNH	To	2.788	0.207	0.186	0.193	0.521	0.120	0.094	2.853	0.074
	From	5.515	0.257	0.070	0.534	0.404	0.389	0.584	6.181	0.471
T=10		RWF	SCR	SDG	SOS	TND	TZS	UGX	XAF	ZAR
CNH	To	0.075	0.313	0.304	0.097	0.288	0.173	0.348	0.479	3.183
	From	0.087	0.222	0.383	0.109	0.083	0.126	0.250	0.702	6.759
	Total	To	From	Net	Index					
		17.066	26.837	-9.771	17.532					

可见，剔除美元影响后，在岸、离岸人民币汇率对（受）非洲国家货币汇率的影响和总溢出效应均小于剔除美元影响前，但在岸、离岸人民币汇率受非洲国家货币汇率的影响依旧大于其对非洲国家货币汇率的影响，即净溢出效应仍然为负。

三、结论

借鉴 Diebold 和 Yilmaz（2012）构建信息溢出指数的方法，研究在岸、离岸人民币汇率与 27 个非洲国家货币汇率间的溢出效应及其动态变化特征，同时区分人民币与不同汇率制度国家货币汇率的溢出效应差异，并剔除美元的影响进行稳健性检验，得出主要结论如下。

第一，在岸人民币汇率和离岸人民币汇率对非洲国家货币汇率都存在一定程度的溢出效应，离岸人民币汇率的溢出效应更强；两者对非洲国家货币汇率的净溢出效应均为负，即在岸、离岸人民币汇率都是货币汇率收益率波动的主要承担者；在岸、离岸人民币汇率对非洲国家货币的溢出效应均具有明显的时变特征。

第二，人民币汇率对非洲不同汇率制度国家货币汇率的溢出效应存在差异。人民币汇率对固定汇率制度的非洲国家货币汇率间的溢出效应最强，浮动汇率制度国家次之，中间汇率制度国家最弱。对固定和浮动汇率制度的非洲国家，人民币汇率是货币汇率收益率波动的主要承担者；对中间汇率制度非洲国家，人民币汇率则是货币汇率收益率波动的主要输出者。

第三，剔除美元影响后，人民币汇率对非洲国家货币汇率的溢出效应均低于剔除美元影响前，但仍然是货币汇率收益率波动的主要承担者。

第四节　人民币非洲区域化的影响因素——基于面板数据的引力模型①

本节基于非洲53个国家及中国2010—2017年的面板数据，考虑人民币区域化随时间变化性，并使用新的赋值法量化人民币非洲区域化程度，通过拓展货币引力模型，实证分析人民币非洲区域化的影响因素，以期为进一步推动人民币非洲区域化提供有益启示。

一、文献综述

一些文献探讨了人民币亚洲区域化的可行性、现状、实现路径及人民币在亚洲的影响力等方面。张宇燕和张静春（2008）认为，人民币还不具备直接国际化的条件，在共同利益原则下推动人民币与亚洲的货币合作更具现实意义。人民币在东盟区域已经具备一定的现实基础（周元元，2009），从贸易条件看，人民币在东盟自贸区内区域化已具备贸易总量方面的条件，但贸易结构方面有待进一步优化，自由贸易区域内的贸易逆差一定程度上有利于推动人民币区域化（霍伟东和杨碧琴，2013），人民币在亚洲还无法与日元抗

① 本节主要内容发表于《暨南学报（哲学社会科学版）》2021年第8期。

衡，但人民币具有成为区域性关键货币甚至国际货币的潜力（彭红枫等，2015）。Ito（2017）发现，人民币在衡量货币国际化的各个指标方面的排名均在上升，其中，亚洲货币与人民币的联动性甚至超过与美元的联动性；Chiappini 和 Lahet（2020）指出，中国宏观经济环境和在岸人民币汇率等因素在亚洲国家汇率变动中发挥了重要的作用，亚洲长期存在人民币区。提升人民币区域地位、加强政策沟通、建立相关汇率协调机制、扩展本币结算业务等是中国—东盟货币合作中推动人民币区域化的重要策略（周元元，2009）。

大部分文献通过分析人民币与亚洲国家的汇率联动性研究人民币在亚洲的区域影响力。从货币锚效应方面，基于 Frankel 和 Wei（1994）的货币锚模型，李晓和丁一兵（2009）考察人民币和世界主要货币、东亚货币的汇率间联动关系，指出人民币具备成为东亚地区潜在锚货币的条件，但需与美元保持相对稳定的汇率，尚无法单独成为东亚的区域货币；刘刚（2013）比较分析人民币和美元、欧元及日元等主要国际货币对东亚货币的影响，指出人民币对东亚地区部分国家的货币已具有超过美元的影响力。王倩（2011）则基于 Frankel 和 Wei 的新外部货币模型，指出美元仍在东亚货币篮子中占主导地位，未来人民币具有成为东亚地区货币锚的潜力；Fratzscher 和 Mehl（2014）、Kawai 和 Pontines（2014）也指出，人民币在亚洲经济体货币篮子中的重要性不断增强，但美元仍然是最重要的锚货币。而杨荣海（2011）、石建勋等（2011）、吴秋实等（2013）研究表明，人民币已成为东亚区域内经济体的“隐性锚货币”或“锚货币”，Subramanian 和 Kessler（2013）甚至认为东亚人民币区已经出现。Volz（2014）则认为，东亚人民币区的条件还不具备，但随着人民币国际化的推进，人民币逐步与美元脱钩的汇率制度改革对东亚国家汇率制度安排产生了显著的影响。人民币在东亚地区的“锚”效应自 2010 年以来有所加强（冯永琦等，2020），但国际经济形势的变化和外部事件的突变会影响人民币与东亚国家货币之间的联动关系（董凯等，2021）。尽管美元在东亚地区的锚货币地位依旧稳固，但人民币开始逐渐代替日元成为东亚区域内的主要参考货币之一，在东亚地区已初步具备成为核心货币的能力（蔡彤娟和林润红，2020）。高明宇和李婧（2020）研究表明，人民币已成为 39 个经济体货币当局的锚货币，辐射至五大洲，影响力主要集中在亚洲

（东亚、东南亚、西亚）、非洲南部、拉丁美洲和大洋洲，人民币的东亚影响力具有显著的时变特征，还没有形成稳固的人民币区。

此外，一些学者使用不同模型进一步探讨人民币与亚洲国家汇率联系的动态性。许祥云和贡慧（2012）使用 GARCH 模型研究指出，人民币在东亚影响力在危机发生后增强。蔡彤娟和陈丽雪（2016）使用 VAR - MVGARCH - BEKK 模型研究表明，人民币和东亚货币间的动态性和持续性在二次汇改后显著增强。唐洁尘和李容（2018）使用 Copula - GJRGARCH 模型研究后指出，东亚货币之间联动性随着人民币区域化程度提升而逐渐增强。Keddad（2019）使用马尔可夫区制转换法分析人民币与东亚国家货币汇率的联动性，结果表明，东亚国家货币倾向于在人民币贬值时过度反应、在人民币升值时反应不足，即东亚国家货币不愿对人民币持续升值。简志宏和郑晓旭（2016）则基于空间、时间双重维度分析人民币与东亚国家货币汇率的动态联动关系特征。闫树熙等（2018）运用小波多分辨率分析人民币与日元汇率变动的因果关系，发现两者互为因果关系，且在短期人民币汇率对日元汇率的影响大于日元汇率对人民币汇率的影响，中长期则相反，但影响的差异较小。张银山等（2019）运用 VAR - MVGARCH - BEKK 模型研究人民币与哈萨克斯坦坚戈的联动性，发现人民币和坚戈具有初步双向联动效应，但人民币对坚戈联动性显著高于坚戈对人民币联动性，因此具有明显不对称性。李智等（2020）运用 DCC - MVGARCH 模型研究东盟国家货币汇率与人民币汇率联动性，发现人民币与东盟货币汇率联动性在“8·11”汇改和人民币加入 SDR 后的联动性提升最为明显。随着人民币离岸市场的发展，一些学者开始研究人民币离岸汇率和在岸汇率与相关区域货币汇率的联系：Shu 等（2015）研究人民币在岸和离岸汇率对东亚国家汇率的影响；Marconi（2016）同时分析人民币在岸和离岸汇率对亚太国家汇率的影响；尹力博和吴优（2017）则基于信息溢出视角分析离岸人民币对中国周边 21 个国家（地区）影响力及相应的时变特征；张莹莹（2019）研究在岸和离岸人民币与亚洲主要国家货币汇率间的波动溢出效应和其时变特征；周恒等（2020）分析在岸、离岸人民币汇率和全球及亚洲 7 种货币间的双向溢出效应。

基于“一带一路”建设背景，马广奇和李洁（2015）、倪明明和王满仓

（2015）分别分析了人民币在中亚和东盟区域化、丝绸之路经济带区域化的现状、条件、困境和实现路径。王晓芳和于江波（2014）指出，当前丝绸之路经济带中“石油—美元”机制的脆弱性较为突出，可以“能源—货币”机制为突破口推进人民币在丝绸之路经济带流通。郑周胜（2017）基于哈萨克斯坦数据实证分析人民币在丝绸之路经济带区域化的影响因素。李勇和袁晓玲（2017）研究指出，古丝绸之路区域的货币一体化程度较高，符合 OCA 理论的经济要求，因此适合推进人民币区域化。程贵等（2018）则使用演化博弈模型分析人民币在丝绸之路经济带的中亚区域化中面临的货币竞争与合作问题。赵慧和张浓（2019）则分析人民币实现在东盟国家流通和结算、储备等方面的可行性，并提出相关的建议。武小菲和沙文兵（2019）对“一带一路”部分共建国家采用 Frankel – Wei 模型来测算人民币在隐含货币篮子中的权重，发现美元仍为主要货币，但人民币已具有一定的权重，且在部分国家已超过其他国际货币。王雪冬（2020）指出，“一带一路”倡议提出以来，人民币国际化有很大的进展，但也面临各种风险与挑战，可通过加强与“一带一路”共建国家金融合作、扩大人民币跨境使用、加强人民币离岸市场建设等推动人民币国际化。隋建利（2020）研究发现，金融危机期间和“一带一路”倡议提出以后，人民币的影响力具有明显的提升，且“一带一路”倡议对人民币影响力提升的影响更大。蔡彤娟和林润红（2018）建立 VAR – DCC – MVGARCH – BEKK 模型检验人民币与“一带一路”主要国家货币汇率的动态相关性，发现人民币汇率波动对“一带一路”国家有一定的区域辐射性，但人民币在“一带一路”区域的锚效应仍不如美元和欧元。大部分学者认为，“一带一路”倡议提出后，人民币在“一带一路”共建国家的锚效应和影响力在增强（曹璐琦和高悦蓬，2020；隋建利等，2020），且对共建国家货币影响力具有显著的区域差异，影响力依次为中西亚地区、南亚、中东欧地区（曹伟和冯颖姣，2020），人民币和多数“一带一路”共建国家之间的货币合作正快速发展，且在周边邻近国家人民币国际化程度相对较高（朱小梅和汪天，2020）。Wei 等（2020）指出，全球外汇市场与“一带一路”倡议参与国之间的内部互动很强，突发的疫情影响了人民币对全球外汇市场的溢出效应，进一步加剧了货币体系的不稳定性。

人民币非洲区域化相关研究见第一章。

综上可知，已有文献从人民币亚洲区域化的可行性、现状和路径、人民币在亚洲的影响力等方面进行了较为全面的研究，并基于“一带一路”建设背景探讨人民币在共建国家的区域化问题，而对人民币非洲区域化的研究尚少，且主要定性探讨人民币非洲区域化的前景、现状及路径等问题，鲜有文献量化分析人民币在非洲的区域化程度及其影响因素。其中，朱孟楠和叶芳（2012）仅使用二元选择变量，无法全面反映人民币在非洲的使用情况，同时其基于非洲国家截面数据，样本量较小，无法反映人民币在非使用随时间变化情况；其引力模型仅考虑人均 GDP、双边贸易额、地理距离、外债负担等因素，可能忽略其他影响人民币非洲区域化的因素。基于此，本节在前面人民币非洲区域发展现状、人民币非洲影响力相关分析基础上进一步探讨人民币非洲区域化的影响因素，边际贡献在于：一是使用新的赋值法对人民币非洲区域化程度进行量化，以较为全面考察人民币在非洲使用情况；二是使用面板数据，在增加样本量的同时反映人民币区域化随时间变化特征；三是对传统货币引力模型进行拓展，进一步考虑外债负担、汇率波动、是否为法郎区国家及金融发展程度和金融开放度等变量对人民币非洲区域化的影响及其国别差异性，以期为进一步推动人民币非洲区域化提供有益启示。

二、实证分析

（一）人民币非洲区域化程度量化

由于不易获取具体数据，故对人民币非洲区域化程度量化采用赋值法，即将人民币纳入储备货币或与中国签订货币互换协议的国家起始年份之后赋值为 1，有开展人民币现钞、清算、结算、存贷款、汇款等人民币业务的国家起始年份之后赋值为 1，考虑将人民币纳入储备货币的国家起始年份之后赋值为 0.5；[①] 将人民币纳入储备货币或与中国签订货币互换协议同时开展人民币

---

① 2018 年 5 月，14 个非洲国家中央银行行长表示考虑将人民币纳入储备货币，由于本节其他数据截至 2017 年，为了更好地反映人民币非洲区域化程度，将 14 个国家视为 2017 年已考虑将人民币纳入储备货币。

业务的国家起始年份后赋值为2，有开展人民币业务同时考虑将人民币纳入储备货币的国家起始年份之后赋值为1.5。赋值依据来源于中国人民银行、中国银行、中国工商银行、南非标准银行等银行官方网站及相关官网新闻。

（二）计量模型设定

货币引力模型中通常考虑某种货币发行国与目标国经济规模、双边贸易、双边投资等引力因素及双边地理距离、语言距离、制度距离等斥力因素对该货币在目标国使用的影响。实际上，除这些因素外，目标国外债负担、是否使用其他主要国际货币及货币发行国和目标国汇率波动、金融发展程度、金融开放度等因素也可能影响该货币在目标国的使用。因此，在货币引力模型基础上，进一步考虑外债负担、汇率波动、是否为法郎区国家及金融发展程度、金融开放度等变量对人民币非洲区域化的影响，构建如下计量模型：

$$rmb_{it} = \beta_0 + \beta_1 GR_{it} + \beta_2 DI_{it} + \beta_3 exdebt_{it} + \beta_4 EX_{it} + \beta_5 FI_{it} + \varepsilon_{it} \tag{3-22}$$

各变量含义、数据处理及来源如下：

（1）rmb_{it} 为被解释变量，表示人民币在非洲区域化程度。

（2）GR_{it} 为引力变量，包括非洲各国实际人均 GDP 的对数、中国实际人均 GDP 的对数、中国与非洲各国双边贸易的对数、中国对非洲各国直接投资的对数，分别用 $\ln gdppc_{it}$、$\ln gdppc_{ct}$、$\ln trade_{it}$、$\ln ofdi_{it}$ 表示。其中，实际人均 GDP 原始数据来源于世界银行 WDI 数据库，双边贸易原始数据来源于 IMF 的 DOT 数据库，中国对非直接投资原始数据来源于各年《中国对外直接投资统计公报》。

（3）DI_{it} 为距离变量，包括中国与非洲国家双边地理距离对数、中国与非洲国家语言距离、中国与非洲国家的制度距离，分别用 $\ln dist_i$、$lang_i$、$inst_{it}$ 表示。中国与非洲国家双边地理距离的对数为中国北京到非洲各国首都距离，通过城市距离计算器计算而得（http：//www.24timemap.com/distance）。中国与非洲国家语言距离赋值借鉴刘爱兰等（2018）的做法，以汉语为官方语言的国家赋值为1，以英语为官方语言的赋值为0.5，以西班牙语、法语、葡萄牙语为官方语言的赋值为0.3，否则赋值为0，数值越大，表示语言距离越小，官方语言原始数据来源于百度百科。制度距离则使用标准化的欧式距离法，从话语权和问责、政治稳定性、治理效率、监管质量、法治水平及腐败控制六个维度测算中国与非洲国家 i 的综合制度距离。[①] 原始数据来源于世界银行 WGI 数据库。

(4) $exdebt_{it}$ 表示外债负担，以非洲国家对外债务余额与出口的比值表示，原始数据来源于世界银行 WDI 数据库。

(5) EX_{it} 表示汇率变量，包括非洲国家货币汇率波动性、人民币汇率波动性、非洲法郎区虚拟变量，分别用 $exrate_{it}$、$exrate_{ct}$、$freuro_i$ 表示。其中，汇率波动性为近 3 年各国汇率对美元汇率滚动标准差，原始数据均来源于世界银行数据库。如果非洲国家 i 属于非洲法郎区国家，则 $freuro_i=1$，否则 $freuro_i=0$。

(6) FD_{it} 表示金融发展变量，包括非洲国家金融发展程度、中国金融发展程度、非洲国家金融开放度，分别用 fd_{it}、fd_{ct}、$kopen_{it}$ 表示。金融开放度数据来源于 Chinn－Ito 构建的指数（http：//web. pdx. edu/～ito/Chinn－Ito_ website. htm)。金融发展程度数据来源于 IMF 金融发展指数数据库。

（三）回归结果分析

相关数据为面板数据，横截面为中国和 53 个非洲国家，同时基于人民币在非洲区域化从 2010 年开始起步及相关变量数据的匹配性，时间序列选为 2010—2017 年。各变量描述性统计结果如表 3－28 所示。

表 3－28　相关变量描述性统计结果

变量	观测值	均值	标准差	最小值	最大值
rmb_{it}	424	0.47	0.607	0.00	2.00
$\ln gdppc_{it}$	413	7.26	1.056	4.36	9.94
$\ln gdppc_{ct}$	424	8.15	0.181	7.79	8.36
$\ln trade_{it}$	423	6.67	1.965	0.28	11.08
$\ln ofdi_{it}$	411	4.95	2.083	−3.00	8.92

① 具体计算公式为 $inst_{it}=\sqrt{\sum_{j=1}^{6}\frac{(h_{jit}-h_{jct})^2}{V_{jt}}}$，其中 h_{jit}、h_{jct} 分别为第 t 年非洲国家 i 和中国在第 j 个制度维度相关数值，V_{jt} 为所有样本国家第 t 年第 j 个制度维度相关数值的方差。

续表

变量	观测值	均值	标准差	最小值	最大值
$\ln dist_i$	424	9.15	0.160	8.69	9.44
$lang_i$	424	0.36	0.150	0.00	0.50
$inst_{it}$	422	3.23	0.852	0.91	5.74
$exdebt_{it}$	354	134.45	100.003	6.97	740.06
$exrate_{it}$	414	44.07	130.953	0.00	1152.32
$exrate_{ct}$	424	0.17	0.085	0.04	0.28
$freuro_{it}$	424	0.26	0.441	0.00	1.00
fd_{it}	416	0.16	0.104	0.03	0.63
fd_{ct}	424	0.59	0.043	0.54	0.65
$kopen_{it}$	411	0.31	0.311	0.00	1.00

各变量相关系数及方差膨胀因子均低于相应的经验值，因此多重共线性问题对估计结果的影响不大。White 面板异方差检验结果拒绝原假设，即表明本节面板数据存在异方差问题。基于此，使用考虑异方差后的面板校正标准差（PCSE）方法进行估计。同时，考虑到人民币在非洲不同收入水平国家使用影响因素可能存在差异，根据世界银行的划分标准，进一步将样本分为低收入国家、中低收入国家和中高收入国家 3 个子样本。相关估计结果如表 3－29和表 3－30 所示。

1. 整体样本回归结果分析

（1）引力变量影响。由表 3－29 回归结果可知，非洲国家人均 GDP 对人民币在非洲区域化的影响均为正，相关系数在模型（3）通过了 1% 的显著性检验，其他模型均不显著；中国人均 GDP 的影响在模型（1）至模型（4）中均显著为正，在模型（5）和模型（6）中方向为负但不显著；中国对非贸易额、中国对非直接投资对人民币在非洲区域化的影响均为正，相关系数均通过了 1% 的显著性检验。因此，总体来看，中国的经济规模是人民币区域化的重要基础，而人均 GDP 越高、与中国贸易额越大、接受中国直接投资越多的非洲国家，其对人民币的需求越高，从而有利于推动人民币在这些国家使用。

（2）斥力变量的影响。表 3－29 回归结果表明，传统引力模型中地理距离变量一定程度上阻碍了人民币在非洲的使用，这与非洲国家整体交通基础设施建设落后、相关信息技术不够发达及货币相关基础设施建设仍缺乏有关。而与中国语言距离越近的国家，对人民币的认可和接受度越高，人民币的使用越多，相关系数均通过了1%的显著性检验。这是因为与中国语言距离越大的非洲国家，对人民币的认同感越低，而且语言距离还会增加人民币相关信息的搜集成本和学习成本，从而不利于人民币在该国的使用。制度距离对人民币非洲区域化影响则不显著。

（3）外债负担的影响。外债负担对人民币非洲区域化的影响为正，相关系数模型（3）中通过了1%的显著性检验，也即外债负担越重的国家，对人民币使用的意愿越强。这是因为，一方面，非洲国家可以通过持有人民币债务实现债务货币多元化；另一方面，随着中国对非援助和贷款的增加，非洲国家使用人民币进行偿还结算的意愿也会增强。

（4）汇率变量的影响。非洲国家汇率波动对人民币非洲区域化的影响显著为负，即汇率波动越大的国家对人民币的使用越少。这是因为非洲国家汇率大幅波动，将会加大人民币在非洲使用的成本及货币互换的风险，不利于中国与非洲国家双边货币互换规模的扩大。而人民币汇率波动对人民币在非洲国家的使用的影响不显著，说明当前人民币汇率波动对人民币非洲区域化影响不大，这可能是因为人民币在当前实行的汇率制度下本身汇率波动并不大，人民币区域化、国际化更需要人民币汇率弹性增大。而是否为法郎区国家虚拟变量对人民币区域化影响为负，相关系数均通过了1%的显著性检验，这是因为法郎区国家统一使用欧元，减少了人民币在这些国家的使用。

（5）金融变量影响。表3－29回归结果表明，非洲国家金融发展程度对人民币区域化影响不显著；而中国金融发展程度有利于推动人民币非洲区域化，相关系数均通过了5%的显著性检验。整体来看，非洲国家和中国金融发展程度越高，人民币境外流通相关基础设施将更加完善，从而有利于推动其在非洲国家的使用。非洲国家的金融开放度对人民币非洲区域化影响为负，相关系数在模型（6）中通过5%的显著性检验。这是因为，金融开放度越高的国家，美元和欧元等主要国际货币流通越多，从而降低了对人民币的接受度。

表 3－29　人民币非洲区域化影响因素回归结果

变量	(1)	(2)	(3)	(4)	(5)	(6)
	rmb_{it}	rmb_{it}	rmb_{it}	rmb_{it}	rmb_{it}	rmb_{it}
$\ln gdppc_{it}$	0.030 (1.22)	0.033 (1.24)	0.093*** (2.65)	0.002 (0.07)	0.030 (1.08)	0.033 (0.88)
$\ln gdppc_{ct}$	0.331** (2.24)	0.358** (2.56)	0.355** (2.35)	0.316** (2.31)	−0.196 (−0.63)	−0.337 (−1.05)
$\ln trade_{it}$	0.054*** (3.19)	0.079*** (4.37)	0.080*** (3.88)	0.054*** (3.05)	0.097*** (5.36)	0.054*** (2.61)
$\ln ofdi_{it}$	0.089*** (6.00)	0.071*** (4.70)	0.073*** (4.43)	0.100*** (6.12)	0.052*** (3.42)	0.085*** (5.17)
$\ln dist_{i}$	−0.399** (−2.36)	−0.352** (−2.13)	−0.322* (−1.75)	0.344* (1.95)	−0.396** (−2.22)	0.151 (0.77)
$lang_{i}$		1.159*** (6.55)	1.242*** (5.81)	0.998*** (5.77)	1.276*** (6.51)	1.207*** (5.50)
$inst_{it}$		−0.000 (−0.01)	0.017 (0.43)	0.005 (0.14)	0.014 (0.42)	0.015 (0.40)
$exrate_{it}$				−0.001*** (−4.15)		−0.001*** (−4.61)
$exrate_{ct}$				0.448 (1.56)		0.448 (1.39)
$freuro_{it}$				−0.433*** (−7.42)		−0.470*** (−6.48)
$exdebt_{it}$			0.001*** (2.91)			0.000 (0.56)
fd_{it}					0.166 (0.59)	0.078 (0.30)
fd_{ct}					2.798** (2.17)	3.302** (2.43)
$kopen_{it}$					−0.092 (−1.00)	−0.218** (−2.26)
$const$	0.401 (0.21)	−0.758 (−0.40)	−1.619 (−0.75)	−6.416*** (−3.35)	2.408 (0.98)	−1.474 (−0.57)
N	400	400	338	391	381	325

注：（1）***、**、*分别表示在1%、5%、10%水平上显著；（2）括号中为 t 统计量。表3－30至表3－32的表注相同。

2. 考虑国家收入水平差异的样本回归结果分析

（1）表3－30显示，引力变量对人民币非洲区域化的影响存在一定的国别差异。其中，非洲国家人均GDP对低收入国家人民币使用的影响显著为正，但对中低收入国家的影响则显著为负，对中高收入国家的影响则不显著；中国人均GDP对人民币在不同类型国家的影响均不显著；中国对非贸易对低收入国家和中高收入国家的影响均为正，相关系数通过了10%或5%的显著性检验，但对中低收入国家的影响不显著；中国对非直接投资对低收入和中低收入国家的影响均显著为正，但对中高收入国家的影响则显著为负。可见，非洲国家经济规模、中国对非贸易额、中国对非直接投资等引力变量对人民币在低收入国家的使用均发挥了预期的作用，而影响人民币在非洲中低收入和中高收入国家使用的引力变量则分别为中国对非直接投资和中国对非贸易。

表3－30　考虑国家收入水平差异的样本回归结果

变量	低收入国家	中低收入国家	中高收入国家
	rmb_{it}	rmb_{it}	rmb_{it}
$\ln gdppc_{it}$	0. 360 ***	－0. 361 ***	0. 171
	(4. 97)	(－3. 84)	(1. 03)
$\ln gdppc_{ct}$	－0. 336	0. 054	0. 226
	(－0. 83)	(0. 12)	(0. 49)
$\ln trade_{it}$	0. 050 *	0. 064	0. 187 **
	(1. 67)	(1. 17)	(2. 33)
$\ln ofdi_{it}$	0. 070 ***	0. 078 *	－0. 206 ***
	(3. 41)	(1. 75)	(－2. 89)
$\ln dist_i$	－1. 128 **	0. 709 ***	－0. 630
	(－2. 41)	(2. 96)	(－0. 77)
$lang_i$	0. 969 **	1. 745 ***	3. 590 ***
	(2. 38)	(5. 33)	(11. 47)
$inst_{it}$	0. 036	－0. 092	0. 106
	(0. 47)	(－1. 62)	(1. 54)
$exrate_{it}$	－0. 000 ***	0. 005	－0. 000
	(－2. 58)	(1. 34)	(－0. 07)

续表

变量	低收入国家	中低收入国家	中高收入国家
	rmb_{it}	rmb_{it}	rmb_{it}
$exrate_{ct}$	0. 387 (0. 96)	0. 499 (1. 12)	0. 387 (0. 93)
$freuro_{it}$	-0. 210 ** (-2. 04)	-0. 939 *** (-6. 20)	-0. 400 (-1. 54)
$exdebt_{it}$	0. 001 *** (2. 87)	-0. 000 (-1. 19)	
fd_{it}	-0. 136 (-0. 43)	2. 049 *** (4. 52)	-3. 683 ** (-2. 35)
fd_{ct}	1. 505 (0. 88)	2. 065 (1. 06)	6. 339 *** (3. 24)
$kopen_{it}$	-0. 296 * (-1. 78)	-0. 176 (-1. 34)	0. 481 ** (2. 09)
const	9. 105 * (1. 90)	-6. 137 * (-1. 75)	-2. 187 (-0. 26)
N	147	143	64

注：中高收入国家债务负担变量缺失值较多，为保证足够样本量，故回归时不考虑债务负担变量。

（2）斥力变量中，地理距离对人民币在低收入国家的影响显著为负，对中低收入国家的影响则显著为正，对中高收入国家的影响则不显著，语言距离的影响则均显著为正，制度距离的影响均不显著。可见，斥力变量中，地理距离对人民币在非洲的使用具有国别差异，低收入国家相关基础设施更不完善，因此地理距离越大，人民币使用成本越高，而中低收入和中高收入国家基础设施相对完善，地理距离已不是主要的影响因素，甚至地理距离较远的国家，因为基础设施相对完善，使用人民币越多。语言距离和制度距离对人民币使用的影响不存在国别差异且与整体样本结果一致。

（3）其他变量中，外债负担对低收入国家的影响显著为正，对中低收入国家的影响则不显著，这是因为低收入国家的债务负担更为严重，对人民币使用的意愿越强。汇率变量中，低收入国家货币汇率波动会减少人民币在这些国家的使用，中低收入、中高收入国家货币及人民币汇率波动的影响则不显著。是否为法郎区国家虚拟变量对人民币在低收入和中低收入国家的影响显著为负，但对中高收入国家的影响不显著。金融变量中，金融发展程度对人民币在低收入国家的影响不显著，对中低收入国家的影响显著为正，但对中高收入国家的影响则显著为负，而中国金融发展程度仅对人民币在中高收入国家的使用影响显著为正，其他国家影响不显著。非洲中高收入国家的金融开放度越高，人民币使用越多，但中低收入国家金融开放度则抑制人民币使用，低收入国家金融开放度对人民币使用影响不显著。

（四）稳健性检验

接下来，通过使用不同的回归方法、替换解释变量的方式对样本整体回归结果进一步进行稳健性检验。

1. 不同回归方法稳健性检验

人民币非洲区域化程度变量实际属于 0～2 的有序变量，因此使用有序 probit 模型（Order probit，简称 Oprobit）进行稳健性检验，回归结果如表 3－31 所示。对比表 3－29 可知，无论是引力变量、斥力变量还是其他变量，回归结果基本稳健。

表 3－31　Oprobit 模型回归结果

变量	(1)	(2)	(3)	(4)	(5)	(6)
	rmb_{it}	rmb_{it}	rmb_{it}	rmb_{it}	rmb_{it}	rmb_{it}
$\ln gdppc_{it}$	0.034	0.032	0.094	−0.007	0.022	−0.097
	(0.53)	(0.46)	(0.92)	(−0.09)	(0.28)	(−0.77)
$\ln gdppc_{ct}$	0.732 *	1.000 **	1.045 **	1.028 **	−0.578	−0.990
	(1.93)	(2.54)	(2.44)	(2.44)	(−0.67)	(−1.05)
$\ln trade_{it}$	0.160 ***	0.286 ***	0.251 ***	0.197 ***	0.343 ***	0.203 **
	(2.85)	(4.46)	(3.17)	(2.94)	(4.81)	(2.32)
$\ln ofdi_{it}$	0.265 ***	0.204 ***	0.183 ***	0.253 ***	0.148 **	0.213 ***
	(4.76)	(3.55)	(2.84)	(4.18)	(2.34)	(2.99)
$\ln dist_{i}$	−1.221 ***	−1.354 ***	−1.279 ***	0.400	−1.431 ***	0.042
	(−2.84)	(−3.04)	(−2.59)	(0.75)	(−2.98)	(0.08)

续表

变量	(1)	(2)	(3)	(4)	(5)	(6)
	rmb_{it}	rmb_{it}	rmb_{it}	rmb_{it}	rmb_{it}	rmb_{it}
$lang_i$		2.932*** (6.44)	2.683*** (5.20)	2.585*** (5.55)	3.406*** (6.77)	2.697*** (4.32)
$inst_{it}$		-0.028 (-0.29)	0.030 (0.27)	0.005 (0.05)	0.038 (0.35)	0.085 (0.68)
$exrate_{it}$				-0.002*** (-2.76)		-0.003*** (-3.47)
$exrate_{ct}$				1.212 (1.50)		1.254 (1.41)
$freuro_{it}$				-1.108*** (-5.20)		-1.397*** (-5.43)
$exdebt_{it}$			0.000 (0.40)			-0.002 (-1.35)
fd_{it}					0.919 (1.46)	0.896 (1.24)
fd_{ct}					7.717** (2.19)	10.580*** (2.62)
$kopen_{it}$					-0.326 (-1.36)	-0.474* (-1.84)
cut1	-2.249 (-0.46)	0.211 (0.04)	1.422 (0.26)	15.660*** (2.69)	-8.310 (-1.23)	1.359 (0.18)
cut2	-2.232 (-0.46)	0.228 (0.05)	1.442 (0.26)	15.680*** (2.69)	-8.291 (-1.23)	1.383 (0.18)
cut3	-0.682 (-0.14)	1.958 (0.39)	3.176 (0.58)	17.509*** (3.00)	-6.585 (-0.98)	3.232 (0.43)
cut4	-0.462 (-0.09)	2.213 (0.44)	3.404 (0.62)	17.745*** (3.03)	-6.345 (-0.94)	3.445 (0.46)
观测值	400	400	338	391	381	325

2. 替换解释变量稳健性检验

替换中国对非直接投资、债务负担及金融发展代理变量，其中，中国对非直接投资由存量替换为流量（表示为 $\ln ofdif_{it}$ ①），债务负担由对外债务余额占出口比值替代为对外债务余额占人均国民收入（GNI）比值（表示为 $debtgni_{it}$），金融发展变量由金融发展程度替换为金融机构发展程度和金融市场发展程度（非洲国家的分别表示为 fi_{it}，fm_{it}；中国的分别表示为 fi_{ct}，fm_{ct}），替换后变量数据来源同原变量数据来源，相关回归结果如表 3－32 所示。可见，替换变量后回归结果也基本是稳健的。其中，中国金融发展程度对人民币非洲区域化的影响主要体现为金融机构发展程度的影响，这与中国金融体系中银行为主导及主要由金融机构推动人民币在非洲国家使用的事实相符。

表 3－32　替换解释变量回归结果

变量	(1)	(2)	(3)	(4)	(5)	(6)
	rmb_{it}	rmb_{it}	rmb_{it}	rmb_{it}	rmb_{it}	rmb_{it}
$\ln gdppc_{it}$	0.024	0.013	−0.010	−0.008	0.010	−0.024
	(0.92)	(0.47)	(−0.27)	(−0.29)	(0.35)	(−0.70)
$\ln gdppc_{ct}$	0.501***	0.460***	0.353**	0.471***	−0.286	−0.263
	(3.11)	(3.06)	(2.21)	(3.15)	(−0.86)	(−0.81)
$\ln trade_{it}$	0.119***	0.148***	0.165***	0.131***	0.154***	0.133***
	(6.90)	(8.54)	(8.61)	(8.03)	(8.88)	(7.49)
$\ln ofdif_{it}$	0.026**	0.016*	0.012	0.016*	0.018*	0.015
	(2.50)	(1.69)	(1.29)	(1.68)	(1.82)	(1.46)
$\ln dist_i$	−0.568***	−0.509***	−0.423**	0.174	−0.527**	0.152
	(−3.10)	(−2.82)	(−2.09)	(0.89)	(−2.54)	(0.67)
$lang_i$		1.238***	1.263***	1.080***	1.345***	1.231***
		(6.50)	(6.35)	(5.82)	(6.63)	(6.08)

① 由于中国对非直接投资流量部分国家部分年份有负值，因此取对数方式为 $\ln(ofdif_{it}+\sqrt{ofdif_{it}^2+1})$。

续表

变量	(1)	(2)	(3)	(4)	(5)	(6)
	rmb_{it}	rmb_{it}	rmb_{it}	rmb_{it}	rmb_{it}	rmb_{it}
$inst_{it}$		0.032 (0.88)	0.086** (2.28)	0.045 (1.22)	0.050 (1.41)	0.087** (2.28)
$exrate_{it}$				-0.001*** (-3.34)		-0.001*** (-4.51)
$exrate_{ct}$				0.449 (1.41)		0.221 (0.60)
$freuro_{it}$				-0.398*** (-6.00)		-0.478*** (-7.28)
$debtgni_{it}$			0.004*** (3.10)			0.003** (2.20)
fi_{it}					0.117 (0.53)	-0.279 (-1.31)
fm_{it}					0.031 (0.08)	0.340 (1.02)
fi_{ct}					2.949** (2.25)	2.889** (1.96)
fm_{ct}					-0.348 (-0.17)	-0.578 (-0.26)
$kopen_{it}$					-0.109 (-1.01)	-0.179 (-1.51)
$const$	0.522 (0.24)	-0.310 (-0.15)	-0.500 (-0.22)	-6.309*** (-2.87)	4.404 (1.57)	-1.338 (-0.46)
N	367	367	329	358	348	316

三、结论

基于非洲53个国家及中国2010—2017年的面板数据，考虑人民币区域化程度随时间变化特征，使用新的赋值法对人民币区域化程度进行量化，通过拓展货币引力模型，实证分析人民币非洲区域化的影响因素及其国别差异性，同时使用不同的回归方法和替换解释变量等方式进行稳健性检验，得出主要结论如下。

第一，人均 GDP、双边贸易和直接投资等引力因素对人民币非洲区域化具有重要的影响。中国人均 GDP 是人民币非洲区域化的重要基础，而非洲国家人均 GDP 越高，对人民币的需求越大；中非双边贸易、中国对非直接投资的增加有利于提升人民币在非洲跨境结算业务中的需求及人民币外汇交易需求，推动人民币在非洲的区域化。

第二，斥力因素中，地理距离和语言距离是人民币在非洲区域化的重要影响因素，但制度距离影响基本不显著。由于非洲国家整体基础设施落后、信息技术和金融基础设施建设不够发达，地理距离仍是阻碍人民币非洲区域化的重要因素，而与中国语言距离越大的国家对人民币的接受度越低。

第三，非洲国家外债负担对人民币非洲区域化具有正向影响。外债负担越重的国家，对债务货币多元化的需求越高，同时，随着中国对非援助和贷款增加，以人民币债务结算的需求也提升。

第四，非洲国家汇率波动、非洲法郎区国家虚拟变量、金融开放度因素抑制人民币非洲区域化，而中国金融发展程度有利于推动人民币非洲区域化。非洲国家汇率波动增加了人民币互换的成本，而非洲法郎区国家使用欧元，金融开放度高的国家美元、欧元等主要国际货币流通比例大，同时其他国际货币的使用本身还具有惯性，这些均不利于人民币在这些国家的使用。中国金融发展程度尤其是金融机构发展程度越高，人民币境外流通相关基础设施将更加完善，有利于推动人民币非洲区域化。

第五，人民币在非洲区域化的影响因素存在一定的国别差异。引力变量中，非洲国家经济规模、中国对非贸易额、中国对非直接投资均推动人民币在低收入国家的使用，人民币在非洲中低收入国家使用主要通过直接投资渠道，而中高收入国家的使用则主要通过贸易渠道；斥力变量中，由于不同收入水平国家基础设施发展水平存在一定差异，地理距离对人民币非洲区域化也具有国别差异；外债负担、汇率变量、金融变量对人民币在不同收入水平国家的使用也存在一定差异。

第五节　推进人民币非洲区域化的对策建议

由前文分析可知，人民币在非洲区域化具有一定的现实基础，并取得了一定的进展，人民币对非洲国家货币具有一定的影响力，但影响力仍然有限，人民币非洲区域化仍处于初步发展阶段。人均 GDP、双边贸易和直接投资等引力因素及地理距离和语言距离等斥力因素是人民币非洲区域化的重要影响因素，非洲国家汇率波动、是否非法郎区国家、金融开放度、金融发展程度因素也会影响人民币非洲区域化。由此，提出如下建议，以进一步推动人民币非洲区域化。

一、推动中非贸易优化发展，提升人民币贸易计价、结算比例

推动中非贸易发展是推动人民币非洲区域化的重要渠道。尽管当前中非贸易取得了较大的进展，但面临贸易结构仍然较为单一、贸易发展内在动力不足等问题（田伊和霖武芳，2019）。在推动中非贸易总额增长的同时，不断优化贸易结构，提升中国产品的竞争力，中非贸易人民币计价、结算的愿望和需要才能不断提升。同时，创新贸易合作模式、建立中非自由贸易区等则是增强中非贸易增长动力的重要途径。在推动中非贸易优化发展的基础上，解决中非货币之间的兑换问题，争取人民币与更多非洲国家货币实现直接兑换和挂牌交易；同时，进口以建立石油—能源人民币定价机制为突破口，推动人民币大宗商品计价结算，出口产品接受非洲国家以人民币支付，从而形成完整的人民币输出和回流渠道，提升人民币非洲跨境贸易结算的可行性。

二、以人民币支持对非直接投资和非洲基础设施建设为切入点，推动人民币非洲区域化

中国对非直接投资无论流量还是存量均呈现了较快的增长趋势，但投资规模仍然较小，因此，中国对非直接投资仍存在较大的发展空间。由于中国对非直接投资具有政府的支持和推动的特征，发展人民币直接投资并推动非

洲国家接受人民币直接投资的阻力相对较小（阎虹戎，2018），因此，继续推动中国对非直接投资规模，扩大对非直接投资领域，将是推动人民币非洲区域化的重要切入点。同时，由于非洲基础设施建设仍然落后，中国对非投融资中，以人民币资金支持基础设施建设也容易为非洲国家所接受。而且在支持非洲国家基础设施建设的同时，有利于减小地理距离的斥力效应的影响，从而进一步推进人民币非洲区域化。具体而言，可在“一带一路”倡议推进契机下，充分发挥金砖国家新开发银行、亚投行和丝路基金的作用，在基础设施项目的投融资活动中优先使用人民币，包括发行人民币债券或者使用人民币贷款等，可用人民币与当地分包商进行工程价款的结算，接受当地分包商用人民币进口中国设备、支付当地工人工资，形成人民币在投融资领域的输出和回流渠道，也即形成人民币的生态系统；除基础设施项目外，还可投资于非洲国家的减缓与适应气候变化项目，参与其碳市场建设，以扩大人民币在非洲国家碳市场的影响力。同时，中国在基础设施、装备制造、能源开采、化工等许多行业具有相应的经验，因此，可以向非洲国家输出以人民币计价结算的相应技术、设备和服务，从而进一步增加人民币的使用和增强人民币国际计价结算功能。

三、进一步推进中非文化交流和对非援助，提升人民币在非认知度和影响力

语言距离是文化距离的重要代表变量，其对货币区域化的影响归根结底在于国家间的文化差异。非洲 50 多个国家在宗教信仰、政治制度、价值观念等方面与中国存在较大的差异，从而影响了非洲国家对人民币的认知和接受。而推动中非文化交流合作，让非洲国家民众了解中华文化，有利于拉近中非双方的认知及心理上的距离，对增强非洲国家对人民币的认知度与接受度及提升人民币国际形象具有重要的作用。继续发挥援非资金对非洲国家的医疗、教育、农业等方面的援助与支持，也有利于改善与提升中国在非洲国家的国际形象，提高其对人民币的认同度。

四、推动中国金融发展和增加人民币汇率弹性，提升非洲使用人民币的信心和便利性

进一步推进中国在汇率制度、利率市场化、资本账户管理等方面的金融改革及相关金融基础设施建设，有利于推动中国金融发展、增加人民币汇率弹性，从而提升非洲国家使用人民币的信心和便利性。由于人民币与非洲主要货币的联动性在政策实施或外部冲击的前期阶段有所提升，为此应着重关注和维持政策实施或冲击前期阶段人民币币值的稳定；在金融基础设施建设方面，尽管 CIPS 系统在推进人民币跨境支付结算方面已经发挥了重要的作用，但仍存在周期较短、系统业务量及机构覆盖率仍然较低、结算功能有待完善、操作便利性有待提高等问题，因此需要完善优化 CIPS 系统的功能建设，提高系统的业务覆盖范围，提高系统在非洲的接受度和市场覆盖面，推动人民币在非洲结算功能发挥。

五、推进中国与非洲法郎区国家及法国三方合作，推动人民币非洲离岸市场建设

人民币在非洲法郎区国家由于面临欧元的竞争及货币使用的惯性等，使用较少，但仍可通过合作的方式推动人民币业务在这些国家发展。中国可通过与法国在非银行合作共同支持法郎区国家的发展，提升法郎区国家人民币业务比例，与法国合作还可借由巴黎人民币离岸市场，进一步推动人民币离岸债券的发展，推动人民币国际化。同时，由于离岸金融市场在一国货币国际化进程中扮演着重要角色，能够有效促进货币的流动，拓宽本币的投融资渠道，因此，可积极推动非洲地区离岸人民币市场的建设。可选择与中国经贸投资往来密切、金融市场比较发达、影响力和辐射力相对较强的国家的中心城市建立人民币离岸市场，如推动南非、肯尼亚人民币离岸市场建设。

六、进一步增加人民币与非洲国家货币互换和使用规模

双边互换协议的签订一方面能够推动双方国际贸易的发展，另一方面能够促进资本流动，便于人民币的境外流入和流出，同时降低货币交易成本，

减少中非对其他主要货币的依赖性，降低风险，在一定程度上也有助于人民币在货币互换国锚效应的提升。但目前中国仅与非洲的埃及、南非、尼日利亚等签订货币互换协议，规模较小，且实际使用有限。因此，有必要进一步扩大人民币与已签协议国家货币互换规模，延长协议期限。同时积极推动人民币与非洲其他国家本币互换。通过切实扩大双边本币互换协议的实际执行，将互换的货币投放至商业银行，为与其进行双边贸易的企业直接提供对方本币贷款等措施，推动本币互换的实际使用，在增强人民币储备货币职能的同时，真正增加人民币在非洲国家的使用。

七、推动中非移动支付合作及法定数字人民币发展，增加人民币在非洲使用

一方面，可将支付宝、微信等移动支付推广至非洲，通过支付宝和微信开展与非洲当地旅游业及生活服务行业的合作，既可为中国赴非洲游客和非洲当地商户提供便利，增强中非旅游业合作，也可让非洲人民了解人民币支付模式，从而有利于增加人民币在非使用。与非洲本地移动支付商合作方面，目前支付宝已经与南非的 Zapper 支付公司进行合作，这有利于进一步拓展中国移动支付市场，这种模式可以在非洲其他国家进行推广。另一方面，加快法定数字人民币的推进进程，有利于推进人民币在非洲使用。法定数字人民币的推广能够简化货币流通环节，极大降低流通成本，推动国际贸易发展，为人民币跨境贸易结算使用奠定基础；同时，法定数字货币由于具有较强的国际化属性，全球范围内任何国家可通过手机终端进行支付，因此法定数字人民币推广可有效扩大人民币的使用范围；数字人民币能够流通于传统银行网络以外，有效弥补非洲部分地区传统银行基础设施不足的缺陷，也有利于提升人民币支付便利性。推动法定数字人民币发展，应推动技术创新以提升其发行、流通及清算等全过程安全性、稳定性，还应完善相关的法律法规，并加大数字人民币在交易、存储和使用等方面监管力度，防范相关金融风险，保障使用者权益，同时应加快数字人民币国际支付清结算系统建设，如对接已有人民币跨境支付结算系统，确保法定数字人民币海外投放和流通渠道畅通，同时加强对法定数字人民币国际流通监控，防范相关风险。

当然，由于人民币对不同汇率制度国家的影响力存在一定差异，人民币在非洲区域化的影响因素在不同收入水平国家不尽相同，因此推进人民币区域化措施需要因地制宜，有所侧重，以全面有效推进人民币在非洲整体的区域化程度。

本章小结

人民币在非洲的区域化取得了一定的进展，但规模和速度未达预期。基于VAR－DCC－MVGARCH模型实证分析人民币与非洲国家货币联动性，结果发现：人民币与大部分非洲国家货币存在一定的均值溢出效应；人民币与非洲主要货币之间的联动性主要受自身前期值干扰因素的影响，受前期外部干扰因素的影响较小，动态相关系数呈时变性，但并不稳定。基于信息溢出指数模型分析在岸和离岸人民币对非洲国家货币的影响力，结果表明：在岸人民币汇率和离岸人民币汇率对非洲国家货币均存在一定程度的溢出效应且具时变性，离岸人民币汇率溢出效应更强，且两者均是货币汇率收益率波动的主要承担者；非洲采取不同汇率制度的国家，人民币汇率对其货币汇率的溢出效应存在差异；剔除美元影响后人民币汇率对非洲国家货币汇率的溢出效应更小。进一步通过拓展的货币引力模型，实证分析人民币非洲区域化的影响因素，结果表明：人均GDP、双边贸易和中国对非直接投资等引力因素对人民币非洲区域化具有显著的影响；斥力因素中，地理距离和语言距离抑制人民币区域化，但制度距离影响基本不显著；非洲国家外债负担对人民币非洲区域化具有正向影响；非洲国家汇率波动、金融开放度及非洲法郎区国家虚拟变量抑制人民币非洲区域化，而中国金融发展程度对人民币区域化的影响为正。人民币非洲区域化的影响因素也因非洲国家收入水平差异不尽相同。可通过进一步推动中非贸易和中国对非直接投资发展、推进中非文化交流和对非援助、推动中国金融发展和增加人民币汇率弹性、推进中国与非洲法郎区国家及法国的三方合作及推动人民币非洲离岸市场建设、进一步增加人民币与非洲国家货币互换和使用规模、推动中非移动支付合作及法定数字人民币发展等，推进人民币非洲区域化，但对不同收入水平国家、不同汇率制度国家也需因地制宜，有所侧重。

第四章
中非开发性金融合作

与传统的ODA援助不同，中国对非洲的开发性金融支持实际上是一种由中国官方提供的，具有较高的优惠性，通过各种金融信贷工具，支持发展中经济体关乎民生和社会福祉的发展性项目的“南南”发展合作模式。那么，当前中非官方开发性金融合作的现状如何，如何从理论和实证方面全面探索中国与世界银行等传统多边开发性金融机构在非洲开发性金融领域的关系，如何推动中国参与的新型多边开发银行与传统多边开发银行合作，对这些问题的思考和研究，对进一步推进非洲国家发展、中非命运共同体建设及多边开发性融资体系的改革具有重要的理论和现实意义。本章在分析中非开发性金融合作现状的基础上，基于拓展的Hotelling模型分析中国与世界银行在非洲开发性金融领域的互补性竞争关系及其动态性的理论机制，并实证分析中国与世界银行在非洲开发性金融领域的关系及其在不同支持领域的差异性，接着从非洲开发银行发展中存在的问题和调整策略出发，分析其经验教训对新开发银行发展的启示，最后提出推动新型多边开发银行与传统多边开发银行合作的策略。

第一节　中非开发性金融合作现状

进入21世纪以来，国际开发性融资体系的结构发生了重要变化，包括中国在内的新兴经济体影响力不断上升。其中，中国对非洲的开发性融资不断增加。据AidData（2017）的估计，2000年至2014年，中国实际流入非洲的资金约为970亿美元，自2010年以来，每年流入非洲的资金约为120亿美元。2000年至2014年，中国分别在社会基础设施和服务业、经济基础设施和服务业以及生产部门向非洲国家提供了971个、218个和138个项目，资助总额分别为70亿美元、189亿美元和31亿美元（Guillon和Mathonnat，2018）。而党的十八大以来，在构建“中非命运共同体”理念指导下，中国对非洲开发性金融进一步朝着全方位、系统化的方向发展。2015年中非合作论坛上，为推动“十大合作计划”的实施，中国向非洲提供了600亿美元支持；2018年中非合作论坛，为支持“八大行动”，中国向非洲再次提供600亿美元资金支持，包括无偿援助、无息贷款、优惠贷款、贸易优惠信贷及投资类开发金融等几种形式；2021年中非合作论坛，中国继续向非洲国家提供优惠性质贷款等融资支持。

一、中国特色的官方开发性金融的含义

程诚（2016）指出，由于中非发展合作在政策背景、源流及发展现状方面与传统的ODA存在显著的差异，传统的ODA分析框架不适用于中非发展合作，而中国特色的官方开发性金融可以更为准确和全面理解中国对非洲发展和中非合作提供支持的本质，也即中国对非洲的开发性金融支持实际上是一种由中国官方提供的，具有较高的优惠性，通过各种金融信贷工具，支持发展中经济体关乎民生和社会福祉的发展性项目的“南南”发展合作模式。其中，官方包括中国政府和中国政策性金融机构，体现于中国与非洲区域性多边开发银行的合作及中非政策性银行、政策性保险机构合作等。本节的开发性金融即沿用此含义。

二、中国与非洲区域性多边开发银行的合作

多年来，中国积极通过与非洲多边开发银行合作以加强中非金融合作。中国于1985年加入非洲开发基金、非洲开发银行，并相继成为西非开发银行、东南非贸易与开发银行的成员国。中国通过中国人民银行、政策性银行与非洲主要多边开发银行进行交流与合作，在推动中非经贸合作的发展、支持中国企业“走出去”战略等方面发挥了重要的作用（见表4－1）。

表4-1　中国与非洲区域性多边开发银行合作情况

合作开发银行	合作年份	合作内容
非洲开发银行	1985-05	中国加入非洲开发银行。
	1996	中国与该行签订了200万美元的“双边技术合作基金协定”，用于资助中国咨询专家向非洲介绍优势项目和技术，同时该行也向中国采购了超过5亿美元的货物和劳务。
	2003-10	中国人民银行和该行在北京召开了第一届中非“经济改革与发展战略高级研讨会”，分享中国改革开放与扶贫的成功经验。
	2005-06	中国积极参与非洲开发基金落实G8提出的“重债穷国多边减债动议”的捐资行动，并承诺在之后的50年中向该基金提供约1.95亿美元的捐资。
	2007-05	该行在上海举办理事会年会，以推动中非金融机构间更加务实与积极的合作。
	2014-05	中国与该行签署“非洲共同增长基金”，规模为20亿美元，期限为30年，由该行推进相关项目，向整个非洲提供融资。
	2016 2017	中国企业成为该行数量最多以及项目价值总额最高的企业。
西非开发银行	2004-11	中国入股该行，成为其最大区外股东。中国承诺成立100万美元的技术合作基金以支持该行成员国的减贫和一体化建设。
	2006-11	中国和该行联合举办“中国经济日”研讨会，探讨进一步加深中国和西非合作的途径。同时，中国进出口银行与该行签署7000万欧元的信贷额度协议，以支持和中国建交的西非经济货币联盟成员国。
	2009-06	该行在上海举办董事会；同时，中国与该行在上海举办了合作与发展研讨会，以进一步增进中国对西非的了解，推动双方经贸合作及鼓励中国企业与金融机构开拓西非市场。
	2011-08	中国国家开发银行为该行提供6000万欧元的低息贷款，以支持西非地区的能源、交通、基础设施及农业等领域发展和中小企业融资需求。

续表

合作开发银行	合作年份	合作内容
东南非贸易与开发银行	2000－08	中国成为该行唯一的区外成员国，拥有独立董事席位。
	2005－08	该行参与中非商业机会研讨会，使中国企业了解东南部非洲的商业机会。
	2008－08	中国国家开发银行向该行提供5000万美元、期限10年的贷款，用于支持东南非地区的电信、基础设施及采矿领域的发展。
	2017－11	中国进出口银行与该行签署了出口买方信贷流动资金贷款融资协议，并向该行提供2.5亿美元出口买方信贷流动资金贷款，优先支持中国与东南非共同市场成员国的经贸合作以及中非之间的融资合作，同时支持提升中国在东南非地区的市场影响力及相关业务资金需要。
	2018－09	中国人民银行行长与该行行长就该行的经营情况、人民币在非洲的使用、熊猫债券的发行等进行了交流。
	2022－12	中国进出口银行为该行提供3亿美元融资，用于优先支持中国与东南非共同市场成员国的经贸合作。此次合作是中国进出口银行积极响应《中非合作2035年愿景》、践行成为非洲可持续发展融资伙伴的重要体现。

资料来源：根据相关公开资料整理。

三、中非政策性金融合作

（一）中国进出口银行对非合作情况

中国进出口银行在中国对非合作中发挥了重要的作用。中国进出口银行支持了非洲基础设施领域的诸多“第一”，如支持了东非第一条现代化轻轨、非洲第一大悬索跨海大桥、肯尼亚第一条新建铁路蒙内铁路等。该行还支持了中非“十大合作计划”的一些重要合作项目，如埃塞俄比亚阿达玛机械装备制造工业园、埃及泰达产业园等工业园区。同时，中国进出口银行还全力落实“八大行动”，支持了一批辐射作用大、带动作用明显的重点项目，有利于非洲地区的经济社会发展及人民生活水平提高。该行同时注重支持非洲国家的绿色发展项目，如埃塞俄比亚的阿达玛风电项目，有效提升了该国开发风能资源的技术实力，降低发电成本，在非洲清洁能源的发展中起到了非常重要的示范效应；并对在非企业履行环保和社会责任、保护当地的生态系统与自然环境进行积极引导①。

进出口银行将积极拓展合作空间，丰富合作模式，提升金融服务质效，为促进中非合作发挥更大作用。进出口银行作为中国政府对非优惠贷款的独家承办银行，还开展出口优惠信贷、对外投资贷款等业务，项目涉及信息、交通、制造、电力、教育、卫生等领域，其中交通基础设施贷款占比超过 80%。根据不完全统计，中非 2017 年重大合作项目数为 39 个，其中 24 个由进出口银行提供支持，所占比例超过了 60%。从 2006 年以来，中国进出口银行对非贷款余额的年均增速均在 40% 以上；截至 2018 年 6 月末，该行对非业务涉及 45 个非洲国家，对中资企业在非开展经贸活动和投资经营活动提供资金支持，带动中资企业签订的商务合同金额累计超过 2000 亿美元②。截至 2022 年 6 月末，该行对非业务扩展到了 49 个非洲国家，对非洲国家基础设施、社会民生建设、农产品进口、工业化建设及能源开发等领域的贷款余额超过了 4000 亿元③。

在每年新增贷款方面，由图 4 -1 可知，2000—2013 年进出口银行对非洲贷款呈现不断增长趋势，2013 年达到了最高值 103.81 亿美元，相对 2000 年增长了 123 倍；尽管 2014 年之后每年新增贷款额有所下降，但每年均在 40 亿美元以上。受新冠疫情和全球不确定性因素影响，2020 年，进出口银行对非洲贷款降到 13.17 亿美元，仅覆盖布基纳法索、刚果（金）、加纳、莱索托、马达加斯加、莫桑比克、卢旺达、乌干达 8 个国家。

在多边合作方面，2016 年 7 月，中国进出口银行与非洲进出口银行签署《谅解备忘录》，并在同年 9 月为其提供了 2.5 亿美元的流动资金保函及 1 亿美元贷款，用于支持该行在亚洲银行间市场第一个银团融资项目④。2021 年，

① 中国进出口银行．走进非洲：进出口银行积极支持中非全方位合作［EB/OL］. http://www.eximbank.gov.cn/info/ztzl/fzzt/201810/t20181012_6929.html.

② 中国进出口银行．中国和非洲是发展道路上的真诚伙伴［EB/OL］. http://finance.ifeng.com/a/20180830/16478756_0.shtml，2018 -08 -30.

③ 汤莉．为中非农产品合作融资融智［EB/OL］. https://baijiahao.baidu.com/s? id = 1740740452319304558&wfr = spider&for = pc.

④ 中国进出口银行．中国进出口银行 2016 年年度报告［R/OL］. http://www.eximbank.gov.cn/tm/report/index_27_30010.html.

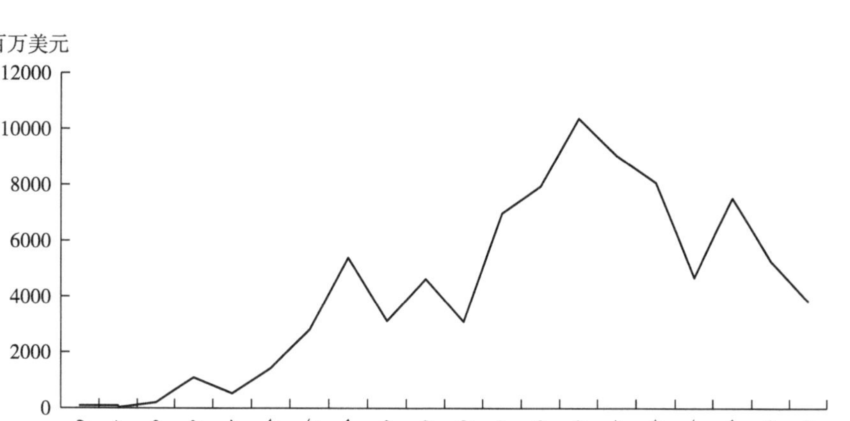

图 4-1　2000—2019 年中国进出口银行对非洲每年新增贷款额

［资料来源：中国对非洲贷款数据库（Chinese Loans to Africa Database，CLA）］

中国进出口银行和非洲进出口银行、非洲开发银行、非盟开发署及世界银行等多边机构组织一起参与由联合国工业发展组织牵头的《综合农业工业园区指南》的编写，积极加强与非洲地区多边开发银行的知识、信息交流合作①。此外，中国进出口银行还持有中非产能基金 20% 的股份。该基金为对非股权投资基金，于 2006 年 1 月正式成立，基金规模为 100 亿美元，围绕非洲的“三网一化②”建设战略开发业务；截至 2018 年 9 月，其累计批准投资项目 15 个，批准投资额 17.47 亿美元，实际投资项目 11 个，投资到位金额 12.2 亿美元，涉及或撬动项目投资总额约百亿美元③。截至 2021 年 3 月，累计投资项目达 21 个，覆盖能源、资源、制造业等诸多领域，有力推动非洲国家的产业发展④。

---

① 中国进出口银行．中国进出口银行 2021 年年度报告［R/OL］．http：//www.eximbank.gov.cn/aboutExim/annals/2021/202206/p020220610369922124872.pdf.

② 三网一化，即高速铁路网、高速公路网、区域航空网和工业化。

③ 郑青亭．专访中非产能合作基金董事总经理王玉龙：中企应抓紧布局，把握非洲投资机遇期［EB/OL］．（2018-09-05）．http：//www.21jingji.com/2018/9-5/2NMDEzNzlfMTQ0NzY2Nw.html.

④ 新华社．新时代的中非合作［EB/OL］https：//baijiahao.baidu.com/s? id=1717454474785203906&wfr=spider&for=pc.

（二）中国国家开发银行对非合作情况

国家开发银行是中国对非提供金融支持的重要窗口，其经营特色在于为非洲的生产领域提供资金支持，通过资金投入引导中国企业对非投资。2006年以来，国开行在非洲共设立1个代表处、13个国别工作组，累计向43个国家近500个项目提供超过500亿美元的资金，支持了非洲基础设施、能源矿产、交通电信、农业等领域的一大批重点项目；与18个非洲国家签署规划咨询合作协议，并完成了相应的咨询报告；与世界银行共同成立对非投资智库联盟，邀请非洲54个国家的2400名人员参加各种培训和交流，同时奖励和资助19个非洲国家40个留学生来华学习。[①] 2018年9月5日，国开行与13家非洲当地有代表性的银行、3家区域性金融机构共同发起设立了中非金融合作银联体，为参与成员间客户与资源的共享、项目信息的交流、风险防范与分担等提供平台和纽带[②]。在每年新增贷款方面，由图4－2可知，国家开发银行从2011年之后开始对非洲进行贷款（2007年、2008年分别贷款1700万美元、5000万美元，2009年和2010年贷款为0），此后呈不断增长趋势，2016年达到最高值180.34亿美元，但2017年、2018年、2019年分别降到30.4亿美元、21.56亿美元、16.16亿美元；2020年同样受新冠疫情和全球经济不确定性影响，国家开发银行对非洲国家没有新增贷款。

在中非合作论坛框架下，国开行承办了中非发展基金和非洲中小企业发展专项贷款。其中，中非发展基金成立于2007年，初始规模为50亿美元，2015年增至100亿美元，通过股权投资方式支持和鼓励中国企业对非投资。从成立以来至2022年，该基金在非洲设立5个代表处，累计向非洲39个国家承诺出资超过66亿美元，引导中国企业对非投融资额达310亿美元，实际对非投资额累计超过50亿美元，投资领域涉及产能合作、能源开发、基础设施建设、农业民生、工业园区等，支持了包括海信南非家电园、人福马里药厂、

① 新华网．国开行：向非洲提供投融资超过500亿美元［EB/OL］．http：//www.xinhuanet.com/money/2018－09/07/c_129948885.htm.

② 上海证券报．国开行发起设立中非银联体　中非发展基金总规模达100亿美元［EB/OL］．http：//news.cnstock.com/news，bwkx－201809－4275685.htm.

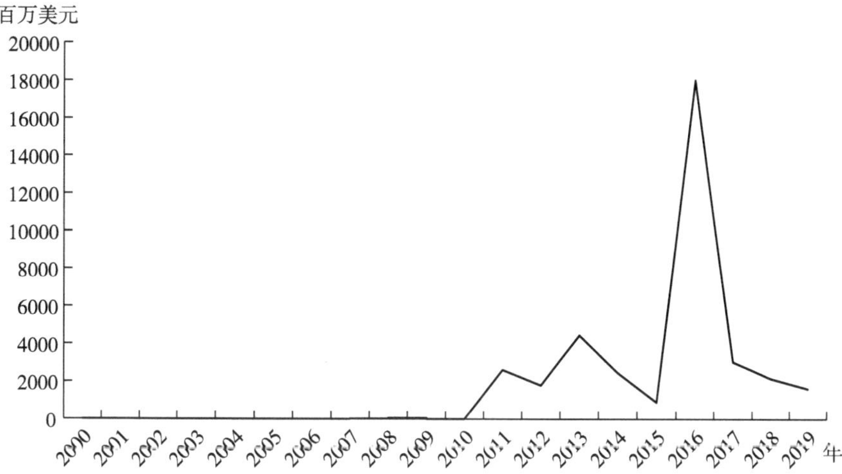

图 4-2　2000—2019 年中国国家开发银行对非洲每年新增贷款额

［资料来源：中国对非洲贷款数据库（Chinese Loans to Africa Database，CLA）］

深圳能源加纳电厂、莫桑比克农业园及泰达埃及苏伊士经贸园等典型项目，提高了当地的就业水平及政府税收水平，有效地促进了当地经济的发展①。2018 年第四届对非投资论坛，中非发展基金发挥了重要平台作用，和非方政府、国际机构及中非企业共签署了 6 个合作协议，以继续推动中非在基础设施、产能、金融及医疗民生等领域的合作。该基金在中葡合作论坛框架下，还受托管理 10 亿美元规模的中葡合作发展基金，旨在以投资促进中国和葡语国家和地区经贸合作。成立于 2009 年 11 月的非洲中小企业发展专项贷款则主要支持非洲中小企业发展，初始规模 10 亿美元，2012 年、2015 年分别增至 30 亿美元、60 亿美元。截至 2018 年 9 月，专项贷款累计承诺贷款总额达 42 亿美元，累计发放贷款 20 亿美元，覆盖非洲 32 个国家，为当地直接创造了 8.7 万个就业机会②。

在第三方合作方面，2018 年国家开发银行和法国开发署签订了《合作备

① 中非发展基金累计对非投资超过 50 亿美元。

② 上海证券报．国开行发起设立中非银联体　中非发展基金总规模达 100 亿美元［EB/OL］．http：//news. cnstock. com/news，bwkx - 201809 - 4275685. htm.

忘录》，加强在绿色金融及联合研究等方面的合作，并探讨了在非洲塞内加尔等国家开展“第三方”合作。在国开行、法开署、塞内加尔政府的积极配合下，三方在创新联合融资合作模式及克服疫情等因素的影响方面取得了积极的进展。2022年，国开行首次以联合融资模式出资1440万欧元，和法国开发署先后与塞内加尔经济计划合作部签署共同支持达喀尔汉恩湾污水处理项目的协议，这也是国开行积极落实中法两国合作共识和中非合作论坛第八届部长级会议精神的重要举措①。

（三）中国出口信用保险公司对非合作情况

中国出口信用保险公司作为一家政策性出口信用保险机构，在中非合作中也发挥了重要的作用。一是通过提供出口信用保险支持中国企业投入非洲的现代工业化体系建设，如支持了天津天纺投资控股有限公司在马拉维的纺织业产业链建设，支持广东省一家民营企业在乌干达的矿产项目。二是通过给予非洲农产品针对性的承保倾斜、提高海外投资保险承保能力等措施，支持非洲农业的现代化发展，如通过海外投资股权保险方式，帮助福州宏东远洋渔业有限公司解决其赴毛里塔尼亚开展捕捞及水产品加工合作相关投资需求。三是积极支持非洲基础设施建设，如为莫桑比克马普托大桥项目出具承保金额为10.96亿美元的买方信贷保险，为中资企业在非洲最大水电站项目——安哥拉卡古路·卡巴萨水电站项目承保63.3亿美元，为埃及国家电网升级改造项目承保9.8亿美元。四是促进中非贸易往来，如承保埃及、尼日利亚、埃塞俄比亚的“境外合作区”项目，为入园企业承保金额超过17亿美元（截至2017年末），与安哥拉、乌干达、肯尼亚、埃及等国家金融机构和政府签署合作协议。截至2018年7月，中国信保累计为中资企业对非业务承保2333.7亿美元，覆盖行业包括电信、铁路、公路、电力、石油、矿产、农业、机械设备等，支持对非贸易达1339.5亿美元，支付赔款累计额为22.3亿美元②。2020年12月3日，中国信保在南非约翰内斯堡设立代表处，成为其

① 中国国家开发银行与法国开发署首次开展第三方市场合作。

② http：//www.xinhuanet.com/money/2018－08/13/c_129932166.htm，2018－08－13.

在非洲大陆的第一家代表处和海外第二家代表处。约翰内斯堡代表处成立后，中国信保将继续服务东南部非洲 26 个国家的市场，在“一带一路”倡议与中非合作精神下，进一步提升在东南部非洲地区的业务开发及项目推动、风险监控、信息调研等方面的能力。

第二节　中国与世界银行在非洲开发性金融领域的互补性竞争关系——理论模型与经验证据

当前中国对非洲开发性金融已成为非洲重要的开发性资金来源之一，因此中国往往被视为世界银行、非洲开发银行及 DAC 等传统开发性金融提供方的竞争者。然而，非洲国家仍面临巨大的开发性资金需求缺口，据非洲开发银行估计，仅基础设施领域，非洲每年资金需求为 1300 亿美元至 1700 亿美元，但实际投入只有 930 亿美元，资金需求缺口每年达 680 亿～1080 亿美元。在此背景下，如何从理论和实证方面全面探索中国与世界银行等传统提供方在对非洲开发性金融领域的关系，对进一步推进非洲国家发展和多边开发性金融体系改革具有重要的理论和现实意义。

已有文献对中国与西方传统开发性金融提供者在对非洲开发性金融领域的关系进行了较为全面、深入的研究，所得结论包括竞争和互补两个方面，但单纯的竞争和互补关系并不能全面展现中国与西方传统开发性金融提供者之间的关系，目前关于两者关系的理论机制的研究尚少；国内文献也鲜有相关研究，尤其缺乏实证方面的研究（相关文献综述详见第一章）。鉴于此，本节将借鉴刘光溪（1996）、叶芳（2017a）提出的“互补性竞争”概念分析中国与以世界银行为代表的传统开发性金融提供方在对非洲开发性金融领域的关系，即中国与世界银行在实现促进非洲大陆发展的共同目标过程中，既互补合作，又相互竞争，且互补和相互竞争关系的发展表现为某个阶段以互补为主、某个阶段以竞争为主的动态性，同时互补和竞争之间相互依存、互融互促。在此基础上，进一步借鉴叶芳（2017a）构建的市场未被完全覆盖的 Hotelling 模型及 Humphrey 和 Michaelowa（2019）的计量模型，探讨中国与世界银行在非洲开发性金融领域互补性竞争关系的理论机制和经验证据。改进如下：一是通过修正模型部分基本假定，同时引入开发性金融供给方的利益偏好因素，对叶芳（2017a）构建模型进行拓展，以突出中非命运共同体理念对中国对非洲开发性金融支持的影响；二是计量模型的研究设计上区别于 Humphrey 和 Michaelowa（2019）的模型，包括模型设定时因变量和核心变量采用双对数模型而非半对数模型，控制变量除基本需求因素外还考虑与支持领域相适应的具体需求因素，同时考虑供给方利益偏好因素；三是结合理论模型分析实证结果，因而在结论的分析逻辑上与 Humphrey 和 Michaelowa（2019）存在一定差异。

一、中国与世界银行在非洲开发性金融领域互补性竞争关系的 Hotelling 模型分析

当前非洲开发性金融仍存在巨大的需求缺口，因此符合市场没有被完全覆盖的情况。在叶芳（2017a）构建的市场无法被完全覆盖时的 Hotelling 模型基础上，加入开发性金融供给方的利益偏好因素，并分互补性为主阶段和竞争性为主阶段两个阶段动态分析中国与世界银行在对非洲开发性金融领域的互补性竞争关系。

（一）模型的基本假定

（1）非洲开发性金融需求市场为线性市场，其长度为 1，非洲开发性金融消费者均匀地分布在区间［0,1］（见图 4－3）。

图 4－3　非洲开发性金融消费者分布情况示意

（2）非洲国家可从消费 1 单位的开发性金融产品中获得诸如基础设施建设带来的生活便利化、经济水平的提升等方面的基础效用，这种基础效用与提供者无关，假设为 V_0。

（3）中国与世界银行提供单位开发性金融产品的价格存在差异，假设分别为 p_1、p_2。

（4）由于附加条件、审批程序、提供咨询、技术支持等服务存在差异，

消费者从中国和世界银行提供产品中获得的效用也不一样，这里使用“空间差异”表示，分别表示为 t_1、t_2。通常，附加条件越苛刻、审批程序越复杂、提供的服务越少，空间成本越大，消费者的效用损失越大。

（5）提供者在决定是否提供开发性金融产品时，通常带有一定的利益偏好，诸如消费国家的民主指数、制度质量等，或是基于合作共赢的命运共同体理念。通常，以美国等主要发达经济体利益主导的世界银行在对非洲提供开发性金融产品时，利益偏好主要偏向于前者，这对消费国效用存在一定的负向作用，而中国的利益偏好主要基于中非命运共同体构建，是互利共赢的，因此对消费国的效用为正。假设中国和世界银行利益偏好分别为 R_1、R_2，对消费国的效用分别是 R_1、$-\alpha R_2$，其中 $\alpha \in [0,1]$。

（6）中国和世界银行提供开发性金融的单位成本是固定成本为 0 的线性函数，分别为 c_1、c_2，通常世界银行获得资金的成本较低，因此可假设 $0<c_2<c_1$。

（二）模型的构建与推导

1. 互补为主阶段

如图 4－4 所示，当前，中国和世界银行在非洲开发性金融市场均已占有一定的市场份额，假设分别位于 m 和 n 的位置，此时有 $(n-m)$ 资金需求。在非洲国家仍存在较大的需求缺口下，即使中国和世界银行增加对非支持，市场仍无法完全覆盖。假设 x 和 y 位置分别是消费者因为不能达到提供方条件等原因而无法消费到开发性金融产品的位置。

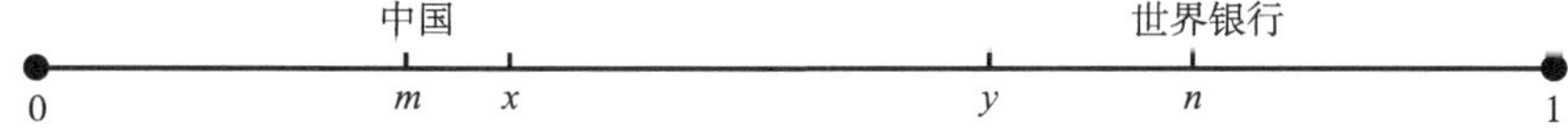

图 4－4　中国与世界银行对非洲开发性金融领域互补为主阶段示意

（1）中国市场份额情况。

x 为消费者选择放弃消费中国提供产品的位置，此位置消费者的效用如式（4－1）所示。

$$U_1 = V_0 + R_1 - p_1 - (x-m)t_1 = 0 \tag{4-1}$$

可得

$$x = m + \frac{V_0 + R_1 - p_1}{t_1} \tag{4-2}$$

中国可获得的利润如式（4-3）所示。

$$\pi_1 = (p_1 - c_1)x + R_1 = (p_1 - c_1)\left(m + \frac{V_0 + R_1 - p_1}{t_1}\right) + R_1 \tag{4-3}$$

π_1 对 p_1 求导得 $\frac{\partial \pi_1}{\partial p_1} = m + \frac{V_0 + R_1 - 2p_1 + c_1}{t_1}$ （4-4）

令导数为0，可得 $p_1 = \frac{V_0 + R_1 + mt_1 + c_1}{2}$ （4-5）

将 p_1 代入式（4-2）可得，中国市场份额如式（4-6）所示。

$$x^* = \frac{V_0 + R_1 + mt_1 - c_1}{2t_1} \tag{4-6}$$

可见，中国提供单位开发性金融产品的成本越小且附加条件越少、审批程序越简单、提供的附加服务越多，市场份额越高；中非命运共同体合作共赢的理念有利于中国对非洲开发性金融市场份额增加。

（2）世界银行市场份额情况。

对世界银行而言，y 为消费者选择放弃消费世界银行提供产品的位置，此位置消费者的效用如式（4-7）所示。

$$U_1 = V_0 - \alpha R_2 - (n - y)t_2 - p_2 = 0 \tag{4-7}$$

可得 $y = n - \frac{V_0 - \alpha R_2 - p_2}{t_2}$ （4-8）

$$\pi_2 = (p_2 - c_2)(1 - y) + R_2 = (p_2 - c_2)\left(1 - n + \frac{V_0 - \alpha R_2 - p_2}{t_2}\right) + R_2 \tag{4-9}$$

π_2 对 p_2 求导得 $\frac{\partial \pi_2}{\partial p_2} = \frac{(1 - n)t_2 + V_0 - \alpha R_2 - 2p_2 + c_2}{t_2}$ （4-10）

令导数为0可得 $p_2 = \frac{(1 - n)t_2 + V_0 - \alpha R_2 + c_2}{2}$ （4-11）

将 p_2 代入式（4-8）可得 $y^* = \frac{1 + n}{2} - \frac{V_0 - \alpha R_2 - c_2}{2t_2}$ （4-12）

世界银行的市场份额为 $1-y^{*}=\frac{1-n}{2}+\frac{V_0-\alpha R_2-c_2}{2t_2}$　　(4-13)

可见，世界银行的市场份额也与其单位成本和空间成本负相关，同时受制于世界银行主导的发达经济体的利益偏好。

假设 $y^{*}>x^{*}$，即此时仍有 $(y^{*}-x^{*})$ 部分非洲国家的开发性金融需求无法得到满足。

2. 竞争为主阶段

随着各提供方资金规模的增加和金融服务的完善，非洲开发性金融市场需求将可能被完全覆盖，此时中国与世界银行将以竞争为主，如图 4-5 所示。

图 4-5　中国与世界银行对非洲开发性金融领域竞争为主阶段示意

位置 h 处，消费者从中国和世界银行获得开发性金融产品的效用分别为

$$U_1=V_0+R_1-p_1-(h-x^{*})t_1 \tag{4-14}$$

$$U_2=V_0-\alpha R_2-p_2-(y^{*}-h)t_2 \tag{4-15}$$

$U_1=U_2$ 时，非洲国家选择哪个提供者并无差异，此时：

$$h=(R_1+\alpha R_2+p_2-p_1+x^{*}t_1+y^{*}t_2)/(t_1+t_2) \tag{4-16}$$

中国和世界银行提供开发性金融的利润函数分别为

$$\pi_1=(p_1-c_1)(R_1+\alpha R_2+p_2-p_1+x^{*}t_1+y^{*}t_2)/(t_1+t_2)+R_1 \tag{4-17}$$

$$\pi_2=(p_2-c_2)[1-(R_1+\alpha R_2+p_2-p_1+x^{*}t_1+y^{*}t_2)/(t_1+t_2)]+R_2 \tag{4-18}$$

式（4-17）和式（4-18）分别对 p_1 和 p_2 求导，可得

$$\frac{\partial\pi_1}{\partial p_1}=\frac{R_1+\alpha R_2+x^{*}t_1+y^{*}t_2-2p_1+p_2+c_1}{t_1+t_2} \tag{4-19}$$

$$\frac{\partial\pi_2}{\partial p_2}=\frac{(1-x^{*})t_1+(1-y^{*})t_2-R_1-\alpha R_2-2p_2+p_1+c_2}{t_1+t_2} \tag{4-20}$$

令导数为0，联立可得

$$p_1 = [R_1 + \alpha R_2 + (1 + x^*)t_1 + (1 + y^*)t_2 + 2c_1 + c_2]/3 \quad (4-21)$$

$$p_2 = [(2 - x^*)t_1 + (2 - y^*)t_2 + 2c_2 + c_1 - R_1 - \alpha R_2]/3 \quad (4-22)$$

将 p_1 和 p_2 代入式（4－16），可得中国和世界银行的市场份额分别为

$$h = [R_1 + \alpha R_2 + (1 + x^*)t_1 + (1 + y^*)t_2 + c_2 - c_1]/3(t_1 + t_2) \quad (4-23)$$

$$1 - h = [(2 - x^*)t_1 + (2 - y^*)t_2 + c_1 - c_2 - R_1 - \alpha R_2]/3(t_1 + t_2) \quad (4-24)$$

将式（4－24）对 t_2 求导得

$$\frac{\partial(1 - h)}{\partial t_2} = [R_1 + \alpha R_2 + (x^* - y^*)t_1 + c_2 - c_1]/3(t_1 + t_2)^2 \quad (4-25)$$

由式（4－23）至式（4－25）可知，在其他条件相同情况下，可得出如下结论：（1）中非命运共同体互利共赢的利益偏好有利于中国对非洲开发性金融市场份额的提升，而世界银行主导国家基于非洲国家以政治条件为主的利益偏好则抑制世界银行市场份额的提升，同时促进非洲国家对中国开发性金融消费。（2）降低产品单位成本，有利于提升各方市场份额。（3）对于空间成本，当 $R_1 + \alpha R_2 < (y^* - x^*)t_1 + c_1 - c_2$ 时，有 $\frac{\partial(1 - h)}{\partial t_2} < 0$ ，在 $y^* > x^*, c_1 > c_2$ 假设下，世界银行主导国家的利益偏好 R_2 越接近于零或者转向互利共赢的利益偏好（即对消费者的效用转为正向），$\frac{\partial(1 - h)}{\partial t_2} < 0$ 越容易满足，从而使空间成本对世界银行市场份额的影响为负；中国互利共赢的利益偏好和世界银行主导国家政治利益偏好较大时，空间成本对世界银行市场份额的影响机制可能发生变化，即世界银行即使通过降低空间成本如降低贷款条件限制等也可能无法提升市场份额。因此，提供者利益偏好将影响空间成本对市场份额的影响机制。

（三）模型结论

由模型分析可知，现阶段，非洲国家的开发性金融市场无法被完全覆盖

的情况下，中国与世界银行对非洲开发性金融的关系以互补为主，随着各方资金规模的增加、审批程序简化、附加条件放松，金融产品可得性增加，非洲开发性金融市场可能被完全覆盖，从而使中国与世界银行对非洲开发性金融转向竞争为主的阶段，但无论哪个阶段，竞争与合作都是共存的。同时，除传统影响因素外，提供方的利益偏好也是其市场份额的重要影响因素，在竞争为主阶段，除直接影响外，还可能影响“空间成本”对市场份额的影响机制。总体来看，中国与世界银行在对非洲开发性金融市场的关系是当前以互补为主、未来以竞争为主的动态的互补性竞争关系。

二、实证分析

（一）计量模型构建

根据前文 Hotelling 模型可得出如下推论：开发性金融市场中，在竞争为主的阶段，一方市场份额的增加将使另一方市场份额减少；在互补为主的阶段，一方市场份额增加，另一方的市场份额可能增加或者不变[①]。因此认为，在其他条件不变时，如果中国对非洲开发性金融支持增加，世界银行对非洲开发性金融支持也增加或者不受影响，则意味着中国和世界银行在对非洲开发性金融领域关系以互补为主，反之则以竞争为主。接下来，使用计量模型进一步验证中国与世界银行在对非洲开发性金融领域的关系。借鉴 Humphrey 和 Michaelowa（2019）的做法，但使用双对数模型而不是半对数模型，从而可使用弹性理论解释回归结果；同时在模型控制变量设定时，综合考虑非洲国家基本需求因素和各领域具体需求因素及供给方利益偏好因素。基础计量模型如下：

$$\ln wb_{it} = \alpha_0 + \alpha_1 \ln china_{it} + \alpha_2 X_{it} + \varepsilon_{it} \quad (4-26)$$

各变量含义及处理如下：

① 现实中，可能存在原来消费者转向新的提供方或者减少甚至不再消费的情况，因此即使是互补为主的阶段，也可能出现一方市场份额增加、另一方市场份额减少的情况。但本文模型隐含假设是各方提供者原有市场份额不会发生变化，因此认为互补为主阶段，一方市场份额增加不会导致另一方市场份额减少。

（1）$\ln wb_{it}$ 为因变量，涉及世界银行对非洲开发性金融总承诺额及其在有形基础设施、社会基础设施、政府预算等领域相关承诺额等变量，分别用 $\ln wbt_{it}$、$\ln wb\inf_{it}$、$\ln wbsocial_{it}$、$\ln wbbudget_{it}$ 表示。单位为百万美元，以 2013 年实际美元表示，并取对数①。

（2）$\ln china_{it}$ 为核心解释变量，涉及中国对非洲开发性金融总承诺额及其在有形基础设施、社会基础设施、政府预算等领域相关变量，分别用 $\ln cht_{it}$、$\ln ch\inf_{it}$、$\ln chbudget_{it}$、$\ln chbudget_{it}$ 表示。数据处理方式类似世界银行相关变量。

（3）X_{it} 为控制变量，涉及非洲国家相关需求变量及世界银行利益偏好变量。其中，非洲国家的人均 GDP、人口数是基本的需求变量，单位分别为美元和百万人，取相应对数，分别表示为 $\ln gdppc_{it}$、$\ln pop_{it}$；其他需求变量包括影响有形基础设施的可再生能源消费占比，影响社会基础设施的 5 岁以下婴儿死亡率，影响预算支持的外债负担（总储备与外债总额比率、外债总额与出口额比值），分别表示为 $energy_{it}$、$mortality_{it}$、$reserve_{it}$、$debb_{it}$；利益偏好变量包括自然资源租金占 GDP 比值、民主指数、国家脆弱性指数、制度质量、语言距离等变量，分别表示为 $resour_{it}$、$polity2_{it}$、sfi_{it}、$instu_{it}$、$lang_{i}$。其中，民主指数为 polity2 指数，取值 -10 ~ 10，值越大，表示民主程度越高；国家脆弱性指数，取值 0 ~ 25，取值越大，国家脆弱程度越大；制度质量借鉴 Broich（2017）的处理方式，取 WGI 数据库中公众自由度、政治稳定性、政府监管质量、法制化水平、管理效能、控制腐败程度六个指标的平均值，取值越大，国家制度质量越高；语言变量为虚拟变量，使用英语的国家取值为 1，否则为 0。

（4）ε_{it} 为随机扰动项。

主要变量描述性统计结果及数据来源如表 4 -2 所示。

① 有形基础设施领域包括交通、水、住房、城市更新和能源等领域；社会基础设施包括健康、教育、性别、青年和社会保护等；预算支持是指直接投入政府预算的所有资源。由于相关变量中涉及较多的零值，因此均将原变量加 1 后再取对数值。

表4－2　主要变量描述性统计

变量名称	观测值	均值	标准差	最小值	最大值	数据来源
$\ln wbt_{it}$	735	3.29	2.370	0.00	8.30	Humphrey 和 Michaelowa（2019）
$\ln wb\inf_{it}$	735	1.75	2.248	0.00	8.30	Humphrey 和 Michaelowa（2019）
$\ln wbsocial_{it}$	735	1.21	1.816	0.00	6.69	Humphrey 和 Michaelowa（2019）
$\ln wbbudget_{it}$	735	1.51	2.097	0.00	6.75	Humphrey 和 Michaelowa（2019）
$\ln cht_{it}$	735	2.04	2.320	0.00	8.24	Humphrey 和 Michaelowa（2019）
$\ln ch\inf_{it}$	735	1.32	2.254	0.00	8.23	Humphrey 和 Michaelowa（2019）
$\ln chsocial_{it}$	735	0.41	1.058	0.00	6.12	Humphrey 和 Michaelowa（2019）
$\ln chbudget_{it}$	735	0.46	1.109	0.00	5.50	Humphrey 和 Michaelowa（2019）
$\ln gdppc_{it}$	717	7.11	1.077	5.27	9.93	世界银行 WDI 数据库
$\ln pop_{it}$	732	1.92	1.630	－2.51	5.17	世界银行 WDI 数据库
$mortality_{it}$	735	0.97	0.462	0.14	2.33	世界银行 WDI 数据库
$energy_{it}$	735	0.61	0.297	0.00	0.98	世界银行 WDI 数据库
$reserve_{it}$	567	1.15	3.988	0.00	38.40	世界银行 WDI 数据库
$debb_{it}$	616	2.51	3.790	0.06	31.29	世界银行 WDI 数据库
$resour_{it}$	727	0.13	0.128	0.00	0.84	世界银行 WDI 数据库
$polity2_{it}$	705	1.81	5.239	－9.00	10.00	http：//www.systemicpeace.org/inscrdata.html
sfi_{it}	705	14.25	5.004	1.00	24.00	http：//www.systemicpeace.org/inscrdata.html
$instu_{it}$	729	－0.59	0.529	－1.85	0.89	世界银行 WGI 数据库
$lang_{i}$	735	0.43	0.495	0	1	百度百科

（二）基准回归结果分析

中国对非洲开发性金融原始数据来源于 AidData 数据库，其涉及时间范围为2000—2014年[①]，为匹配时间段，最终数据为非洲49个国家2000—2014年相关面板数据。由于中国和世界银行对非洲开发性金融相关数据存在较多的零值，因此使用PPML（Poisson 伪最大似然）法进行估计，该方法还可以

① 该数据库收集了中国2000—2014年对世界140个国家和地区的官方资金支持项目信息，既包含类似OECD援助标准的官方发展援助ODA（Official Development Assistance），也包括国家开发银行、中国进出口银行等提供的优惠贷款、出口信贷等并没有达到OECD援助标准的其他官方资金OOF（Other Official Flow），还包括其他因没有足够信息而无法归类的官方资金VOF（Vague Official Finance），因此内容较符合前文中国对非开发性金融定义。

同时进行个体固定效应和时间固定效应的估计。其中，由于世界银行对中国在非洲国家的金融活动可能不会立即作出反应，而项目本身准备也需要时间，因此，进一步考虑中国对非洲开发性金融滞后 1 期和滞后 2 期对世界银行的影响，对应回归结果中模型（1）至模型（3）；同时，考虑世界银行对优惠贷款国和非优惠贷款融资决策可能存在差异，分别在模型（1）至模型（3）基础上进一步加入非优惠贷款国虚拟变量及其与中国对非洲开发性金融相应变量的交叉项，分别对应回归结果中模型（4）至模型（6）。结果如表 4－3 所示。

表 4－3　基准回归结果

变量	(1)	(2)	(3)	(4)	(5)	(6)
$\ln cht_{it}$	0.009 (0.66)			0.006 (0.51)		
$\ln cht_{i,t-1}$		0.024** (2.09)			0.010 (1.18)	
$\ln cht_{i,t-2}$			0.003 (0.35)			0.010 (1.14)
$nonconces_i$				8.053** (2.29)	10.145** (2.48)	10.254*** (2.80)
$chtXnoncont_{it}$				0.017 (0.34)		
$chtXnoncont_{i,t-1}$					0.071** (2.07)	
$chtXnoncont_{i,t-2}$						−0.044 (−1.18)
$\ln gdppc_{it}$	−0.419 (−1.03)	−0.384 (−0.91)	−0.298 (−0.81)	−0.409 (−1.01)	−0.320 (−0.76)	−0.327 (−0.89)
$\ln pop_{it}$	−1.734** (−2.03)	−2.577*** (−2.73)	−2.191** (−2.39)	−1.680** (−1.99)	−2.296** (−2.28)	−2.277** (−2.53)
$mortality_{it}$	−0.354 (−1.23)	−0.564* (−1.73)	−0.657** (−2.21)	−0.370 (−1.23)	−0.617* (−1.86)	−0.605** (−2.10)

续表

变量	(1)	(2)	(3)	(4)	(5)	(6)
$energy_{it}$	-0.821	-1.464	-1.043	-0.847	-1.508	-0.996
	(-0.97)	(-1.51)	(-1.20)	(-0.98)	(-1.55)	(-1.15)
$reserve_{it}$	-0.149***	-0.140***	-0.136***	-0.147***	-0.136***	-0.138***
	(-3.06)	(-3.02)	(-2.99)	(-3.01)	(-2.92)	(-2.94)
$resour_{it}$	-1.020***	-0.901**	-1.132***	-1.022***	-0.892**	-1.169***
	(-3.04)	(-2.23)	(-2.79)	(-3.07)	(-2.18)	(-2.94)
$polity2_{it}$	0.019	0.018	0.026	0.018	0.015	0.028
	(1.05)	(0.90)	(1.22)	(1.00)	(0.73)	(1.35)
sfi_{it}	0.007	-0.002	0.002	-0.006	-0.003	0.001
	(-0.28)	(-0.08)	(0.06)	(-0.27)	(-0.10)	(0.04)
$lang_i$	-1.025**	-6.356***	-6.767***	11.840**	15.982**	4.391**
	(-2.10)	(-3.26)	(-2.66)	(2.26)	(2.56)	(2.10)
_cons	11.081***	13.482***	11.959***	2.747	2.492	1.761
	(2.88)	(3.77)	(3.12)	(0.78)	(0.66)	(0.55)
个体固定效应	Yes	Yes	Yes	Yes	Yes	Yes
时间固定效应	Yes	Yes	Yes	Yes	Yes	Yes
N	523	488	453	523	488	453

注：(1) ***、**、*分别表示在1%、5%、10%水平上显著，括号中为 t 统计量；

(2) $lncht_{i,t-1}$、$lncht_{i,t-2}$ 分别表示中国对非洲开发性金融承诺总额的滞后1期和滞后2期；

(3) $nonconces_i$ 为非优惠贷款国虚拟变量，优惠贷款国取值为0，非优惠贷款国取值为1；样本中非优惠贷款国包括阿尔及利亚、博茨瓦纳、埃及、赤道几内亚、加蓬、毛里求斯、摩洛哥、纳米比亚、塞舌尔、南非、斯威士兰、突尼斯（Humphrey 和 Michaelowa，2019）；

(4) $chtXnoncont_{it}$、$chtXnoncont_{i,t-1}$、$chtXnoncont_{i,t-2}$ 分别表示中国对非洲开发性金融当期、滞后1期、滞后2期承诺额与非优惠贷款国虚拟变量交叉项；

(5) 表4-7至表4-9中相关领域变量含义类似，以下不再进行详细说明。

表4-3显示，除滞后1期的影响在模型（2）中显著为正外，无论是当期还是滞后2期，中国对世界银行在非洲开发性金融的影响并不显著，即中国对非洲有形基础设施领域开发性金融承诺额当期每增加1个百分点，世界银行下一期在该领域的开发性金融承诺额将增加0.02个百分点。世界银行对优惠贷款国和非优惠贷款国的金融支持存在显著的差异，相关系数通过了5%或1%的显著性检验。从交叉项系数看，中国对非洲开发性金融支持滞后1期

对世界银行的影响，优惠贷款国和非优惠贷款国存在显著差异，即中国对非洲开发性金融增加 1 个百分点，世界银行下一期对非优惠贷款国的开发性金融支持相对优惠贷款国多增加了 0.07 个百分点。因此，整体来看，中国与世界银行在非洲开发性金融领域关系以互补为主。控制变量中，非洲国家人口规模、债务负担对世界银行对非洲开发性金融支持具有显著的影响，即非洲国家人口规模越小，债务负担越重，获得世界银行开发性金融支持越多，但 5 岁以下婴儿死亡率越大的国家获得世界银行支持越少，相关系数除模型（1）和模型（4）不显著外，均通过了 5% 或 10% 的显著性检验，其他需求变量的影响基本不显著；利益偏好变量中，自然资源偏好对世界银行对非洲开发性金融支持的影响为负，相关系数均通过了 5% 或 10% 的显著性检验，语言变量的影响显著，但符号不稳定，政治利益偏好的影响则不显著。

（三）稳健性检验

进一步对实证结果进行稳健性检验，包括使用不同的回归方法、替换部分解释变量和改变样本容量三种方式。

1. 不同回归方法稳健性检验

由于被解释变量零值较多，可使用面板 Tobit 模型进行稳健性估计，相关回归结果如表 4 - 4 所示，中国对非洲开发性金融支持相关变量对世界银行对非洲开发性金融支持的影响和基准回归中相关结果基本一致。

表 4 - 4　Tobit 模型回归结果

变量	(1)	(2)	(3)	(4)	(5)	(6)
$lncht_{it}$	0.040 (0.87)			-0.010 (-0.20)		
$lncht_{i,t-1}$		0.099 ** (2.14)			-0.001 (-0.02)	
$lncht_{i,t-2}$			0.013 (0.28)			0.004 (0.07)
$nonconces_i$				-3.208 *** (-3.51)	-3.574 *** (-3.96)	-2.796 *** (2.99)

续表

变量	(1)	(2)	(3)	(4)	(5)	(6)
$chtXnoncont_{it}$				0.133 (1.21)		
$chtXnoncont_{i,t-1}$					0.344*** (3.17)	
$chtXnoncont_{i,t-2}$						-0.077 (-0.65)
$\ln pop_{it}$	0.891*** (4.72)	0.828*** (4.48)	0.883*** (4.60)	1.046*** (5.94)	1.016*** (5.87)	1.010*** (5.61)
$mortality_{it}$	-1.760*** (-3.35)	-1.607*** (-2.86)	-1.575*** (-2.64)	-1.558*** (-3.01)	-1.494*** (-2.74)	-1.316** (-2.25)
$reserve_{it}$	-0.320*** (-3.71)	-0.307*** (-3.48)	-0.292*** (-3.29)	-0.305*** (-4.06)	-0.284*** (-3.92)	-0.283*** (-3.58)
个体固定效应	No	No	No	No	No	No
时间固定效应	No	No	No	No	No	No
N	538	502	466	538	502	466

注：限于篇幅且在不影响研究目标下，仅列出相关系数显著的控制变量回归结果。表4-5至表4-10相同。

2. 替换部分解释变量稳健性检验

需求变量中，总储备与外债总额比率替换为外债总额与出口额比值，利益偏好变量中，民主指数和国家脆弱性指数替换为制度质量。回归结果如表4-5所示，中国对非洲开发性金融支持对世界银行的影响与基准回归结果基本一致，但非优惠贷款国虚拟变量符号存在一定差异。制度变量相关系数均显著为正，即世界银行对制度质量越高的国家提供的开发性金融支持越多；语言变量的影响主要显著为正，即世界银行倾向于支持使用英语的国家。

表4-5　替换变量回归结果

变量	(1)	(2)	(3)	(4)	(5)	(6)
$\ln cht_{it}$	0.010 (0.87)			0.007 (0.68)		
$\ln cht_{i,t-1}$		0.027*** (2.68)			0.010 (1.03)	

续表

变量	(1)	(2)	(3)	(4)	(5)	(6)
$\ln cht_{i,t-2}$			0.002 (0.21)			-0.005 (-0.33)
$nonconces_i$				-14.784*** (-9.24)	0.041 (0.62)	-0.804*** (-2.92)
$chtXnoncont_{it}$				0.022 (0.46)		
$chtXnoncont_{i,t-1}$					0.092** (2.23)	
$chtXnoncont_{i,t-2}$						0.015 (0.26)
$\ln gdppc_{it}$	-0.658** (-2.13)	-0.909*** (-2.81)	-1.258*** (-3.73)	-0.697** (-2.22)	-0.103 (-0.27)	-0.076 (-0.75)
$\ln pop_{it}$	-0.399 (-0.40)	-1.168 (-1.07)	-1.871** (-2.06)	-0.705* (-1.80)	1.439* (1.76)	0.295*** (6.19)
$instu_{it}$	0.494** (2.32)	0.569*** (2.60)	0.691*** (2.84)	0.505** (2.36)	0.363 (1.52)	0.340** (2.45)
$lang_i$	17.125*** (15.38)	14.028*** (3.69)	6.697*** (3.21)	5.276** (2.24)	17.645*** (8.89)	-0.114 (-1.20)
个体固定效应	Yes	Yes	Yes	Yes	Yes	No
时间固定效应	Yes	Yes	Yes	Yes	No	No
N	579	546	511	579	546	524

3. 改变样本容量稳健性检验

非洲大陆通常可分为北非和撒哈拉以南非洲两个部分，其中北非国家和撒哈拉以南非洲国家在经济发展程度、气候和资源特征等方面存在较大差异，中国对非洲开发性金融对世界银行对非洲开发性金融的影响可能因此存在差异。剔除整体样本中的阿尔及利亚、埃及、摩洛哥、突尼斯共4个北非国家，将剩余的撒哈拉以南非洲国家样本进行回归，相关结果如表4-6所示。中国对非洲金融支持对世界银行的影响和基准回归中相关结果一致，但非优惠贷款国虚拟变量部分回归结果不一致。

表 4－6　撒哈拉以南非洲国家样本回归结果

变量	(1)	(2)	(3)	(4)	(5)	(6)
$\ln cht_{it}$	0.010 (0.60)			0.006 (0.53)		
$\ln cht_{i,t-1}$		0.024* (1.83)			0.009 (1.00)	
$\ln cht_{i,t-2}$			0.004 (0.40)			0.011 (1.17)
$nonconces_i$				3.573*** (2.86)	−10.078*** (−4.20)	6.607*** (2.91)
$chtXnoncont_{it}$				0.048 (0.32)		
$chtXnoncont_{i,t-1}$					0.167*** (2.73)	
$chtXnoncont_{i,t-2}$						−0.093 (−0.98)
$\ln pop_{it}$	−2.505*** (−3.75)	−3.422*** (−4.19)	−2.833*** (−3.44)	−2.516*** (−3.75)	−3.241*** (−3.80)	−2.815*** (−3.40)
$resour_{it}$	−1.049*** (−3.00)	−0.956** (−2.18)	−1.218*** (−2.74)	−1.062*** (−3.13)	−0.948** (−2.12)	−1.247*** (−2.88)
$lang_i$	−3.900*** (−4.53)	−4.656*** (−5.62)	−4.089*** (−4.27)	−3.874*** (−4.59)	9.535*** (3.49)	−6.904*** (−4.30)
个体固定效应	Yes	Yes	Yes	Yes	Yes	Yes
时间固定效应	Yes	Yes	Yes	Yes	Yes	Yes
N	463	432	401	463	432	401

可见，使用不同的回归方法、替换解释变量和改变样本容量进行稳健性回归，中国对非洲开发性金融支持对世界银行的影响结果基本稳健。

（四）异质性分析

考虑世界银行与中国支持非洲侧重的领域存在差异，在整体样本回归基础上，分有形基础设施领域、社会基础设施领域、预算支持领域子样本进行回归，结果如表 4－7 至表 4－9 所示。表 4－7 结果显示，有形基础设施建设部门，中国对非洲开发性金融滞后 1 期对世界银行对非洲开发性金融的影响显著为正，当前和滞后 2 期的影响不显著，即中国对非洲有形基础设施领域开发性金融承诺额当期每增加 1 个百分点，世界银行下一期在该领域的开发性金融承诺额将增加 0.03 ~0.05 个百分点；中国对非洲开发性金融滞后 1 期与非优惠贷款国虚拟变量的交叉项系数显著为正，其他交叉项影响不显著，即中国对非洲开发性金融增加 1 个百分点，世界银行下一期对非优惠贷款国的开发性金融支持相对优惠贷款国多增加了 0.155 个百分点。世界银行对非洲的优惠贷款国和非优惠贷款国有形基础设施建设部门开发性金融支持存在显著差异。总体来看，中国与世界银行在非洲有形基础设施建设领域开发性金融关系以互补为主。需求变量的影响均不显著；利益偏好变量中，使用英语的国家更容易获得世界银行的金融支持，相关系数除模型（1）和模型（4）外，均通过了1%的显著性检验。

表 4 -7　有形基础设施领域中国对世界银行开发性金融影响回归结果

变量	(1)	(2)	(3)	(4)	(5)	(6)
$\ln ch\ \mathrm{inf}_{it}$	0.016 (0.80)			0.014 (0.81)		
$\ln ch\ \mathrm{inf}_{i,t-1}$		0.050** (2.54)			0.034* (1.86)	
$\ln ch\ \mathrm{inf}_{i,t-2}$			0.004 (0.29)			0.012 (0.86)
$nonconces_i$				15.287*** (15.34)	-9.435*** (-52.78)	0.424** (2.35)
$chfXnoncont_{it}$				0.019 (0.16)		
$chfXnoncont_{i,t-1}$					0.155** (2.23)	
$chfXnoncont_{i,t-2}$						-0.161 (-1.18)
$lang_i$	2.950 (1.03)	22.496*** (7.84)	20.403*** (7.04)	-1.064 (-0.19)	19.800*** (3.68)	20.966*** (7.11)

续表

变量	(1)	(2)	(3)	(4)	(5)	(6)
_cons	3.425 (0.45)	-6.642 (-0.85)	-6.876 (-0.89)	-11.893 (-1.50)	-8.649 (-1.10)	-6.472 (-0.83)
个体固定效应	Yes	Yes	Yes	Yes	Yes	Yes
时间固定效应	Yes	Yes	Yes	Yes	Yes	Yes
N	628	586	531	628	586	531

表4-8结果显示，在社会基础设施建设领域，中国对非洲开发性金融滞后1期对世界银行对非洲开发性金融的影响显著为正，即中国对非洲社会基础设施领域开发性金融承诺额增加1个百分点，世界银行对该领域开发性金融支持增加0.08个百分点；中国对非洲开发性金融当前和滞后2期的影响不显著。与非优惠贷款国虚拟变量的各交叉项系数均不显著；非优惠贷款国虚拟变量系数也不显著，表明世界银行对非洲优惠贷款国和非优惠贷款国在社会基础设施建设部门的开发性金融支持不存在显著差异。总体来看，中国与世界银行对非洲社会基础设施建设领域开发性金融以互补为主。除人口规模在模型（2）和模型（3）中显著为负外，其他需求因素对世界银行开发性金融的影响基本不显著。利益偏好变量中，语言变量系数为正，除模型（2）外，均通过了1%的显著性检验。

表4-8　社会基础设施领域中国对世界银行开发性金融影响回归结果

变量	(1)	(2)	(3)	(4)	(5)	(6)
$\ln chsocial_{it}$	-0.056 (-1.01)			-0.052 (-0.95)		
$\ln chsocial_{i,t-1}$		0.083* (1.87)			0.084* (1.85)	
$\ln chsocial_{i,t-2}$			0.049 (0.82)			0.033 (0.54)
$nonconces_i$				-1.610 (-0.18)	0.257 (0.78)	0.133 (0.39)

续表

变量	(1)	(2)	(3)	(4)	(5)	(6)
$chsXnoncont_{it}$				-0.113 (-0.29)		
$chsXnoncont_{i,t-1}$					-0.032 (-0.14)	
$chsXnoncont_{i,t-2}$						0.293 (1.08)
$\ln pop_{it}$	0.295 (0.17)	-1.340* (-1.81)	-1.200** (-2.21)	0.275 (0.16)	-0.911 (-0.54)	-0.036 (-0.02)
$lang_i$	17.687*** (2.96)	0.808 (0.85)	8.875*** (3.06)	17.746*** (5.05)	21.486*** (6.72)	17.111*** (3.28)
_cons	-12.405 (-1.48)	6.201 (1.56)	7.817* (1.71)	-10.810 (-0.79)	-8.469 (-1.08)	-10.183 (-1.04)
个体固定效应	Yes	Yes	Yes	Yes	Yes	Yes
时间固定效应	Yes	Yes	Yes	Yes	Yes	Yes
N	613	558	518	613	558	518

表4-9结果显示，在预算支持部门，中国对世界银行对非洲开发性金融的影响无论是当期还是滞后期，影响均不显著，与非优惠贷款国虚拟变量交叉项的系数也不显著，但世界银行对非洲优惠贷款国和非优惠贷款国的金融支持仍存在显著差异。总体来看，中国与世界银行对非洲预算支持领域开发性金融支持关系以互补为主。非洲国家需求因素对世界银行金融支持的影响在模型（1）至模型（3）中基本不显著，而模型（4）至模型（6）中，经济发展越落后、人口越多、储备越少的国家，获得世界银行金融支持越多，相关系数均通过了1%的显著性检验；利益偏好变量中，世界银行对国家脆弱性指数低的非洲国家金融支持越多，相关系数均通过1%或5%显著性检验；资源偏好在模型（1）和模型（3）中显著为负，但其他模型中均不显著；语言变量相关系数在模型（2）和模型（3）中显著为正，但模型（4）至模型（6）中变为负且不显著。

表4－9 预算支持领域中国对世界银行开发性金融影响回归结果

变量	(1)	(2)	(3)	(4)	(5)	(6)
$\ln chbudget_{it}$	−0.003 (−0.06)			0.016 (0.33)		
$\ln chbudget_{i,t-1}$		−0.044 (−0.82)			−0.013 (−0.26)	
$\ln chbudget_{i,t-2}$			0.002 (0.05)			0.021 (0.43)
$nonconces_{i}$				−0.705*** (−2.67)	−0.703*** (−2.62)	−0.726*** (−2.64)
$chbXnoncont_{i,t-1}$					0.025 (0.05)	
$chbXnoncont_{i,t-2}$						0.339 (0.95)
$\ln gdppc_{it}$	−0.182 (−0.23)	−0.134 (−0.14)	0.451 (0.43)	−0.285*** (−2.66)	−0.286*** (−2.65)	−0.271** (−2.41)
$\ln pop_{it}$	−4.247* (−1.91)	−4.444** (−2.38)	−3.221 (−1.44)	0.309*** (6.80)	0.316*** (6.82)	0.300*** (6.26)
$reserve_{it}$	−0.189 (−1.15)	−0.237 (−1.47)	−0.204 (−1.22)	−0.130*** (−3.34)	−0.134*** (−3.28)	−0.131*** (−3.21)
$resour_{it}$	−2.615** (−1.99)	−1.966 (−1.55)	−2.528* (−1.78)	0.111 (0.17)	0.214 (0.31)	0.085 (0.12)
sfi_{it}	−0.117** (−2.23)	−0.118** (−2.32)	−0.105 (−1.59)	−0.114*** (−5.66)	−0.115*** (−5.59)	−0.119*** (−5.49)
$lang_{i}$	0.256 (0.03)	23.691*** (7.11)	22.038*** (5.80)	−0.061 (−0.47)	−0.055 (−0.42)	−0.140 (−1.07)
_cons	1.762 (0.17)	3.566 (0.34)	−5.700 (−0.46)	3.517*** (4.19)	3.535*** (4.15)	3.589*** (4.01)
个体固定效应	Yes	Yes	Yes	No	No	No
时间固定效应	Yes	Yes	Yes	No	No	No
N	480	448	416	538	502	466

三、结论及政策启示

在"互补性竞争关系"的分析逻辑基础上，通过引入利益偏好因素拓展市场未被完全覆盖的 Hotelling 模型，分析中国与世界银行在非洲开发性金融领域的互补性竞争关系及其动态性的理论机制，并使用非洲 49 个国家 2000—2014 年面板数据验证这种互补性竞争关系及在其不同领域（有形基础设施、社会基础设施及预算支持领域）的差异性，得出主要结论如下。

第一，中国与世界银行在非洲开发性金融领域的关系主要以互补为主，且两者的关系在不同的支持领域也体现为互补关系，但时滞存在一定差异。其中，整体样本中，中国对非洲开发性金融各期变量对世界银行对非洲开发性金融没有显著影响（其中，没有考虑非优惠贷款国虚拟变量模型中，滞后 1 期的影响显著为正）；预算支持领域，中国对非洲开发性金融支持各期变量对世界银行对非洲开发性金融支持的影响也不显著，但在有形基础设施建设领域和社会基础设施领域，中国对非洲开发性金融支持滞后 1 期的影响显著为正。

第二，世界银行对非洲开发性金融支持对非洲的优惠贷款国和非优惠贷款国存在一定的差异，且中国对非洲开发性金融支持对世界银行的影响也因优惠贷款国和非优惠贷款国存在一定的差异，这是因为世界银行优惠贷款和非优惠贷款在审批程序、附加条件等方面存在一定差异。

第三，世界银行对非洲开发性金融支持并非完全以非洲国家的需求为导向且存在一定政治利益偏好。外债负担是非洲国家主要需求影响变量，外债负担越重的国家获得世界银行的开发性金融支持越多，其他需求变量的影响大部分不显著或不稳健，这也与当前非洲国家大部分资金需求无法得到满足的事实相符；利益偏好因素中，世界银行倾向于支持使用英语、国家脆弱性较低（预算支持领域）、制度质量越高的非洲国家。

由前述结论可得出如下启示。

一是在互补为主的关系中，进一步推进各方合作，推动非洲国家发展。当前中国和国际金融机构已经实施的项目的互补效应及合作的潜力是显而易见的（Mothe 和 Pontemayor，2016）。一方面，中国和世界银行对非洲提供开发性金融时可以发挥各自的比较优势，如中国在有形基础设施建设方面存在比较优势，而世界银行则在社会基础设施建设方面存在比较优势，两者保持各自优势共同支持非洲大陆发展。另一方面，中国和世界银行可在金融风险管理、金融产品及金融服务创新等方面加强合作，有利于开发性金融可持续发展，从而推进非洲国家可持续发展。

二是应基于非洲国家的需求及互利共赢的偏好而非政治偏好推动非洲国家发展。世界银行等传统开发性金融提供者向非洲提供融资支持时，主要基于政治利益偏好，附加严格的条件、冗繁的程序，而不是以非洲国家的需求为主要导向，使非洲国家大部分资金需求无法得到满足，即使得到资金支持的国家也因为要满足严格要求的条件而产生了负向效用，因此，世界银行等传统开发性金融提供方需要对相关治理机制进行改革。而中国提出的中非命运共同体理念正是中国对非洲开发性金融支持的互利共赢的偏好体现。未来，中国在继续发扬对非洲国家金融支持不附加任何政治条件、以受资助国的需求和自主发展为导向、互利共赢的原则基础上，也要不断调整对非洲开发性金融支持方式，从而推动非洲国家、中非命运共同体发展。

第三节　推动新型多边开发银行与传统多边开发银行在非洲合作

中国参与或推动成立的新型多边开发银行主要包括亚洲基础设施投资银行（以下简称亚投行）和金砖国家新开发银行。其中，新开发银行主要为金砖国家及其他发展中经济体的基础设施和可持续发展项目提供开发性金融支持，也是中非金融合作的重要多边机制。2017 年，金砖国家新开发银行非洲区域中心成立，意味着新开发银行不仅惠及金砖国家，还将惠及非洲与其他发展中经济体。近年来，新开发银行为非洲地区提供的融资项目不断增加。例如，2019 年 3 月分别为南非工业发展公司、Trans - Caledon 隧道局提供 11.5 亿兰特和 32 亿兰特贷款；2019 年 12 月为南非国家公路局提供了 70 亿兰特贷款；新冠疫情期间，为南非提供两笔贷款以减轻疫情影响和促进经济复苏，批准了 11 亿美元用于南非基础设施建设；2023 年 7 月还提议向南非的市政供水项目提供贷款 10 亿美元。尽管新开发银行中期内仍难以在非洲形成较强的辐射，但在发展的初始阶段就设立非洲区域中心，表明新开发银行作为南南合作机构正积极推动金砖国家与非洲地区合作（查晓刚和叶玉，2017）。中国倡导成立且非洲国家也积极参与[①]的亚洲基础设施投资银行也在为非洲国家和地区的发展带来新的活力。亚投行于 2018 年 12 月为埃及涉及乡村污水处理和太阳能的两个基础设施项目提供 5.1 亿美元贷款，2021 年 7 月 15 日则批准了撒哈拉以南非洲的第一个项目。

中国参与的新型多边开发银行积极拓展非洲业务，有利于支持非洲基础设施建设和可持续发展，是对世界银行及非洲区域性多边开发银行的有益补充。但作为新型多边开发银行，新开发银行和亚投行仍存在运营时间短、资金规模小、项目经验不足、风险管理不尽完善等方面的问题。因此，需要在治理机制方面借鉴传统多边开发银行的运行模式，在业务方面加强与传统多边开发银行的合作，推动非洲基础设施发展，改善非洲民生，推动中非命运共同体构建。本节将从非洲开发银行发展中存在的问题和调整策略出发，分析其经验教训对新开发银行发展的启示，并提出推动新型多边开发银行与传统多边开发银行的合作策略。

一、非洲开发银行发展初期的问题及其调整策略

（一）非洲开发银行发展初期存在的问题

非洲开发银行于 1964 年成立，1967 年正式运营，是 20 世纪中叶非洲反殖民地运动兴起时泛非运动的产物（庞珣和何枻焜，2015），旨在为刚刚独立的非洲国家的初期发展提供资金支持。为保持非洲国家的独立性，避免非洲地区以外的国家的支配，非洲开发银行在创建初的 20 年里，拒绝区域外的国家加入，使其融资能力受限，无法真正实现其促进非洲国家经济发展和成员国社会进步的初衷。具体而言，非洲开发银行在其发展初期（1964—1982 年）主要存在以下几个方面的问题。

① 亚投行的非洲成员国包括贝宁、科特迪瓦、埃塞俄比亚、加纳、埃及、几内亚、马达加斯加、阿尔及利亚、苏丹等。

1. 资金短缺

1967 年至 1974 年，非洲开发银行的项目所需资金主要依靠成员国的实缴资本，同时其实缴资本与通知即缴资本的比例始终保持在 1∶1 的数值。而当时世界银行、亚洲开发银行、泛美开发银行等主要多边开发银行的运营资金主要来自国际金融市场融资，很少直接使用实缴资本。这些多边开发银行能从国际金融市场获得融资的一个重要原因是它们均持有雄厚的通知即缴资本。如表 4 - 10 所示，同期世界银行的通知即缴资本的规模较大，基本是其实缴资本的 9 倍左右，且世界银行通知即缴资本的增速快于其认缴资本，而非洲开发银行无论是资金规模、资金增速、通知即缴资本比例远低于世界银行相关数值。此外，非洲国家多为世界贫穷国家，经济实力普遍较弱，主权信用评级普遍较低，同时非洲开发银行为坚持其非洲特色，拒绝其他区域国家加入。这些使非洲开发银行无法获得国际信用评级机构的评级，难以从国际市场获得融资，从而限制了项目投资的数量和规模，阻碍了非洲开发银行的发展。

表 4 - 10　非洲开发银行与世界银行 1971—1975 年实缴资本与通知即缴资本情况

年份	非洲开发银行（单位：百万 UA）			世界银行（单位：亿美元）		
	实缴资本	通知即缴资本	比例	实缴资本	通知即缴资本	比例
1971	110.2	110.2	1∶1	26.6	239.45	9.00∶1
1972	127.2	127.2	1∶1	25.2	226.77	9.00∶1
1974	185.58	185.58	1∶1	30.4	227.03	7.47∶1
1975	193.93	193.93	1∶1	30.8	277.38	9.01∶1

资料来源：非洲开发银行、世界银行年度报告。转载自 Barnes C S. The African Development Bank's Role in Promoting Regional Integration in the Economic Community of West African States [D]. Graduate Thesis of MIT, 1982: 165.

注：UA 为非洲开发银行记账单位，1 记账单位价值 0.888671 克纯金。

2. 设置贷款上限

由于资金来源有限，非洲开发银行在初建时就对项目的贷款额度设置了上限，即跨国项目设置 800 万美元上限，国家性项目设置 300 万美元上限，这使非洲开发银行的资金只能集中在小项目上，缺乏独立支持项目的能力。

而贷款上限的存在，使非洲开发银行的管理费用居高不下。这是因为一笔贷款无论其规模如何，付出的管理费用相差无几，但小规模贷款所获得的利息收入则可能无法覆盖相关的管理费用。表 4 - 11 显示，1971—1973 年，非洲开发银行单位贷款的管理费用比同期世界银行的数值要高得多，其中，非洲开发银行的管理费用占贷款比例在 10% 以上，而同期世界银行的比例为 2.65% ~2.67%。

表 4 - 11　非洲开发银行与世界银行 1971—1973 年单位贷款管理费用情况

年份	非洲开发银行（单位：百万美元）			世界银行（单位：百万美元）		
	贷款额	管理成本	成本比例（%）	贷款额	管理成本	成本比例（%）
1971	24.69	3.485	14.12	2505	66.32	2.65
1972	27.38	3.502	12.79	2966	78.567	2.65
1973	43.13	4.366	10.12	3408	91.02	2.67

资料来源：非洲开发银行、世界银行年度报告，转载自 Barnes C S. The African Development Bank's Role in Promoting Regional Integration in the Economic Community of West African States [D]. Graduate Thesis of MIT, 1982: 231.

3. 项目选择上与其设立初衷相悖

为了能在国际金融市场上融资，非洲开发银行急需提升其信用评级，其中提高其盈利能力是重要的途径之一。由此，非洲开发银行在项目的选择上，主要关注见效迅速、盈利价值高的项目，而关乎民生的供水、医疗等基础设施项目则因为周期长、收益低被拒之门外。在该原则下，非洲开发银行资金最终主要投向经济发展较好的非洲国家，如尼日利亚、肯尼亚等；同时非洲开发银行要求项目所在国家承担 50% 的项目费用，也使非洲其他贫穷国家无力接受贷款。由此造成了富国更富、穷国更穷的现象，从而违背了其促进各成员国经济发展与社会进步的初衷。

（二）非洲开发银行的调整措施

1. 引进外部资本

面对初期经营困境，非洲开发银行领导层开始思考如何引进外部资本。1975 年非洲开发银行获得了第一笔外部资金，即通过美国银行获得了 6500 万美元的辛迪加贷款。同时，他们意识到通知即缴资本的重要性，开始调整资本结构。1976 年开始，非洲开发银行的通知即缴资本逐渐超过了实缴资本，1979 年其通知即缴资本达到实缴资本的 3 倍。资本结构的优化进一步加强了非洲开发银行的国际金融市场融资能力。自 1976 年非洲开发银行在科威特发行浮动利率债券 500 万科威特第纳尔开始，其对外融资能力逐渐增强；1979 年非洲开发银行首次进入欧洲债券市场并发行了 3 亿德国马克债券，1979 年融资金额接近 2.82 亿记账单位，是 1976 年的 9 倍左右（见表 4－12）。随着资金短缺问题的缓解，非洲开发银行将早前国家性项目的贷款上限增加到了 800 万美元。1976 年以来，非洲开发银行在项目数量和项目支持资金规模上都取得了较大的进步，其中项目数量从 1974 年的 25 个上升到 1979 年的 35 个，项目贷款总额从 1974 年的 354 万美元上升到 1979 年的 782.4 万美元[①]。

表 4－12　1976—1979 年非洲开发银行资本结构及融资情况

单位：百万 UA

年份	实缴资本	通知即缴资本	比例	外部融资金额
1976	256.9	362.23	1.4∶1	34.98
1977	279.825	430.02	1.53∶1	150.13
1978	300.23	490.23	1.63∶1	164.84
1979	300.23	900.69	3∶1	281.71

资料来源：非洲开发银行、世界银行年度报告。转载自 Barnes C S. The African Development Bank's Role in Promoting Regional Integration in the Economic Community of West African States [D]. Graduate Thesis of MIT, 1982: 195.

2. 设立非洲开发基金

如前文所述，非洲开发银行创立初期，为追求项目的盈利能力，将资金主要投向经济发展较好的国家，经济落后国家无法得到资助，导致非洲国家贫富差距进一步扩大。为改变这种困境，非洲开发银行开始考虑建立类似世界银行下属的国际开发协会的机构，以向贫穷国家提供低息甚至无息的长期贷款。1972 年，通过经济合作与发展组织的援助，非洲开发基金设立，1974

① Barnes C S. The African Development Bank's Role in Promoting Regional Integration in the Economic Community of West African States [D]. Graduate Thesis of MIT, 1982: 197.

年正式运行。其初始资金来源于非洲开发银行和非洲以外的 14 个发达工业国家，旨在协助非洲开发银行向非洲 29 个最贫穷国家发放贷款，重点支持这些国家卫生、教育、农业及乡村发展领域。非洲开发基金资金来源于各成员的认缴资本，业务则由非洲开发银行管理。不同于非洲开发银行，非洲开发基金允许其他区域资本进入，因此此后发展迅速。1974 年，非洲开发基金的贷款援助项目为 17 个，每个项目平均贷款规模为 274 万美元，1979 年贷款项目达 23 个，每个项目平均贷款规模为 1077 万美元，这比非洲开发银行每个项目贷款规模高了近 200 万美元①。

3. 吸纳新成员

基于对通知即缴资本重要性的认识及认缴资本增长缓慢的现实，1977 年非洲开发银行内部开始探讨其他国家加入的问题，1978 年开始考虑接触非洲外的国家，1979 年在董事会上行长倡议向其他国家咨询加入的方案，经过一系列的讨论，到 1982 年才最终确定吸纳新成员的加入，由此也迎来了非洲开发银行的新纪元。为了保持非洲特色，防止区域外国家操控，非洲开发银行在治理结构上对加入的国家作出如下限制：非洲以外的国家在非洲开发银行理事会中的投票权不超过 1/3；行长须由非洲人担任，且须得到多数非洲国家选票和总选票的大多数，同时保证银行总部永久在非洲；接纳区域外人员进入银行工作，但管理层中非洲员工必须占多数。最终包括美国、加拿大、意大利、日本等 11 个国家首先加入，英国、法国等国家于 1983 年加入。随着新成员加入，非洲开发银行的资本增加至 58 亿美元，单 1982 年一年的增幅就达到之前 10 年增幅的 21 倍，1987 年资本规模达到了 229. 8 亿美元。随着资本规模的增加，资本结构也得到了优化，1987 年扩充的金额中只有 6. 25% 是实缴资本，此时通知即缴资本与实缴资本占资本总额的比例上升到了 7:1。这种情形下，非洲开发银行开始在国际金融市场发行优先债券和次级债券，其优先债券在 20 世纪 80 年代中期得到了主要国际信用评级机构 AAA 的评级。截至 1994 年，非洲开发银行在国际金融市场的融资达到 94 亿美元，其中

① Barnes C S. The African Development Bank's Role in Promoting Regional Integration in the Economic Community of West African States [D]. Graduate Thesis of MIT, 1982: 205.

62%的资金是通过发行优先债券获得的。同时，非洲开发银行在融资上采取较为保守的政策，优先债券与发达经济体通知即缴资本的比例保持在73%，与所有通知即缴资本的比例仅为47%。这种保守的政策保证了非洲开发银行较低的融资风险。在较多的通知即缴资本保证和保守的融资政策下，非洲开发银行的国际信用评级得以不断提升，其1985年获得标普的评级为AA，1987年到1990年4月上调到AA+，1990年7月之后，接近5年的评级均为AAA，而国际信用级别的提升进一步促进了非洲开发银行国际融资能力的提升。

二、非洲开发银行治理机制对新开发银行的启示

（一）新开发银行与非洲开发银行早期发展相似之处

处于初创阶段的新开发银行与非洲开发银行早期存在一些相似的地方。

一是创始成员国特色鲜明。非洲开发银行创始成员国为非洲国家，具有鲜明的非洲特色，而新开发银行的创始成员国则为金砖国家，均为新兴经济体和发展中经济体。

二是创始成员国主权信用评级普遍较低。新开发银行的创始成员国为金砖国家，尽管跨越不同的区域，但与非洲开发银行类似，这些成员国主权信用评级普遍较低。

三是创始成员数量限制，通知即缴资本占比不高。尽管新开发银行的通知即缴资本与实缴资本比例为4:1，高于非洲开发银行初期1:1的比例，但相较于主要多边开发银行的比例仍然偏低。这使新开发银行和非洲开发银行一样，在创立初期很难获得国际信用评级机构的评级。

（二）非洲开发银行治理机制对新开发银行的借鉴

在治理机制方面，新开发银行职能定位清晰，治理结构精简高效，资本和流动性充足，但由于运营时间短，也存在缺乏项目管理经验、各成员国宏观经济面临波动等问题，同时，由于成员国数量过少且缺乏其他国家尤其是高主权信用国家的支持，新开发银行在接受国际信用评级的过程中也面临较大的挑战，从而影响其国际融资能力。处于初创阶段的新开发银行与非洲开

发银行早期发展存在前述相似的地方，因此可借鉴非洲开发银行的经验教训，提高流动性和扩大业务规模，提高其国际信用评级从而提升国际金融市场融资能力，以更好地服务于非洲基础设施和可持续发展项目。

1. 建立新开发基金，提升流动性

由于新开发银行支持的项目主要是基础设施和新能源等可持续发展相关项目，这些项目投资周期长，使其资产流动性较差。借鉴非洲开发银行做法，新开发银行在设立初期可以专注银行本身的发展，选择盈利相对较好的项目，而优惠贷款可设立类似非洲开发基金的新开发基金，由新开发银行控股并首先吸引商业银行、投资机构及其他非成员国资本加入。同时，项目模式上，可以通过 PPP 模式，吸引私人资本参与，在增加私人资本投资渠道的同时，降低新开发银行的杠杆率，提升其流动性。

2. 定期扩充成员国认缴资本

分阶段适度增加成员国认缴资本，可增加贷款额度和项目的支持数量，促进其业务规模的扩大和可持续发展。由于通知即缴资本仅是一种资本支持承诺，并不影响成员国的实际流动性和偿付能力，因此，分阶段增加认缴资本过程中，可根据成员国情况提升通知即缴资本的规模和比例。

3. 吸纳新成员

新开发银行在制度设计方面，已经部分吸取了非洲开发银行的经验教训，如在吸纳新成员的态度上，始终保持开放包容的态度，同时也坚持保证银行的金砖特色，即初步规定吸纳其他发展中经济体和发达经济体加入的条件为保证金砖五国的总资产占比不低于55%，在此原则下，吸纳新成员国，尤其是主权信用级别高的发达经济体，在增加资本的同时有利于提升成员国的加权信用评级，从而获得更高的国际信用评级，提升新开发银行国际融资能力，实现可持续发展。

三、新型多边开发银行与传统多边开发银行在非洲合作策略

（一）建立多边开发银行之间的交流沟通机制

从本章第二节分析可知，中国与世界银行为代表的多边开发性金融机构

在非洲开发性金融支持领域的关系是互补性竞争关系，而中国参与的新开发银行和亚投行与传统多边开发性金融机构在非洲开发性金融支持领域的关系也同样体现为动态的互补性竞争关系（叶芳，2017a）。无论是合作还是竞争，都需要多边开发性金融机构及其成员国之间的沟通与协调，因此可建立相应的交流沟通机制：可建立新开发银行、亚投行、世界银行、非洲开发银行等机构定期或不定期召开的联席会议制度，会议可由多边开发性金融机构的行长、成员国的中央银行行长及其财政部部长等参加，报告各自在非洲的运营情况，以互相学习，互鉴经验，同时针对运营中存在的问题及非洲亟须合作解决的问题进行交流和合作；还可通过设立各机构行长热线的方式，提高联系和交流的效率（耿楠，2016）。

（二）开展业务项目合作

新开发银行、亚投行与世界银行、非洲开发银行在推动非洲基础设施建设和实现《2030 年可持续发展议程》《非盟 2063 年议程》等可持续发展方面有着共同的目标，因此在业务合作方面具有强大的现实基础，同时有助于各机构优势互补、分散风险，实现合作共赢。新开发银行在资金、人力及其他运营经验方面相对薄弱，尤其需要与其他多边开发性金融机构合作，通过共同融资的方式，降低自身的运营风险。新开发银行已于 2019 年 10 月世界银行年会期间与非洲开发银行签署谅解备忘录，确定合作伙伴关系；在此基础上，新开发银行还可与世界银行及其他非洲区域性开发银行签署谅解备忘录，推动并落实项目合作，共同致力推动非洲基础设施发展和可持续发展。

（三）加强风险管理合作

多边开发银行无须接受外部监管机构监管，在风险监控上主要是采用自我监管模式，因此完善的内部风险管理体系对多边开发银行的安全和稳健发展至关重要。传统多边开发金融机构在内部管理和风险预警和控制等方面已积累了较为丰富的经验，新开发银行、亚投行在这些方面则相对薄弱，因此，还需要与世界银行、非洲开发银行在监督管理、风险预警和控制等方面开展合作，建立和完善在非贷款项目和其他投资项目相关的微观风险预警和管理体系，同时形成针对非洲国家政治经济环境及国际政治经济环境的变化设置宏观上的风险预警和应对体系（叶芳，2019）。当然，新机构对传统多边开发性金融机构在运营中存在的问题也应吸取教训。而传统多边开发性金融机构通过与新开发银行、亚投行等新机构合作也可促进自身管理机制改革，从而有利于全球多边开发性金融治理体系的完善。

本章小结

中国对非洲的开发性金融支持实际上是一种由中国官方提供的，具有较高的优惠性，通过各种金融信贷工具，支持发展中经济体关乎民生和社会福祉的发展性项目的“南南”发展合作模式。中非官方开发性金融在中国与非洲区域性多边开发银行合作、中非政策性银行和保险机构的合作方面取得了一定的进展，但合作仍处于初级阶段。在“互补性竞争关系”的分析逻辑基础上，通过引入利益偏好因素拓展市场未被完全覆盖的Hotelling模型分析中国与世界银行在非洲开发性金融领域的互补性竞争关系及其动态性的理论机制，基于非洲49个国家2000—2014年面板数据，使用PPML法实证分析中国与世界银行在非洲开发性金融领域的关系及其在不同支持领域的差异性，结果表明：(1) 当前中国与世界银行在非洲开发性金融领域的关系主要处于以互补为主阶段，但不同支持领域影响时滞存在一定差异。(2) 中国对非洲开发性金融支持对世界银行的影响因优惠贷款国和非优惠贷款国存在一定差异。(3) 世界银行对非洲开发性金融支持并非完全以非洲国家的需求为导向且存在政治利益偏好。中国与世界银行在互补为主的关系中应加强合作，共同支持非洲发展；中非命运共同体互利共赢的理念是中国对非洲提供开发性金融的偏好体现，有利于推动非洲国家及人类命运共同体发展。中国参与的新型多边开发银行与传统多边开发银行在非洲开发性金融领域也体现为互补性竞争。处于初创期的新开发银行与非洲开发银行发展初期存在一定的相似性，因此可吸取非洲开发银行发展的经验教训，提升支持非洲基础设施领域和可持续发展的能力，同时可通过建立交流沟通机制、加强业务合作、加强风险管理合作等推动新型多边开发银行与传统多边开发银行的合作，共同支持非洲发展。

第五章
中非资本市场合作

作为中非金融合作的重要方面，推动中非资本市场合作，为中非实体经济发展注入活力，有利于优化双方资源配置，提升中国和非洲国家整体的经济实力，且中非资本市场合作过程有利于进一步推进双方资本市场开放，提升各自的国际化水平，从而增强中非在国际金融市场的话语权，推动国际货币体系改革。尽管中非在资本市场合作方面仍处于初步阶段，但随着中国资本市场发展及其循序渐进开放及非洲资本市场不断发展，中非资本市场合作具有广阔的前景。本章在分析中非资本市场发展和合作现状基础上，探讨中国股市和非洲股市的联动性和溢出效应，最后提出进一步推动中非资本市场合作的对策建议。

第一节　中非资本市场发展及合作现状

一、中非资本市场发展情况

本节从中非证券市场交易所发展情况、证券交易所融资情况、中国与部分非洲国家股票市场发展情况、中非债券市场发展情况等方面分析中非资本市场发展。

（一）中非证券交易所发展情况

中国上海证券交易所、深圳证券交易所分别成立于 1990 年 11 月 26 日、1990 年 12 月 1 日，涉及的交易产品包括股票、债券、基金及其他金融衍生产品。截至 2020 年末，上交所上市公司达 1800 家，总市值为 45. 5 万亿元；截至 2021 年 8 月 31 日，深交所上市公司达 2492 家，总市值约为 37 万亿元。据世界证券交易所联合会（WFE）的统计（2020 年 12 月 31 日），深交所成交金额、融资金额、股票总市值分别排名于世界第三、第四、第七的位置。

2021 年 11 月，北京证券交易所正式营业，截至 2022 年 11 月 23 日，共有 126 家上市公司，总市值超过 2000 亿元，合格投资者超过 520 万户。

非洲证券市场发展较早，曾在较长时间内领先于中国，其中，南非、埃及、津巴布韦等国家的证券交易可追溯到 100 多年前，摩洛哥、尼日利亚、毛里求斯、肯尼亚、博茨瓦纳等国家的证券交易所也均早于中国建立。据非洲证券交易所协会的最新统计，非洲证券交易所有 25 家会员，主要为 37 个非洲国家提供服务，同时还有 5 家联席会员；各交易所上市公司共 1100 多家，上市证券种类有 6 万多种，总市值约为 2 万亿美元①。但非洲资本市场的发展并不均衡，大部分非洲国家证券市场还刚起步。非洲主要国家证券交易所发展情况如表 5－1 所示。布基纳法索、科特迪瓦、多哥、尼日尔、贝宁、塞内加尔、马里、几内亚比绍作为西非经济货币联盟成员均在西非证券交易所（BRVM）挂牌交易；2019 年后与喀麦隆的杜阿拉证券交易所合并的中部非洲证券交易所（BVMAC）主要为中非、乍得、赤道几内亚、加蓬、刚果（布）、喀麦隆等中部非洲经济与货币共同体成员提供服务。截至 2023 年，非洲尚未建立证券交易所的国家包括毛里塔尼亚、马达加斯加、利比里亚、科摩罗、几内亚、吉布提、刚果（金）、冈比亚、厄立特里亚、布隆迪、埃塞俄比亚、南苏丹。其中，南苏丹政府主要通过中央银行发行少量短期国债。

表 5－1　非洲国家证券交易所发展一览

国家	证券交易所名称	成立年度	发展概况
南非	约翰内斯堡证券交易所（2000 年更名为南非 JSE 证券交易所）	1887	2001 年 6 月，该交易所收购了南非期货交易所，采用全自动的电子交易系统，目前是非洲最大的证券交易所及世界前 20 家证券交易所。2020 年 4 月，其总市值约为 7637 亿美元，约有 400 家主板上市公司。JSE 是南非的重要融资渠道，并为纳米比亚证券交易所提供交易平台，和博茨瓦纳、加纳、津巴布韦、马拉维、埃及、毛里求斯、纳米比亚及尼日利亚的证券交易所协调上市标准，为非洲其他国家的交易所提供技术方面支持。交易所股票交易包括主板和 AltX 板块（相当于中国的创业板）。

① 资料来源：李智彪．非洲证券市场的投融资机遇与路径．［C/OL］．http：//ex.cssn.cn/gjgxx/gj_bwsf/202208/t20220801_5438702.shtml.

续表

国家	证券交易所名称	成立年度	发展概况
南非	ZAR X 证券交易所	2016	2016 年 3 月，ZAR X 证券交易所获得了南非金融服务委员会颁发的 100 多年来第一张证券交易所执照，并于 2016 年 9 月开始营业，为南非第二家证券交易所。
埃及	埃及交易所	1903	1888 年成立亚历山大交易所；1903 年成立开罗交易所（即现在的埃及交易所）。埃及交易所曾为 20 世纪全球第五大交易所。埃及有两大交易所，主板是埃及交易所（EGX），中小企业板是 NILEX。截至 2023 年 7 月 30 日，埃及交易所共有上市公司 205 家，总市值为 12000 亿埃及镑。
摩洛哥	卡萨布兰卡证券交易所	1929	该交易所是摩洛哥唯一的证券交易所，也是非洲排南非约翰内斯堡之后的第二家证券交易所，经营股票、债权交易、期货及其他衍生工具等交易。截至 2019 年末，在该交易所上市的公司为 74 家，市值约为 6266 亿迪拉姆，上市企业主要为电信业、银行业、保险业及建筑业公司。
赞比亚	卢萨卡证券交易所（LuSE）	1994	该交易所上市公司有 25 家。为鼓励公司上市和促进证券市场发展，赞比亚规定，证券交易所上市的公司第一年可享受 2% 的公司税减免，如果某公司股票超过 1/3 由赞比亚人持有，则该公司享受 7% 的公司税减免。
	赞比亚债券和金融衍生品交易所	2012	该交易所主要经营债券和金融衍生品。
乌干达	乌干达证券交易所（USE）	1998	该交易所主要交易股票与财政债券。截至 2020 年 4 月，上市企业共 18 家，交易所发展仍处于起步阶段，上市企业主要是当地的金融和新闻媒体企业，交易量较小。据《东非人报》（2020 年 9 月 14 日）消息，乌干达、坦桑尼亚和卢旺达三国股市交易将通过东非资本市场基础设施信息技术平台进行电子联通，便于交易者在三国股市进行交易。
突尼斯	突尼斯有价证券交易所（BVMT）	1994	该交易所是突尼斯唯一的证券交易所。截至 2019 年末，上市公司共 81 家；该交易所主要以 TUNINDEX、BVMT 两项指数衡量市场返还率方面的表现。

续表

国家	证券交易所名称	成立年度	发展概况
坦桑尼亚	达累斯萨拉姆证券交易所	1996	该交易所1998年正式运营，于1999年发行首只公司股票，2002年发行首只政府债券，2004年发行首只外国公司股票与航空公司股票，2008年发行首只商业银行股票，2011年发行首只矿业公司股票。截至2021年3月，该交易所上市公司共28家。
苏丹	喀土穆证券交易所	1995	该交易所仅限内部交易，上市公司共53家，发行股票和债券166只。2012年1月该交易所建成电子交易系统，并与阿联酋和阿曼的部分证券交易进行连接。2017年该交易所股票交易共891起，金额约为8.4亿苏丹镑。
塞拉利昂	塞拉利昂股票交易所	2007	该交易所于2007年7月27日挂牌成立后并未对外营业，后被关停。政府决定于2016年9月重建股票交易所。截至2022年，交易市场上市的企业仅有3家，即Rokel商业银行及第一折扣店、HFC抵押公司。
尼日利亚	尼日利亚证券交易所	1960	该交易所是撒哈拉以南非洲地区的第二大证券交易市场，在全国共设14个股票交易场所，交割制度为T+3。
纳米比亚	纳米比亚证券交易所	1992	2005年该交易所曾是非洲市值第二大和交易量第五大交易所。交易所包括主板、创业板，交易指数分为综合指数和本地指数，其中综合指数主要衡量两地上市公司股票交易指数，主要是在约翰内斯堡证券交易所上市及部分在伦敦和多伦多、澳大利亚上市的公司股票交易指数。
莫桑比克	莫桑比克证券交易所	1999	该交易所上市的公司仅有6家，且均体现为外国公司持多数股份。目前，股票和证券交易相关法规正在完善中。
毛里求斯	毛里求斯证券交易所	1989	该交易所包括两个板块，即官方市场板块、发展与企业市场板块。2020年，其总市值为3397亿毛里求斯卢比，占GDP比重为79.3%，2019—2020财年新发行有价证券17种。截至2020年末，官方市场板块上市公司58家（不包括离岸公司），总市值为2946亿毛里求斯卢比，约为74.8亿美元；发展与企业市场板块上市公司38家，总市值为450.7亿毛里求斯卢比，约为11.4亿美元。该交易所允许外国投资者进行交易。
马拉维	马拉维证券交易所	1995	截至2022年，马拉维初级证券市场上市公司共15家，其中14家为国内公司，1家为外国公司。

续表

国家	证券交易所名称	成立年度	发展概况
卢旺达	卢旺达证券交易所	2008	该交易所在2008年1月31日开业，发行政府债券与公司债券，由卢旺达的资本市场咨询委员会代表国家管理。2011年1月31日，卢旺达啤酒饮料公司首家成功上市。其中，债券市场对外开放。截至2021年5月，共有上市公司10家。
肯尼亚	内罗毕证券交易所	1954	该交易所是撒哈拉以南非洲地区第三大交易市场，仅次于南非和尼日利亚。截至2021年12月，肯尼亚股票市值约为2.59万亿肯尼亚先令，约236亿美元。
利比亚	利比亚证券交易所	2006	该交易所在黎波里（利比亚首都）和班加西市（第二大城市）设2个主要证券中心、16个分支机构，上市公司共17家。该交易所是世界证券联盟观察员，并加入阿拉伯证券联盟、ANNA 国家编码机构组织、AMEDA 中东及北非交易中心组织、非洲证券联盟。 2014年，该交易所总市值是2.15万亿利比亚第纳尔，年交易日共141天。交易额中，银行业为552万利比亚第纳尔，占83%，保险业为104万利比亚第纳尔，占15.7%，投资部门为85万利比亚第纳尔，占1.3%。
喀麦隆	杜阿拉证券交易所	2005	该交易所在2005年5月23日开业，属于股份有限公司，喀麦隆地产信贷银行（CFC）和荷兰开发银行（FMO）及10家私有商业银行持有63.7%的股份，喀麦隆政府机构与国有企业持有23%的股份，私有保险公司持有13.3%的股份。2019年该交易所和中非地区证券交易所合并形成中部非洲经济与货币共同体内的单一股票市场。
津巴布韦	津巴布韦证券交易所	1896	该交易所（ZSE）在1896年建立，后数度关停；1946年布拉瓦约股票市场及1951年哈拉雷股票市场开业，津巴布韦股票市场正式形成。截至2020年12月31日，上市企业共有65家，市值约为2.3亿美元。
加纳	加纳证券交易所	1990	1989年7月，加纳证券交易公司作为私营企业开始营业，并于1990年10月获得证券交易的授权，同年11月开始运行；1994年4月该公司转为国有企业。2000年，该市场向外国人及非加纳常住居民投资者开放。该市场是撒哈拉以南非洲地区的重要证券交易市场，上市企业共42家，截至2018年8月，总市值为559.71亿加纳塞地。

续表

国家	证券交易所名称	成立年度	发展概况
佛得角	佛得角证券交易所	2005	该交易所是佛得角唯一的证券交易市场，主要进行股票和债券交易，截至2022年，上市企业仅4家，发行政府债券20种。
博茨瓦纳	博茨瓦纳证券交易所	1989	该交易所前身为博茨瓦纳股票市场。1989年建立时仅有5家挂牌公司，其市场资本1.2亿普拉；1995年11月11日改名为博茨瓦纳证券交易所。2008年交易所实现电子化。交易所发行股票、债券和交易所交易基金，向当地公司及外国公司开放。截至2021年末，交易所上市公司共31家，包括23家国内公司和7家外国公司及1家场外交易公司。
安哥拉	安哥拉债券和证券交易所	2014	该交易所隶属于该国财政部，主要进行债券和证券交易，尚无股票交易。2017年4月10日起，交易所开始采用国际标准的代码系统。
阿尔及利亚	阿尔及尔证券交易所	1999	该交易所由1999年成立的有价证券管理公司（SGBV）全权经营；2002年建立主要股东为银行的 Algérie Clearing 公司作为中央受托人参与证券市场。截至2023年12月，交易所上市企业仅有5家。
西非经济货币联盟成员	西非经济货币联盟地区股票交易所（BRVM）	1996	该交易所是西非经济货币联盟成员国的共同金融市场，由成员国共同创建，总部在科特迪瓦的阿比让，1996年12月成立，1998年挂牌运营。交易所在每个成员国均设有代表处，负责管理和中介业务。
中部非洲经济与货币共同体成员	中部非洲证券交易所（BVMAC）	2008	该交易所于2008年8月13日在加蓬的首都利伯维尔开业，属于中部非洲首家地区性的证券交易所，旨在促进中部非洲金融市场与证券业发展，推动区域经济一体化。 从2019年起，该交易所与喀麦隆杜阿拉证券交易所合并。合并后，尽管BVMACD董事会积极鼓励各成员国增加上市公司，但成员国大都无法履行上市承诺。2022年9月28日，赤道几内亚国家银行在该交易所上市，成为首家在该交易所上市的银行。

资料来源：根据中华人民共和国商务部《对外投资合作国别（地区）指南》（2021版）、（2022版）和（2023版）整理。http://fec.mofcom.gov.cn/article/gbdqzn/#。

（二）中非证券交易所融资情况

1. 中国证券交易所融资情况

以上海证券交易所和深圳证券交易所融资情况为例，图 5 - 1 显示了2010—2021 年，两市 A 股通过包括 IPO、公开增发、定向增发（现金及资产认购）、配股、优先股及可转债转股等募集资金情况。自 2013 年开始募集资金总额呈现上升趋势，2016 年达到最大值 20198 亿元，2017 年较 2016 年下降了 22.9%，2017 年之后呈现上升趋势，2021 年 A 股合计募集资金 16742 亿元，较 2020 年上升了 8.59%。在 IPO 数量及其募集金额方面，图 5 - 2 显示，2013 年 IPO 次数和募集金额最少，IPO 次数仅为 2 次，募集金额仅为 365.11 亿元；2012 年、2014 年和 2018 年 IPO 次数和募集金额也较少；2019—2021 年募集金额则呈现较快增长趋势，2021 年募集金额为 5426.68 亿元，是 2019 年的 2.18 倍，同时较 2020 年增长了 11.94%，2021 年 IPO 次数是 2019 年的 2.59 倍，比 2020 年增加了 87 次；2022 年 A 股 IPO 425 次，共募集资金 5868.28 亿元，较 2021 年少了 98 次，但募集资金规模却增加了 441.60 亿元。

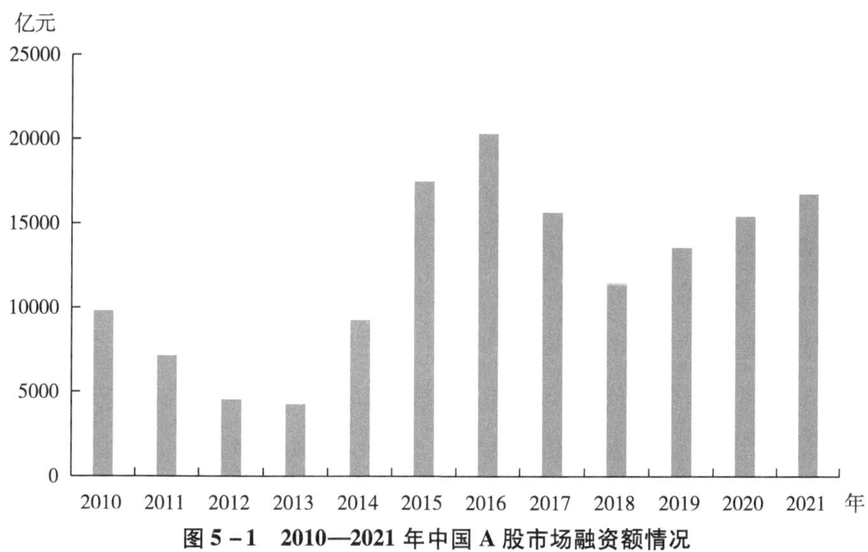

图 5 - 1　2010—2021 年中国 A 股市场融资额情况

（资料来源：2013—2021 年数据来自中国证监会 2021 年度年报；

2010—2012 年数据来自中国证监会 2018 年年度报告）

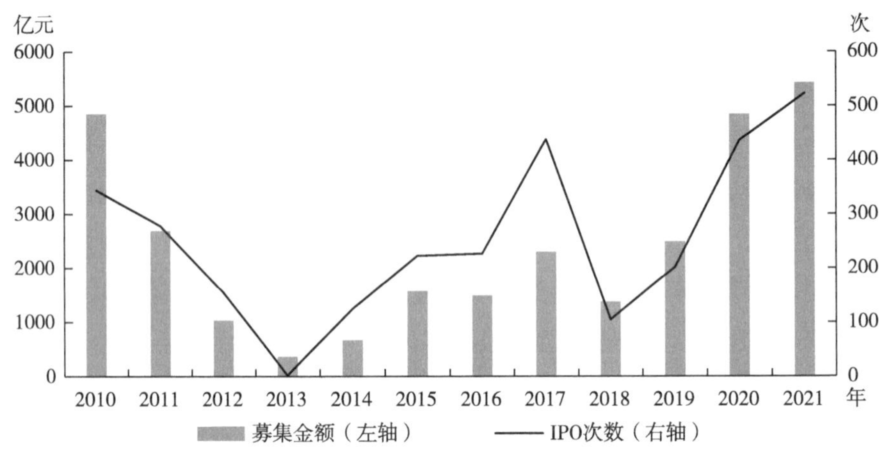

图 5-2　2010—2021 年中国 A 股 IPO 数量及募集金额

（资料来源：东方财富 Choice 数据）

2. 非洲证券交易所融资情况

在非洲证券交易所 IPO 方面，由图 5-3 可知，非洲交易所整体 IPO 从 2012 年起无论是发行次数还是募集金额总体上呈波动增长趋势，2017 年达到最大值，发行次数和募集金额分别为 30 次和 30.83 亿美元，2018 年之后开始下降，2021 年发行次数为 8 次，募集金额为 9.21 亿美元。从区域国别分布看，由表 5-2 可知，2010 年至 2021 年，在非洲交易所共进行了 220 次 IPO，筹集资金总额为 177.45 亿美元。撒哈拉以南非洲交易所共发起了 142 次 IPO（占 64.55%）、筹资 133.6 亿美元（占 75.29%），其他交易则在北非交易所进行。撒哈拉以南非洲交易所 IPO 中，南非 IPO 次数为 65 次，募集资金总额为 91.75 亿美元，占比分别为 45.77%、68.68%；尼日利亚证券交易所 IPO 次数不多，但筹资金额仅次于南非，总额为 15.41 亿美元，占 11.53%。北非证券交易所 IPO 中，埃及融资总额最多，占比为 60.98%。

在非洲证券交易所 FO（定增）方面，如图 5-4 显示，2011—2017 年，非洲交易所整体 FO 募集金额和发起次数主要呈现增长趋势，募集金额在 2015 年达到最大值，为 110.52 亿美元，发起次数在 2017 年达到最高值，为 95 次，2018 年后则呈下降趋势，2021 年 FO 发起次数为 38 次，募集金额为

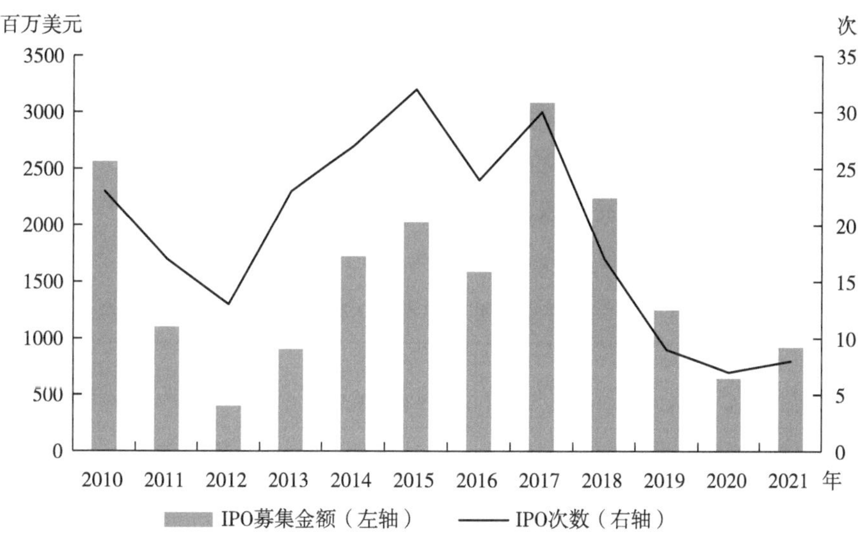

图 5－3　2010—2021 年非洲整体股票 IPO 次数和募集金额

（资料来源：普华永道《非洲资本市场观察》年度报告整理。图 5－4 同）

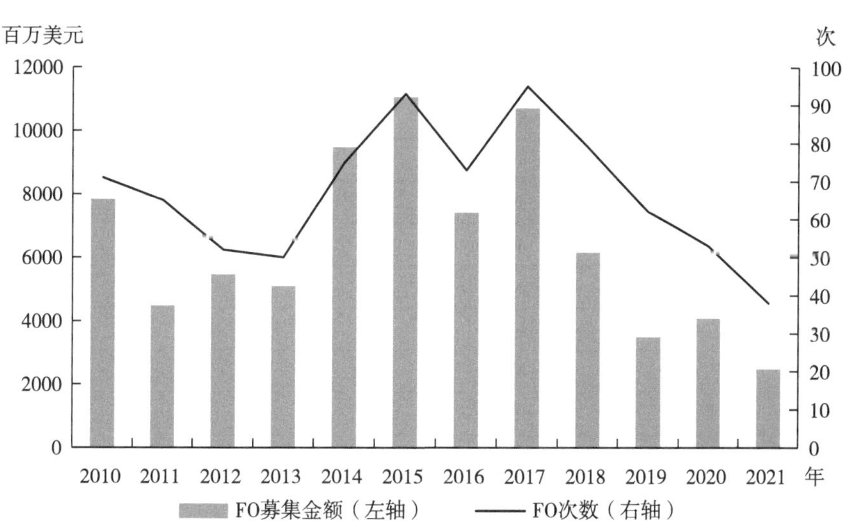

图 5－4　2010—2021 年非洲整体股票 FO 次数和募集金额

24.74亿美元。从区域国别分布看，由表5-2可知，2010年至2021年，在非洲交易所共进行了678次FO，筹集资金总额为768.06亿美元。南非FO募集金额占撒哈拉以南非洲国家交易所的90.17%，占非洲所有交易所募集金额的79.86%，交易次数占比则分别为82.07%和66.81%；埃及FO募集金额和次数分别占北非的61.90%和66.67%，分别占非洲总体的7.08%和12.39%；尼日利亚募集资金和交易次数占撒哈拉以南非洲的4.63%和6.34%，占非洲整体的4.10%和5.16%。

表5-2 2010—2021年非洲证券交易所IPO和FO次数、IPO和FO募集资金分布情况

国家	IPO次数	IPO募集金额（百万美元）	FO次数	FO募集金额（百万美元）
撒哈拉以南非洲证券交易所	142	13360	552	68026
尼日利亚	7	1541	35	3151
坦桑尼亚	9	250	2	147
博茨瓦纳	10	284	0	0
加纳	9	349	12	460
毛里求斯	6	301	18	1353
BRVM	9	400	1	16
BVMAC	1	66	0	0
卢旺达	4	141	1	68
肯尼亚	6	193	13	944
纳米比亚	4	232	1	8
马拉维	3	67	3	38
莫桑比克	2	64	1	128
赞比亚	2	32	3	135
津巴布韦	1	1	7	109
乌干达	4	264	2	130
南非	65	9175	453	61339
约翰内斯堡	52	9007	425	60031
约翰内斯堡（AltX）	13	167	28	1309
北非证券交易所	78	4385	126	8780
埃及	26	2674	84	5435

续表

国家	IPO 次数	IPO 募集金额（百万美元）	FO 次数	FO 募集金额（百万美元）
埃及（NILEX）	1	4	2	3
摩洛哥	15	971	18	2584
突尼斯	32	646	22	758
阿尔及利亚	4	90	0	0
非洲整体合计	220	17745	678	76806

资料来源：普华永道《非洲资本市场观察》年度报告。

（三）中国与部分非洲国家股票市场发展现状

本节将进一步从上市公司数量、上市公司股市市值和证券化率、股市交易活跃度、股市换手率四个方面分析中国和部分非洲国家股票市场发展情况。

1. 上市公司数量

中国股市上市公司主要包括在上海证券交易所和深圳证券交易所的上市公司。如图 5 -5 所示，从上市公司总量来看，中国上市公司总量远多于非洲国家的上市公司总量，2020 年中国上市公司数量已突破 4000 家，位居世界第三。在数据较为完整的 9 个非洲国家中，南非的上市公司数量最多，2020 年有 264 家；其次是埃及，2020 年上市公司为 240 家；尼日利亚位居第三，2020 年上市公司有 177 家；纳米比亚最少为 13 家；毛里求斯、突尼斯、摩洛哥、肯尼亚和科特迪瓦 2020 年上市公司分别为 93 家、80 家、75 家、60 家和 46 家。从上市公司数量的增长情况来看，中国上市公司数量呈显著的增长趋势，从 2001 年的 1154 家增长到 2020 年的 4154 家，增长了近 2. 6 倍；在非洲国家中，尼日利亚的上市公司数量呈下降的趋势，2020 年较 2004 年减少了 29 家；而南非由于很多规模较小的公司在遭受并购后选择了退市，使在南非新上市的公司数量远不如退市的公司数量，总数从 2001 年的 510 家减少到 2020 年的 264 家，减少了近一半，2020 年和 2021 年分别有 20 家、24 家公司退市；埃及的上市公司从 2001 年到 2009 年也呈现急剧下降趋势，从 2001 年的 1109 家下降到 2009 年的 312 家，2010 年后相对平稳；突尼斯和毛里求斯上市公司数量增幅较为明显，2020 年较 2010 年增幅分别为 42. 86% 、50. 00% ；肯尼亚上市公司数量虽有增加，但 2020 年较 2010 年增幅仅有 9.09%；摩洛哥 2010 年至 2020 年上市公司数量趋于平缓；科特迪瓦 2020 年较 2010 年上市公司增幅为 17.95%；纳米比亚上市公司则呈现先降后升的趋势。

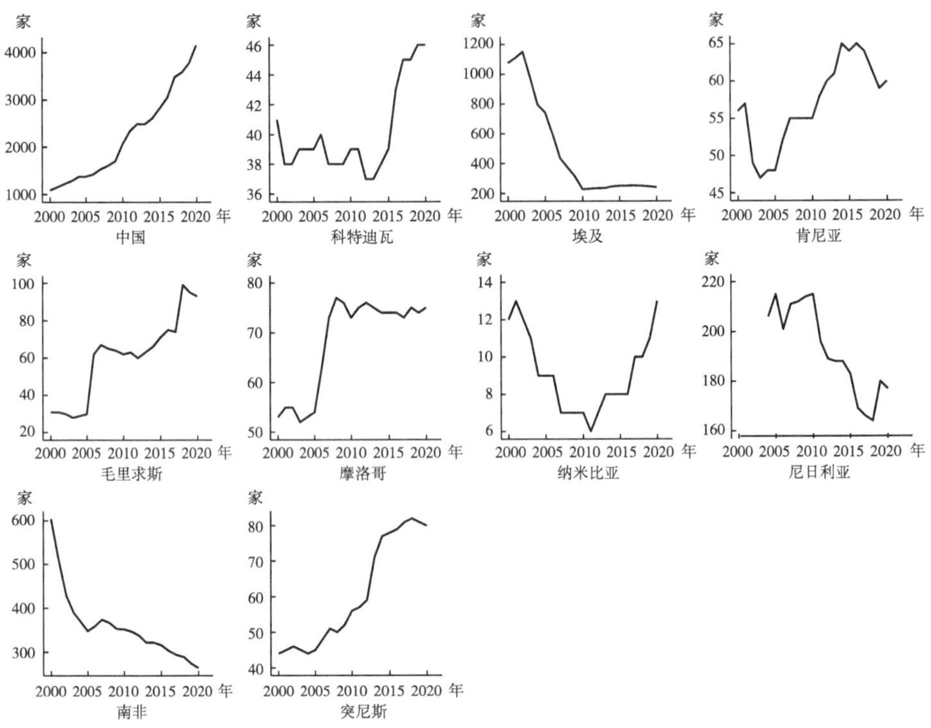

图 5-5　中国与非洲国家上市公司总数

（资料来源：世界银行）

总体来看，中国上市公司数量远大于非洲国家股市，非洲国家备受瞩目的南非上市公司有所缩减，但肯尼亚、突尼斯、毛里求斯和科特迪瓦上市公司数量有明显扩大趋势。

2. 上市公司股市市值和证券化率

股市的市值是指在股票市场中所有上市公司发行股份按市场价格计算出来的股票总价值的总和。如图 5-6 所示，从总额看，中国与非洲国家股市的市值均有所波动，但 2007 年后中国股市的市值遥遥领先于非洲国家，2020 年市值达到了 122144.67 亿美元，约为当期南非股市市值（10515.29 亿美元）的 11 倍，而摩洛哥、埃及、肯尼亚、突尼斯、毛里求斯、尼日利亚、纳米比亚和科特迪瓦股市的市值总额相对较小，2020 年市值分别为 656 亿美元、414 亿美元、213.98 亿美元、85.72 亿美元、61.60 亿美元、565.69 亿美元、18.67 亿美元、73.31 亿美元。因此，除南非、摩洛哥、埃及、肯尼亚和尼日利亚股市市值突破百亿美元外，所选其他非洲国家股市市值总额均未达到百亿美元。从增长情况看，2001—2020 年中国股市市值有增有减，但整体趋势是上涨的，2020 年同比增长 36989.63 亿美元。非洲国家股市市值波动较大，但增长幅度较小，其中南非增长趋势较小，2020 年较 2010 年增幅为 13.68%；肯尼亚股市 2020 年较 2010 年增幅虽有 47.97%，但其市值绝对值并不高，2020 年市值为 213.98 亿美元；突尼斯和毛里求斯市值增幅更小，相较 2019

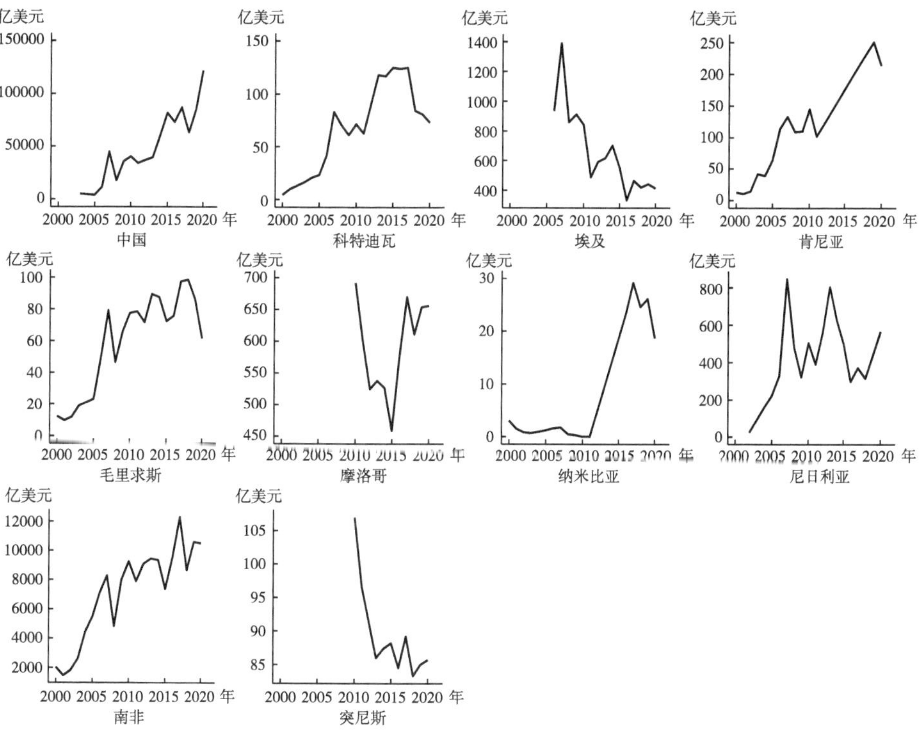

图 5－6　中国与非洲国家上市公司市值

（资料来源：世界银行）

年，突尼斯2020年股市市值只增加了0.68亿美元，毛里求斯反而降低了28.51%，且突尼斯股市市值整体呈现急剧下降趋势，从2010年的107亿美元下降到2020年的85.7亿美元。尼日利亚股市市值波动幅度最大，两个峰值分别在2007年、2013年，市值分别为848.95亿美元、806.10亿美元；而纳米比亚和科特迪瓦股市的市值虽然呈现上涨趋势，但绝对值也整体偏小。埃及股市市值也呈现急剧下降趋势，从2007年的最高值1390亿美元下降到2020年的414亿美元，市值缩水了70.22%。摩洛哥股市市值则是先降后升，由2010年的692亿美元下降到2015年的459亿美元，2015年后开始增长，到2020年时达到656亿美元。

整体来看，中国股市市值远大于非洲国家，增长幅度较大；非洲国家股市市值波动较大，南非和肯尼亚股市市值领先于其他非洲国家，且突尼斯股市市值呈下降趋势。

股市总市值与当年GDP的比值称为证券化率，它是衡量一国证券市场发展程度及股市投资价值的重要指标。由图5－7可知：中国股市仅2007年的证券化率超过100%，具体为126.15%，其他时期在50%上下波动。在非洲国家中，南非的证券化率最高，2001年至2020年南非证券化率均超过100%，最大值出现在2017年，其证券化率达320%；2010年至2020年，毛里求斯证券化率在60%上下浮动；摩洛哥证券化率大部分时间在50%～60%；肯尼亚和突尼斯证券化率差别不大，大多在20%左右徘徊；纳米比亚证券化率2016年后稳定在20%左右，2020年为17.68%；尼日利亚证券化率2010年以来在10%上下；科特迪瓦证券化率波动较大，2020年埃及和科特迪瓦证券化率在10%左右。从增长情况来看，中国和非洲国家的证券化率均存在一定的波动性。观察2010年至2020年近十年增长情况，中国、南非、突尼斯三个国家的证券化率有上升的趋势，但增长趋势不明显；而毛里求斯证券化率有一定下降。尼日利亚、科特迪瓦的证券化率上涨情况不明显，波动情况更为频繁。纳米比亚证券化率虽有显著的上升，但最大比值也还未达到25%。埃及的证券化率呈现下降趋势，从2006年的106.77%急剧下降到2020年的11.32%。摩洛哥证券化率在2010—2015年呈现下降趋势，2016年之后在50%～60%波动。

总体来看，中国和非洲国家股票市场证券化率存在一定差异，中国股票市场的成熟度还未能适配当前的经济，因而证券化率并不高；非洲国家除南非证券化率超过100%外，其他国家的证券化率也较小，无论是中国还是非洲国家，证券化率均存在一定波动性，且以上升趋势为主。

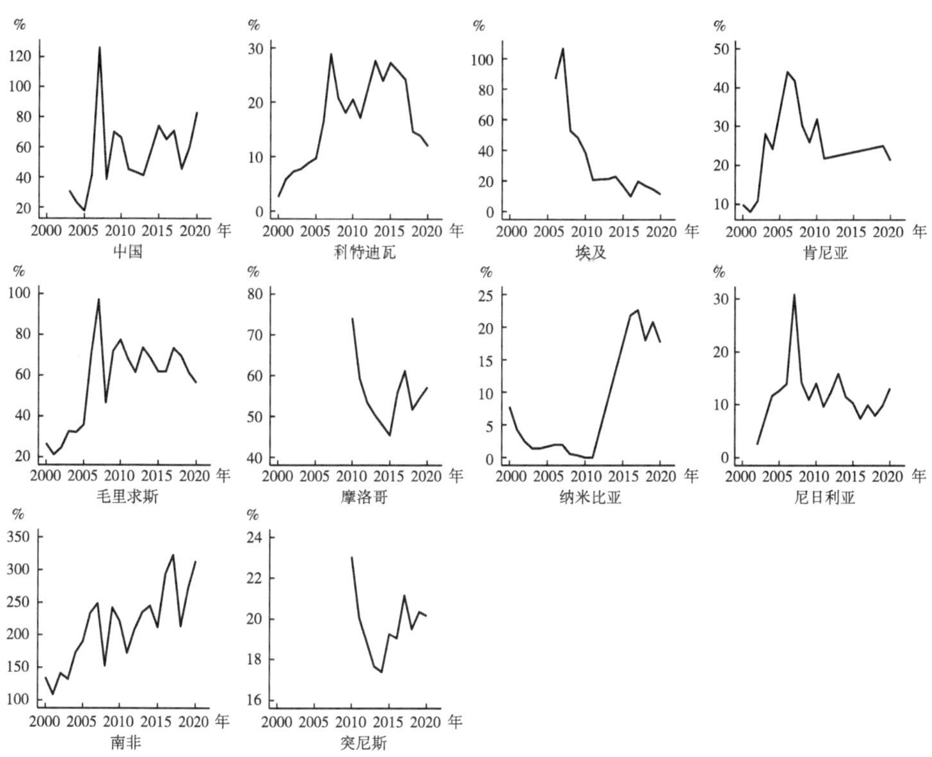

图5－7　中国与非洲国家上市公司证券化率

（资料来源：世界银行）

3. 股市交易情况

一国股市的交易活跃情况可用股市交易额与GDP的比值反映。如图5－8所示，2010年至2020年中国股市交易活跃度大部分都超过100%，2015年达到最高值355.52%；南非股市交易活跃度仅在2016年和2017年超过100%，2010年以来平均百分比约为74.86%；肯尼亚、毛里求斯、摩洛哥股市交易活跃度基本小于5%；尼日利亚、纳米比亚、科特迪瓦股市其值基本低于

1%。从增长情况来看，中国和非洲国家股市交易活跃度均有波动：中国、南非表现为增长趋势，肯尼亚整体体现为下降趋势，埃及、尼日利亚、摩洛哥在2010年后走势较为平缓；纳米比亚、科特迪瓦则具有缓慢上升趋势，毛里求斯则呈现先上升后下降趋势。

可见，中国股市交易活跃度相较于非洲国家更高，非洲国家中南非股市的活跃度明显高于其他非洲国家。中国、南非股市的活跃度有增强的趋势，其他非洲国家股市活跃度无明显的增强态势。

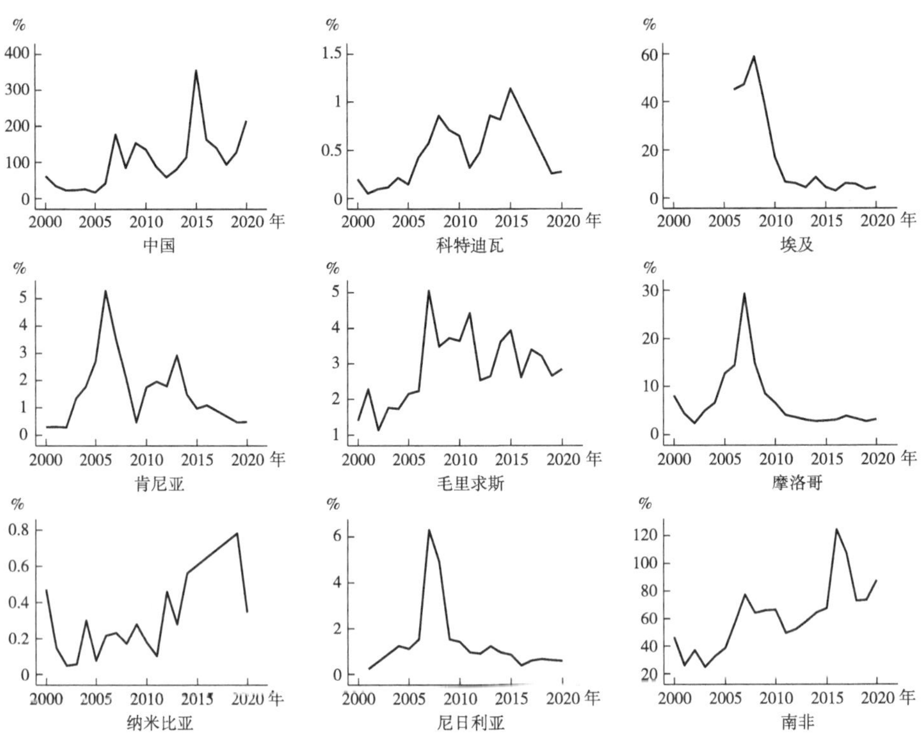

图5-8 中国与非洲国家股市交易活跃度

（资料来源：世界银行）

4. 股市换手率

股票周转率，也称为换手率，是一年中股票市场交易的股票股数占整个交易所上市股票股数、个人和机构发行总股数的百分比，反映了股票在一定时期内被买卖和操作的频繁程度，也反映股票流通强弱性。如图 5－9 所示，从各国股票周转率的数值来看，中国股市的股票周转率明显高于非洲国家，最大的周转率出现在 2015 年，为 480.29%，与股市交易活跃度相应，并且 2010 年至 2020 年的股票周转率平均值约为 230.73%。在非洲国家中，南非股市的股票周转率相对较高，2016 年为 38.37%，是同期毛里求斯的近 6 倍，肯尼亚在 2019 年低至 1.88%，尼日利亚大多在 10% 上下，纳米比亚在 2010 年、2011 年出现异常的峰值，科特迪瓦则基本低于 5%。从增长情况来看，中国和非洲国家的股票周转率均有所波动，非洲国家的股票周转率波动幅度较大，中国、南非股市的股票周转率有一定的上升趋势，其他非洲国家增长趋势不明显，肯尼亚、纳米比亚、埃及、摩洛哥等近年有下降的趋势。

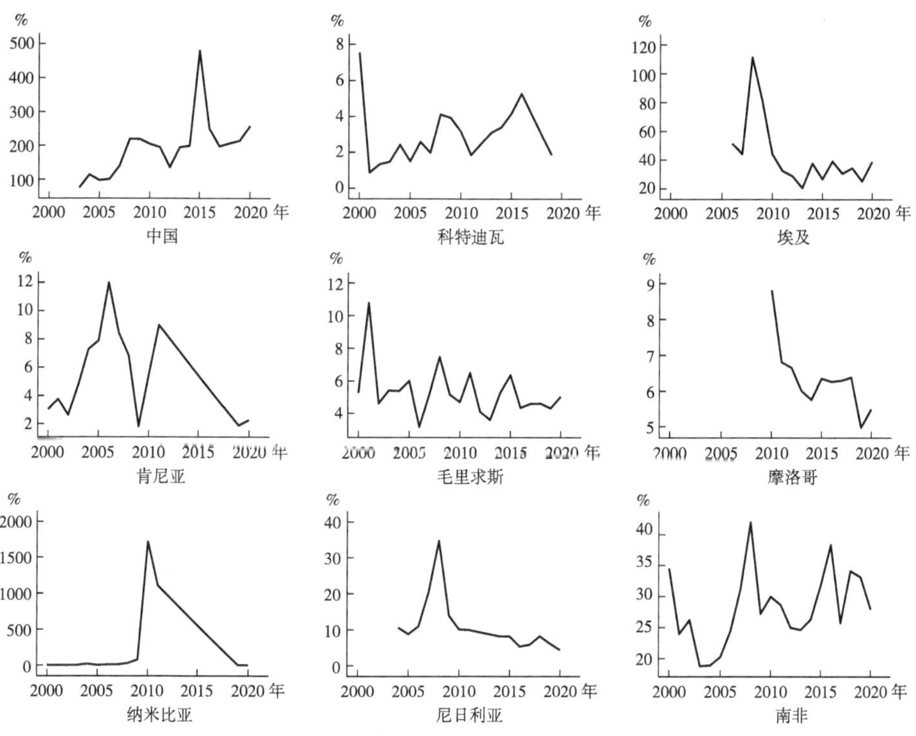

图 5－9 中国与非洲国家股票周转率

（资料来源：世界银行）

可见，中国股票周转率远远高于非洲国家，股市交易活动更为频繁，股票流通性也位居前列，且具有上升趋势。非洲国家中，南非股市的股票周转率较高，股票流通性较强，具有上升趋势，其他非洲国家股市的股票周转率均较低且未出现上升态势。

（四）中非债券市场发展情况

近年来，中国债券市场发展迅速，各类债券余额不断增长，2010 年各类债券托管余额为 16.3 万亿元，2021 年各类债券托管余额是 2010 年的 8.19 倍，为 133.5 万亿元，2022 年各类债券托管余额为 144.8 万亿元，同比增长了 8.46%，债券市场规模居全球第二；债券发行规模呈现不断增长趋势，2021 年和 2022 年均为 61.9 万亿元，比 2010 年增长了 11 倍（见图 5－10）。银行间债券市场是中国债券市场的主体，无论是债券发行余额还是发行规模均达到整个市场的 85% 以上。2021 年银行间债券市场托管余额为 114.7 万亿元，2022 年为 125.3 万亿元，同比增长 10.6 万亿元；2021 年银行间债券市场发行规模为 53.1 万亿元，2022 年为 56 万亿元，同比增长 5.46%（见图 5－10）。在交易所债券融资方面，无论是现券成交额、融资额还是托管面值均呈现不断增长趋势，其中，现券成交额 2012 年之前不到 1 万亿元，2016 年之后突破 5 万亿元，2020 年之后迅速增长，2020 年成交额为 20.18 万亿元，是 2019 年的 2.4 倍，2021 年为 28.71 万亿元，同比增长 42.3%；融资额 2014 年之前均低于 0.5 万亿元，2015 年迅速增加到 2.16 万亿元，之后以较快速度增长，2020 年、2021 年融资额分别为 8.48 万亿元、8.66 万亿元，同比增长分别为 17.8%、2.1%；托管面值 2012 年之后开始突破 1 万亿元，2018 年开始超过 10 万亿元，2021 年达 18.68 万亿元，同比增长 14.4%（见图 5－11）。

根据 Asian Bonds Online 数据，从发行本币债券类型看，历年政府债券占所有债券的比例基本在 60% 以上，且政府债券余额呈现不断增长趋势，2016 年之后开始突破 5 万亿美元，2020 年为 9.98 万亿美元，接近 10 万亿美元，2021 年为 11.70 万亿美元，2022 年为 12.12 万亿美元，同比增长分别为 17.2%、3.6%；公司债券也呈现增长趋势，2012 年开始突破 1 万亿美元，2020 年开始突破 5 万亿美元，2021 年为 6.42 万亿美元，同比增长 15.4%，

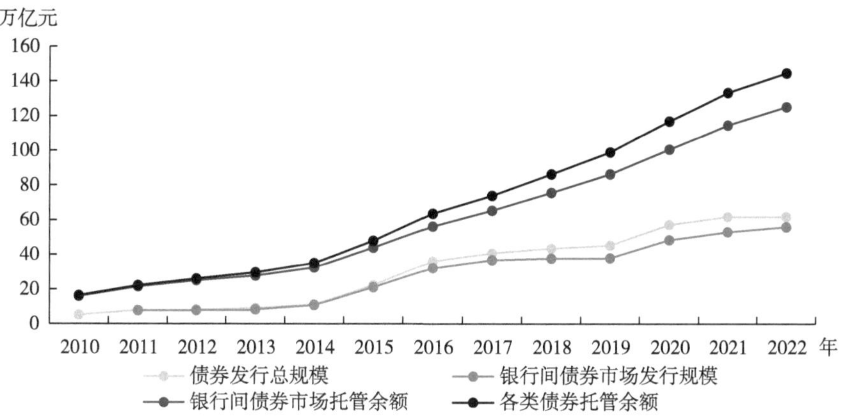

图 5 - 10　2010—2022 年中国债券市场、银行间债券市场发行规模及其托管余额

（资料来源：中国人民银行）

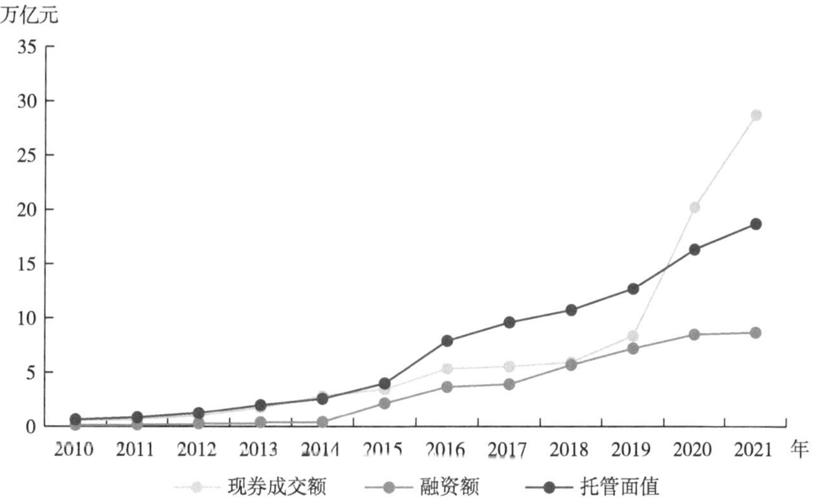

图 5 - 11　2010—2021 年中国交易所债券现券成交额、融资额及托管面值

［资料来源：中国证监会年报（2021）］

2022 年则有所下降，为 6.34 万亿美元（见图 5 - 12）。从非本币债券和境外债券交易情况看，公司债券是主体，历年占比基本在 90% 以上，公司债券余额也呈现不断增长趋势，2018 年开始突破 1 万亿美元，2021 年达 1.38 万亿美元，同比增长 8.6%；非本币政府债券也呈现不断增长趋势，2017 年开始超过500亿美元，2020年达965.5亿美元，2021年为939.1亿美元，较2020年有所下降（见图5-13）。

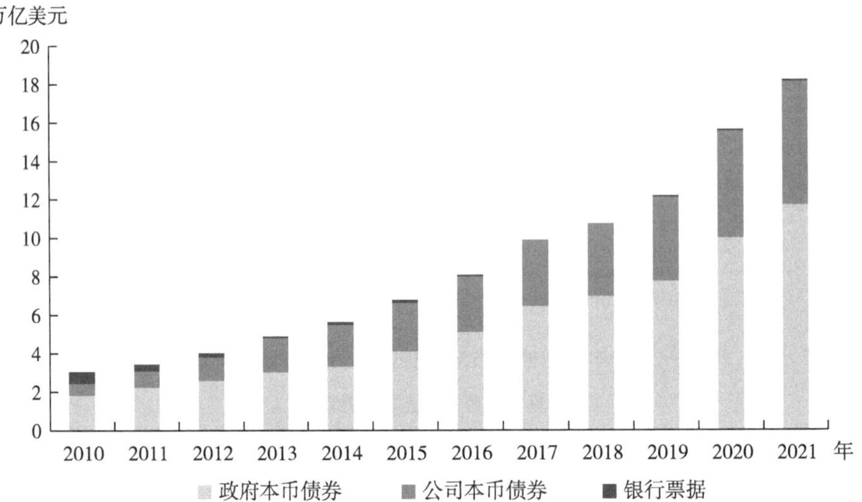

图5-12　2010—2021年中国各类本币债券余额

（资料来源：Asian Bonds Online 数据库）

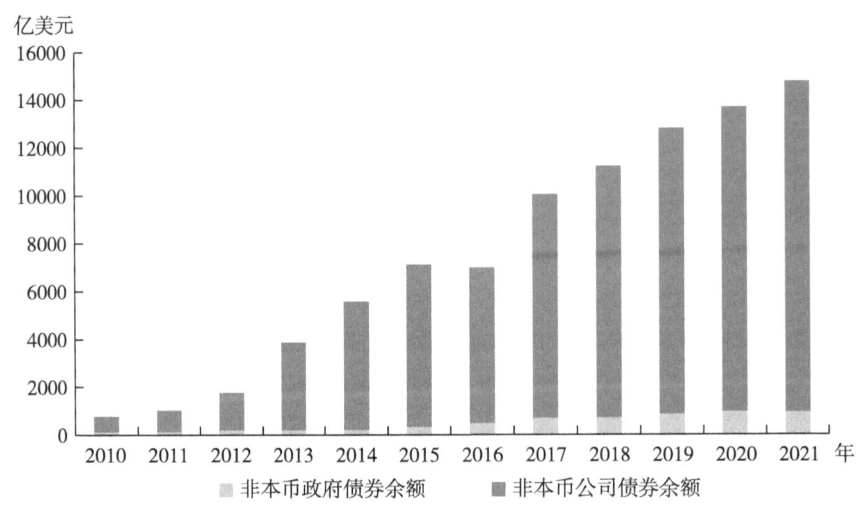

图5-13　2010—2021年中国非本币政府债券余额和公司债券余额

（资料来源：Asian Bonds Online 数据库）

非洲国家债券市场除南非外其他的基本欠发达，债券二级市场不活跃，因此流动性也较差。非洲国家政府主要通过伦敦、爱尔兰等较为成熟的国际证券交易所发行与上市欧洲债券。2020 年以来，欧洲债券在非洲国家经历了爆发式增长，占非洲国家债务总额比例达 1/5，其中撒哈拉以南就有 21 个国家使用欧洲债券进行借款①。

根据普华永道数据，2010 年以来，非洲非本币主权债券发行额整体呈现不断增长趋势。2018 年达到最大值 262. 42 亿美元，发行次数达 24 次；2019 年有所下降，其值为 256. 37 亿美元，发行次数为 22 次；2020 年进一步下降到 150. 58 亿美元，发行次数为 14 次，同比分别下降了 41. 3% 和 36. 4%；2021 年为 206. 67 亿美元，较 2020 年同比增长了 56. 09 亿美元，发行次数增加到 23 次。2017—2021 年，埃及一直是非洲最大的非本币主权债券发行国，2021 年发行额占非洲所有非本币主权债券的 33%（见图 5 - 14）。

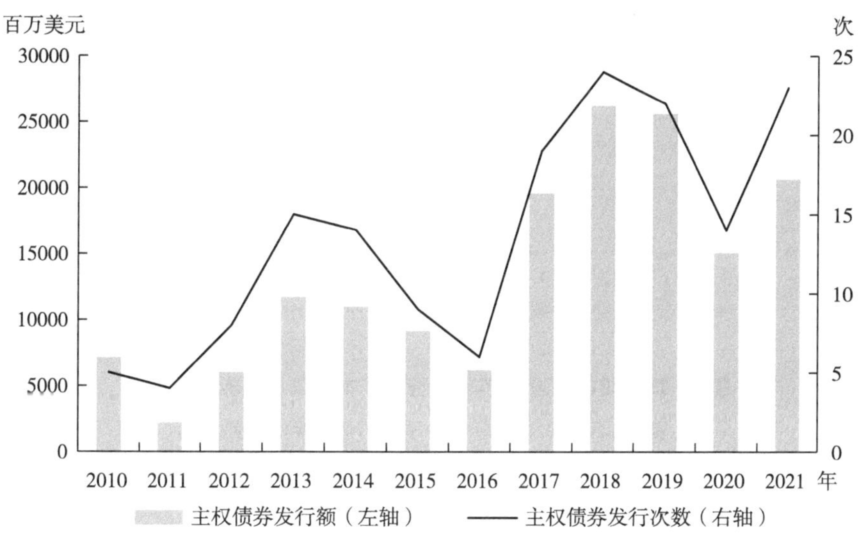

图 5 - 14　2010—2021 年非洲整体非本币主权债券发行情况

（资料来源：普华永道《非洲资本市场观察》年度报告）

① 商务部驻马里使馆经商处．国际金融机构对非洲国家滥发债券表示忧虑．[EB/OL]．http：//tradeinservices. mofcom. gov. cn/article/yanjiu/hangyezk/202002/99259. html.

在非本币公司债券方面，2010—2014 年非本币公司债券发行次数呈现不断增长趋势，2014 年达到最大值，为 27 次，2015 年之后开始下降，2016 年降到了与 2010 年相同的水平（均为 8 次），2017 年增加到 19 次，之后又急剧下降，2019 年到 2021 年不断增加，2021 年非洲国家发行非本币公司债券次数是新冠疫情发生之前的两倍多，其中 2019 年为 11 次，2021 年为 27 次，与 2014 年的水平相同；在非本币公司债券发行额方面，2011 年、2013 年、2017 年超过了 60 亿美元，2020 年超过 70 亿美元，较 2019 年同比增长 68.2%，2021 年则爆发式增长，发行额为 151.59 亿美元，是 2020 年的 2.1 倍（见图 5－15）。

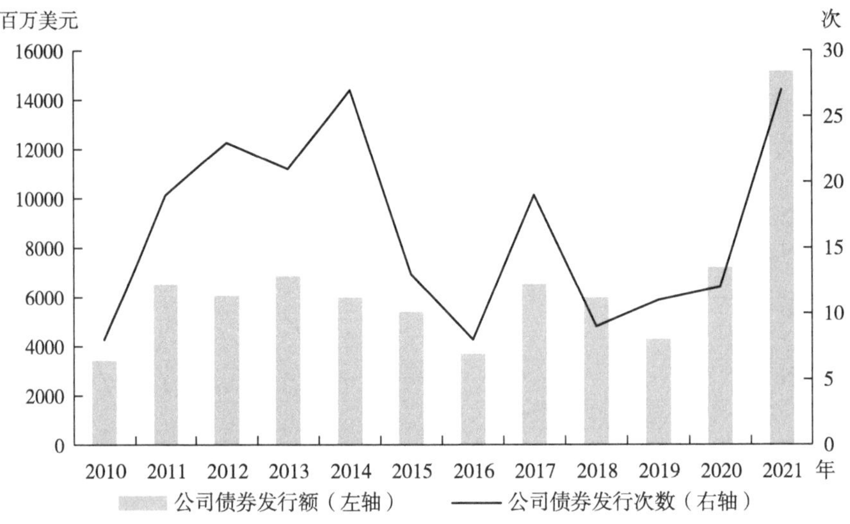

图 5－15　2010—2021 年非洲整体非本币公司债券发行情况

（资料来源：普华永道《非洲资本市场观察》年度报告）

二、中非资本市场开放情况

近年来，中国逐步推进资本市场开放，这一过程大致可以分为三个阶段，即 1992 年开始发行外资股阶段（B 股）、单向开放阶段和双向开放阶段（见表 5－3）。截至 2022 年 10 月 31 日，获得 QFII 资格的外资机构共 718 家，额度为 1135.10 亿美元。截至 2023 年 1 月 31 日，合格境内机构投资者（QDII）投资额度累计批准 1627.29 亿美元。其中，证券类合计

883.60 亿美元。在沪深股通方面，截至 2022 年 7 月末，通过沪深股通净流入 A 股市场资金达 1.69 万亿元。总体来看，截至 2022 年 7 月末，北向资金净流入 507.30 亿元。在沪股通方面，截至 2022 年 7 月末，共 267 只个股属于前十大成交活跃股，169 只活跃股处于净买入状态，获北向资金净买入共 3344.60 亿元。在深股通方面，截至 2022 年 7 月末，共 201 只个股属于深股通前十大成交活跃股，有 140 只活跃股处于净买入状态，获北向资金净买入共 3968.80 亿元。

表 5-3　中国资本市场开放进程

阶段	标志性事件
第一阶段：发行 B 股	1992 年 2 月第一只 B 股——上海电真空发行上市。
第二阶段：资本市场单向开放	2002 年 11 月，中国证监会和中国人民银行联合发布《合格境外机构投资者境内证券投资管理暂行办法》，QFII 制度正式出台，初期试点总额度 40 亿美元。
	2006 年 4 月，QDII 正式实施，使国内资本能在可控范围内配置境外资产。
	2011 年 12 月，中国证监会、中国人民银行及国家外汇管理局联合发布《基金管理公司、证券公司人民币合格境外机构投资者境内证券投资试点办法》，人民币合格境外机构投资者（RQFII）开始试点，初期额度约 200 亿元人民币。
	2012 年 7 月中国证监会修改 QFII 投资范围，持股比例限制由 20% 放宽到 30%。
	2016—2020 年，QFII 制度不断优化：国家外汇管理局对单家机构不再设置统一的额度上限；中国证监会取消此前对 QFII 资产配置中股票不低于 50% 的要求，机构可根据自身需求建立投资组合；放宽 QFII、RQFII 资金汇出要求；允许 QFII、RQFII 开展外汇套期保值以对冲境内投资汇率风险等。
	2020 年 9 月，中国证监会、中国人民银行、国家外汇管理局发布《合格境外机构投资者和人民币合格境外机构投资者境内证券期货投资管理办法》，将 QFII、RQFII 资格与制度规则合二为一，并放宽准入条件，简化申请流程，加强持续监管，有序扩大投资范围。
第三阶段：资本市场双向开放	2014 年 11 月，沪港通正式实施，首次实现内地与香港交易所互联互通。
	2016 年 12 月，深港通正式实施，实现港交所、上交所、深交所互联互通。
	2019 年 6 月，沪伦通正式实施，解决了人民币在证券领域的输出和回流问题。
	2022 年 7 月，ETF 纳入内地和香港股票市场交易的互联互通机制正式实施。

资料来源：根据公开资料整理。

中国债市对外开放在2002年之后也经历三个阶段。第一阶段即2002—2009年境外机构跨境债券投资起步阶段，主要通过合格境外机构投资者（QFII）进入，这一阶段债券交易额度有限；第二阶段为2010—2014年，这一阶段银行间债券市场开始向境外中央银行及货币当局等开放，投资渠道相较之前更丰富；第三阶段为2015年以后，在准入条件方面不断放宽，境外机构投资者可直接进入银行间债券市场，其中，2017年7月“债券通”的“北向通”落地，成为境外投资者进入中国债券市场的主要渠道。截至2022年12月末，进入中国债券市场的境外机构主体有1071家，其中通过“债券通”进入的有784家，通过直接投资渠道进入的有526家，同时通过两个渠道进入的则有239家。截至2023年1月末，境外机构在中国债券市场托管余额达3.4万亿元，占托管总余额的比值为2.3%。目前，中国银行间债券市场和交易所债券市场在投资机构、投资渠道、投资品种、投资额度及投资金汇出限制等均基本完成了逐步放开。

尽管非洲国家资本市场整体发展仍较为落后，但在资本市场开放度方面，大部分非洲国家相对中国更高。借鉴Hwang（2013）衡量资本市场开放度做法，使用名义指标（de jure Indicators）Chinn－Ito金融开放度指数和事实指标（de facto Indicators）对外资产与负债占GDP比值进行衡量。根据Chinn－Ito金融开放度指数①，2020年中国的金融开放度指数为0.1635，除安哥拉、布隆迪、厄立特里亚、加纳、几内亚的金融开放度指数为0外，其他非洲国家的金融开放度指数均大于等于0.1635（见图5－16），其中，博茨瓦纳、冈比亚、塞舌尔、乌干达、赞比亚5国的开放度指数为1。从对外资产与负债占GDP比值来看，2014年中国的比值为107.67%，高于中国的非洲国家有30个，高于样本平均值的非洲国家有16个，其中，毛里求斯对外资产与负债存量达到GDP的69.8倍，未在图中标出（见图5－17），可见，大部分非洲国家的资本市场开放度相对中国较高，中非资本市场开放度呈现不对称性。

---

① 该指数从资本账户开放角度构造的金融开放度指标，主要基于IMF《外汇安排和外汇限制年度报告》中关于跨境金融交易限制列表中涉及的是否存在多重汇率、是否存在金融项目交易管制、经常项目交易管制及出口创汇是否上缴等限制，设置虚拟变量，进行计算而得。本节使用其中的标准化指数（ka_open），数值介于0～1，数值越大表示金融开放度越高。

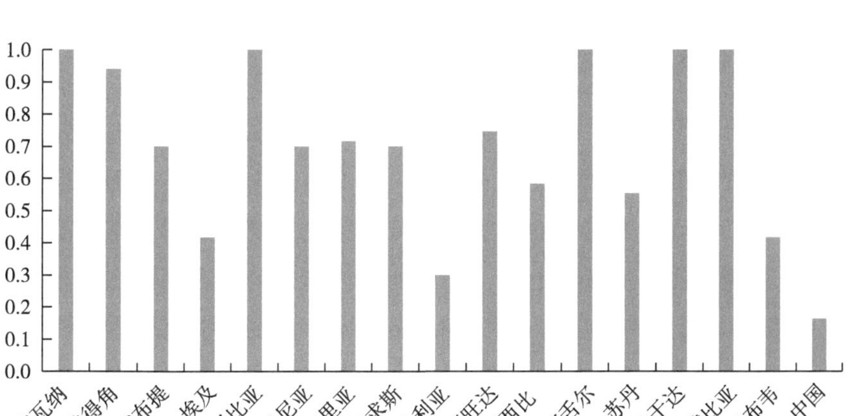

图 5－16　中国与主要非洲国家资本市场开放度（2020 年）

（资料来源：https：//web. pdx. edu/ ~ ito/Chinn – Ito_website. htm）

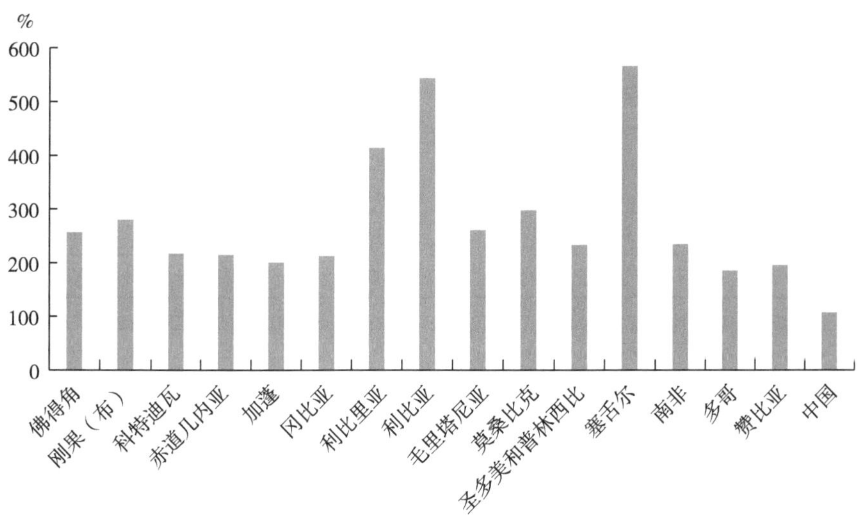

图 5－17　中国及高于平均值（147. 48%）的非洲国家的金融开放度（2014 年）

（资料来源：https：//www. imf. org/en/Publications/WP/Issues/2016/12/31/The – External – Wealth – of – Nations – Mark – II – Revised – and – Extended – Estimates – of – Foreign – Assets – and – 18942）

三、中非资本市场合作情况

由前文分析可知，中非双方资本市场的发展存在一定差异，且发展均不完善，双方资本市场的开放度并不对称，这使当前中非资本市场实质性合作仍较少。在资金流动方式方面，非洲部分国家允许境外公司在本地交易所上市，也允许境内公司到境外上市，如南非允许境外公司在约翰内斯堡证券交易所（JSE）上市，南非煤矿开采商 Lontoh Coal 和塞拉利昂钻石开采商 Koidu Holdings 两家公司已经在香港上市[①]。而中国资金则主要通过企业间的参股和并购方式进入非洲资本市场（如中国工商银行并购南非标准银行），没有直接在交易所进行上市交易。在交易所合作方面，上海证券交易所和南非约翰内斯堡证券交易所于 2012 年 9 月签署合作谅解备忘录；2013 年 8 月 8 日两个交易所在约翰内斯堡共同举办第一届“南非—中国资本市场论坛”。在监管合作方面，中国证监会从 2000 年开始先后与埃及资本市场委员会、南非共和国金融服务委员会、尼日利亚证券交易委员会签署了证券（期货）合作谅解备忘录（见表 5 -4）。

表 5 -4　中国证监会与非洲国家证券（期货）监管机构签署备忘录一览表

时间	境外机构	备忘录名称	签署地
2000 -06 -22	埃及资本市场委员会	证券监管合作谅解备忘录	邮寄方式签署
2002 -10 -29	南非共和国金融服务委员会	证券期货监管合作谅解备忘录	比勒陀利亚
2005 -06 -14	尼日利亚证券交易委员会	证券期货监管合作谅解备忘录	北京

资料来源：中国证监会官网，http：//www.csrc.gov.cn/csrc/c100214/c1997278/content.shtml。

第二节　中国和非洲国家股市联动性分析——基于 MS - Copula 模型

了解中非股票市场联动性和溢出效应，有利于中国进一步制定中非包括资本市场合作在内的合作政策，为中资企业走进非洲提供多元化的融资支持。

① 张小峰．中非金融合作：进展、挑战与应对［J］．国际问题研究，2013（2）：102.

当前，中国是全球经济强国，也是非洲最大的投资国，随着中非合作的深化，中非股票市场的联动性和溢出效应具有不断增强的趋势。了解这种趋势，有利于金融监管当局防范金融风险，维护金融稳定，有利于投资者在全球范围内合理地配置资产，达到分散投资、降低风险的目的。本节和下一节将探讨中国股市和部分非洲国家股市的联动性和溢出效应。

一、文献综述

（一）发达经济体股市联动性和溢出效应相关研究①

早期股市联动性的分析大多以发达经济体为研究对象。例如：Morana 和 Beltratti（2008）认为美国、英国、德国和日本的股市间相关系数随时间呈现上升趋势；Tachibana（2018）则构建了 Vine - Copula 模型，研究发现美国股市与 21 个经济体股市高度相关，相关性在美国股市剧烈波动时更明显。一些学者研究了新兴经济体与发达经济体股市间的联动性：Chevallier 等（2018）发现相互依存度较高的太平洋流域股票市场受到美国的冲击高于其他发达经济体的冲击影响；张晓燕（2019）则认为，近三十年来，亚洲和远东国家的股市联动性并未显著增强；Batondo 和 Uwilingiye（2022）指出，在危机期间，金砖国家和美国股市具有长期的相关关系。

Kang 等（2019）和 Su（2020）运用 Diebold 和 Yilmaz 溢出指数研究国际股票市场间的溢出效应，表明国际间的极端风险溢出不能由波动性溢出来估计，且金融危机期间波动性溢出效应增强；Ji 等（2020）利用马尔可夫转换时变 Copula 模型分析了美国股市和其余 G7 股市之间的风险溢出效应；Mciver 等（2020）使用多元 DECO - GJR - GARCH 模型和溢出指数方法检验美国和金砖四国股市之间的溢出效应，指出任何一国股市的负面冲击都会迅速影响其他股市，进而增加全球系统性风险。

---

① 大部分文献并没有严格区分联动性和溢出效应，本节文献综述部分主要根据文献原有表述进行分类，即使用“联动性”表述的文献主要划分在股市联动性相关研究中，使用“溢出效应”表述的文献主要划分在溢出效应相关研究中。

（二）中国与其他国家或地区股市间联动性和溢出效应相关研究

一些学者研究了中国与美国股市间的联动性。龚金国和史代敏（2015）指出，中国金融自由化对中美股市联动性有微弱的抑制作用，而中美贸易强度对中美股市之间相互依存关系有促进作用，但由于金融自由化的微弱阻碍作用，中美股市的依存性仍处于相对较低的正水平；戴凌祎（2019）则基于上证指数与标准普尔 500 指数，指出美国股市的变动会引起中国股市的波动；李合龙和刘方舟（2019）使用集成经验模态分解法分析不同周期下中美股市联动性，发现短周期下中美股市间的联动性较弱且具有差异性，中周期下中美股市间的联动效应显著，且波动具较强持续性，长周期下美国股市波动对中国股市影响较大，美国股市波动对中国股市存在单向因果关系。庞磊和李丛文（2019）认为，相较于中国与发达经济体股市的联动性，中国与菲律宾等新兴经济体股市的联动效应更强；冯永琦和赵佳楠（2020）指出，中国股市对发达经济体股市溢出效应呈减弱趋势，与金砖国家之间波动溢出效应在不断增强，其中中印、中俄股市间动态相关性较弱。还有一些学者探讨了中国内地股市和中国香港股市的联动性。例如，杨桂元等（2015）运用对角 VECH－GARCH 模型研究发现，股市改革后沪深股市相关性明显增强，中国内地股市和中国香港股市之间的相关性显著提高；再如，吴筱菲等（2020）构建了 MRS－SJC－Copula 模型，研究发现，中国内地股市与中国香港地区股市存在非线性对称的时变相依性，且其联动性呈现增强的趋势。张喆（2022）研究发现中国的资本市场相关开放政策总体提升了 A 股市场和美国、英国、日本及中国香港股票市场的联动性。

一些学者基于外部冲击事件探讨了中国股市与其他国家股市的联动性。如 Kim 等（2013）、张敬敏和周石鹏（2015）、樊云杉和丁肇勇（2019）、陈向阳和余文青（2019）研究指出，在次贷危机后，中美两国股市间的长期均衡关系有所加强，并且美国股市较法国和德国股市对中国股市有更大且显著加强的影响。Ahmed 和 Huo（2019）使用贝叶斯 VAR 和 BEKK－GARCH 模型，指出中国股市与大多数亚太股票市场联动性在经济动荡时期更强，与区域金融市场融合度更高。黄少军（2020）指出，疫情暴发以来，中国 A 股的波动会受到美股波动的单方向引导，股市联动性也显著增强。Nguyen 和 Nguyen（2022）研究了新冠疫情背景下中国股市和越南股市的尾部相依性，发现疫情前两国股市之间不存在依赖关系，在疫情期间，越南股市严重依赖中国股市，尤其是上尾部依赖，在适应新冠疫情期间，这种依赖关系仍然存在，但比新冠疫情时要少。陈黎明等（2022）研究不确定冲击是否对中国和金砖国家股市联动性存在影响。

陈潇好和杨恩（2011）认为沪深股市与美国股市不存在波动溢出效应；但刘晓星等（2011）结合 EVT - Copula 模型与 CoVaR 模型，发现美国股票市场对中国香港和中国内地股市均存在显著的风险溢出效应。闻岳春等（2015）指出，国际股市既可以对国内股市的收益与波动产生直接影响，还可以经由国际大宗商品市场通道间接对国内股市产生波动溢出效应。苗晴等（2016）比较分析后指出，在国际金融秩序新旧更替下，英国股市对美国、日本、中国香港和中国内地股市均有不同程度的波动溢出效应。李红权与何敏园（2017）基于 Copula - DCC - GARCH 模型和一种新的结构变点检测方法，发现加入世界贸易组织以来，中国股市对外溢出效应逐渐增强。田昊扬和王军礼（2018）从线性和非线性两个方面考察了中、日、韩三国股市之间的溢出效应，表明中韩股市之间存在显著的双向波动溢出效应，而中国股市受到日本股市的单向波动溢出效应在危机事件发生时更加突出。蒋彧和张玖瑜（2019）运用 BEKK - GARCH 模型分阶段研究了中国与世界主要股市间的波动溢出效应，发现随着中国经济国际地位提升，美国与欧洲股市开始受到中国股市的波动溢出效应影响，中国内地股市和中国香港股市的波动溢出效应更明显。王皓晔和杨坤（2019）运用 EVT - Copula - CoVaR 模型分析后指出，“一带一路”共建国家股市的极端风险会传染至中国股市，这加大了中国股市受冲击的概率，中国股市与金砖国家之间的波动溢出效应在不断增强。而 Do 等（2019）使用 EGARCH 和多元 DCC - EGARCH 模型，研究了 2002—2017 年中国 A、B、H 股三类股票与 12 个主要新兴市场和发达市场的波动溢出和动态条件相关性，发现中国股市与新加坡、日本、澳大利亚和东盟等 5 国邻国的相关性更强，国际金融危机和长期危机期间，A 股市场与其他发达市场和新兴市场之间没有波动溢出效应。叶五一等（2020）则基于流行病暴发背景，分析了欧美市场与中国 A 股市场的联动性与风险溢出效应，指出新冠疫情期间欧美股票市场对中国 A 股市场的影响有限，风险溢出效应并不显著。吴筱菲等（2021）基于 DAG - SEM 模型、信息指数模型测度中国内地股市、美国、中国香港股市间的波动率信息溢出效应，研究发现：中国内地股市和美国股市具有双向信息溢出效应；2018 年下半年至 2019 年上半年（贸易战的白热化阶段），中国内地股市对中国香港股市信息溢出要强于对美国股市溢出效应，从而成为港股信息溢出主要传导者。Vuong 等（2022）研究发现，在新冠疫情冲击下，中国股市和美国股市间的波动溢出效应存在非对称性。

（三）其他国家与非洲国家股市联动性和溢出效应相关研究

非洲国家股市溢出效应相关研究相对较少。Giovannetti 和 Velucchi（2013）分析了 2005—2012 年美国、英国和中国与非洲新兴经济体股票市场的关系，结果表明，南非和美国的冲击对其他非洲金融市场产生了重大影响，美国、突尼斯和肯尼亚是溢出效应的“净输出者”，而南非和中国则是溢出效应的“净接受者”。Sugimoto 等（2014）研究发现，非洲股市受到全球市场溢出效应的显著影响，欧洲国家的溢出效应总和超过了美国的相应效应。Gourene（2019）考察了新兴股市和发达股市对非洲 7 个国家股市的溢出效应，指出由于非洲股票市场一体化程度相对较弱，因此非洲国家股市间的溢出效应较弱，但在金融危机期间，新兴市场与发达市场对非洲国家股票市场的溢出效应有所增强。Atenga 和 Mougoué（2021）发现，从双向溢出效应看，非洲国家股票市场是国际股票市场收益率和波动溢出的净接受者，其中，石油和金属价格等全球因素是外部冲击蔓延到非洲股市的主要渠道。

中国与非洲国家股市联动性和溢出效应研究较少，详见本书第一章。

综上可知，随着中国资本市场的不断开放，关于中国股市与其他国家或地区股市的联动性和溢出效应的研究不断增多，主要集中于中国与发达经济体、金砖国家等股市的联动性和溢出效应研究，关于中国和非洲国家股市联动性和溢出效应的研究较少。在研究方法方面，以 VAR 和 GARCH 系列模型为主，但 GARCH 模型对非线性的、非正态的样本数据分析具有一定误差，而

Copula 模型则可不受正态分布的束缚，对数据的分析更准确且不受限制；同时，不同股市会有不同的高低状态转换，马尔可夫机制转换模型则能更好地刻画这种状态转变；DCC－GARCH 模型能很好地捕捉股市间的溢出效应，但该溢出效应没有正负之分，只有大小的区别，即 DCC－GARCH 模型测度的是不同国家股市之间的溢出效应大小，而对于溢出效应的方向并不能准确衡量。基于此，本节使用马尔可夫状态转移 Copula（MS－Copula）模型探讨中国与非洲国家股市的联动性及其动态变化特征；下一节进一步构建 CoVaR 模型对股市间风险溢出的大小和方向进行测度，从而更全面分析中国股市与非洲国家股市间的联动性和溢出效应。

二、模型设定

（一）边缘分布模型：GARCH－M 模型

通过运用 GARCH－M 边缘分布模型，分析股市收益率序列的波动性和边缘分布特点，以便进行 Copula 函数建模。相关模型如下：

$$y_t = \mu + \gamma y_{t-1} + \phi\sigma_t + \varepsilon_t \tag{5-1}$$

$$\sigma_t^2 = \alpha_0 + \alpha_1\varepsilon_{t-1}^2 + \beta_1\sigma_{t-1}^2 \tag{5-2}$$

式中，y_t 表示股指收益率；ϕ 为条件方差系数，表示可观测的预期风险对股指收益率的影响程度；t 时刻的残差项定义为 $\varepsilon_t \sim N(0,\sigma_t^2)$；$\alpha_0$ 是方差方程的常数项；α_1 反映前一期信息传导对本期股指收益率波动的影响；β_1 为 GARCH 项参数，表示股指收益率前期的波动对条件方差的影响，即波动的持续影响程度。

（二）马尔可夫状态转移模型

由于股市间的状态变换过程与发生时的起点位置无关，只跟状态转移的时间差有关，两个股市间的状态转移特点与马尔可夫转换过程相吻合，因此可将股市之间的转换看成一个动态的转换过程。假设一个状态变量 X_t 服从一阶两状态的马尔可夫过程，其状态转移概率方程如下：

$$p_{i,j} = P_r(X_{t+1} = j \mid X_t = i) \tag{5-3}$$

式中，$\sum_{j=1}^{2} p_{i,j} = 1, \ \forall i,j \in \{1,2\}$ (5-4)

将上述状态转移概率写成转移矩阵，如下：

$$P = \begin{pmatrix} p & 1-p \\ 1-q & q \end{pmatrix} \tag{5-5}$$

式中，$p = P_r(X_t = 1 \mid X_{t-1} = 1)$，$q = P_r(X_t = 0 \mid X_{t-1} = 0)$ (5-6)

p 表示股市由对称状态转变成对称状态的概率，表示外部消息对两个对称状态股市影响的一致性，p 越强，则一致性越强；q 表示股市由非对称状态转变成非对称状态的概率，表示信息传导对两个股市的影响的非统一性，q 越大，表示股市对外部消息敏感度越强。

（三）Copula 模型

在金融市场中，有明显的非对称现象，"相依函数" Copula 函数能将多个随机变量的联合分布与它们各自的边缘分布连接起来，既可处理随机变量的尾部相关性，也可用来讨论金融市场间相关性。单一状态的 Copula 模型可较好地刻画股市之间非对称状态，但股市间的相关性在不同状态是动态变化的。因此，为更准确地捕捉股票市场时间序列的金融特征，将一个含有状态转移的变量引入 Copula 模型中，以对股市之间的相关性进行估计，即构建马尔可夫状态转移 Copula（MS-Copula）模型。Copula 函数选择具有对称性的二元 t-Copula 函数与具有非对称性的 Clayton Copula 函数。

二元 t-Copula 函数的分布函数为

$$C(u,v,\rho,v) = \int_{-\infty}^{T_v^{-1}(u)} \int_{-\infty}^{T_v^{-1}(v)} \frac{1}{2\pi\sqrt{1-\rho^2}} \left[1 + \frac{s^2 + t^2 - 2\rho st}{v(1-\rho^2)}\right]^{-\frac{v+2}{2}} dsdt \tag{5-7}$$

密度函数：

$$c(u,v;\rho,v) = \rho^{-\frac{1}{2}} \frac{\Gamma\left(\frac{v+2}{2}\right)\Gamma\left(\frac{v}{2}\right)}{\left[\Gamma\left(\frac{v+1}{2}\right)\right]^2} \frac{\left[1 + \frac{\zeta_1^2 + \zeta_2^2 - 2\rho\zeta_1\zeta_2}{v(1-\rho^2)}\right]^{-\frac{v+2}{2}}}{\prod_{i=1}^{2}\left(1 + \frac{\zeta_i^2}{v}\right)^{-\frac{v+2}{2}}} \tag{5-8}$$

尾部相关系数为

$$\lambda = \lambda_U = \lambda_L = 2t_{v+1}\left(\frac{-\sqrt{v+1}\sqrt{1-\rho}}{\sqrt{1+\rho}}\right) \quad (5-9)$$

式中，u，v 是边缘分布提取出的残差序列；ρ 为相依参数估计值，表示股市间的联系程度；v 为模型自由度；λ 为尾部相依系数，表示股市间的联动性，即一个国家股市出现暴涨或暴跌对另一个国家的影响程度。

Clayton Copula 函数的分布函数为

$$C_{cl}(u,v;\theta) = (u^{-\theta} + v^{-\theta} - 1)^{-\frac{1}{\theta}} \quad (5-10)$$

密度函数为

$$c_{cl}(u,v;\theta) = (1+\theta)(uv)^{-\theta-1}(u^{-\theta} + v^{-\theta} - 1)^{-2-\frac{1}{\theta}} \quad (5-11)$$

式中，θ 为随机变量 u，v 之间的非对称性相关参数估计值，反映股市间的非对称性，且 $\theta \geqslant 0$；θ 为 0 时，u，v 则相互独立，θ 越大，u，v 相关性越强。

MS – Copula 模型为

$$C(u,v;\rho,\theta,X_t) = X_t C(u,v;\rho,v) + (1-X_t)C_{cl}(u,v;\theta) \quad (5-12)$$

三、数据的选取与变量描述性统计

（一）数据的选取

本节数据来源于英为财情 Investing. com 投资网站（https：//cn. investing. com/）。基于数据的连续性与匹配性，选取 2001 年 2 月 6 日至 2021 年 12 月 31 日中国和非洲 4 个国家的日度数据，其中非洲国家包括非洲第二大经济体南非、宣布独立后经济发展较快的肯尼亚、经济状况相对薄弱的突尼斯和非洲最具竞争力的国家毛里求斯。所选取的非洲国家经济发展各有特点，可分析中国股市与不同发展程度的非洲国家股市间的关系。选取的股票指数分别为中国上证指数（SSEC）、南非 40 指数（SA40）、肯尼亚内罗毕证券交易所 20 指数（NSE20）、突尼斯 TUNINDEX 指数（TUNINDEX）和毛里求斯 SEMDEX 指数（MDEX）。

在对整体样本进行分析的同时，根据中国资本市场改革的标志性事件对样本时间进行分段，以分析中国资本市场开放不同阶段下中国与非洲国家股市联动的动态变化。样本阶段划分如下：第一阶段 2001 年至 2005 年，中国加入 WTO 和 QFII 制度正式实施对中国资本市场开放具有促进作用；第二阶段 2006 年至 2013 年，国际金融危机和欧债危机爆发使中国股市与国际股市间的联系更为紧密，资本市场开放度较第一阶段有所提升；第三阶段 2014 年至 2021 年，“沪港通”“深港通”的开通和“一带一路”倡议提出和实施等举措都进一步促进了中国资本市场对外开放。

在股票市场中每个交易时间的收盘价最能代表当天交易情况，最终选取各股票指数的收盘价。由于每个国家的股市交易日与节假日不同，以上证指数的交易时间为准，对未重叠的日收盘价数据进行删减。经处理后，中国、南非、肯尼亚、突尼斯和毛里求斯股指的整体观测值均为 4706。使用如下对数处理法得出股指收益率序列：

$$R_t = 100 \times (\ln P_t - \ln P_{t-1}) \qquad (5-13)$$

式中，P_t表示股指第 t 日的收盘价格，R_t(%) 为股市的整体日收益率。数据相关处理主要通过 Eviews 软件和 MATLAB 软件进行。

（二）描述性统计分析

对上述收益率序列进行描述性统计分析，相关结果如表 5－5 所示，收益率序列的波动图如图 5－18 所示。

整体来看，中国和非洲四个国家收益率的分布均存在时变特征、聚集性和波动较大的情况，几乎每个序列都出现过异常峰值，高频波动区较为集中，且序列波动集聚出现的时间基本一致。其中 TUNINDEX 和 MDEX 的波动范围较小，出现过极为异常的峰值，这与突尼斯和毛里求斯的国内经济市场狭小、股票市场机制极不成熟、股票交易活跃度过低有关。五国收益率偏度小于 0.5，峰度大于 3，表明五国股市有明显的“尖峰厚尾”现象，而 JB 检验值表明五国收益率序列均不服从标准正态分布。综合各股指收益率序列的自相关检验结果，选取 15 阶自相关系数的 Q 统计量是否显著异于 0 来检验序列的相关性，即通过 Q（15）的值可知各国股指收益率序列有显著的序列相关。AIC 结果表明每个收益率序列都不存在单位根，均为平稳序列。ARCH－LM 结果则表明各国的收益率序列具有条件异方差性，需进行进一步边缘分布建模。

从不同阶段的特征变化看，TUNINDEX 最大值与最小值相差最大，与图 5－18

中异常的波动吻合，其他四国最大值与最小值差值基本在合理范围内。各国在不同阶段的波动性相差不大，但无论哪个阶段，上证指数标准差最大，即中国股市的波动性最大。各国各阶段偏度均小于1，峰度都大于3，存在明显的“尖峰厚尾”现象，且不服从标准正态分布。Q统计量显示各国各阶段的股指收益率序列有显著的序列相关。各收益率序列都是平稳序列且具有条件异方差性。

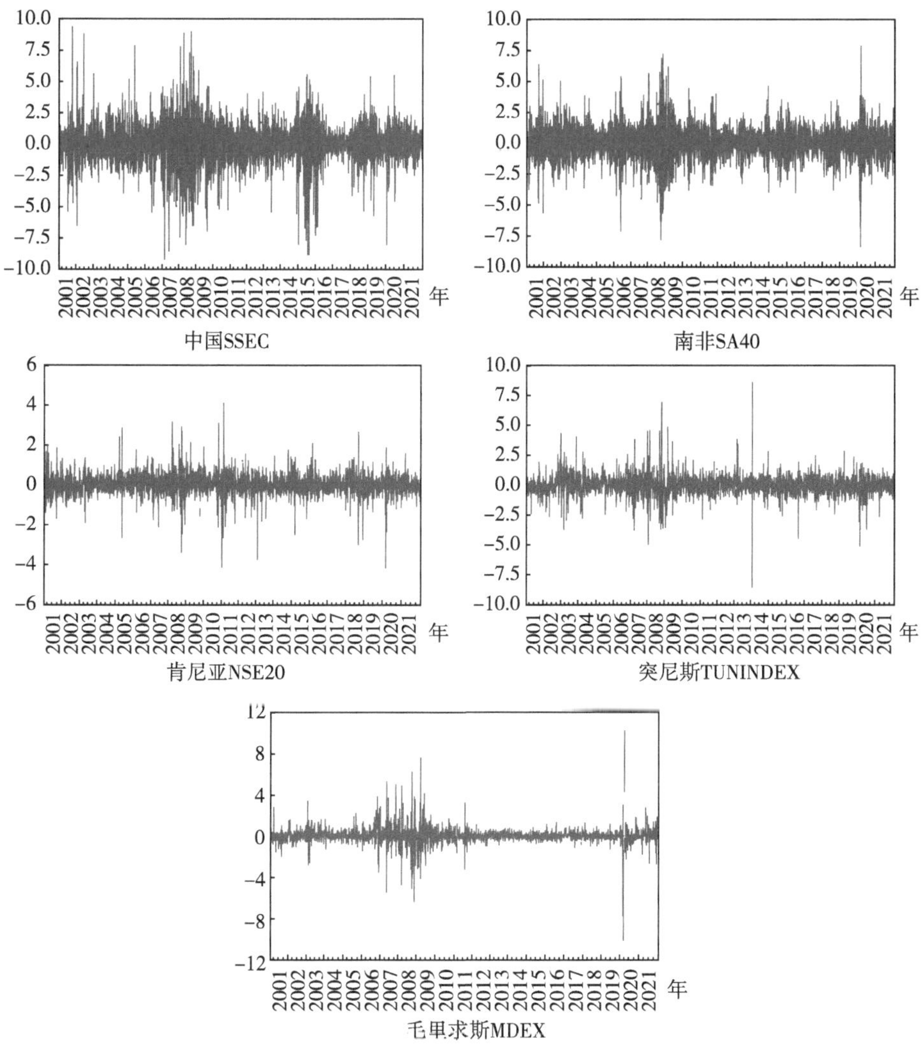

图5-18　中国与非洲四国收益率波动图

表 5-5　中非五国股市收益率序列描述性统计结果

时间范围	名称	SSEC	SA40	NSE20	TUNINDEX	MDEX
全阶段（2001—2021 年）	均值	0.0144	0.0313	-0.0012	0.0329	0.0372
	中位数	0.0581	0.0720	-0.0007	0.0200	0.0179
	标准差	1.5320	1.2935	0.8136	0.5166	0.6824
	最大值	9.4008	7.9071	8.6344	4.1086	10.2660
	最小值	-9.2562	-8.3828	-8.6022	-4.1859	-10.1039
	偏度	-0.3843	-0.1360	0.3909	-0.4453	-0.1152
	峰度	8.2726	6.7228	15.9676	12.6286	46.3007
	JB	5566***	2732***	33086***	18334***	367657***
	ADF	-67.11***	-66.77***	-35.23***	-39.17***	-28.74***
	Q（15）	46.92***	47.20***	968.7***	568.9***	465.2***
	ARCH-LM	123.9***	249.0***	1123***	1069***	523.4***
	观测值	4706	4706	4706	4706	4706
第一阶段（2001—2005 年）	均值	-0.0504	0.0237	0.0495	0.0129	0.0771
	中位数	-0.0464	0.0136	0.0120	-0.0083	0.0476
	标准差	1.3665	1.2026	0.7460	0.4668	0.4489
	最大值	9.4008	6.3885	4.3634	2.8753	3.459663
	最小值	-6.5430	-5.6742	-3.7231	-2.6681	-2.8213
	偏度	0.8977	0.0807	0.3142	0.5947	0.7197
	峰度	9.1666	4.9482	7.4880	7.7096	12.5550
	JB	1899***	175.9***	945.6***	1086***	4298***
	ADF	-33.08***	-30.07***	-15.66***	-23.97***	-25.64***
	Q（15）	14.00**	38.51***	385.9***	156.4***	143.7***
	ARCH-LM	4.3481**	14.04***	42.64***	239.6***	79.22***
	观测值	1105	1105	1105	1105	1105
第二阶段（2006—2013 年）	均值	0.0527	0.0404	0.0198	0.0469	0.0474
	中位数	0.1098	0.1001	0.0094	0.0467	0.0363
	标准差	1.7645	1.4933	0.9246	0.5966	0.8623

续表

时间范围	名称	SSEC	SA40	NSE20	TUNINDEX	MDEX
第二阶段（2006—2013 年）	最大值	9.0343	7.2484	6.9476	4.1086	7.6546
	最小值	-9.2562	-7.8408	-5.0176	-4.1439	-6.3827
	偏度	-0.3431	-0.0706	0.9295	-0.5176	0.2539
	峰度	6.3656	5.9002	12.1291	12.1295	18.4351
	JB	866.1 ***	619.0 ***	6371 ***	6197 ***	17509 ***
	ADF	-41.62 ***	-31.57 ***	-24.43 ***	-30.79 ***	-32.66 ***
	Q（15）	35.06 ***	32.41 ***	623.7 ***	271.1 ***	126.1 ***
	ARCH-LM	31.23 ***	108.3 ***	237.8 ***	320.3 ***	426.7 ***
	观测值	1762	1762	1762	1762	1762
第三阶段（2014—2021 年）	均值	0.0168	0.0272	-0.0517	0.0315	0.0034
	中位数	0.0709	0.0561	-0.0364	0.0202	-0.0013
	标准差	1.3781	1.1302	0.7324	0.4591	0.5969
	最大值	5.6036	7.9071	8.6344	2.6777	10.2660
	最小值	-8.8729	-8.3828	-8.6022	-4.1859	-10.1039
	偏度	-1.2398	-0.4401	-0.6732	-0.9693	-1.3590
	峰度	10.8064	8.4948	27.3987	13.9201	122.7118
	JB	5140 ***	2372 ***	45728 ***	9452 ***	1098673 ***
	ADF	-40.65 ***	-43.55 ***	-25.40 ***	-33.61 ***	-14.65 ***
	Q（15）	29.57 **	43.08 ***	101.5 ***	154.5 ***	444.3 ***
	ARCH-LM	92.10 ***	74.14 ***	490.6 ***	388.0 ***	101.3 ***
	观测值	1839	1839	1839	1839	1839

注：JB 是 Jarque-Bera 统计值的简写，***、**、* 分别表示在 1%、5%、10% 的显著性水平下显著。

由表 5-6 相关系数可知，总体样本中，中国与南非、肯尼亚、突尼斯和毛里求斯的收益率序列相关系数基本为正，且与南非的正相关性最强，与突尼斯的相关性最弱。分样本中，中国与毛里求斯收益率序列的相关系数均为正；中国与南非、肯尼亚相关系数，在第一阶段为负，第二阶段、第三阶段均为正，中国与南非在第二阶段、第三阶段的正相关性最强，与突尼斯相关性最弱。

表5-6 中非五国股市收益率相关系数测算结果

时间范围	相关系数	SSEC - SA40	SSEC - NSE20	SSEC - TUNINDEX	SSEC - MDEX
整体样本（2001—2021年）	简单线性相关系数	0.1791	0.0606	0.0122	0.0919
	Kendall's tau - b	0.1162	0.0127	0.0018	0.0359
	Spearman	0.1710	0.0190	0.0027	0.0529
第一阶段（2001—2005年）	简单线性相关系数	-0.0097	-0.0057	0.0284	0.0353
	Kendall's tau - b	-0.0105	-0.0145	-0.0076	0.0255
	Spearman	-0.0142	-0.0213	-0.0117	0.0369
第二阶段（2006—2013年）	简单线性相关系数	0.2042	0.0815	-0.0041	0.1276
	Kendall's tau - b	0.1339	0.0229	0.0029	0.0666
	Spearman	0.1961	0.0344	0.0038	0.0978
第三阶段（2014—2021年）	简单线性相关系数	0.2582	0.0701	0.0264	0.0586
	Kendall's tau - b	0.1792	0.0209	-0.0044	0.0108
	Spearman	0.2622	0.0307	-0.0002	0.0173

四、实证结果分析

（一）边缘分布模型的参数估计结果分析

描述性统计分析和相关性结果均表明需要对收益率序列进行边缘分布建模，边缘分布模型估计结果如表5-7和表5-8所示。

表5-7显示，总体来看，中非五国估计参数基本显著。其中，肯尼亚与突尼斯的 α_1 值较大，表明其股市对信息敏感度强于中国、南非和毛里求斯。中国和南非的 β_1 值均大于0.85，说明股指收益率前期的波动对条件方差的影响较大且持续时间较长，尤其是中国上证指数。每个国家的 α_0 均为正，说明存在一定的信息敏感度，其中肯尼亚的信息敏感度最强，毛里求斯的最小。JB统计量在1%的显著水平上显著，各国收益率序列均为非正态分布。由ARCH检验的概率值可知，所有的股指收益率序列均不存在ARCH效应，各国股指收益率序列的相关性和ARCH效应已经被消除。但如果需要进一步进行Copula建模，要求序列满足独立同分布。因此，采取核密度估计的非参方法将五国的收益率残差序列转变成［0，1］上的均匀分布，再用K-S检验方法进行检验。检验结果显示，除中国K-S值较小外，非洲四国值都接近于1，基本服从（0，1）均匀分布，可以进行Copula建模。

表 5 - 7　中非五国整体样本边缘分布模型参数估计结果

时间范围	名称	SSEC	SA40	NSE20	TUNINDEX	MDEX
整体样本（2001—2021 年）	α_0	0.0163 *** (0.0023)	0.0293 *** (0.0051)	0.0425 *** (0.0029)	0.0272 *** (0.0014)	0.0066 *** (0.0004)
	α_1	0.0814 *** (0.0039)	0.0984 ** (0.0080)	0.2027 *** (0.0105)	0.2269 *** (0.0108)	0.1850 *** (0.0054)
	β_1	0.9162 *** (0.0036)	0.8846 *** (0.0091)	0.7332 *** (0.0092)	0.6635 *** (0.0108)	0.8124 *** (0.0038)
	ϕ	0.0060 (0.0127)	0.0377 ** (0.0178)	0.0188 (0.0295)	0.0739 * (0.0439)	0.0235 (0.0204)
	ARCH	0.0263 [0.9315]	0.7385 [0.3902]	2.6997 [0.1004]	1.7119 [0.1282]	0.2985 [0.5848]
	K - S 值	0.4411	0.8587	0.9880	0.9611	0.9807
	Q（15）	22.275	16.178	7.2236	13.5550	27.093
	LB	1675 ***	143.96 ***	18503 ***	6657 ***	7857 ***
	LL	-7986.849	-7269.134	-4727.980	-2729.731	-2704.177

注：LB 是 Ljung - Box 检验的简写，LL 为 Log likelihood 似然值的简写，括号为标准误，中括号为 ARCH 效应的概率值，***、**、* 分别表示在 1%、5%、10% 的显著性水平下显著。表 5 - 8 至表 5 - 13表注相同。

表 5 - 8　中非五国三阶段边缘分布模型参数估计结果

时间范围	名称	SSEC	SA40	NSE20	TUNINDEX	MDEX
第一阶段（2001—2005 年）	α_0	0.1303 *** (0.0306)	0.0413 *** (0.0136)	0.0402 *** (0.0072)	0.0257 *** (0.0064)	0.0941 *** (0.0077)
	α_1	0.1756 *** (0.0201)	0.0945 *** (0.0153)	0.2370 *** (0.0258)	0.1999 *** (0.0290)	0.2381 *** (0.0442)
	β_1	0.7690 *** (0.0286)	0.8801 *** (0.0185)	0.6956 *** (0.0286)	0.6644 *** (0.0548)	0.2659 *** (0.0523)
	ϕ	0.0938 ** (0.0433)	0.0097 (0.0503)	0.1015 (0.0702)	0.0222 (0.1283)	0.2058 (0.1785)
	ARCH	1.0930 [0.2960]	0.3743 [0.5408]	0.5475 [0.4595]	2.3059 [0.1002]	0.0008 [0.9772]
	K - S 值	0.9148	0.9841	1.0000	0.7155	0.7515
	Q（15）	13.1620	20.5860	8.8153	6.2230	31.5600
	LB	367.12 ***	31.79 ***	154.80 ***	1971 ***	4362 ***
	LL	-1839.019	-1707.596	-1041.681	-555.4903	-585.5380

续表

时间范围	名称	SSEC	SA40	NSE20	TUNINDEX	MDEX
第二阶段（2006—2013 年）	α_0	0.0190*** (0.0052)	0.0264*** (0.0079)	0.0199*** (0.0030)	0.0380*** (0.0033)	0.0063*** (0.0010)
	α_1	0.0436*** (0.0058)	0.1091** (0.0154)	0.1443*** (0.0119)	0.2609*** (0.0231)	0.2236*** (0.0096)
	β_1	0.9502** (0.0064)	0.8805** (0.0159)	0.8282*** (0.0088)	0.6287*** (0.0183)	0.8044*** (0.0054)
	ϕ	0.0118 (0.0211)	0.0276 (0.0227)	0.0010 (0.0424)	0.0541 (0.0592)	0.0421 (0.0457)
	ARCH	0.7776 [0.3780]	2.5471 [0.1107]	2.2967 [0.1009]	1.3308 [0.2488]	1.0101 [0.3150]
	K-S 值	0.3667	0.6813	0.9624	1.0000	0.9567
	Q（15）	19.110	18.6000	18.7800	4.7339	29.2620
	LB	274.91***	31.16***	282.42***	2843***	1123***
	LL	-3302.793	-2908.185	-1827.344	-1243.158	-1514.273
第三阶段（2014—2021 年）	α_0	0.0120*** (0.0026)	0.0331*** (0.0092)	0.0756*** (0.0089)	0.0287*** (0.0026)	0.0091** (0.0010)
	α_1	0.0888*** (0.0055)	0.0889*** (0.0119)	0.2311*** (0.0318)	0.2193*** (0.0188)	0.2120*** (0.0104)
	β_1	0.9099*** (0.0047)	0.8846*** (0.0161)	0.6403*** (0.0352)	0.6328*** (0.0212)	0.7397*** (0.0132)
	ϕ	-0.0175 (0.0236)	0.0753** (0.0383)	-0.0320 (0.0647)	0.1035 (0.0920)	0.0360 (0.0431)
	ARCH	2.1086 [0.1466]	0.1047 [0.7463]	0.2653 [0.6065]	1.6649 [0.1971]	1.6546 [0.1914]
	K-S 值	0.8825	0.9969	0.9989	0.6508	0.2711
	Q（15）	10.1180	18.2420	1.7408	19.6620	13.1470
	LB	1020***	117.69***	26404***	1485***	1825***
	LL	-2808.156	-2644.451	-1818.118	-909.8772	-556.2902

分阶段样本估计结果（见表 5-8）显示，每个阶段的估计参数基本显著，且每个国家收益率序列的波动性具有持久性和强记忆性。第一阶段的肯尼亚、毛里求斯，第二阶段的突尼斯与毛里求斯，第三阶段的肯尼亚、突尼

斯与毛里求斯的 α_1 相对较大，表明这些国家股市对信息敏感度明显强于中国与南非。但各国在不同阶段的 α_1 变化不大，即对信息敏感度变化不大。南非各个阶段 β_1 值均大于0.85，中国在第二和第三阶段 β_1 值大于0.85，说明中国和南非前期的股指收益率波动对条件方差有较大、较长时间的影响。α_0 均为正，说明各国股市在每个阶段对信息都具有一定的敏感度。同样，三个阶段中每个国家的股指收益率序列的相关性和ARCH效应已被消除，各阶段的收益率序列均为非正态分布。K－S检验结果显示，除中国第二阶段和毛里求斯第三阶段的K－S检验值相对较小外，其余国家大部分值都接近于1，基本上服从（0，1）均匀分布，可进行Copula建模。

（二）MS－Copula模型估计结果分析

在前文基础上，进一步通过MS－Copula分析中非股市的联动性，结果如表5－9和表5－10所示。

表5－9整体样本结果显示：中国与南非股市间 p 值与 q 值均较大，表明外部信息的传导对中国和南非股市影响的统一性较高，且股市的信息敏感度较强；中国和南非股市的 ρ 值、θ 值与尾部相依系数 λ 均大于其他国家，表明中国与南非股市的联系程度最强，相关性与联动性也最强。这是因为南非资本市场相对其他国家更成熟，同时，南非作为金砖成员国，中国与其基准股指衍生产品可在对方交易所以当地货币挂牌进行买卖，也使中国与南非金融合作相对其他国家更紧密。中国与肯尼亚、突尼斯、毛里求斯股市间 p 值与 q 值也较大，表明股市受外部消息影响的一致性强，敏感度较高。其中，中国与突尼斯股市间的 ρ 值、θ 值与尾部相依系数 λ 最小，即中国与突尼斯股市间的相关性和联动性均最弱，这是因为中突在基建合作、经济技术合作、双向投资方面虽均有一定的成就，但突尼斯整体投资环境不成熟，股市发展也有所限制。中国与肯尼亚、毛里求斯股市间的 ρ 值、θ 值与尾部相依系数 λ 也较小，说明中国与肯尼亚、毛里求斯股市的联系程度、相关性和联动性也不高，这是因为中国与肯尼亚的经济技术合作主要涉及商品的进出口业务，资本市场合作较少，而毛里求斯的经济投资环境不稳定，中国与其股市间尚未形成系统性合作。

表 5－9　中非五国整体样本 MS－Copula 模型参数估计结果

国家	ρ	θ	p	q	λ
SSEC－SA40	0.1844	0.2174	0.9821 （0.0191）	0.9515 （0.0279）	0.2888
SSEC－NSE20	0.0291	0.0703	0.9818 （0.0193）	0.9508 （0.0280）	0.1588
SSEC－TUNINDEX	0.0051	0.0266	0.9515 （0.0281）	0.9823 （0.0193）	0.1482
SSEC－MDEX	0.0502	0.0930	0.9817 （0.0200）	0.9509 （0.0285）	0.1764

表5－10分阶段样本回归结果显示：中国与南非股市不同阶段 q 值变化不大、第二阶段和第三阶段 p 值相对第一阶段增加较大，表明信息对两国股市的影响的统一性有所增强，但两国股市对外部消息的敏感度变化不大；ρ 值、θ 值与尾部相依系数 λ 都在增加，说明中国与南非的股市联系程度、相关性与联动性都在增强，这得益于中国资本市场不断开放下中国和南非合作的推进和深化，包括中国与南非建立战略对话机制、开展中国—南非经济和贸易论坛、金砖国家合作机制和中非合作论坛机制推进及“一带一路”倡议的提出等，增进了中国与南非的互联互通并提升了投资贸易便利化水平，使双方合作更加紧密。中国与肯尼亚、突尼斯、毛里求斯股市间第二阶段和第三阶段的 p 值、q 值相对第一阶段均在上升，第二阶段或者第三阶段的 ρ 值、θ 值与尾部相依系数 λ 值相对第一阶段值在上升，表明中国与肯尼亚、突尼斯、毛里求斯股市间的相关性与联动性在第二阶段后均有提升。中国与非洲这些国家股市联动性的不断增强主要得益于中国资本市场发展和不断开放及非洲国家自身经济、金融发展，尤其是中非合作论坛主要合作倡议和承诺的落实及“一带一路”倡议契机下中国与非洲国家在双边、多边合作方面的推进。但从联动性的数值看，中国与这些非洲国家的股市合作仍处于初步发展阶段，具有很大的提升空间，并随着中非合作和高水平中非命运共同体构建的推进而具有广阔的合作前景。

表 5-10　中非五国三阶段 MS-Copula 模型参数估计结果

国家	参数	第一阶段（2001—2005 年）	第二阶段（2006—2013 年）	第三阶段（2014—2021 年）
SSEC-SA40	ρ	0.1124	0.2143	0.2841
	θ	0.2089	0.2566	0.3300
	p	0.8361 (0.1659)	0.9787 (0.0328)	0.9503 (0.0492)
	q	0.9673 (0.0747)	0.9898 (0.0283)	0.9865 (0.0287)
	λ	0.1828	0.2082	0.3534
SSEC-NSE20	ρ	-0.0064	0.0282	0.0481
	θ	0.0060	0.0879	0.0807
	p	0.8262 (0.2127)	0.9891 (0.0268)	0.9852 (0.0273)
	q	0.9698 (0.0942)	0.9775 (0.0336)	0.9537 (0.0441)
	λ	0.0018	0.0534	0.0544
SSEC-TUNINDEX	ρ	0.0040	0.0014	0.0116
	θ	0.0111	0.0102	0.0504
	p	0.9560 (0.1066)	0.9776 (0.0339)	0.9850 (0.0273)
	q	0.8968 (0.1425)	0.9891 (0.0270)	0.9530 (0.0442)
	λ	0.0092	0.0082	0.0325
SSEC-MDEX	ρ	0.0119	0.0955	0.0149
	θ	0.0206	0.1466	0.0560
	p	0.9679 (0.0776)	0.9894 (0.0266)	0.9850 (0.0275)
	q	0.8306 (0.1750)	0.9780 (0.0337)	0.9532 (0.0444)
	λ	0.0104	0.1120	0.0394

（三）稳健性检验

为更客观判断中国股市与非洲国家股市之间的关系，剔除美股和法股的影响，进行稳健性检验。由于美国作为世界霸权国家，其经济的发展和股市的波动往往会对世界经济和其他国家股市产生影响。同时，由于历史殖民地因素，法国资本几乎渗透到非洲关乎经济命脉的各个行业，非洲法郎区国家使用统一货币——非洲金融共同体法郎，使法国在非洲这些国家的经济霸权地位更加稳固，因而法国股市对非洲国家股市也会有一定的影响。借鉴 Shu 等（2007）用人民币汇率对美元汇率做辅助回归得到的残差代表人民币汇率波动独立于美元的部分做法，分别对选取的中国上证指数、南非 40 指数、肯尼亚内罗毕证券交易所 20 指数、突尼斯 TUNINDEX 指数和毛里求斯 SEMDEX 指数对美国道琼斯指数、法国 CAC40 指数进行回归，并提取残差序列，以残差序列代替各国股指收益率序列，以此剔除美国股市和法国股市对各国股市的影响。辅助回归方程如下：

$$DLDEX_t = \beta DLdex_t + \sigma_t \qquad (5-14)$$

式中，DEX_t 表示包括中国在内的五个国家股票指数；dex_t 代表美国道琼斯指数或法国 CAC40 指数；DL 表示对股指自然对数取一阶差分形式。

对比去美股和法股效应后的结果与前文未剔除两者影响结果，可见，无论是整体样本还是分阶段样本，中非股市联动性基本没有差别。由于篇幅限制，仅列出整体样本去美股效应和去法股效应的稳健性检验结果，如表 5-11 和表 5-12 所示。

表 5-11　去美股效应后中非五国整体样本 MS-Copula 模型参数估计结果

国家	ρ	θ	p	q	λ
SSEC-SA40	0.1708	0.1998	0.9521 (0.0281)	0.9829 (0.0194)	0.2364
SSEC-NSE20	0.0290	0.0711	0.9831 (0.0190)	0.9519 (0.0282)	0.1627
SSEC-TUNINDEX	0.0064	0.0253	0.9834 (0.0190)	0.9524 (0.0284)	0.1532
SSEC MDEX	0.0014	0.1003	0.9527 (0.0200)	0.9840 (0.0285)	0.2054

表 5 - 12　去法股效应后中非五国整体样本 MS - Copula 模型参数估计结果

国家	ρ	θ	p	q	λ
SSEC - SA40	0.1520	0.1636	0.9828 (0.0188)	0.9519 (0.0278)	0.2398
SSEC - NSE20	0.0298	0.0717	0.9518 (0.0273)	0.9831 (0.0182)	0.1798
SSEC - TUNINDEX	0.0042	0.0221	0.9835 (0.0182)	0.9525 (0.0275)	0.1362
SSEC - MDEX	0.0586	0.0963	0.9840 (0.0183)	0.9528 (0.0282)	0.1894

五、结论

基于 MS - Copula 模型，分阶段探讨中国与非洲部分国家股市之间的联动效应，得出如下结论。第一，整体样本看，中国、南非、肯尼亚、突尼斯和毛里求斯股市都存在突发性波动，受利好消息的影响更显著。中国与非洲四国有较弱的正向联动效应，其中中国与南非股市的联动性最强，与突尼斯股市的联动性最弱。第二，在中国资本市场不断开放和中非合作不断推进下，中国和非洲四国股市间的联动性具有不断增强的趋势。2001 年至 2005 年，中国资本市场处于初步开放阶段，加上非洲国家经济较为落后，政局还不稳定，资本市场发展不够成熟等，中国与非洲国家股市间的联动性也较弱；2006 年至 2013 年中非股市联动仍然较弱但较第一阶段有所上升；2014 年至 2021 年，随着“一带一路”倡议的提出和实施，中非经贸往来愈加频繁稳定，中非在金融合作方面更加紧密，中非股市联动性进一步增强，且未来具有较大的提升空间。

第三节　中国和非洲国家股市溢出效应分析——基于 CoVaR 模型

本节通过 CoVaR 模型进一步分析中国与非洲国家股市溢出效应的方向和大小及不同阶段时变特征。

一、模型设定

VaR 模型是对金融市场风险溢出效应进行度量的主要方法。表达式如式（5－15）所示：

$$Pr(R^i \leqslant VaR_q^i) = q \tag{5-15}$$

式中，q 为置信区间；R^i 表示金融机构 i 的风险价值水平；VaR_q^i 表示金融机构 i 在 $1-q$ 的置信水平下可能发生的最大风险损失。

传统 VaR 模型只能衡量机构自身的风险，却无法捕捉到金融机构或者金融市场之间的风险溢出效应。Adrian 和 Brunnermeier（2007）提出了 CoVaR 方法，为风险管理实践提供了新的思路。CoVaR 的表达式如式（5－16）所示：

$$Pr(R^i \leqslant CoVaR_q^{j/i} \mid R^i = VaR_q^i) = q \tag{5-16}$$

式中，q 同样表示置信区间，$CoVaR_q^{j/i}$ 表示当金融机构或者金融市场 i 处于极其不利的风险价值时，机构 j 所面临的风险水平；$CoVaR_q^{j/i}$ 既包含了自身风险价值，也体现了溢出风险价值。

为了能够更加真实地反映和测度金融市场 i 的风险事件对金融市场 j 的风险溢出大小，定义风险溢出效应 $\Delta CoVaR_q^{j/i}$ 如式（5－17）所示：

$$\Delta CoVaR_q^{j/i} = CoVaR_q^{j/i} - VaR_q^i \tag{5-17}$$

对 $\Delta CoVaR_q^{j/i}$ 进行标准化处理：

$$\% CoVaR_q^{j/i} = (\Delta CoVaR_q^{j/i} / VaR_q^i) \times 100\% \tag{5-18}$$

由于静态 CoVaR 模型所计算的单个金融机构对系统性风险的贡献是不随时间变化的，它只是对整体进行描述。为考察不同金融机构系统性风险贡献的动态变化，Adrian 和 Brunnermeier（2011）采用一个包含状态变量 M 的方程来计算单个金融机构系统性风险贡献的时间序列。

要测度金融市场 j 发生风险事件时另一个金融市场 i 的 VaR 值或者系统性风险暴露程度，首先要建立金融市场 i 和 j 的收益率之间的关系：

$$R_q^i = \alpha + \beta R^j + \varepsilon \tag{5-19}$$

式中，R^i 和 R^j 分别表示金融市场 i 和 j 的收益率，R_q^i 表示 q 分位数（置信水平）下金融市场 i 的收益率估计值，而条件 VaR 值被定义为

$$VaR_q^i \mid R^j = \hat{R}_q^i \tag{5-20}$$

经过分位数回归所计算出的金融市场 i 收益率的预测值是在金融市场 j 的收益率为 R^j 作为条件的基础上，对金融市场 i 和 j 收益率之间的关系进行相应的分位数回归，由此得出参数的估计值 $\hat{\alpha}$ 和 $\hat{\beta}$，也就是对应的 q 分位数的估计值，估计方程为：

$$Va\hat{R}_q^i = \hat{\alpha} + \hat{\beta}R^j \tag{5-21}$$

根据 CoVaR 的定义和式（5－21）可得

$$CoVaR_q^{i \mid X^j = VaR_q^j} = VaR_q^i \mid VaR_q^j = \hat{\alpha} + \hat{\beta}VaR_q^j \tag{5-22}$$

式中，$CoVaR_q^{i \mid X^j = VaR_q^j}$ 表示当金融市场 j 的收益率处于 VaR_q^j 水平时金融市场 i 的风险价值。

同理

$$CoVaR_q^{i \mid X^j = Median j} = VaR_q^i \mid VaR_{0.5}^j = \hat{\alpha} + \hat{\beta}VaR_{0.5}^j \tag{5-23}$$

从而

$$\Delta CoVaR_q^{i \mid X^j = VaR_q^j} = \hat{\beta}(VaR_q^j - VaR_{0.5}^j) \tag{5-24}$$

式中，当 $q=0.05$ 时，$VaR_{0.05}^j$是指在发生风险事件 X^j 时金融市场 j 的 $VaR_{0.05}^j$。

二、CoVaR 模型测算结果分析

（一）整体样本 CoVaR 模型测算结果

整体样本 CoVaR 模型测算结果如表 5－13 所示。从绝对值看，中国股市 *VaR* 的绝对值均小于所选非洲国家，说明中国股市相对非洲国家更不易遭受风险，也意味着中国股市相对非洲国家更能承受风险。比较股市风险溢出价值（$\Delta CoVaR$）绝对值可知：中国股市对毛里求斯股市的风险溢出最大，风险溢出值为－0.8691，肯尼亚次之，为－0.7983；而中国股市受南非股市的风险溢出影响最大，为－0.3698，受肯尼亚、突尼斯和毛里求斯股市风险溢出的绝对值均小于 0.1。从相对值看，比较中国股市与非洲国家股市风险溢出强度（$\% CoVaR$）大小，发现所选四个非洲国家股市中，受中国股市风险影响最大的是毛里求斯，其风险溢出值与本身风险值的比率达122.91%，肯尼亚次之，溢出强度为70.94%，中国股市对南非股市的风险溢出强度为35.13%，突尼斯受中国影响最小，溢出强度为31.14%。而非洲国家股市对中国股市的风险溢出强度方面，南非股市对中国的风险溢出强度最大，为15.62%，肯尼亚的风险溢出强度次之，为3.58%，毛里求斯的风险溢出强度为1.84%，突尼斯的风险溢出效应最小，为0.70%。

表5－13　中非五国整体样本风险溢出效应测算结果

风险溢出方向 $q=0.05$	VaR_q^i	$CoVaR_q^{j/i}$	$\Delta CoVaR_q^{j/i}$	$\%CoVaR_q^i$
SSEC→SA40	－1.9815	－3.0637	－0.6962	35.13%
SSEC←SA40	－2.3675	－2.3513	－0.3698	15.62%
SSEC→NSE20	－1.1253	－3.1658	－0.7983	70.94%
SSEC←NSE20	－2.3675	－1.2100	－0.0847	3.58%
SSEC→TUNINDEX	－0.6839	－2.5805	－0.2130	31.14%
SSEC←TUNINDEX	－2.3675	－0.7005	－0.0166	0.70%
SSEC→MDEX	－0.7071	－3.2366	－0.8691	122.91%
SSEC←MDEX	－2.3675	－0.7506	－0.0435	1.84%

注："→"表示中国股市对非洲国家股市的风险溢出效应，"←"表示非洲国家股市对中国股市的风险溢出效应，表5－13至表5－16的表注相同。

在风险溢出方向方面，无论是中国股市对非洲国家股市还是非洲国家股市对中国股市的风险溢出强度（%*CoVaR*）均大于0，说明中国股市与非洲国家股市之间存在相互正向的风险溢出效应。这意味着，中国股市发生风险时会通过金融市场体系中的某些途径或者渠道传递到非洲国家股市中，进而增加非洲国家股市的风险程度，非洲国家股市发生风险也会传导至中国股市。但从数值看，中国对所选非洲国家风险溢出效应均大于受到这些国家影响的风险溢出效应，即中国股市与非洲国家股市间存在非对称的双向正向风险溢出效应。中国股市对不同非洲国家股市的风险溢出值具有较大差异，但非洲国家股市对中国股市的风险溢出值相差较小。

（二）分阶段样本CoVaR模型测算结果

分阶段样本CoVaR模型测算结果如表5－14所示。绝对值上，各阶段中

国股市的 VaR 绝对值仍小于非洲国家；而三阶段中，第二阶段各国的 VaR 绝对值最大。比较 $\Delta CoVaR$ 的绝对值可知，中国股市对南非股市的风险溢出效应随着时间的推移依次增强，在第三阶段达到最大，其绝对值为 0.8652，中国股市受南非股市风险溢出影响在第三阶段也最大，其绝对值为 0.2880；中国股市对肯尼亚股市、毛里求斯股市的风险溢出影响最大均在第二阶段，其绝对值分别为 1.1349、1.2919；中国股市对突尼斯股市的风险溢出效应在第二阶段最小，其绝对值为 0.0354，且受突尼斯股市风险溢出影响最大出现在第三阶段，其绝对值为 0.0219。三个阶段中，中国股市对非洲国家股市的风险溢出价值 $\Delta CoVaR$ 绝对值基本上大于 0.5，而非洲国家股市对中国股市的风险溢出价值 $\Delta CoVaR$ 绝对值大部分小于 0.1。从相对值看，第一、第三阶段中国股市对突尼斯股市的风险溢出强度% $CoVaR$ 均最大，分别为 84.38%、114.24%；第二阶段中国对毛里求斯股市的风险溢出强度% $CoVaR$ 最大，达 127.86%。中国股市受非洲国家股市影响的最大值在第三阶段，受南非股市的风险影响为 14.63%；第一阶段中国股市受突尼斯股市风险影响为 0。从各阶段风险强度变化看，中国股市对南非股市的风险强度不断增强，对肯尼亚和毛里求斯的风险强度是先增后减，对突尼斯股市则是先减后增。中国股市受南非、突尼斯股市的风险溢出强度逐渐增加，受肯尼亚、毛里求斯股市的风险溢出强度先增后减。在风险溢出方向上，各阶段无论中国股市对非洲国家股市还是非洲国家股市对中国股市的风险溢出强度% $CoVaR$ 值均大于 0（除第一阶段突尼斯股市对中国股市溢出强度值为 0 外），即为双向正向风险溢出效应，但从数值看，仍存在非对称效应，即中国股市对非洲国家股市的风险溢出效应远大于非洲国家股市对中国股市的风险溢出效应。

表 5－14　中非五国股市三阶段风险溢出效应测算结果

国家	参数	第一阶段（2001—2005 年）	第二阶段（2006—2013 年）	第三阶段（2014—2021 年）
SSEC→SA40	VaR_q^i	－1.8328	－2.4430	－1.7611
	$CoVaR_q^{j/i}$	－2.1728	－3.6039	－2.8340
	$\Delta CoVaR_q^{j/i}$	－0.0891	－0.6341	－0.8652
	$\%CoVaR_q^{j/i}$	4.86%	25.96%	49.13%

续表

国家	参数	第一阶段（2001—2005 年）	第二阶段（2006—2013 年）	第三阶段（2014—2021 年）
SSEC←SA40	VaR_q^i	-2.0837	-2.9698	-1.9688
	$CoVaR_q^{j/i}$	-1.9761	-2.7261	-2.0491
	$\Delta CoVaR_q^{j/i}$	-0.1433	-0.2831	-0.2880
	$\% CoVaR_q^{j/i}$	6.88%	9.53%	14.63%
SSEC→NSE20	VaR_q^i	-1.0027	-1.2878	-1.0535
	$CoVaR_q^{j/i}$	-2.1145	-4.1047	-2.8528
	$\Delta CoVaR_q^{j/i}$	-0.0308	-1.1349	-0.8840
	$\% CoVaR_q^{j/i}$	3.07%	88.13%	83.91%
SSEC←NSE20	VaR_q^i	-2.0837	-2.9698	-1.9688
	$CoVaR_q^{j/i}$	-1.0454	-1.4260	-1.1222
	$\Delta CoVaR_q^{j/i}$	-0.0427	-0.1382	-0.0687
	$\% CoVaR_q^{j/i}$	2.05%	4.65%	3.49%
SSEC→TUNINDEX	VaR_q^i	-0.6825	-0.7860	-0.6052
	$CoVaR_q^{j/i}$	-2.6596	-3.0052	-2.6602
	$\Delta CoVaR_q^{j/i}$	-0.5759	-0.0354	-0.6914
	$\% CoVaR_q^{j/i}$	84.38%	4.50%	114.24%
SSEC←TUNINDEX	VaR_q^i	-2.0837	-2.9698	-1.9688
	$CoVaR_q^{j/i}$	-0.6825	-0.8006	-0.6271
	$\Delta CoVaR_q^{j/i}$	0	-0.0146	-0.0219
	$\% CoVaR_q^{j/i}$	0	0.49%	1.11%
SSEC→MDEX	VaR_q^i	-0.5348	-1.0104	-0.5127
	$CoVaR_q^{j/i}$	-2.1853	-4.2617	-2.3201
	$\Delta CoVaR_q^{j/i}$	-0.1016	-1.2919	-0.3513
	$\% CoVaR_q^{j/i}$	19.00%	127.86%	68.52%
SSEC←MDEX	VaR_q^i	-2.0837	-2.9698	-1.9688
	$CoVaR_q^{j/i}$	-0.5590	-1.0703	-0.5230
	$\Delta CoVaR_q^{j/i}$	-0.0242	-0.0599	-0.0103
	$\% CoVaR_q^{j/i}$	1.16%	2.02%	0.52%

（三）$\Delta CoVaR$ 时变图分析

$\Delta CoVaR$ 的时变图如图 5－19 所示。由图可见，中国股市对非洲国家股市的风险溢出效应线处于非洲国家股市对中国股市的风险溢出效应线之下，即从绝对值看，中国股市对非洲国家股市的影响要强于非洲国家股市对中国股市的影响。中国股市对南非、肯尼亚、突尼斯、毛里求斯股市的风险溢出绝对值均在 2015 年达到峰值，分别约为 1.45、0.75、0.24、0.7；而中国股市受南非股市和毛里求斯股市风险溢出影响的绝对值出现在 2020 年，分别约为 1.4、0.46，受肯尼亚股市风险溢出影响的绝对值在 2014 年达到约 0.85 的峰值。中国对非洲国家股市的风险溢出效应有一定的波动性，在 2008 年、2015 年和 2020 年出现一定幅度的聚集性波动，也出现了阶段性峰值，这是因为金融危机、股灾和疫情的暴发增加了股市的风险程度，而“一带一路”倡议实施，在增强中国和非洲国家互联互通的同时，也使中非股市的联动性增强，中国股市风险向非洲国家的溢出效应也随之增强。

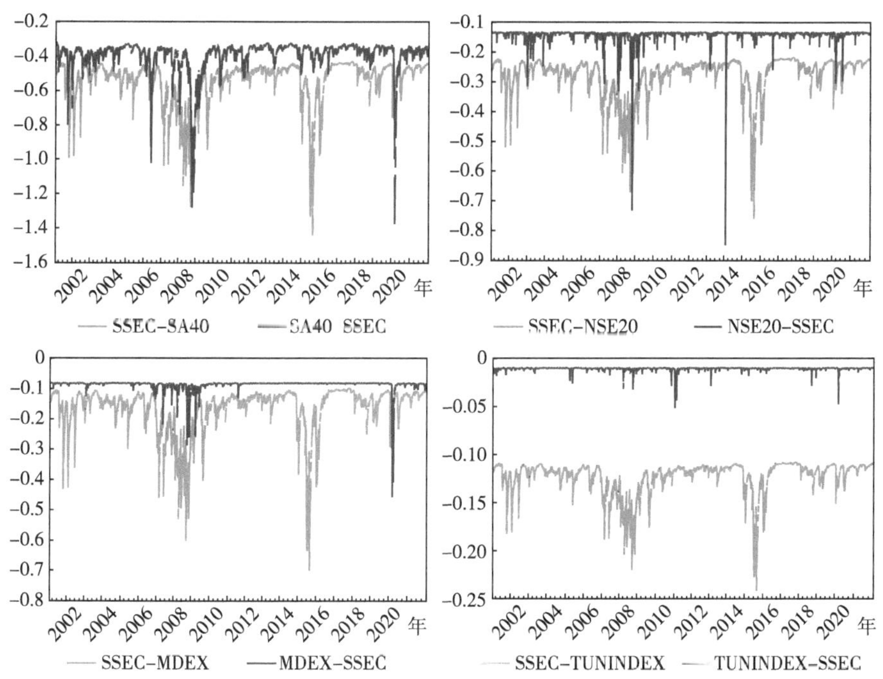

图 5－19　中国与非洲四国股市风险溢出效应时变图

总之，中国股市与非洲国家股市之间的风险溢出效应具有双向正向效应，且呈现非对称性。中国股市与非洲国家股市的风险溢出效应具有时变性，并在重要的时间节点或发生重大经济事件冲击时溢出效应更明显。中国股市对非洲国家股市的风险溢出强度绝对值不大但具有增强趋势，而非洲国家对中国股市的风险溢出效应则更小，且无明显的上升趋势。

三、稳健性检验

同样，在剔除美股和法股影响后对中国与非洲国家股市溢出效应进行稳健性分析，发现无论是整体样本还是分阶段样本回归结果，剔除美股和法股影响前后的溢出效应基本相同，中国股市与非洲国家股市溢出效应的大小、方向等大致相同，受篇幅限制，本节只列出整体样本的稳健性检验结果，如表 5－15 和表 5－16 所示。

表 5－15　去美股效应后中非五国整体样本风险溢出效应测算结果

风险溢出方向 $q=0.05$	VaR_q^i	$CoVaR_q^{j/i}$	$\Delta CoVaR_q^{j/i}$	$\% CoVaR_q^{j/i}$
SSEC→SA40	－1.9287	－2.9764	－0.5902	30.60%
SSEC←SA40	－2.3862	－2.2474	－0.3187	13.36%
SSEC→NSE20	－1.1198	－3.1494	－0.7632	68.16%
SSEC←NSE20	－2.3862	－1.1901	－0.0703	2.95%
SSEC→TUNINDEX	－0.7184	－2.4677	－0.0815	11.34%
SSEC←TUNINDEX	－2.3862	－0.7339	－0.0155	0.65%
SSEC→MDEX	－0.7442	－3.1261	－0.7399	99.42%
SSEC←MDEX	－2.3862	－0.7864	－0.0422	1.77%

表 5－16　去法股效应后中非五国整体样本风险溢出效应测算结果

风险溢出方向 $q=0.05$	VaR_q^i	$CoVaR_q^{j/i}$	$\Delta CoVaR_q^{j/i}$	$\% CoVaR_q^{j/i}$
SSEC→SA40	－1.6417	－2.9549	－0.5906	35.97%
SSEC←SA40	－2.3643	－1.7498	－0.1081	4.57%
SSEC→NSE20	－1.1236	－3.1925	－0.8282	73.71%
SSEC←NSE20	－2.3643	－1.1978	－0.0742	3.14%

续表

风险溢出方向 $q=0.05$	VaR_q^i	$CoVaR_q^{j/i}$	$\Delta CoVaR_q^{j/i}$	$\% CoVaR_q^{j/i}$
SSEC→TUNINDEX	-0.7212	-2.4783	-0.1140	15.81%
SSEC←TUNINDEX	-2.3643	-0.7297	-0.0085	0.34%
SSEC→MDEX	-0.7509	-3.1342	-0.7699	102.53%
SSEC←MDEX	-2.3643	-0.7722	-0.0213	0.90%

四、结论

基于 CoVaR 模型考察中国与非洲国家股市之间的溢出效应，分阶段探讨溢出效应的变化情况，得出主要结论如下：第一，从整体样本来看，中国股市与非洲国家股市间存在双向正向风险溢出效应，同时存在溢出非对称性，即中国股市对非洲国家股市的风险溢出效应远大于非洲国家股市对中国股市的风险溢出效应。第二，分阶段样本看，中国股市对南非股市的风险溢出强度不断增强，对肯尼亚和毛里求斯股市的风险溢出强度先增后减，对突尼斯则是先减后增；中国股市受南非、突尼斯股市的风险溢出强度逐渐增加，受肯尼亚、毛里求斯股市的风险溢出强度先增后减。各阶段中国股市与非洲国家股市间也存在非对称双向正向风险溢出效应。

第四节　推动中非资本市场合作的对策建议

根据前文分析可知，中非资本市场发展还不完善，资本市场开放度处于不对称状态，中非资本市场还缺乏实质性合作，而中国和非洲主要国家资本（股票）市场的关联性和溢出效应的数值还相对较小，但具有一定的增强趋势。这说明中国与这些非洲国家的股市开放度和发展程度仍处于较低的水平，中非资本市场合作仍处于初步发展阶段，因此需要进一步推进资本市场开放，并不断加强中非在资本市场方面的合作。具体措施如下。

一、进一步推动中国资本市场开放，加强中非金融市场互联互通

资本市场开放既是中国经济高质量发展的要求，也是促进中国与包括非洲国家在内的“一带一路”共建国家金融合作的基础。随着各项政策措施的推进，中国在资本市场开放方面取得了较大的进展，但开放度仍不如部分非洲国家，因此，需要进一步推动中国资本市场包括机构、产品及市场等全方位制度开放。推动中国企业境外上市、境外企业境内上市的新规立法程序，做好开放措施实施相关配套规则制定及系统建设等。进一步优化境内外证券市场的互联互通机制，在进一步优化和完善现有的沪深港通、沪伦通机制基础上，推进中国与非洲国家如南非证券市场的互联互通机制建设，推进中非资本市场合作。推进中非证券交易所合作，可考虑首先与发展较为完善的南非约翰内斯堡交易所和埃及证券交易所合作，允许部分金融产品和服务在各自交易平台实现互挂买卖；推动中非股票交叉上市，既允许非洲符合条件的企业在中国发行其本币或人民币标价股票，也鼓励中国符合条件的企业到非洲发行本币或对方货币股票，实现中非股票市场的互联互通。此外，在资本账户开放方面，可借鉴南非资本账户渐进开放的做法：从风险较小、监管难度较低的金融资产开始，以提升国内金融稳定性；先实现长期资本自由流动，再开放直接投资和短期资本自由流动，在金融部门稳健运行并可抵御非居民资本流动后，再逐步放宽对居民资本流动限制。在资本账户开放的同时，还应配套稳健的财政货币等宏观经济政策，推动金融服务体系改革和实施审慎的金融监管政策，完善金融业法律法规与财务会计准则，从而避免资本账户开放过程可能出现的负面效应，促进资本市场稳健开放。

二、加强中非金融监管合作，防范和控制金融风险传染

随着股市联动性的提升，双方需要不断加强金融监管合作，防范和控制金融传染风险。可进一步推动中国与更多非洲国家金融监管当局签订股市及其他资本市场监管合作相关备忘录，建立金融风险预警机制和完善金融风险防控体系，以及时识别金融风险，并采取及时有效的措施防范和控制风险。还可利用新兴的互联网创新技术、优化风险系统流程等方式积极防范风险，

切实强化股市信息披露，确保投资者做投资决策时能充分认识到金融市场发展的风险情况。中国可与非洲国家的金融监管当局合作，制定包括非洲各国资本市场发展情况及相关制度和法律法规相关的投资指南，使投资者能深入了解各国资本市场情况，同时中国也要加强对非洲国家包括股市在内的资本市场宣传，推进非洲国家以合格境外机构投资者（QFII）方式参与中国股市及发行以人民币计价的债券。

三、以支持“八大行动”和“九项工程”为目标，促进中非资本市场合作

在致力于构建中非命运共同体和全面践行“一带一路”倡议框架下，支持“八大行动”和“九项工程”实施，既是强化中非资本市场合作的动因之一，也为中非资本市场合作提供了指导。例如，可通过资本市场合作推动中非绿色发展、卫生健康发展。在绿色发展方面，非洲在新能源、森林保护、沙漠治理等方面有着巨大的投资需求，中国在这些方面已经积累较为成熟的技术及绿色融资方面的经验，因此，中非在这些领域尤其是新能源投资合作方面有着广阔的前景。中国可通过能力建设项目方式，为非洲国家建立绿色金融国际经验交流平台，推动非洲国家金融体系绿色发展（马骏，2018）。中非资本市场既可合作推动绿色产业发展，支持符合条件的中资企业投资非洲绿色产业，支持非洲资本投资中国绿色产业，也可积极推动中非绿色债券合作，结合国际债券市场的发展趋势，推出社会责任债券和可持续发展债券等绿色债券品种，还可推动中非股票市场支持绿色发展，加强双方在上市公司强制性环境信息披露制度建设方面合作。在卫生健康发展方面，企业通过资本市场融资，有利于新药研发、高端医疗装备配备等，从而提高医疗卫生服务水平，同时卫生健康相关基础设施建设也需要资金支持，尤其是在面临诸如全球新冠疫情等公共卫生冲击事件下，中非资本市场合作支持中非卫生健康行业发展，有利于推动中非卫生健康命运共同体构建。具体来说，中非资本市场可通过积极推动符合条件的医药生物公司到非洲资本市场上市、鼓励中资企业投资卫生健康相关基础设施项目债券等方式支持中非卫生健康行业发展。

四、推动股票投融资模式创新，提高投资者金融素养

在当前中非股市成熟度和合作层次较低情况下，积极推动在非洲中资企业创新股票投融资模式，如首先通过企业间的参股和并购方式进入非洲资本市场，再逐步推动企业在交易所直接上市，同时要积极引导在非洲的中资企业融入非洲国家经济金融体系中，尽可能贴合非洲的需求，推动经济与文化的互联互通，有利于进一步推动中非资本市场合作和联动发展。而对投资者而言，掌握中非股市联动性的特点及其变化趋势对其构建全球资产组合具有参考意义。因此，投资者需要不断提高金融素养，学习投资知识，同时可增加股市联动性较低的非洲国家资产，以分散风险。

本章小结

中非在证券交易所、股票市场、资本市场开放等发展方面取得了较大的进展，但除部分较为发达的非洲国家外，双方资本市场发展仍不完善，且在资本市场开放度方面存在不对称性，中非资本市场仍缺乏实质性的合作。基于 MS - Copula 和 CoVaR 模型分别考察资本市场开放过程中中国与部分非洲国家股市之间的联动性与溢出效应，结果表明，中国与非洲所选国家股市间具有一定的联动性和溢出效应，但数值相对较小。中国与所选非洲国家有较弱的正向联动效应，中国与南非股市的联动性最强，与突尼斯股市的联动性最弱；中国与所选非洲国家股市具有非对称的双向正向溢出效应，中国股市对非洲国家股市的风险溢出效应远大于非洲国家股市对中国股市的风险溢出效应；同时中国与所选非洲国家股市联动性与溢出效应均具有时变性，并存在一定增强的趋势。可通过以下措施，促进中非资本市场合作：进一步推动中国资本市场开放，加强中非金融市场互联互通；加强中非金融监管合作，防范和控制金融风险传染；以支持“八大行动”和“九项工程”为目标，推动股票投融资模式创新，提高投资者金融素养。

第六章 中非商业银行及其他领域金融合作

商业银行及其他社会资本是中非金融合作的重要参与者，保险的风险保障功能尤其是融资风险保障功能在中非金融合作中发挥着重要的作用，同时保险机构通过股权投资等方面的支持也是中非金融合作的重要方式，而推动中非金融包容性发展是中非金融合作的重要目标之一。中非在这些领域的金融合作有利于提升中国和非洲国家经济金融实力，增强中非命运共同体参与国际货币体系改革的能力。本章在分析中非商业银行及其他金融领域合作现状基础上探讨私人资本参与非洲国家基础设施项目融资的影响因素，以期为商业银行及其他社会资本参与基础设施项目提供经验支持，接着基于世界银行 Global Findex 的微观个体数据比较分析中非金融包容性发展的影响因素，以期在中非金融合作框架下推动中非金融包容性发展。最后，本章提出了推动中非商业银行合作、中非保险业合作及推动中国私人资本参与非洲国家基础设施投资、推动中非金融包容性发展的具体建议。

第一节 中非商业银行及其他领域金融合作现状

一、中非商业银行合作现状

（一）中非商业银行发展情况

1. 中国商业银行发展情况

从银行全球竞争力来看，根据英国《银行家》杂志 2023 年度世界银行 1000 强数据，2023 年中国连续第二年有 140 家银行进入全球 1000 强，在全球前二十名银行中，中资银行则占了一半。工商银行、建设银行、农业银行、中国银行连续6年蝉联前四名，其中，工商银行连续11年位居全球第一，一级资本达4973亿美元，是排名第五的美国最大银行摩根大通银行一级资本的2.02倍。过去十年，中国一直是全球银行业增长的引擎，在强势美元影响下，中国总资产仍然增长了1.12%，达42万亿美元，贷款总额增长了1.57%，达到24.8万亿美元，存款总额增长了0.87%，达31.3万亿美元。总体来看，中国一级资本占全球的比例为32.67%，总资产占全球的比例为27.69%①。

近年来，中国商业银行通过不断完善海外布局网络，强化国内和国际两个市场、两种资源联动，服务中国构建新发展格局及高水平对外开放、国内国际双循环战略，使中国经济金融体系的国际影响力得到了极大的提升。从境外机构看，商业银行境外机构数量趋于稳定，并进入优化调整的阶段。2009—2019年，每家银行平均每年新增境外机构2~3家；2020年以后，基于整合、精简、优化的策略，工商银行、中国银行、建设银行、农业银行和交通银行五大行新增的境外机构数量有所下降并趋于稳定，网点及人员数量也有所下降；截至2022年末，五大行境外机构有1159家，境外员工人数52539人，同比分别减少了24家和844人②。中国银行境外分支机构数量位居第一，为531家，覆盖了62个国家及地区（包括42个“一带一路”的共建国家），其境外机构总资产达7万多亿元，占集团口径的1/4以上，拥有员工24389名；工商银行境外机构数量为416家，位居第二，覆盖49个国家和地区，包括在“一带一路”沿线21个国家设立的125家分支机构，其境外机构总资产达4479亿美元（约合人民币为3.10万亿元），占集团口径的比例约为10%，拥有员工15878名；建设银行境外商业银行类分支机构数量共34家，覆盖了30个国家和地区，境外机构的总资产为1.55万亿元人民币，占集团口径的比例为4.50%，拥有员工1345人；农业银行则在全球18个国家和地区共设立22家境外机构、1家合资行，境外机构的总资产为1.10万亿元人民

① JOY MACKNIGHT. Chinese Press Release：2023年度《银行家》世界银行1000强排名：中国银行增长放缓，但仍然领先［EB/OL］. https：//www.thebanker.com/Chinese-Press-Release-2023-1000-Simplified-Chinese-1688513825.

② 马天娇．一文速览！“五大行”境外布局最新解析［EB/OL］. https：//business.sohu.com/a/683660861_121123906.

币，占集团口径的比例为3.68%，拥有员工752人；交通银行境外设立分（子）行和代表处共23家，覆盖18个国家和地区，境外经营网点为69个，境外机构拥有的总资产为1.26万亿元人民币，占集团口径的比例为8.86%，拥有员工2556人。从区域分布看，五大行的港澳分支机构占比较高，特别是中国香港地区，而亚太的其他地区、非亚太地区海外分支机构数量占比相对较低，尤其是南美洲和非洲地区，由于其新兴市场众多，市场风险较大，各银行的机构布局仍存在很大空白。①

2. 非洲商业银行发展情况

非洲商业银行总数较少，从2022年4月数据看，非洲54个国家的商业银行总数仅为763家，其中南非与坦桑尼亚的商业银行最集中，分别有51家、50家，肯尼亚、埃及、加纳、乌干达、尼日利亚私人商业银行分别有42家、40家、34家、24家、22家。非洲各国银行业的发展非常不均衡，其中，南非银行业的发展远快于其他的非洲国家。从资产规模看，2022年排名前十的非洲银行主要来自南非、埃及和摩洛哥，分别是南非标准银行集团（Standard Bank（Stanbank）Group）、埃及国民银行（National Bank of Egypt）、南非联合银行（Absa Bank）、南非第一兰特银行（FirstRand）、南非莱利银行（Nedbank Group）、摩洛哥的阿提哈利瓦法银行（Attijariwafa Bank）、埃及银行（Banque Misr）、摩洛哥的中央人民银行（Banque Centrale Populair）、摩洛哥外贸银行（BMCE Bank Group）、南非天达银行（Investec Bank）（见图6-1）②。从全球排名看，根据英国银行家杂志2023年度世界银行1000强数据，按一级资本划分，非洲国家前十位的银行分别是南非的标准银行、第一兰特银行、南非联合银行、莱利银行，摩洛哥的阿提哈利瓦法银行、非洲银行，埃及的商业国际银行，尼日利亚的詹尼斯银行，南非的天达银行，尼日利亚的万通银行，其世界排名分别是155位、171位、203位、255位、306位、457位、460位、467位、469

① 毛小柒．全国性银行的海外布局情况剖析［EB/OL］．https：//xueqiu.com/3302797049/252502695.

② EMMANUEL ABARA BENSON．非洲10大银行（按资产规模计）［EB/OL］．https：//weibo.com/ttarticle/p/show？id=2309404762457343393919.

位、523 位；一级资本最高的南非标准银行为 116.9 亿美元，第 10 名的万通银行为 20.77 亿美元（见表 6-1）。其他进入全球 1000 强排名的非洲银行中，排最后一名的是安哥拉的 Banco de fomento angola（BFA），排名第 875 位。从资产回报率看，非洲地区排名第一和第二的银行分别是安哥拉的 Banco de fomento angola（BFA）和南非的 Capitec Bank Holdings，资产收益率分别为 5.18%、5.06%，然后依次是肯尼亚的 Cooperative bank 和 Equity bank 以及安哥拉的 Banco Angolano de Investmetos（见表 6-2）。从资本回报率看，非洲地区排名第一和第二的仍然是安哥拉的 Banco de fomento angola（BFA）和南非的 Capitec Bank Holdings，资本回报率分别为 34.70%、27.70%，肯尼亚的 Equity bank 和埃及的 Faisal Islamic Bank of Egypt、CIB Egypt 则分别排第 3 位至第 5 位（见表 6-3）。可见，在非洲，资产规模较小的银行盈利能力较强。

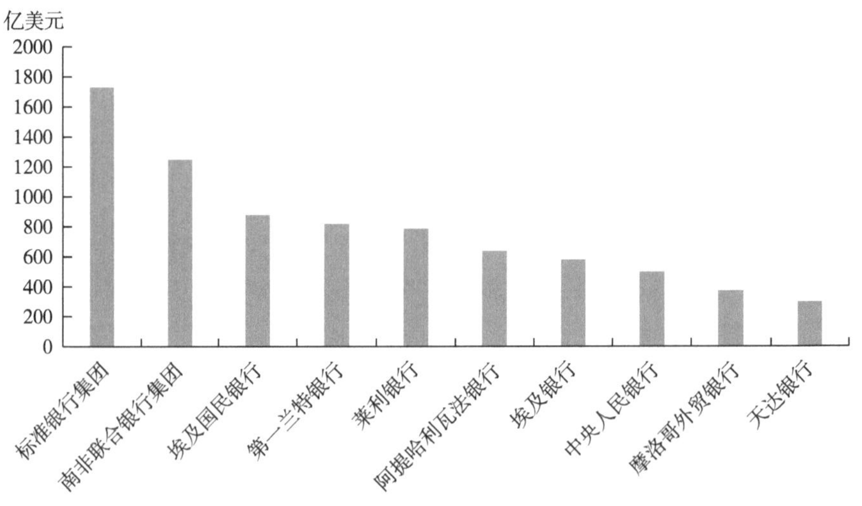

图 6-1　非洲国家按资产规模排名前 10 的银行

表 6-1　非洲前 10 位银行世界排名情况（按一级资本划分）

非洲地区排名	世界排名	银行	国家	一级资本（百万美元）
1	155	标准银行集团（Standard bank group）	南非	11690
2	171	第一兰特银行（FirstRand）	南非	10087
3	203	南非联合银行集团（Absa group）	南非	8041

续表

非洲地区排名	世界排名	银行	国家	一级资本（百万美元）
4	255	莱利银行（Nedbank group）	南非	5925
5	306	阿提哈利瓦法银行（Attijariwafa bank）	摩洛哥	4847
6	457	非洲银行（Bank of Africa））	摩洛哥	2600
7	460	埃及商业国际银行（CIB Egypt）	埃及	2568
8	467	詹尼斯银行（Zenith bank）	尼日利亚	2539
9	469	天达银行（Investec South Africa）	南非	2528
10	523	万通银行（Acess bank）	尼日利亚	2077

资料来源：The banker database，https：//www. thebanker. com/Currency – weakness – and – economic – strife – weigh – on – African – banks – 1688511690。

表 6 –2　非洲国家资产回报率排名前五位的银行

地区排名	世界排名	银行	国家	资产回报率（%）（ROA）
1	875	Banco de fomento angola（BFA）	安哥拉	5. 18
2	562	Capitec Bank Holdings	南非	5. 06
3	889	Cooperative bank of Kenya	肯尼亚	3. 63
4	668	Equity bank	肯尼亚	3. 19
5	859	Banco Angolano de Investmetos	安哥拉	3. 14

资料来源：The banker database，https：//www. thebanker. com/Currency – weakness – and – economic – strife – weigh – on – African – banks – 1688511690。

表 6 –3　非洲国家资本回报率排名前五位的银行

地区排名	世界排名	银行	国家	资本回报率（%）（ROC）
1	875	Banco de fomento angola（BFA）	安哥拉	34. 70
2	562	Capitec Bank Holdings	南非	27. 70
3	668	Equity bank	肯尼亚	26. 00
4	921	Faisal Islamic Bank of Egypt	埃及	25. 71
5	460	CIB Egypt	埃及	25. 51

资料来源：The banker database，https：//www. thebanker. com/Currency – weakness – and – economic – strife – weigh – on – African – banks – 1688511690。

从区域发展来看，按资产负债规模，西非经济货币联盟2021年前十大银行排名如下：泛非经济银行（Ecobank），市场份额为10.1%；兴业银行（Sociétégénérale），市场份额为9.8%；科里斯国际银行（Coris Bank International），市场份额为8.6%；摩洛哥的非洲银行（Bank of Africa）即摩洛哥银行集团，市场份额为8%；摩洛哥大西洋国际商业银行，市场份额为7.3%；摩洛哥阿提哈利瓦法银行（Attijariwafa Bank），市场份额为6.4%；多哥奥拉银行集团（Oragroup），市场份额为5.9%；科特迪瓦恩西亚银行（NSIA Banque），市场份额为5.1%；尼日利亚非洲联合银行（UBA），市场份额为3.6%；马里发展银行（BDM），市场份额为3.5%①。截至2020年末，西非经济货币联盟成员中，本地资本控股的银行共有32家，占比25%，资产总额约为11.84万亿西非法郎（合190.47亿美元），占整个地区银行资产总额的比例为25.14%。所有当地资本控股的银行中，国有银行共有20家，占比为62.5%，其资产总额约为5.46万亿西非法郎（合87.81亿美元），占当地资本银行总资产比例为45.7%，规模最大的是马里团结银行和科特迪瓦国家投资银行，资产分别为1.01万亿西非法郎（合16.17亿美元）、9898.24亿西非法郎（合15.93亿美元）；私有银行共有12家，占比37.5%，其资产总额约为6.49万亿西非法郎（合104.49亿美元），占当地资本银行总资产比例为54.3%，规模最大的是布基纳法索的科里斯国际银行和科特迪瓦的NSIA银行，资产分别为1.52万亿西非法郎（合24.49亿美元）、1.44万亿西非法郎（合23.12亿美元）②。

（二）中非商业银行合作情况

1. 中国商业银行对非金融合作情况

中国商业银行在非洲市场的业务主要集中于西非和东南非地区，主要采用设立分支机构、并购非洲当地银行、与当地银行建立战略合作关系、与非洲政府合作设立合资银行等方式。其中四大商业银行与非洲金融合作走在其

① 中华人民共和国驻马里共和国大使馆经济商务处．SIKA Finance公布2021年西非经货联盟前十大银行排名［EB/OL］．https：//baijiahao.baidu.com/s？id=1742011139525112687&wfr=spider&for=pc.

② 中华人民共和国驻马里共和国大使馆经济商务处．西非经货联盟中的当地资本银行情况［EB/OL］．https：//en.investgo.cn/article/gb/tjsj/202205/600854.html.

他银行前列，通过设立分支机构或代理行、战略并购、合资等方式，提供贷款、咨询、货币兑换、结售汇、清算等业务（见表6－4）。

表6－4　中国四大商业银行对非合作情况

银行	合作方式	业务合作情况
中国银行	设立分支机构：在安哥拉、南非、摩洛哥、赞比亚、坦桑尼亚、毛里求斯、肯尼亚、吉布提等8个国家设立机构；设立南非约翰内斯堡分行和赞比亚中国银行两家人民币清算行；其中约翰内斯堡分行设有下辖的德班分行。 签署战略合作备忘录：中国银行巴黎分行与赤道几内亚国民银行签署合作谅解备忘录（2015年）；与摩洛哥阿提哈利瓦法银行在北京签署合作备忘录（2018年）。	截至2018年6月末，对非提供企业贷款余额近320亿元人民币；2020年，中国银行约翰内斯堡分行与伦敦分行共同和非洲进出口银行签订金额为2亿美元的贷款合同，以支持非洲进出口银行的“缓解疫情对非贸易影响”计划；2020年和2021年，中国银行通过G20暂停偿债倡议、中非合作论坛和商业银行的临时救济三个渠道对非洲提供了债务减免；中国银行在非洲初步形成了覆盖非洲重点地区的金融网络，提供了10种非洲国家货币兑换、结售汇服务以及26种非洲国家货币汇率保值等特色业务。
中国建设银行	设立分支机构：约翰内斯堡分行（2000年设立）、开普敦分行（2015年设立）。 签署战略合作备忘录：与南非第一兰特银行签署旨在扩大非洲业务合作的战略合作备忘录（2009年）。	约翰内斯堡分行资产和利润均居非洲地区外资银行前列，客户主要为非洲企业，涉及20家南非上市公司、大型国有企业和跨国公司；与南非第一兰特银行建立战略合作关系；利用“全球撮合家”平台，与非洲多个国家的政府、驻华使馆共同举办跨境撮合活动，搭建商户供需对接平台，促进中非中小企业的往来。 截至2021年，已与30个非洲国家的103家金融机构建立密押关系。为多个非洲国家的基础设施与大型机电设备采购项目提供一系列配套的担保支持。
中国工商银行	战略并购：2008年收购南非标准银行20%的股份，出资额55亿美元，成为标准银行最大的单一股东。	和标准银行集团共同推出中国与南非、中国与肯尼亚当天到账的速汇产品、全球范围内的“一站式”现金管理服务，建立两行间人员互派机制，促进相互理解、优势互补及文化融合。十年来，工商银行在非存量信贷项目106个，承诺贷款200多亿美元，贷款余额60多亿美元；2008年至2018年，与南非标准银行共同为13个非洲国家的35个大型项目提供了融资支持，中国投资近200亿美元。截至2021年，服务网点覆盖20多个非洲国家，促进了中非的金融合作。在支持抗疫方面，工商银行为非洲企业提供了专项融资规模，支持了非洲企业的稳定运转。

续表

银行	合作方式	业务合作情况
中国农业银行	合作设立合资银行：与刚方［刚果（布）政府、刚果石油公司和私人投资者］各出资50%，成立中刚非洲银行（2015 年 7 月对外营业）。这是农业银行在非第一家合资银行，也是刚果第一家大型本土商业银行。建立代理行：截至 2021 年，已与非洲 26 个国家的 74 家银行建立代理行关系。	截至 2018 年 1 月末，中刚非洲银行在刚果的存款市场份额为 8.43%，是对政府贷款第一大行，已为 8 个中刚产能合作项目提供融资、结算及咨询等金融服务，第一次在中部非洲引入银联发卡、收单业务；从中非合作论坛北京峰会召开至 2021 年，境内外分行通过银团贷款、出口买方信贷、内保外贷等业务对非的合作项目和金融同业提供了 2.97 亿美元的信贷支持。

资料来源：根据公开资料整理。

在对非洲国家贷款方面，如表 6－5 所示，根据中国对非贷款数据库统计，2005 年至 2020 年，中国工商银行对非洲贷款总额为 99.12 亿美元，涉及电力、交通、水务、制造业、国防等各个部门，覆盖安哥拉、加蓬、埃塞俄比亚、赞比亚等 12 个国家。中国银行 2002 年至 2020 年对非洲贷款总额为 20.04 亿美元，涉及预算、电力、水务、交通、通信技术、银行等部门，涵盖南非、安哥拉、赞比亚、喀麦隆等国家。中国建设银行主要对南非的预算部门提供贷款，2001 年至 2016 年对南非贷款总额为 3.31 亿美元。此外，中国工商银行、中国银行还与中国进出口银行及中信银行、中国民生银行等以联合贷款的方式对非洲国家的电力和政府部门进行贷款，贷款金额为 86.44 亿美元。其他股份制银行中，兴业银行和江西银行分别在 2018 年和 2019 年向赞比亚提供 1.91 亿美元、1.87 亿美元的贷款，涉及部门分别为交通和国防部门。

表 6－5　中国商业银行对非洲贷款情况

银行	年份	国家/机构	部门	贷款金额（百万美元）
中国工商银行	2005	贝宁	信息通信技术	59
中国工商银行	2009	博茨瓦纳	水务	825
中国工商银行	2010	安哥拉	电力	60
中国工商银行	2010	安哥拉	其他社会部门	2500

续表

银行	年份	国家/机构	部门	贷款金额（百万美元）
中国工商银行	2010	埃塞俄比亚	水务	425
中国工商银行	2011	赞比亚	电力	285
中国工商银行	2012	加蓬	电力	102
中国工商银行	2013	安哥拉	电力	180
中国工商银行	2013	安哥拉	水务	130
中国工商银行	2014	安哥拉	其他社会部门	120
中国工商银行	2015	安哥拉	电力	838
中国工商银行	2015	安哥拉	其他社会部门	80
中国工商银行	2015	埃塞俄比亚	制造业	550
中国工商银行	2015	加蓬	其他社会部门	93
中国工商银行	2015	加蓬	其他社会部门	79
中国工商银行	2016	喀麦隆	水务	303
中国工商银行	2016	加蓬	电力	88
中国工商银行	2016	加蓬	电力	85
中国工商银行	2016	赞比亚	国防	275
中国工商银行	2016	赞比亚	健康	136
中国工商银行	2016	赞比亚	水务	170
中国工商银行	2016	赞比亚	电力	30
中国工商银行	2017	尼日利亚	其他社会部门	43
中国工商银行	2017	塞内加尔	交通	659
中国工商银行	2017	赞比亚	电力	35
中国工商银行	2017	赞比亚	电力	37
中国工商银行	2017	赞比亚	交通	60
中国工商银行	2018	几内亚	交通	375
中国工商银行	2018	几内亚	交通	212
中国工商银行	2018	摩洛哥	电力	150
中国工商银行	2018	塞内加尔	教育	45
中国工商银行	2018	南非	交通	265
中国工商银行	2018	赞比亚	国防	210

续表

银行	年份	国家/机构	部门	贷款金额（百万美元）
中国工商银行	2018	赞比亚	国防	210
中国工商银行	2019	安哥拉	水务	106
中国工商银行	2020	加蓬	电力	95
合计				9912
中国银行	2002	南非	预算	10
中国银行	2002	南非	预算	10
中国银行	2003	南非	预算	26
中国银行	2004	南非	预算	11
中国银行	2005	南非	预算	12
中国银行	2005	南非	预算	12
中国银行	2011	赞比亚	通信技术	48
中国银行	2012	安哥拉	通信技术	110
中国银行	2016	南非	交通	219
中国银行	2016	南非	预算	6
中国银行	2016	南非	预算	6
中国银行	2016	赞比亚	水务	332
中国银行	2017	安哥拉	交通	150
中国银行	2017	喀麦隆	电力	123
中国银行	2018	喀麦隆	通信技术	42
中国银行	2018	非洲进出口银行	未分类	350
中国银行	2018	赞比亚	交通	36
中国银行	2019	布基纳法索	通信技术	77
中国银行	2019	喀麦隆	电力	56
中国银行	2019	喀麦隆	通信技术	42
中国银行	2019	科特迪瓦	制造业	97
中国银行	2019	赞比亚	国防	30
中国银行	2020	非洲进出口银行	银行	200
合计				2004
中国建设银行	2001	南非	预算	36

续表

银行	年份	国家/机构	部门	贷款金额（百万美元）
中国建设银行	2002	南非	预算	27
中国建设银行	2002	南非	预算	27
中国建设银行	2003	南非	预算	26
中国建设银行	2004	南非	预算	31
中国建设银行	2009	南非	预算	50
中国建设银行	2009	南非	预算	19
中国建设银行	2010	南非	预算	97
中国建设银行	2016	南非	预算	20
合计				331
中国工商银行、中国进出口银行、中国银行	2016	安哥拉	电力	3700
中国工商银行、中国进出口银行	2017	埃及	电力	459
中国工商银行、中国进出口银行	2017	赞比亚	电力	1531
中国工商银行、中国民生银行	2018	安哥拉	电力	405
中国工商银行、中国银行、中国民生银行、中信银行、中国进出口银行	2019	埃及	政府	2550
合计				8645
兴业银行	2018	赞比亚	交通	191
江西银行	2019	赞比亚	国防	187

资料来源：Chinese loans to Africa（CLA）database。

2. 非洲商业银行参与中非金融合作情况

非洲银行也在不断开拓中国市场。埃及国民银行于1999年5月21日在上海设立代表处，1999年12月17日正式开业。其业务包括和埃及国民银行总行业务相关的咨询及市场调研等非经营性联络工作，为在中国或者埃及的企业提供投资项目相关的信息。2007年10月埃及国民银行上海分行开始营业，成为第一家在中国设立分行的非洲银行。2017年11月，埃及国民银行成为第一家获准经营人民币业务的非洲银行。摩洛哥外贸银行早于1999年3月在北京设立代表处，经中国银保监会批准，2019 年 1 月该行上海分行正式开业，该行经营的主要业务为贸易融资和项目贷款，成为中国国有和民营企业投资非洲市场的重要合作机构。2020 年 11 月第三届中国国际进口博览会期间，摩洛哥外贸银行和浙江中国小商品城集团公司签署了合作备忘录，为该公司的国际业务拓展特别是其在非洲地区的业务提供金融支持，该协议的签订也有利于促进双方在摩洛哥物流交易园区建设项目的合作；摩洛哥阿提哈利瓦法银行和中国银行签署了合作谅解备忘录，涉及跨境人民币业务相关内容。尼日利亚第一银行、尼日利亚詹尼斯银行分别于 2009 年 7 月和 2011 年 10 月在北京设立代表处，尼日利亚万通银行于 2014 年 8 月在上海设立代表处，均主要从事与隶属的外国（地区）企业相关的非营利性活动。喀麦隆非洲第一银行则在 2007 年 5 月设立北京代表处，从事和自身业务相关的联络、咨询及市场调查等非经营性的活动；该行与销债通于 2020 年 10 月在中国北京签订了战略合作协议，双方在共同合作开展中国、非洲企业间的债权债务化解服务、促进中国企业走进非洲进行贸易和商务投资等方面达成了共识。安哥拉的 ATLANTICO 银行则于 2016 年在中信银行开立人民币同业往来账户。

南非标准银行与中国工商银行的合作成为中非商业银行合作乃至国际商业银行合作的典范。2008 年中国工商银行成为南非标准银行最大的单一股东后，双方建立了长效的战略合作机制，成立了战略合作联合指导委员会，该委员会由两家银行的最高层领导组成，同时成立了多个对口的合作团队，以全面推进结算和现金管理、金融市场、公司与投行业务、全球托管、跨境人民币业务及风险管理等各个领域的务实合作；两家银行通过“贸易 + 金融”的方式引导中资企业进入符合中国对非战略产业，为在非的中资企业提供全面的金融服务，同时也合作支持南非及非洲的基础设施和一些大型项目的建设，为南非和非洲本土的制造业企业提供多元化金融服务①。截至 2021 年，工商银行和标准银行累计合作项目达 46 个，承贷金额接近 100 亿美元，带动了 436 亿美元的贷款融资金额，不仅助力中国的投资者把握好非洲机会，也

① 姜建清．解密：中非银行的战略握手——兼说南非标准银行之前世今生［EB/OL］．https：//www2. shkp. org. cn/content. html? type = wx&id = 360291.

帮助非洲的企业走进中国，从而为中非经贸合作提供了强有力的支持①。南非标准银行也成为在中非金融合作方面开启多个先河的非洲银行：2016 年 7 月，该行在肯尼亚首都内罗毕举行人民币现钞自由兑换业务发起仪式，成为肯尼亚第一家提供人民币现钞自由兑换业务的银行；2017 年 6 月，该行全球第一家中国非洲银行业务中心在约翰内斯堡成立并正式对外营业；2018 年 2 月，该行在约翰内斯堡成立的香港城分行是首家提供中文服务的分行，主要为在南非的中国客户提供便利性服务；2019 年 12 月第一次向本地的持卡人发行银联卡，到中国旅行的南非人可直接使用标准银行的银联卡，避免了携带大量现金的麻烦。此外，南非第一兰特银行于 2007 年 10 月设立上海代表处，2009 年 7 月该行和中国建设银行签署了战略合作备忘录，共同为希望在非洲进行投资的建设银行客户和建设银行的中国客户以及希望进行合作的南非或非洲客户提供顾问服务，同时也为希望在中国进行投资的第一兰特客户提供相关顾问服务。

总体来看，中国银行业的全球竞争力较高，无论在新冠疫情影响下还是在强势美元影响下，中国银行业也一直是全球银行业增长的引擎。同时，在中国构建新发展格局、高水平对外开放、国内国际双循环战略背景下，中国商业银行的海外布局也在不断优化，但仍主要集中在中国港澳地区，中国银行业的国际化水平仍有待提高，海外服务能力有待加强（宗良等，2020），在包括非洲在内的其他区域具有较大的发展空间。而非洲国家银行整体的发展仍处于较低水平，且各国银行业的发展非常不均衡，除南非、埃及、摩洛哥、尼日利亚外，其他国家的银行发展较为落后，但非洲银行整体处于较快的发展阶段，非洲国家巨大的资金需求缺口也使非洲商业银行发展具有广阔的前景。中非商业银行在机构互设、对非贷款及其他业务合作方面取得了一定的进展，但仍处于初步发展阶段，中国参与合作的商业银行主要为工商银行、中国银行、建设银行、农业银行，其他股份制商业银行和民营银行很少参与，双方机构互设与业务合作方面仍具有很大的空间。

① 中非经贸博览会综合．标准银行：百年积淀　赋能非洲发展［EB/OL］. https://www.163.com/dy/article/HJDGD6ED0528CJEP.html.

二、中资企业参与中非金融合作现状

中资企业也探索推动中非金融合作。2013 年 9 月，中国民营企业 Top Finance 获得银行的营业执照，成为在乌干达开展业务的首家中资银行，并于 2014 年 9 月 8 日成为乌干达的第四家金融机构。该行致力于为乌干达经济提供创新性的金融解决方案。[①] 2017 年 1 月，由中国亿赞普集团、丝路亿商信息技术有限公司、招商局集团与吉布提财政部共同发起成立的丝路国际银行在东非国家吉布提正式开业，成为吉布提当地的第 13 家商业银行，也是其首家合资银行。该行为吉布提企业及当地外资企业尤其是中国企业提供金融服务，业务涉及 POS 机和银行卡、跨境支付结算和国际银行卡收单业务等[②]。由上海华沪股权投资有限公司、江苏海外企业集团有限公司等 6 家上海和江苏的地方国有企业、私营企业发起成立的中华大盛银行于 2017 年 11 月经坦桑尼亚中央银行批准筹建，2018 年 11 月正式获批经营牌照，总部设在达累斯萨拉姆。该行属于中资独资股份制银行，业务涉及存贷款、结算、信托、租赁、保险及证券等，主要向在坦桑尼亚的中资企业及个人提供金融服务，推广人民币在非洲业务并参与东非人民币清算中心建设[③]。由商务部跨促委指导成立的专门面向非洲的国际商务合作平台——亚非丝路，与中非贸易协会共同推动西非国家的通商国际商业银行在非洲设立，以提供信贷便利及为非传统市场的商品或服务、海外项目进出口等提供融资[④]。

此外，如表 6 - 6 所示，包括中兴通讯股份有限公司、保利科技有限公司、华为技术有限公司、中国机械设备工程股份有限公司、中国水电建设集团、中国水利电力对外公司、中航技进出口有限责任公司等企业，通过承包商贷款方式为非洲国家提供了总额为 100.57 亿美元的贷款，涉及埃塞俄比

① 商务部对外投资合作国别（地区）指南—乌干达（2021 版）。

② 王尔德. 首家丝路国际银行在东非吉布提开业　助力“一带一路”［EB/OL］. https：//finance. qq. com/a/20170119/005193. htm.

③ 商务部对外投资合作国别（地区）指南—坦桑尼亚（2022 版）。

④ 中非经贸博览会综合. 中国平台推动通商国际商业银行落地非洲　预计明年投入运营［EB/OL］. https：//shifair. com/informationDetails/53884. html.

亚、加蓬、苏丹、纳米比亚、赞比亚、津巴布韦等国家，支持项目涉及通信技术、国防、电力、交通等部门，在中非合作中发挥了重要的作用。

可见，中国企业通过积极进入非洲国家设立商业银行、提供承包商贷款等方式，在中非金融合作中发挥了重要的作用，但总体来看，参与企业的数量和支持的项目仍然较少，中国私人资本在中非金融合作中的作用有待进一步发挥。

表6－6　中国企业在中非合作中提供承包商贷款情况

贷款企业	年份	国家	部门	贷款金额（百万美元）
中兴通讯股份有限公司	2002	尼日利亚	通信技术	82
中兴通讯股份有限公司	2005	中非	通信技术	60
中兴通讯股份有限公司	2006	埃塞俄比亚	通信技术	1900
中兴通讯股份有限公司	2013	埃塞俄比亚	通信技术	300
中兴通讯股份有限公司	2014	埃塞俄比亚	通信技术	28
中兴通讯股份有限公司	2014	加蓬	通信技术	108
中兴通讯股份有限公司	2014	赞比亚	通信技术	103
保利科技有限公司	2008	加蓬	国防	100
保利科技有限公司	2008	加蓬	国防	60
保利科技有限公司	2008	加蓬	国防	40
保利科技有限公司	2010	加蓬	国防	85
保利科技有限公司	2014	塞拉利昂	交通	12
保利科技有限公司	2015	赞比亚	国防	164
保利科技有限公司	2016	赞比亚	交通	50
保利科技有限公司	2019	加蓬	国防	100
东方电气集团	2020	加蓬	交通	244
中国航空工业集团	2015	赞比亚	交通	50
国家电网有限公司	2013	埃塞俄比亚	电力	1003
哈尔滨电气集团有限公司	2001	苏丹	电力	128
哈尔滨电气集团有限公司	2004	苏丹	电力	82
华为技术有限公司	2005	几内亚	通信技术	33
华为技术有限公司	2006	吉布提	通信技术	18

续表

贷款企业	年份	国家	部门	贷款金额（百万美元）
华为技术有限公司	2013	埃塞俄比亚	通信技术	800
华为技术有限公司	2014	埃塞俄比亚	通信技术	34
华为技术有限公司	2017	布隆迪	通信技术	30
华为技术有限公司	2018	埃及	通信技术	200
金佰利（中国）有限公司	2008	津巴布韦	交通	18
山东电力建设第三工程公司	2002	尼日利亚	电力	115
上海贝尔阿尔卡特股份有限公司	2002	尼日利亚	通信技术	78
斯瓦科普铀业有限公司	2012	纳米比亚	矿业	223
四达时代集团	2017	赞比亚	通信技术	41
特变电工	2003	苏丹	电力	25
特变电工	2008	苏丹	电力	41
徐州工程机械集团	2017	津巴布韦	电力	5
徐州工程机械集团	2018	津巴布韦	电力	5
招商局港口控股有限公司	2017	吉布提	商业	150
中国电力工程有限公司	2004	塞拉利昂	电力	3
中国电力工程有限公司	2006	苏丹	电力	8
中国葛洲坝集团股份有限公司	2009	赤道几内亚	水务	132
中国机械工业集团有限公司	2009	苏丹	水务	463
中国机械设备工程股份有限公司	2002	尼日利亚	电力	115
中国机械设备工程股份有限公司	2003	刚果（布）	电力	238
中国机械设备工程股份有限公司	2004	苏丹	电力	129
中国机械设备工程股份有限公司	2005	刚果（布）	电力	552
中国机械设备工程股份有限公司	2005	苏丹	农业	22
中国机械设备工程股份有限公司	2006	苏丹	电力	81
中国机械设备工程股份有限公司	2009	苏丹	电力	215
中国机械设备工程股份有限公司	2018	赞比亚	电力	15
中国江西国际经济技术合作公司	2018	赞比亚	电力	17
中国能源工程集团	2012	安哥拉	电力	22
中国水电建设集团	2015	赞比亚	电力	10

续表

贷款企业	年份	国家	部门	贷款金额（百万美元）
中国水电建设集团	2016	赞比亚	电力	29
中国水电建设集团	2018	加蓬	交通	80
中国水电建设集团	2018	加蓬	交通	81
中国水电建设集团	2018	加蓬	交通	39
中国水电建设集团	2018	加蓬	交通	58
中国水电建设集团	2018	加蓬	交通	71
中国水电建设集团	2018	加蓬	交通	49
中国水电建设集团	2018	加蓬	交通	40
中国水电建设集团	2018	加蓬	交通	45
中国水电建设集团	2018	加蓬	交通	34
中国水电建设集团	2018	加蓬	交通	49
中国水利电力对外公司	2000	加蓬	电力	6
中国水利电力对外公司	2000	加蓬	电力	20
中国水利电力对外公司	2006	加蓬	电力	81
中国水利电力对外公司	2008	苏丹	农业	81
中国水利电力对外公司	2010	加蓬	电力	77
中国水利电力对外公司	2012	加蓬	电力	162
中国有色矿业集团有限公司	2009	赞比亚	电力	11
中国中信集团有限公司	2005	赞比亚	通信技术	8
中航技进出口有限责任公司	2003	津巴布韦	电力	22
中航技进出口有限责任公司	2004	津巴布韦	电力	40
中航技进出口有限责任公司	2005	津巴布韦	交通	12
中航技进出口有限责任公司	2006	津巴布韦	国防	150
中航技进出口有限责任公司	2012	赞比亚	国防	67
中航技进出口有限责任公司	2015	赞比亚	国防	211
合计				10057

资料来源：Chinese loans to Africa（CLA）database。

三、中非保险领域合作现状

（一）中非保险业发展情况

1. 中国保险市场发展情况

经过多年的发展，中国保险行业已经成为全球最大的保险市场之一。据中国保险行业协会数据，截至 2023 年 4 月 25 日，保险协会的会员共 347 家，包括 13 家保险集团（控股）公司、86 家财产保险公司、93 家人身保险公司、14 家再保险公司、18 家资产管理公司、69 家保险中介机构、43 家地方保险协会（含中介协会）、11 家保险相关机构。截至 2022 年末，保险业资产总额为 27.15 万亿元，同比增长 9.08%，保险资金运用的余额为 25.05 万亿元，同比增长 7.85%；2022 年，保险业总保费收入为 4.7 万亿元，财产险保费收入为 1.3 万亿元，人身险保费收入为 3.4 万亿元，保单总数为 553.8 亿件①。考虑美元汇率因素后，如表 6－7 所示，2021 年中国保费总收入 6961.28 亿美元，2022 年为 6978.06 亿美元，经通货膨胀率调整后同比增长 2.6%，占全球市场份额为 10.3%，全球排名第二。其中，寿险保费收入 2021 年为 3654.56 亿美元，2022 年为 3643.59 亿美元，经通货膨胀率调整后同比增长 2.0%，占全球市场份额为 13%，全球排名第二；非寿险保费收入 2021 年为 3306.72 亿美元，2022 年为 3334.48 亿美元，经通货膨胀率调整后同比增长 3.2%，占全球市场份额为 8.4%，全球排名第二。② 在保险深度方面，2022 年中国总体保险深度为 3.9%，发达经济体平均保险深度为 9.5%，新兴经济体平均保险深度为 3%，全球平均为 6.8%；2022 年中国寿险保险深度为 2%，发达经济体平均保险深度为 3.7%，新兴经济体平均保险深度为 1.6%，全球平均为 2.8%；2022 年中国非寿险保险深度为 1.9%，发达经济体平均保险深度为 5.8%，新兴经济体平均保险深度为 1.4%，全球平均为 4%。可见，尽管中国保险深度已超过了新兴经济体的平均水平，但与发达经济体的平均水平尤

① https：//baijiahao. baidu. com/s？ id = 1757045613141985169&wfr = spider&for = pc.

② 瑞再研究院 sigma 研究报告中按欧盟和经合组织标准将保险业务分为寿险业务和非寿险业务，其中健康险属于非寿险。

其是非寿险业务方面仍差距悬殊，也低于全球的平均水平。在保险密度方面，2022年中国总体保险密度为489美元/人，发达经济体平均保险密度为5035美元/人，新兴经济体平均保险密度为187美元/人，全球平均保险密度为853美元/人；2022年中国寿险保险密度为255美元/人，发达经济体平均保险密度为1973美元/人，新兴经济体平均保险密度为987美元/人，全球平均保险密度为354美元/人；2022年中国非寿险保险密度为234美元/人，发达经济体平均保险密度为3061美元/人，新兴经济体平均保险密度为89美元/人，全球平均保险密度为499美元/人。可见，和发达经济体及全球平均比，中国保险密度仍有待提高。从保险业资产占金融业资产比值看，2017年为6.07%，2020年升到最高的6.6%，之后开始下降，2022年降到了6.47%。可见，中国保险业资产占金融业资产比值仍较低，保险业在中国金融体系中的作用还有很大的发展空间①。

表6-7　中国、发达经济体、新兴经济体及全球的保费收入、保险深度及保险密度情况

保费总收入（亿美元）					
国家	2021年	2022年	占全球市场份额（%）	保险深度（%）	保险密度（美元/人）
中国	6961.28	6978.06	10.3	3.9	489
全球	67646.94	67822.35	100	6.8	853
发达经济体	55068.25	54968.78	81	9.5	5035
新兴经济体	12578.69	12853.57	19	3	187
寿险保费收入（亿美元）					
国家	2021年	2022年	占全球市场份额（%）	保险深度（%）	保险密度（美元/人）
中国	3654.56	3643.59	13	2	255
全球	29402.66	28130.32	100	2.8	354
发达经济体	22737.28	21404.75	76.1	3.7	1973
新兴经济体	6665.38	6725.57	23.9	1.6	98

①　资料来源：中国人民银行官网。

续表

非寿险保费收入（亿美元）					
国家	2021 年	2022 年	占全球市场份额（%）	保险深度（%）	保险密度（美元/人）
中国	3306.72	3334.48	8.4	1.9	234
全球	38244.28	39692.03	100	4	499
发达经济体	32330.98	33564.03	84.6	5.8	3061
新兴经济体	5933.31	6128	15.4	1.4	89

资料来源：瑞再研究院 sigma 研究报告 2023 年第 3 期。

注：表中全球市场份额、保险深度、保险密度均为 2022 年数据。表 6－8 和表 6－9 相同。

2. 非洲保险市场发展情况

非洲国家的保险业发展较为滞后。非洲大陆共有 741 家保险公司，业务包括寿险和非寿险，但受非洲经济发展水平的影响，大多数国家保险意识仍未形成，保险产品的渗透率非常低，保险市场狭窄（罗青林，2020）。根据瑞再研究院 sigma 研究数据，2021 年非洲地区整体保费收入为 732.92 亿美元，其中寿险收入为 503.93 亿美元，非寿险收入为 228.99 亿美元；2022 年总保费收入为 701.66 亿美元，其中寿险收入为 469.03 亿美元，非寿险收入为 232.63 亿美元。2022 年非洲整体保费收入占全球市场份额的 1%，保险深度为 2.4%，保险密度为 50 美元/人。

南非保险市场是非洲最大和最成熟的保险市场，市场规模、保险深度及保险密度均远远超过其他非洲国家。2022 年保费收入为 458.31 亿美元，占非洲整体保费收入份额的 65% 以上，占全球市场份额的 0.7%，全球排名第二十。其中寿险保费收入为 368.63 亿美元，非寿险保费收入为 89.68 亿美元，分别占全球市场份额的 1.3%、0.2%，全球排名分别为第十五和第三十三。南非 2022 年度保险密度为 764 美元/人，全球排名第三十六，其中，寿险业务密度为 614 美元/人，非寿险业务密度为 149 美元/人。2022 年，南非保险深度为 11.3%，全球排名第六。从保费收入来看，摩洛哥则是非洲第二大保险市场，2022 年摩洛哥的保费收入为 52.36 亿美元，占全球市场份额的 0.1%，全球排名第四十八。其中，寿险保费收入为 24.22 亿美元，非寿险保费收入为 28.14 亿美元，分别占全球市场份额的 0.1%、0.1%，全球排名分别为第四十四和第四十九。埃及、肯尼亚、尼日利亚则分别居非洲保费总收入、寿险保费总收入的第三位、第四位、第五位。从非寿险收入来说，肯尼亚居第三位，埃及居第四位，阿尔及利亚居第五位。从保费的密度和保险深度看，纳米比亚保险市场发展位居第二，其2022年的保险密度为385美元/人，保险深度为7.8%，分别位于全球第五十和第十九，摩洛哥则位居第三，其2022年的保险密度为140美元/人，保险深度为3.9%，分别位于全球第六十七和第三十七；突尼斯和肯尼亚的保险密度分别为81美元/人和48美元/人，保险深度分别为2.2%和2.3%。尽管埃及的保费收入在非洲国家中较高，但其保险密度仅为29美元/人，保险深度仅为0.6%，如表6－8和表6－9所示。

表6－8　部分非洲国家保费收入情况

国家	保费总收入（亿美元）		2022年占全球市场份额（%）	2022年全球排名
	2022年	2021年		
南非	458.31	497.48	0.7	20
摩洛哥	52.36	55.42	0.1	48
埃及	31.82	29.25	0	55
肯尼亚	25.99	24.67	0	58
尼日利亚	16.85	15.42	0	70
阿尔及利亚	12.1	10.77	0	78
突尼斯	10.06	10.14	0	83
纳米比亚	9.88	9.94	0	85
科特迪瓦	8.15	8.35	0	87
国家	寿险保费收入（亿美元）		2022年占全球市场份额（%）	2022年全球排名
	2022年	2021年		
南非	368.63	404.88	1.3	15
摩洛哥	24.22	25.52	0.1	44
埃及	16.71	15.23	0.1	50
肯尼亚	11.95	11.28	0.1	54
尼日利亚	7.75	6.49	0	58
纳米比亚	7.4	7.41	0	60
科特迪瓦	3.73	3.70	0	72
突尼斯	2.61	2.58	0	76
阿尔及利亚	1.14	1.00	0	86

续表

国家	非寿险保费收入（亿美元）		2022 年占全球市场份额（%）	2022 年全球排名
	2022 年	2021 年		
南非	89. 68	92. 6	0. 2	33
摩洛哥	28. 14	29. 9	0. 1	49
肯尼亚	14. 04	13. 39	0. 1	54
埃及	15. 11	14. 02	0. 1	61
阿尔及利亚	10. 96	9. 77	0	71
尼日利亚	9. 1	8. 93	0	74
突尼斯	7. 45	7. 56	0	79
科特迪瓦	4. 42	4. 65	0	86
纳米比亚	2. 49	2. 53	0	88

资料来源：瑞再研究院 sigma 研究报告 2023 年第 3 期。

表 6－9　2022 年部分非洲国家保险深度、保险密度情况

国家	保险密度（美元/人）			全球排名
	总业务	寿险业务	非寿险业务	
南非	764	614	149	36
纳米比亚	385	288	97	50
摩洛哥	140	65	75	67
突尼斯	81	21	60	76
肯尼亚	48	22	26	79
科特迪瓦	29	13	16	82
埃及	29	15	14	83
阿尔及利亚	27	3	24	84
尼日利亚	8	4	4	87
国家	保险深度（%）			全球排名
	总业务	寿险业务	非寿险业务	
南非	11. 3	9. 1	2. 2	6
纳米比亚	7. 8	5. 9	2. 0	19
摩洛哥	3. 9	1. 8	2. 1	37
肯尼亚	2. 3	1. 1	1. 2	52
突尼斯	2. 2	0. 6	1. 6	56

续表

国家	保险深度（%）			全球排名
	总业务	寿险业务	非寿险业务	
科特迪瓦	1.2	0.5	0.6	75
阿尔及利亚	0.6	0.1	0.6	83
埃及	0.6	0.3	0.3	84
尼日利亚	0.4	0.2	0.2	87

资料来源：瑞再研究院 sigma 研究报告 2023 年第 3 期。

（二）中非保险合作情况

除前文中国信用保险公司的政策性保险合作外，中非商业保险机构也参与保险业合作。其中，非洲保险机构主要通过在中国设立代表处和收购股权等方式进入中国市场，如南非的安博保险公司早在 1996 年 4 月就在北京设立代表处，是非洲第一家在中国内地设立代表处的保险机构。南非的和德保险有限公司于 2007 年在北京设立代表处。南非最大的健康险公司 Discovery 于 2010 年 8 月与中国平安保险集团签订合作协议，购买 20% 的平安健康险股份。南非的耆卫保险公司（Old Mutual）2018 年开始进军中国市场，通过与中国能源集团子公司中国能源资本控股，按 50∶50 比例成立合资企业，向高净值零售客户提供人寿保险和投资解决方案，截至 2021 年，在中国拥有 356 个员工和 20 万的客户，该公司与中国的保险公司和金融机构建立了战略合作关系，共同开发保险产品和服务，以满足中国市场的需求。①

中国保险机构也积极寻求与非洲当地保险机构合作，为在非企业提供保险服务。如 2011 年中银保险公司通过与非洲的 NICO 保险公司、SAVANNA 保险经纪公司合作，为赞比亚等非洲国家的中资企业提供针对海外投资、项目投标及项目建设与生产等方面的综合性保险服务体系，从而帮助企业在国际市场上分散相关的金融风险②。中国阳光保险也参与支持安哥拉卡古路卡巴萨

① Old Mutual. Old mutual 2021 年可持续发展报告［EB/OL］. https://www.oldmutual.com/v3/assets/blt566c98aeecc1c18b/bltfc173a7f559b8407/6261963f5b34626c0e5cf769/Sustainability_Report_2021.pdf.

② 穆东，孟菁. 中国银行扩大非洲业务　提供全面金融保险服务［EB/OL］. https://www.chinanews.com/fortune/2011/04-22/2990650.shtml.

水电站项目，为其提供建筑工程一切险保障，成为该项目的第二大份额承保人①。太平财险北京分公司充分利用行业的平台特性，发挥其专业技术和国际化人才及海外网络等优势，不断创新保险产品和优化投保服务，和中非网——中国唯一的中非跨境 B2B 电商平台合作，共同为中非合作相关项目提供更多和更优质的风险保障服务，从而为中国企业在非洲的发展保驾护航，助力中非经贸发展②。此外，保险经纪公司也随着客户走进非洲，如江泰保险经纪公司承接的和中国企业走进非洲相关项目已超过百项，涉及能源、工业制造、交通设施、水工、房间楼宇等，保额累计超过 100 亿美元，非洲市场业务占该公司国际业务的比例接近 1/4，该公司还在东南非洲（肯尼亚）与西非（尼日利亚）派驻了海外代表③。复星集团则通过收购千禧银行、忠诚保险公司股份的方式，间接地参与莫桑比克的金融保险业务④。

综上可见，无论是中国的保险市场还是非洲国家的保险市场，均处于初步发展阶段。其中，中国的保险市场规模（保费收入）尽管已经跻身世界第二，但在保险深度和保险密度方面，与发达经济体及全球平均水平仍存在较大的差距，保险业资产占金融业资产比值仍较低，保险业在金融体系中的作用仍有很大的空间。而非洲国家保险市场发展相对滞后，且发展不平衡，其中南非保险市场占据了非洲 65% 以上的份额，南非在保险市场的成熟度方面甚至已经超过中国。从保险的风险保障需求尤其是在融资中的担保功能看，中非金融合作中，保险业合作也存在广阔的发展空间。但中非保险合作尤其是商业性保险合作仍处于初步阶段，双方在保险机构互设、业务合作及产品创新方面有待进一步加强。

---

① 马欣．阳光保险为“非洲三峡工程”保驾护航［EB/OL］．http：//finance. ce. cn/rolling/201709/11/t20170911_25898849. shtml.

② 中国太平．太平财险北京分公司携手中非网助力中非经贸合作［EB/OL］．https：//baijiahao. baidu. com/s？ id = 1610732059513645129&wfr = spider&for = pc.

③ 王晓涛．江泰：做保险，更要筑中企走进非洲之桥［EB/OL］．https：//www. sohu. com/a/251953008_100011043.

④ 罗青林．不断深化中非金融合作［J］．中国金融，2023（5）：84－85.

第二节　私人资本参与非洲国家基础设施投资的影响因素——基于世界银行 PPI 数据库的实证研究

长期以来，非洲国家的基础设施建设仍不完善，成为非洲国家经济发展、对外合作的主要阻碍因素。中国一直致力于帮助非洲国家，在推动非洲基础设施发展方面发挥了重要的作用，如 2000 年至 2019 年，中国企业为非洲国家新增和升级了近 1 万公里的铁路、10 万公里的公路，近百个港口和千座桥梁及多个大型电力设施，网络服务覆盖了约 7 亿的客户终端①。从前文分析可知，中国商业银行和其他私人资本对非洲国家融资也主要集中在基础设施建设方面；在开发性金融方面，从 2007 年至 2020 年，中国开发性金融机构为撒哈拉以南非洲地区提供的基础设施项目融资金额为其他双边机构融资总额的 2.5 倍。尽管如此，非洲国家基础设施建设仍然存在巨大融资缺口，截至 2021 年，该缺口超过 4000 亿美元②。基础设施建设的资金通常主要来自政府资金，但非洲大部分国家政府资金短缺，无法满足巨大的基础设施融资需求，同时现有双边、多边金融机构提供的贷款也有限，因此，如何吸引私人资本参与基础设施建设成为解决资金瓶颈的突破口之一。因此，本节研究私人资本参与非洲国家基础设施投资的影响因素，对推动中国私人资本参与非洲国家基础设施建设、提升非洲国家基础设施质量、推动中非命运共同体构建具有重要的理论和现实意义。

一、相关文献综述

（一）私人资本参与基础设施投资的影响因素

由于政府财政能力有限，单纯依靠政府资金难以满足各国尤其是发展中经济体巨大的基础设施投资需求，需要吸引私人资本共同参与。其中 PPP

① 新华社．中非从来就是命运共同体［EB/OL］．（2023－05－29）http：//www.0745news.cn/2023/0529/1299374.shtml.

② 罗青林．不断深化中非金融合作［J］．中国金融，2023（5）．

（Public - Private Partnership）模式，即公私合营模式通过吸引私人资本共同参与基础设施建设服务，有助于缓解政府财政压力，改善一国基础设施建设的服务能力，从而成为各国广泛用于吸引私人资本进入基础设施建设领域的重要融资方式（沈铭辉，2015）。在影响因素方面，项目的投资金额、投资周期对社会资本的风险分担具有正向影响（霍伟东等，2018）；项目发起的政府级别越高，越能吸引私人资本参与 PPP 项目投资，其影响的中间机制为债务融资获得、股权融资获得及风险选择（仇娟东等，2021），投资者投资时还会考虑政府在基础设施投资收益率方面提供保证的可信性（Henisz，2010）。私人资本倾向于参与腐败较少、法制较完善的国家（Hammami，2006）及人口较少、人均收入较高的发展中经济体（Basilio，2010）。郑子龙（2017）基于 108 个发展中经济体数据，指出政府治理水平越高，私人部门投资 PPP 项目的信心越强，但投资信息对政府治理的敏感性在不同行业不同类型的 PPP 项目存在异质性。杨丽花和王喆（2018）基于亚投行背景研究指出，经济发展水平与市场需要是私人资本参与 PPP 项目的重要影响因素，政府因素不是主要因素。沈言言和刘小川（2019）基于中低收入国家数据研究发现，政府担保有助于推动私人部门通过债权融资渠道积极参与 PPP 项目，且政府担保在金融发展程度越低的地区促进作用越强。Chikaza 和 Simatele（2021）基于 1995 年至 2020 年 40 个撒哈拉以南非洲国家的不平衡面板数据，指出监管质量、人口、国内生产总值、外国直接投资和政府支出有利于促进私人部门参与基础设施投资。Yurdakul 等（2022）基于 137 个中低收入国家的数据研究表明，政府收支均衡、人口规模、货币供应量和投资占 GDP 的比值也是私人部门参与 PPP 项目活动的重要影响因素。

基于“一带一路”共建国家分析，时秀梅和孙梁（2017）指出，宏观经济环境、政治法律环境、基础设施建设、金融发展程度、教育及相关专业人才参与对私人资本投资“一带一路”建设 PPP 项目数额具有显著的促进作用，但基础设施建设和教育及相关专业人才参与显著降低私人资本参与投资的比例。私人付费的 PPP 项目收益来源、目标国人均 GDP、金融发展水平等因素也是私人资本参与共建国家 PPP 项目的重要影响因素（仇娟东等，2020；仇娟东等，2021）；制度质量对私人资本参与 PPP 项目的程度具有重要影响（赵静，2020），会影响私人部门在PPP项目中的风险承担，从而影响PPP项目的成效（罗煜等，2017；霍伟东等，2018）。王立国和王昱睿（2019）指出，私人资本倾向于支持政府效力越低、政府投入力度越大的“一带一路”沿线发展中经济体，经济环境和市场规模也是私人资本关注的重要因素，且这些因素的影响因不同收入水平国家和是否为PPP项目存在异质性。

（二）多边开发银行在基础设施投资中的作用及其决策的影响因素

除私人资本外，多边开发银行在基础设施投资中也具有重要的作用，不仅直接提供资金支持，还以技术援助、咨询服务、风险担保等方式吸引私人资本参与投资。如Ruiz－Nunez（2016）研究发现，2011—2015年IDA国家基础设施中，有33%的项目获得多边开发银行不同程度支持，37%的资金来自多边开发银行，融资方式包括贷款（63%）、担保（33%）和辛迪加、股权融资及风险管理（主要为汇率、利率互换）（4%），担保的风险包括政治风险、无法履行主权债务合约的风险。Moore和Kerr（2014）指出，多边开发银行不仅为发展中经济体基础设施项目提供金融支持（包括贷款、补助、股权投资和担保等方面直接的支持和通过辛迪加贷款、共同融资等方式引进其他资金提供者共同参与基础设施投资），还提供风险管理经验及项目设计的标准、监管、环境与透明度方面的监督、项目建设过程中的相关建议和咨询服务；多边开发银行的支持，还有利于形成良好的投资环境，推动国内资本参与支持基础设施建设，加强这些国家资本市场和区域或国际资本市场联系。Bhattacharyay（2009）强调，多边开发机构参与有助于推动私人资本参与基础设施投资，包括开发盈利性项目、设计合适的金融创新产品、帮助发展中经济体提升技术与知识水平、强化金融市场深度和有效性及流动性，推动金融一体化建设。Delmon（2007）指出，世界银行提供的部分风险担保与部分信用担保产品可降低贷款及投资的风险，提高项目可行性、盈利性及可持续性，推动私人资本参与支持基础设施项目，且这两种担保还可降低或节省政府融资成本，从而可支持更多的基础设施项目。多边金融机构具有更强的影响力，可以督促政府保障投资的PPP项目顺利推进，降低项目的风险，从而提升私人部门的风险承担度（罗煜等，2017）。多边金融机构拥有丰富的PPP项目实践经验，其参与可带来技术、融资等方面的支持，有利于降低项目的风险，吸引私人资本参与（张鹏飞和黄烨菁，2019）。杨丽花和王喆（2018）、王立国和王昱睿（2019）、赵静（2020）、仇娟东等（2021）均强调多边开发银行对私人资本参与 PPP 项目具有推动作用。

Basilio（2010，2014）也强调多边开发银行的风险担保角色，并首次实证分析了多边开发银行参与发展中经济体基础设施投资的影响因素，发现多边开发银行主要支持人口较少、较为贫穷、金融与法律体系发展比较落后的国家基础设施，政治风险、人权大小的影响则较小。叶芳（2017b）指出，多边开发银行倾向于支持收入较高、人口较多、国际储备较少、金融市场较发达、政策环境较好、外债压力较大和政府支出较小的国家基础设施项目，目标国法律风险越大，政治越不稳定，多边开发银行参与支持的可能性越大。

综上可知，已有文献对私人资本参与基础设施投资 PPP 项目的影响因素、多边开发银行在基础设施中的作用及其决策的影响因素进行了较为全面和深入的分析，但专门研究私人资本参与非洲国家基础设施投资影响因素的文献较少。在已有文献基础上，基于世界银行 PPI 数据库 2000—2021 年数据，考虑多边开发银行是否参与、目标国的经济金融因素、政府约束情况、制度质量、项目属性等多方面因素对私人资本参与非洲国家基础设施项目投资的影响，以期为推动中国私人资本参与非洲国家基础设施建设、提升非洲国家基础设施质量提供有益的启示。

二、模型设定及数据处理

综合借鉴 Hammami（2006）、Basilio（2010）、叶芳（2017b）、仇娟东等（2021）的做法，考虑多边开发银行是否参与、目标国的经济金融因素、政府约束情况、制度质量、项目属性等多方面因素对私人资本参与非洲国家基础设施项目投资的影响，构建如下计量模型：

$$\ln invest_{it} = \beta_0 + \beta_1 MLS_{it} + \beta_2 EF_{it} + \beta_3 GOV_{it} + \beta_4 WGI_{it} + \beta_5 PRO_{it} + \varepsilon_{it} \tag{6-1}$$

各变量含义及处理如下：

（1）$\ln invest_{it}$ 是被解释变量，表示私人资本参与基础设施投资额的自然对数。

（2）EF_{it} 表示目标国经济金融因素，包括目标国的实际人均 GDP、人口规模、国际储备规模、以消费物价指数衡量的通货膨胀、金融发展程度等因素，其中实际人均 GDP、人口规模和国际储备规模均取自然对数，各因素分别表示为 $\ln gdppc_{it}$、$\ln pop_{it}$、$\ln reserve_{it}$、cpi_{it}、fd_{it}。

（3）GOV_{it} 表示政府约束变量，包括目标国对外债务占出口额的比重、一般性政府最终消费支出 GDP 的比重，分别表示为 $debt_{it}$、gov_{it}。

（4）WGI_{it} 表示制度质量，取世界银行 WGI 数据库中公众自由度、政治稳定性、政府监管质量、法制化水平、管理效能、控制腐败程度六个指标的平均值，表示为 wgi_{it}，该指标取值越大，国家制度质量越高。

（5）PRO_{it} 表示项目属性，包括四层含义：一是项目具体类别 $type_{it}$，按照私人资本承担的风险暴露等级分为签订管理与租赁合约、褐色土地工程、新建绿地项目和私有化四类，使用赋值方式表示项目的风险，其中签订管理与租赁合约赋值为 1，褐色土地赋值为 2，绿地项目赋值为 3，私有化赋值为 4，赋值越小，代表私人资本在 PPP 项目中承担的风险暴露程度就越小。二是政府担保级别 gcc_{it}，划分为中央政府、省级政府、省级以下当地政府三种级别，分别赋值为 1、2、3，政府级别为 NA 的赋值为 4，赋值越大，政府的担保级别就越低。三是项目信息是否公开 $pubdis_{it}$，公开赋值为 1，没有公开赋值为 0。四是项目是否为 PPP 项目 ppp_{it}，PPP 项目赋值为 1，非 PPP 项目赋值为 0。

主要变量描述性统计结果及数据来源如表 6－10 所示。

表 6－10 各变量描述性统计及数据来源

变量	观测值	均值	标准差	最小值	最大值	数据来源
$\ln invest_{it}$	570	4.46	1.461	0.41	8.52	世界银行 PPI 数据库
mls_{it}	672	0.32	0.466	0.00	1.00	
$\ln gdpp_{it}$	670	7.45	1.004	5.01	9.41	世界银行 WDI 数据库
$\ln pop_{it}$	672	17.05	1.292	11.35	19.17	
$\ln reserve_{it}$	574	22.64	1.862	16.79	26.03	
cpi_{it}	644	9.73	29.843	−9.62	513.91	

续表

变量	观测值	均值	标准差	最小值	最大值	数据来源
fd_{it}	669	0.14	0.351	0.00	1.00	IMF 的 IFS 数据库
gov_{it}	625	13.69	5.738	0.95	43.48	世界银行 WDI 数据库
$debt_{it}$	661	40.23	29.631	2.67	323.86	
wgi_{it}	672	-0.49	0.536	-2.22	0.88	世界银行 WGI 数据库
$type_{it}$	672	2.68	0.703	1.00	4.00	世界银行 PPI 数据库
ggc_{it}	672	1.46	1.026	1.00	4.00	
$pubdis_{it}$	672	0.00	0.055	0.00	1.00	
ppp_{it}	672	0.92	0.274	0.00	1.00	

三、实证结果分析

（一）基准回归结果分析

本节数据为2000—2021年非洲国家的非平衡面板数据。这些数据表现为每个国家基础设施项目涉及的年份不同，且各个年份涉及的项目数也存在差异，因此，按照混合样本数据进行回归。同时，考虑个体固定效应和时间固定效应，因此，采用LSDV（虚拟变量OLS回归）模型，并使用逐步回归法进行回归。基准回归结果如表6-11所示。可见，多边开发银行的支持对私人资本参与非洲国家基础设施投资具有显著的正向影响，相关系数在模型（1）至模型（4）中均通过了1%的显著性检验，即多边开发银行的支持有利于私人资本参与非洲国家基础设施建设。这是因为多边开发银行不仅为非洲国家基础设施项目提供直接的资金支持，还通过技术援助、咨询服务、风险担保等方式吸引私人资本共同参与基础设施投资（叶芳，2017b）。

经济金融变量中，金融发展程度的相关系数显著为正，即私人资本倾向于支持金融发展程度更高的非洲国家基础设施建设，这是因为金融发展程度越高，基础设施融资越规范和成熟，越容易吸引私人资本参与。人均GDP的影响在模型（4）中为负，且通过了10%的显著性检验，这是因为经济发展水平越低的国家基础设施越落后，基础设施发展需求越大，越需要私人资本参与。其他变量的影响则不显著。

表 6－11　基准回归结果

变量	(1)	(2)	(3)	(4)
mls_{it}	0.744*** (5.53)	0.815*** (5.25)	0.790*** (5.10)	0.746*** (4.84)
$\ln gdpp_{it}$		−0.097 (−0.22)	−0.753 (−1.51)	−0.855* (−1.73)
$\ln pop_{it}$		−0.360 (−1.22)	0.019 (0.05)	−0.103 (−0.29)
$\ln reserve_{it}$		0.235 (0.88)	0.029 (0.10)	0.114 (0.41)
cpi_{it}		−0.008 (−0.79)	−0.002 (−0.21)	−0.001 (−0.12)
fd_{it}		1.251** (2.37)	2.091*** (3.44)	2.401*** (3.97)
gov_{it}			−0.072* (−1.86)	−0.066* (−1.73)
$debt_{it}$			−0.007 (−1.10)	−0.012* (−1.77)
wgi_{it}			1.577** (2.42)	1.717*** (2.66)
$type_{it}$				0.343** (2.09)
ggc_{it}				−0.212*** (−3.05)
$pubdis_{it}$				1.559* (1.69)
ppp_{it}				−0.142 (−0.49)
_cons	4.163*** (9.60)	5.753 (0.86)	11.408 (1.39)	11.990 (1.44)
country	Yes	Yes	Yes	Yes
year	Yes	Yes	Yes	Yes
N	570	467	448	448
r2_a	0.218	0.238	0.246	0.276

注：（1）***、**、*分别表示在1%、5%、10%水平上显著；（2）括号中为 t 统计量。表6－12至表6－17相同。

政府及制度质量变量中，政府支出相关系数为负且通过10%的显著性检验，外债负担的影响为负，在模型（4）中通过10%的显著性检验。可见，政府支出越多、外债负担越重的国家，对基础设施项目的支持能力越有限，不利于吸引私人资本参与；制度质量的相关系数显著为正，这是因为良好的制度环境可以提升私人资本投资的效率，降低项目的风险，从而有利于吸引私人资本参与基础设施建设。

在项目属性的影响方面，基础设施项目本身的风险越大，私人资本越愿意参与投资，这是因为项目本身风险越大，相应的收益也会越高，私人资本在逐利驱动下，越有动力参与。而其他条件相同的情况下，项目的政府担保级别越低，私人资本参与的积极性也越低。项目信息是否公开也对私人资本参与基础设施投资具有重要的影响，私人资本倾向于支持信息有公开披露的基础设施项目。但项目是否为PPP模式对私人资本参与非洲基础设施投资则没有显著的影响。

（二）稳健性检验

采用如下方法对基准回归结果进行稳健性检验。

（1）替换被解释变量。借鉴仇娟东等（2021）的做法，将私人部门投资额替换为私人部门对基础设施项目实物资产投资额，使用与基准回归相同的方法进行回归，结果如表6-12所示。可见，多边开发银行支持、金融发展程度及项目本身的风险程度的影响均显著为正，外债负担的影响在模型（3）中显著为负，与基准回归结果基本一致。相对基准回归，表6-12中，基础设施项目是不是PPP项目，其影响是显著的，相对非PPP项目，私人资本更愿意参与PPP项目。

表6-12　替换因变量稳健性回归结果

变量	(1)	(2)	(3)	(4)
mls_{it}	0.762*** (4.42)	0.885*** (4.37)	0.914*** (4.44)	0.778*** (4.15)
$\ln gdpp_{it}$		0.334 (0.62)	-0.517 (-0.83)	-0.291 (-0.52)

续表

变量	(1)	(2)	(3)	(4)
$lnpop_{it}$		-0.454 (-1.25)	-0.359 (-0.82)	-0.486 (-1.23)
$lnreserve_{it}$		0.402 (1.28)	0.178 (0.52)	0.346 (1.11)
cpi_{it}		0.007 (0.59)	0.013 (0.99)	0.020* (1.76)
fd_{it}		0.447 (0.66)	1.555** (2.02)	1.175* (1.68)
gov_{it}			-0.072 (-1.48)	-0.056 (-1.27)
$debt_{it}$			-0.014* (-1.80)	-0.011 (-1.57)
wgi_{it}			1.231 (1.58)	0.663 (0.94)
$type_{it}$				1.363*** (8.83)
ggc_{it}				-0.007 (-0.08)
$pubdis_{it}$				1.540 (0.95)
ppp_{it}				2.987*** (8.47)
_cons	2.516*** (4.74)	-1.778 (-0.21)	10.842 (1.00)	0.770 (0.08)
country	Yes	Yes	Yes	Yes
year	Yes	Yes	Yes	Yes
N	616	504	479	479
r2_a	0.307	0.297	0.298	0.433

（2）替换样本。进一步使用撒哈拉以南非洲国家样本进行回归，结果如表6-13所示。可见，除政府支出、制度质量、项目本身的风险等变量不显著外，其他变量回归结果与基准回归结果一致。

表 6－13　撒哈拉以南非洲国家样本回归结果

变量	(1)	(2)	(3)	(4)
mls_{it}	0.729*** (5.07)	0.807*** (4.71)	0.753*** (4.38)	0.716*** (4.15)
$\ln gdpp_{it}$		−0.414 (−0.85)	−0.673 (−1.27)	−0.749 (−1.39)
$\ln pop_{it}$		2.712 (0.72)	2.749 (0.69)	2.928 (0.73)
$\ln reserve_{it}$		0.236 (0.78)	−0.076 (−0.24)	−0.014 (−0.04)
cpi_{it}		0.003 (0.27)	−0.002 (−0.22)	0.001 (0.11)
fd_{it}		1.056 (1.29)	2.442** (2.53)	2.361** (2.43)
gov_{it}			0.055 (1.17)	0.053 (1.12)
$debt_{it}$			−0.021** (−2.57)	−0.021** (−2.58)
wgi_{it}			0.221 (0.29)	0.242 (0.32)
$type_{it}$				0.256 (1.26)
ggc_{it}				−0.183** (−2.19)
$pubdis_{it}$				1.512* (1.66)
ppp_{it}				0.082 (0.25)
_cons	2.590*** (4.59)	−45.053 (−0.71)	−35.876 (−0.52)	−40.218 (−0.59)
country	Yes	Yes	Yes	Yes
year	Yes	Yes	Yes	Yes
N	460	358	341	341
r2_a	0.348	0.386	0.392	0.411

（3）考虑部门效应。本节所选 PPI 项目涉及能源、信息与通信、交通与水务等四个部门。基准回归主要考虑国家固定效应和时间固定效应，进一步考虑部门固定效应进行稳健性回归，结果如表6－14 所示。可见，政府支出、项目属性中政府担保和项目信息是否公开相关性不显著，其他变量回归结果和基准回归结果基本一致。

表6－14 考虑部门固定效应回归结果

变量	(1)	(2)	(3)	(4)
mls_{it}	0.690*** (5.30)	0.692*** (4.59)	0.678*** (4.51)	0.675*** (4.52)
$\ln gdpp_{it}$		−0.181 (−0.42)	−0.817* (−1.72)	−0.966** (−2.02)
$\ln pop_{it}$		−0.284 (−1.01)	0.037 (0.11)	−0.049 (−0.14)
$\ln reserve_{it}$		0.050 (0.19)	−0.201 (−0.75)	−0.072 (−0.27)
cpi_{it}		−0.011 (−1.16)	−0.005 (−0.59)	−0.004 (−0.46)
fd_{it}		1.113** (2.21)	2.093*** (3.61)	2.348*** (4.03)
gov_{it}			−0.036 (−0.98)	−0.046 (−1.23)
$debt_{it}$			−0.011* (−1.77)	−0.012* (−1.85)
wgi_{it}			1.662*** (2.68)	1.651*** (2.66)
$type_{it}$				0.423** (2.35)
ggc_{it}				−0.091 (−1.30)
$pubdis_{it}$				1.136 (1.27)

续表

变量	(1)	(2)	(3)	(4)
ppp_{it}				-0.334 (-0.95)
_cons	4.635*** (10.19)	9.865 (1.54)	17.259** (2.18)	15.606* (1.93)
country	Yes	Yes	Yes	Yes
year	Yes	Yes	Yes	Yes
sector	Yes	Yes	Yes	Yes
N	570	467	448	448
r2_a	0.296	0.310	0.322	0.337

（4）替换回归方法。多边开发银行的支持在私人资本参与基础设施投资中发挥了重要的作用。考虑到基准回归模型探讨多边开发银行的影响可能因样本的“自选择”与“反事实缺失”问题使估计存在偏误（仉娟东等，2021），进一步使用倾向匹配得分（PSM）法检验多边开发银行的支持对私人资本参与基础设施投资的影响，结果如表6-15所示。可见，多边开发银行对私人资本参与基础设施的影响与基准回归结果一致。其他影响因素作为控制变量后的影响与基准回归大部分一致。总体来看，基准回归结果大部分是稳健的，尤其是多边开发银行支持的影响在所有稳健性回归中均稳健。

表6-15　倾向匹配得分法回归结果

变量	(1)	(2)	(3)	(4)
mls_{it}	0.333* (1.87)	0.571*** (3.25)	0.598*** (3.40)	0.498*** (2.90)
$\ln gdpp_{it}$		0.232 (0.88)	-0.331 (-0.70)	-2.042** (-2.59)
$\ln pop_{it}$		-0.358 (-1.52)	0.240 (0.50)	-0.414 (-0.68)
$\ln reserve_{it}$		0.346* (1.72)	0.075 (0.19)	-0.173 (-0.36)

续表

变量	(1)	(2)	(3)	(4)
cpi_{it}		-0.006 (-0.73)	-0.021 (-1.18)	-0.023 (-0.82)
fd_{it}		-0.047 (-0.12)	2.377*** (2.98)	2.518** (2.59)
gov_{it}		-0.007 (-0.28)	0.012 (0.19)	-0.003 (-0.04)
$debt_{it}$		0.006 (1.14)	-0.002 (-0.29)	-0.024** (-2.03)
wgi_{it}		-0.091 (-0.35)	2.064** (2.32)	3.109*** (2.91)
$type_{it}$		0.079 (0.37)	-0.006 (-0.03)	0.010 (0.04)
ggc_{it}		-0.126 (-1.30)	-0.287*** (-2.66)	-0.311*** (-2.69)
_cons	4.654*** (39.75)	0.756 (0.32)	3.613 (0.55)	34.196*** (2.88)
country	No	No	Yes	Yes
year	No	No	No	Yes
N	249	249	249	249
r2_a	0.010	0.155	0.324	0.410

（三）异质性分析

1. 基于不同收入水平国家样本的异质性回归

考虑到私人资本参与非洲国家基础设施投资动力可能因为不同收入水平而存在差异，分别对低收入国家、中等收入国家①两组样本进行分析，结果如表6-16所示。

① 中等收入国家包括中等偏上（即中高收入）国家和中等偏下（即中低收入）国家。

表 6-16 不同收入水平国家样本异质性回归结果

变量	中等收入国家				低收入国家			
mls_{it}	0.772*** (4.73)	0.803*** (4.36)	0.801*** (4.38)	0.723*** (4.03)	0.719*** (2.92)	0.939*** (3.06)	0.969*** (3.07)	1.016*** (3.05)
$\ln gdpp_{it}$		-0.007 (-0.01)	-0.897 (-1.52)	-0.939 (-1.62)		-0.840 (-0.82)	-1.376 (-0.83)	-2.072 (-1.20)
$\ln pop_{it}$		-0.330 (-0.98)	0.707 (1.47)	0.571 (1.23)		4.652 (0.46)	1.288 (0.12)	3.288 (0.30)
$\ln reserve_{it}$		0.269 (0.87)	0.095 (0.30)	0.202 (0.65)		1.023 (1.27)	0.602 (0.49)	0.106 (0.08)
cpi_{it}		-0.004 (-0.36)	0.013 (1.15)	0.015 (1.42)		-0.057 (-1.23)	-0.069 (-1.44)	-0.070 (-1.45)
fd_{it}		1.187** (2.09)	2.091*** (3.21)	2.577*** (4.00)				
gov_{it}			-0.137*** (-2.76)	-0.121** (-2.49)			-0.011 (-0.11)	-0.000 (-0.00)
$debt_{it}$			-0.006 (-0.74)	-0.013 (-1.59)			-0.000 (-0.01)	-0.007 (-0.34)
wgi_{it}			3.400*** (3.29)	3.668*** (3.59)			0.396 (0.27)	1.239 (0.81)
$type_{it}$				0.429** (2.29)				-0.401 (-0.98)
ggc_{it}				-0.286*** (-3.64)				-0.028 (-0.16)
$pubdis_{it}$				1.496 (1.60)				
ppp_{it}				-0.126 (-0.39)				-1.512* (-1.98)
_cons	4.130*** (8.61)	3.662 (0.47)	0.890 (0.09)	0.639 (0.06)	4.128*** (5.11)	-63.482 (-0.35)	-16.289 (-0.10)	-28.084 (-0.18)
country	Yes	Yes	Yes	Yes	Yes	Yes	Yes	Yes
year	Yes	Yes	Yes	Yes	Yes	Yes	Yes	Yes
N	428	375	361	361	142	92	87	87
r2_a	0.170	0.163	0.196	0.247	0.280	0.282	0.243	0.258

可见，无论是中等收入国家还是低收入国家，多边开发银行的支持对私人资本参与基础设施投资均具有正向的影响。中等收入国家样本回归中，金融发展对私人资本的影响显著为正；政府因素中，政府支出越少的国家，政府财政负担越小，越能吸引私人资本参与；项目属性变量中，项目本身的风险越高，项目政府担保级别越高，越容易吸引私人资本参与。而低收入国家样本回归中，基础设施项目是否为 PPP 项目对私人资本的影响在 10% 的显著性水平下为负，即相对 PPP 项目，私人资本更倾向于支持非 PPP 项目，其他的因素则均不显著。因此，私人资本参与基础设施投资的影响因素在不同收入水平国家存在较大的差异性。

2. 基于 2008 年国际金融危机前后样本的异质性回归

由于 2008 年国际金融危机会使目标国投资环境恶化，投资风险提高，同时金融市场更加不稳定，从而影响包括商业银行在内的私人资本参与基础设施投资（仇娟东等，2021），因此，区分 2008 年国际金融危机前和危机后样本进行异质性回归，结果如表 6 – 17 所示。

表 6 – 17 2008 年国际金融危机前后样本异质性回归结果

变量	2008 年国际金融危机前				2008 年国际金融危机后			
mls_{it}	0.740 **	0.706 **	0.720 **	0.799 **	0.721 ***	0.816 ***	0.819 ***	0.692 ***
	(2.40)	(2.02)	(2.01)	(2.28)	(4.90)	(4.92)	(4.83)	(4.11)
$\ln gdpp_{it}$		−0.748	−1.334	−1.075		−0.686	−0.822	−1.281 *
		(−0.73)	(−1.11)	(−0.89)		(−1.06)	(−1.16)	(−1.79)
$\ln pop_{it}$		0.273	0.244	−0.029		−1.126 ***	−0.747	−0.938
		(0.37)	(0.23)	(−0.03)		(−2.72)	(−1.07)	(−1.37)
$\ln reserve_{it}$		−0.436	−0.459	−0.230		0.760 *	0.615	0.665
		(−0.71)	(−0.70)	(−0.34)		(1.85)	(1.38)	(1.53)
cpi_{it}		0.000	0.010	0.017		−0.042 *	−0.048 *	−0.058 **
		(0.02)	(0.60)	(1.10)		(−1.79)	(−1.92)	(−2.37)
fd_{it}		2.397 **	2.724 **	3.501 ***		1.915 **	1.257	
		(2.14)	(2.13)	(2.71)		(2.22)	(0.67)	
gov_{it}			−0.130	−0.118			−0.050	−0.048
			(−1.40)	(−1.28)			(−0.87)	(−0.86)

续表

变量	2008 年国际金融危机前				2008 年国际金融危机后			
$debt_{it}$			-0.014 (-0.88)	-0.019 (-1.22)			0.004 (0.37)	0.000 (0.04)
wgi_{it}			0.168 (0.09)	0.011 (0.01)			0.595 (0.47)	0.792 (0.63)
$type_{it}$				0.452* (1.69)				0.253 (1.15)
ggc_{it}				-0.296* (-1.71)				-0.309*** (-3.84)
$pubdis_{it}$				2.024 (1.46)				1.618 (1.34)
ppp_{it}				-0.043 (-0.10)				-0.015 (-0.03)
_cons	4.764*** (8.51)	16.173 (1.10)	23.805 (1.17)	20.267 (0.99)	4.844*** (11.22)	10.981 (1.12)	10.522 (0.91)	16.281 (1.42)
country	Yes	Yes	Yes	Yes	Yes	Yes	Yes	Yes
year	Yes	Yes	Yes	Yes	Yes	Yes	Yes	Yes
N	175	152	144	144	395	315	304	304
r2_a	0.298	0.299	0.305	0.350	0.219	0.277	0.242	0.282

可见，无论是2008年国际金融危机前还是危机后，多边开发银行参与对私人资本进行基础设施投资均具有显著的正向影响。不同的是：2008年国际金融危机前，私人资本参与基础设施投资的其他主要影响因素为目标国的金融发展水平和项目本身的风险及政府担保级别；2008年国际金融危机后，私人资本主要倾向于投资通货膨胀率较低及政府级别较高的非洲国家基础设施项目。可见，金融危机后，私人资本更注重投资的安全性。

四、结论

基于世界银行PPI数据库2000—2021年54个非洲国家的非平衡面板数据，使用LSDV回归模型实证分析私人资本参与非洲国家基础设施投资的影响因素，通过替换被解释变量、改变样本容量、考虑部门效应、替换回归方法等进行稳健性检验，同时基于不同收入水平国家和2008年国际金融危机前后样本进行异质性分析，得出主要结论如下。

第一，多边开发银行支持是私人资本参与非洲国家基础设施投资的重要影响因素。多边开发银行对私人资本参与非洲国家基础设施的投资额具有显著的正向影响，私人资本倾向于投资有多边开发银行参与的基础设施项目，这是因为多边开发银行可以为私人资本参与基础设施投资提供技术援助、咨询服务、风险担保等服务，吸引私人资本参与。

第二，金融发展程度、人均GDP等经济金融因素和政府支出、外债负担、制度质量等政府及其治理因素对私人资本参与基础设施项目具有显著的影响。其中，私人资本倾向于支持金融发展程度较高、人均GDP较低、制度质量较好的非洲国家基础设施投资项目，政府支出越多、外债负担越重的国家则不利于吸引私人资本参与。

第三，项目属性因素是私人资本参与投资基础设施项目考虑的因素。私人资本在逐利驱动下，越有动力参与风险程度较高的项目，而其他条件不变时，基于安全性考虑，私人资本更愿意参与政府担保级别越高的项目和信息有公开披露的基础设施项目。但项目是否为PPP模式对私人资本参与非洲基础设施投资则没有显著的影响。

第四，私人资本参与非洲国家基础设施建设的影响因素因不同收入水平国家样本和2008年国际金融危机前后不同阶段样本存在异质性。多边开发银行参与对私人资本投资的影响在所有样本回归中均显著为正。但不同的是，对中等收入国家，私人资本倾向于支持金融发展程度较高、政府支出较少、项目本身的风险较高、政府担保级别较高的基础设施项目，而低收入国家，私人资本更倾向于支持非PPP基础设施项目。2008年国际金融危机前，私人资本倾向于支持金融发展程度高、项目本身风险高、政府担保级别高的基础设施项目，而2008年国际金融危机后，私人资本主要考虑通货膨胀低的国家和政府担保级别高的基础设施项目，相对危机前更注重项目的安全性。

第三节　中国和非洲国家金融包容性的影响因素——基于世界银行 Global Findex 微观个体数据的比较分析

中国和非洲同为发展中经济体，在推动金融包容性发展方面有着共同的意愿与诉求。中国从 2006 年引入普惠金融的概念以来，已经将推进普惠金融发展提升为国家层面的战略目标，并在一系列政策推动下取得了较大的进展；非洲国家也积极推动金融包容性发展战略，如金融包容性发展已经成为肯尼亚 2030 战略愿景的重要部分，乌干达、赞比亚等国也在 2018 年提出金融包容性发展战略①。尽管如此，中国和非洲国家仍然存在大量的群体无法以可负担的成本获得金融服务而丧失发展的机会，因此推动金融包容性发展依然任重道远。2018 年中非合作论坛上，习近平主席强调，中国愿同非洲国家共同打造符合国情、包容普惠、互利共赢的高质量发展之路，共同走上让人民生活更加美好的幸福之路②。为实现中非高质量发展、人民生活更加美好的目标，中非合作推动金融包容性发展将是重要的突破口。那么，作为金融包容性发展惠及的微观主体之一的“人民”，哪些更可能被排斥在金融服务之外，个体特征对中国和非洲国家金融包容性的影响是否存在差异，如何在中非合作框架下推进中非金融包容性发展以实现中非人民生活更加美好的目标，对这些问题的思考和研究具有重要的理论和现实意义。

一、文献综述

一些学者研究了影响金融包容性的国家特征因素。基于国家层面的面板数据，Alber（2019）研究发现，人均 GDP 对金融包容性有显著的正向影响，而 GDP 增长率、利差的影响显著为负，通货膨胀率则没有显著影响；Wokabi

① 对于金融包容（Financial Inclusion），国内更多使用“普惠金融”进行表述，尽管两者的内涵存在一定差异（田霖，2020），本文不进行严格区分，且主要使用“金融包容”一词，涉及国内相关政策或文献，仍保留其“普惠金融”的表述。

② 南方日报．打造互利共赢的高质量发展之路［EB/OL］．https://www.sohu.com/a/251756079_161794.

和 Fatoki（2019）指出，农村人口、收入是中部非洲五国金融包容性的重要决定因素，而利率、失业率对金融包容性影响不显著；Sha'ban 等（2019）探讨了宏观经济因素、技术和基础设施、制度质量、银行市场状况以及性别、交易、健康等社会因素对金融包容性的影响；Dattaa 和 Singh（2019）在探讨金融包容性与人类发展指数关系基础上，分析了人均国民总收入、15～64 岁人口百分比、初中净入学率、出生时预期寿命及城市人口占比对世界各国金融包容性的影响；万千等（2020）也比较了金融包容性和人类发展指数关系，分析社会经济、基础设施、银行业发展等因素对 G20 国家金融包容性的影响；邹旭鑫等（2019）则指出，腐败主要通过提高贷款利率、提高企业融资难度、增加贷款规模等途径影响金融包容性，不利于金融服务的包容性发展，但有利于提高金融服务可得性。Okoroafor 等（2018）基于尼日利亚时间序列数据的研究表明，人均 GDP、广义货币量、每 100 人中的信贷和互联网用户对金融包容性具有显著的正向影响。Cicchiello 等（2021）基于亚洲和非洲最不发达经济体面板数据的研究发现，经济增长可以提升金融包容性，失业率和识字率是促进金融包容性的重要因素。Dutta 等（2022）也指出识字率可以提高金融包容性。Bongomin 等（2020）强调金融中介机构在金融素养和金融包容性之间的中介作用，指出小额信贷银行等金融中介机构的存在提高了金融知识水平，扩大了乌干达农村穷人的金融包容性。

一些学者研究了影响金融包容性的个体特征因素，结果表明，更富有、受教育程度更高、年龄更大、男性个体的金融包容性更强，且年龄与金融包容性呈非线性，而金融包容性的障碍性因素也因不同个体特征存在差异（Fungáčová 和 Weill，2015；Zins 和 Weill，2016；Fungáčová 和 Weill，2016）。Issouf 等（2015）指出，中非和西非个体获得正规金融的机会主要取决于性别、受教育程度、年龄、收入、居住面积、就业状况、婚姻状况、家庭规模和对金融机构的信任程度等因素，但中非和西非在获得资金的若干重要决定因素上与整个非洲区域不同。Lanie（2017）发现被调查者的年龄、性别、就业状况、受教育程度和收入等变量都是影响西非经济货币联盟金融包容性的因素，受教育程度和收入则是金融包容性障碍的主要影响因素。Tuesta 等（2015）指出，阿根廷个体的受教育程度、收入和年龄是其是否拥有账户、信用卡和借记卡、正规信贷和电子支付等金融产品的重要影响因素，同时影响非自愿性金融排斥的因素主要是个体的收入和年龄。一些学者强调性别对金融包容性的影响。大部分研究表明，金融包容性存在显著的性别差异，通常女性获得正规金融服务的机会要低于男性（Malapit，2012；Rajeev 和 Bhattacharjee，2015），但部分国家或区域，女性更有可能获得非正规金融服务（Demirguc 等，2013；Aterido 等，2013；Ghosh 和 Vinod，2017；Kairiza 等，2017）。Beck 等（2015）研究了小额信贷中利率的性别差异，指出与异性贷款官员匹配的借款人平均支付的利率比与同性贷款官员匹配时高出 26 ~28 个基点。Haider 等（2018）使用巴基斯坦的调查数据分析了接受伊斯兰手机银行意图的性别差异，指出女性比男性更容易缺乏金融包容性。Coulibaly（2022）基于科特迪瓦 2017 年的 Global Findex 数据研究表明，较富裕、受教育程度较高、劳动中的个人更可能拥有移动账户，但在使用的活跃性方面，妇女和劳动力之外的个人使用更多。Motta 和 Farias（2022）基于拉丁美洲的数据研究结果表明，收入水平和教育水平与金融包容性正相关。Tinta 等（2022）研究非洲国家金融包容性的影响因素，结果表明：个人特征、正式会计障碍、金融素养和创新是决定使用传统账户还是移动账户的条件；非正规储蓄在妇女、青年和农村地区很常见，而正规储蓄在男子、老年人和城市地区占主导地位；高水平的教育和收入个体、老年人则基于利率原因转向正规储蓄。

在金融包容性其他影响因素方面，Sayed 和 Shusha（2019）基于商业银行 470 名经理的问卷调查数据，研究获得金融服务的可得性、使用性及金融知识水平对埃及金融包容性的影响，并强调宗教因素在金融服务消费中的作用。一些学者强调金融知识对金融包容性的影响，指出金融知识有利于金融决策（Lusardi 和 Mitchell，2014）和改善金融行为（Kaiser 和 Menkhoff，2017），从而提升金融包容性（Akileng 等，2018；Grohmann，2018）。Arner 等（2020）、Bazarbash（2019）、Singh 等（2014）强调金融科技对金融包容性的推动作用。Sioson 和 Kim（2019）指出金融科技可以缩小金融包容性的性别差距，但 Tok 和 Heng（2022）则认为仅靠金融科技可能不足以缩小获得金融服务的性别差距。Gabor 和 Brooks（2017）指出数字革命为金融包容性的物质文化增加了新的层次。但金融科技作为减贫工具存在局限性（Bernards，2019）；大数据可能会减少信贷市场负面偏见的影响，但也可能会降低旨在保护少数群体的现有政策的效力（Philippon，2019）。Rousset 等（2021）则指出，没有证据表明金融科技的发展支持拉丁美洲和加勒比地区金融包容性的提升。

国内学者对中国金融包容性（普惠金融）的影响因素进行了较多的研究。在中国普惠金融整体发展方面，孙英杰和林春（2018）研究指出，政府干预、经济发展水平、人力资本质量与普惠金融发展具有正向关系，市场化及信息化水平则与其存在负向关系，且这些因素的影响具有区域差异性；吴金旺等（2018）指出，数字普惠金融存在显著的空间聚集性，其中，经济发展水平、网络消费水平等外部因素有利于推动各省数字普惠金融发展；杨望等（2020）认为，经济发展水平、交通便利程度、居民受教育水平、城市化程度等均是普惠金融发展的重要影响因素。对于农村普惠金融，张珩（2017）基于陕西省农村信用社数据研究指出，城乡收入差距、产业结构、竞争环境、投资环境、政府财政支出等因素是农村普惠金融发展的重要影响因素；陈银娥等（2020）指出，农村金融环境、农村经济发展、城乡收入比等因素促进农村普惠金融发展，而城镇化则阻碍农村普惠金融发展，且这些因素的影响存在空间差异；蒋庆正等（2019）基于中国 15 个省市数据，研究发现收入水平、城镇化及教育水平对农村地区数字普惠金融具有正向影响，而少数民族人口占比、存款贷款比例的影响为负；粟芳等（2020）基于“千村调查”数据，指出农村互联网用户的互联网习惯对互联网普惠金融具有正向影响，政府行为则通过改变网户习惯间接影响互联网金融普惠；谢汶磊（2019）探讨了农村数字普惠金融县域差异的影响因素。基于中国家庭微观数据，张号栋和尹志超（2016）、周洋和王维昊等（2018）、周洋和任柯蓁等（2018）则分别分析了金融知识、家庭财富、认知水平对中国家庭金融排斥的影响。在比较中国和其他国家金融包容性发展基础上，郭田勇和丁潇（2015）指出，普惠金融的影响因素包括经济发展水平、人口地理因素、结构性因素、信息化水平、居民金融意识及信贷资源价格等，其对发达经济体和发展中经济体普惠金融影响存在差异；范香梅和廖迪（2017）分析了收入水平、教育程度、通信技术、政策等对各国金融包容性的影响，并探讨这些因素对金融包容性不同维度和不同金融包容度国家影响的差异性。张玉（2022）基于“一带一路”共建国家数据的研究指出，人口密度、传统基础设施及政府支出、产业结构对“一带一路”共建国家普惠金融的发展具有显著的促进作用，但这些因素的影响程度依次降低。陈银娥等（2022）则探讨了货币政策对普惠金融发展的影响。

综上所述，已有文献从国家特征、个体特征、金融科技等方面较为全面、深入地探讨了包括非洲国家在内的不同国家或区域金融包容性的影响因素，但非洲国家相关研究主要基于单个国家或者区域层面，鲜有基于金融合作视角比较分析非洲国家与其区域外国家金融包容性影响因素的文献。国内学者基于省级、市（县）域数据及其他调查数据对中国普惠金融整体及农村普惠金融发展的影响因素也进行了大量的研究，但基于世界银行 Global Findex 微观数据探讨个体特征对金融包容性影响的文献较少，且鲜有文献基于中非合作背景比较中国和非洲国家金融包容性的影响因素。鉴于此，本章使用世界银行 2021 年 Global Findex 数据库微观数据，借鉴 Fungácová 和 Weill（2015）、Zins 和 Weill（2016）的做法，比较分析个体特征对中国和非洲国家金融包容性的影响，以期为中非金融合作提供有益的启示。本章的实证研究从正规金融、非正规金融、移动金融三个方面探讨中国和非洲国家微观个体金融包容性情况。在 Fungácová 和 Weill（2015）、Zins 和 Weill（2016）计量模型基础上，本章分析微观个体就业状态对金融包容性的影响及手机普及情况对移动金融使用的影响及个体特征对中国和非洲国家金融包容性影响，进而探讨了中非合作推进金融包容性发展的空间和对策。

二、实证分析

（一）计量模型构建及数据处理

根据已有文献可知，影响金融包容性的个体特征因素包括个体的性别、年龄、受教育程度、收入水平、就业情况等。在 Fungácová 和 Weill（2015）、Zins 和 Weill（2016）考虑性别、年龄、受教育程度、收入水平等因素的计量模型基础上，进一步考虑微观个体就业状态对金融包容性的影响，构建如下计量模型：

$$Y_i = \alpha + \beta_1 female_i + \beta_2 age_i + \beta_3 age_i^2 + \beta_4 edu_i + \beta_5 incq_i + \beta_6 emp_i + \varepsilon_i \tag{6-2}$$

式中，Y_i 为因变量，表示金融包容性的相关指标，具体包括正规金融包容性相关指标、非正规金融包容性相关指标及移动金融使用相关指标等。衡量正规金融包容性的常用指标有金融账户拥有情况、在金融机构储蓄情况和信贷情况，同时将金融账户分为金融机构账户和移动货币账户，以对比分析两者的影响是否存在差异。非正规金融包容性相关指标涉及在非正规机构储蓄、向非正规机构借款、向朋友或家人借款等。移动金融的使用相关指标包括通过手机或互联网使用金融机构账户、进行账户余额查询及使用数字收付等。$female_i$、age_i、edu_i、$incq_i$、emp_i 为微观个体特征变量，分别表示性别、年龄、受教育水平、收入水平、就业状态。考虑个体年龄对金融包容性的影响可能为非线性的，模型加入了年龄的平方项 age_i^2。考虑手机普及率对移动金融使用的影响，相关模型还引入个体手机拥有情况变量 $mobowner_i$。各变量含义如表 6－18 所示。ε_i 为随机扰动项。

本节数据为 2021 年中国和 40 个非洲国家的横截面数据，数据来源于世界银行 2021 年全球金融包容性指数数据库（Global Findex）中的微观数据。除年龄、受教育水平和收入水平外，主要变量均取 0 或 1 的虚拟变量，各变量处理如表 6－18 所示。

表 6－18　各变量含义和取值

含义	变量	取值
解释变量（个体特征变量）		
性别	$female_i$	女性＝1，男性＝0
年龄	age_i	个体年龄（15 岁以上）
	age_i^2	年龄的平方
受教育水平（按初等及以下、中等、高等及以上划分）	edu_i	完成初等教育及以下教育＝1，完成中等教育＝2，完成高等以上教育＝3
收入水平（分为 5 个层次，每个层次按 20% 的分位数划分，第一层次收入最低，第五个层次收入最高）	$incq_i$	收入水平为最低的 20%＝1，收入水平位于第二个 20%＝2，收入水平位于第三个 20%＝3，收入水平位于第四个 20%＝4，收入水平位于第五个 20%＝5

续表

含义	变量	取值
就业情况	$empin_i$	就业取值为1，否则为0
手机拥有情况	$mobowner_i$	拥有手机取值为1，否则为0
因变量		
正规金融包容性主要指标	$account_i$	拥有金融账户 =1，否则为0
	$accountfin_i$	拥有金融机构账户 =1，否则为0
	$accountmob_i$	拥有移动货币账户 =1，否则为0
	$fin17a_i$	过去一年有在金融机构储蓄 =1，否则为0
	$fin22a_i$	过去一年有向金融机构借款 =1，否则为0
非正规金融包容性相关指标	$fin17b_i$	过去一年在非正规储蓄机构储蓄 =1，否则为0
	$fin22b_i$	过去一年从朋友或家人处借款 =1，否则为0
	$fin22c_i$	过去一年从非正规储蓄机构借款 =1，否则为0
移动金融使用相关指标	$fib5_i$	用手机或互联网获得金融机构账户 =1，否则为0
	$fin6_i$	用手机或互联网查询账户余额 =1，否则为0
	$digpayment_i$	使用过数字收付 =1，否则为0

（二）中非金融包容性发展情况

表6－19为金融包容性相关指标描述性统计结果，显示了中国和非洲国家金融包容性发展情况，同时加入世界金融包容性平均水平，以进一步比较分析中非金融包容性水平。

表6－19　主要变量描述性统计结果

变量	非洲			中国			世界		
	观测值	均值	标准差	观测值	均值	标准差	观测值	均值	标准差
$female_i$	41067	0.47	0.499	3500	0.53	0.499	143887	0.47	0.499
age_i	41023	34.44	14.856	3446	35.46	11.798	143420	41.06	17.343
age_i^2	41023	1407.10	1273.097	3446	1396.22	964.049	143420	1986.44	1617.653
edu_i	41067	1.64	0.644	3500	2.16	0.743	143887	1.97	0.724
$incq_i$	41067	3.24	1.437	3500	3.28	1.346	143887	3.23	1.420
$empin_i$	41067	0.68	0.465	3500	0.00	0.000	143887	0.64	0.479
$mobowner_i$	41067	0.77	0.421	3500	1.00	0.000	143887	0.88	0.324
$account_i$	41067	0.53	0.499	3500	0.95	0.228	143887	0.71	0.454

续表

变量	非洲			中国			世界		
	观测值	均值	标准差	观测值	均值	标准差	观测值	均值	标准差
$accountfin_i$	41067	0.37	0.484	3500	0.95	0.228	143887	0.66	0.475
$accountmob_i$	39065	0.34	0.474				82706	0.26	0.439
$fin17a_i$	41067	0.15	0.355	3500	0.54	0.499	143887	0.28	0.451
$fin17b_i$	41067	0.22	0.414	3500	0.06	0.240	114281	0.13	0.331
$fin22a_i$	41067	0.08	0.270	3500	0.21	0.407	143887	0.12	0.331
$fin22b_i$	41067	0.39	0.488	3500	0.23	0.421	143887	0.27	0.442
$fin22c_i$	8996	0.43	0.495	215	0.04	0.201	14342	0.36	0.480
$fin5_i$	13730	0.39	0.489	3248	0.84	0.363	89082	0.58	0.493
$fin6_i$	13730	0.47	0.499	3248	0.83	0.377	89082	0.64	0.479
$digpayment_i$	41067	0.47	0.499	3500	0.93	0.248	143887	0.65	0.477

第一，在正规金融包容性方面。非洲国家成年人平均拥有金融账户的比例为53%，低于中国的95%和世界平均的71%；非洲拥有金融机构账户的比例为37%，也低于世界平均值66%；在移动货币账户[①]方面，非洲平均拥有率为34%，高于世界平均值26%。可见，非洲金融账户拥有率相对较低，但移动货币账户拥有率方面则取得了一定的进展。中国成年人拥有的金融账户主要为金融机构账户，其拥有率高于世界平均水平。在储蓄行为中，非洲国家个体在金融机构储蓄的比例为15%，低于世界平均值28%，中国的比例则为54%，高于世界平均水平；在信贷行为中，个体在金融机构贷款的比例，非洲国家的比例为8%，中国的比例为21%，世界平均水平为12%，可见，非洲国家、中国微观个体均较难获得正规金融信贷支持。

第二，在非正规金融包容性方面。非洲国家整体的非正规金融包容性高于中国和世界平均水平。非洲国家个体在非正规机构储蓄比例为22%，而中国和世界平均值则分别为6%和13%；非正规信贷中，非洲国家个体从朋友或亲人处借款的比例为39%，中国和世界平均值分别为23%和27%；从非正

① 非洲移动货币账户主要由移动网络运营商提供，无须与金融机构账户挂钩，而中国移动金融服务账户除银行的手机银行业务外，支付宝、微信等第三方支付服务也与银行账户关联，故中国的个体拥有账户均视为金融机构账户。

规机构借款的比例，非洲为43%，世界平均值为36%，而中国仅为4%。

第三，在移动金融使用方面。通过手机或互联网获得金融机构账户的比例，非洲国家仅为39%，世界平均为58%，而中国的比例则为84%，远高于非洲和世界平均水平；通过手机或者互联网进行账户余额查询的人口比例，非洲为47%，中国为83%，世界的平均值为64%；使用数字收付的比例，非洲为47%，中国为93%，世界为65%，中国在移动金融服务的使用方面走在了非洲前面，位于世界前列。

（三）实证结果分析

为全面考察个体特征对中国和非洲国家金融包容性的影响，从正规金融包容性（金融账户、金融机构账户、移动货币账户拥有情况、金融机构储蓄和信贷情况）、非正规金融包容性、移动金融使用等三方面进行分析。由于因变量均为二元虚拟变量，故采用 Probit 模型进行回归。相关回归结果如表6－20至表6－25 所示。

1. 个体特征对正规金融包容性影响分析

表6－20 显示，在非洲国家，女性获得正规金融服务可能性均高于男性，无论是金融机构账户、移动货币账户和所有金融账户，还是在金融机构的储蓄和借贷方面，相关系数均为正，且通过了1%或5%的显著性检验。这主要是因为，近年来金融科技的发展，使女性可以获得更合理且相对男性更高的信用评估，更容易获得信贷服务，同时金融科技的发展减少了女性获得金融服务的阻碍，提升了其获得储蓄和其他金融服务的能力，也有利于提高女性的自主性和在家庭中的地位，进一步激发了女性的金融服务需求，也即金融科技缩小了金融包容性的性别差距（Sioson 和 Kim，2019）。年龄对正规金融包容性的影响是非线性的，在一定范围内，随着年龄的增加，获得正规金融服务的可能性增加，但超过一定年龄后，年龄越大越可能被排斥在正规金融服务之外，相关系数均通过了1%的显著性检验，即老年人和年轻人更容易被排斥在正规金融服务之外。受教育水平越低、收入越低的个体越可能被排斥在正规金融服务之外，相关系数均通过了1%的显著性检验。就业个体相对失业个体更容易获得正规金融支持，相关系数在1%显著性水平下显著，这是因

表 6 – 20 个体特征对非洲国家正规金融包容性影响回归结果

变量	$account_i$	$accountfin_i$	$accountmob_i$	$fin17a_i$	$fin22a_i$	$account_i$	$accountfin_i$	$accountmob_i$	$fin17a_i$	$fin22a_i$
$female_i$	0. 177 ***	0. 195 ***	0. 086 ***	0. 162 ***	0. 042 **	0. 099 ***	0. 122 ***	0. 034 **	0. 104 ***	0. 019
	(13. 63)	(14. 75)	(6. 34)	(10. 14)	(2. 22)	(7. 36)	(8. 91)	(2. 46)	(6. 29)	(1. 00)
age_i	0. 033 ***	0. 040 ***	0. 023 ***	0. 028 ***	0. 033 ***	0. 033 ***	0. 038 ***	0. 021 ***	0. 023 ***	0. 032 ***
	(16. 52)	(18. 93)	(10. 15)	(10. 63)	(10. 13)	(15. 76)	(17. 46)	(9. 05)	(8. 28)	(9. 65)
age_i^2	–0. 000 ***	–0. 000 ***	–0. 000 ***	–0. 000 ***	–0. 000 ***	–0. 000 ***	–0. 000 ***	–0. 000 ***	–0. 000 ***	–0. 000 ***
	(–14. 75)	(–14. 97)	(–13. 11)	(–9. 12)	(–9. 14)	(–11. 39)	(–11. 07)	(–10. 72)	(–5. 57)	(–8. 33)
$incq_i$	0. 175 ***	0. 162 ***	0. 148 ***	0. 195 ***	0. 084 ***	0. 117 ***	0. 099 ***	0. 104 ***	0. 137 ***	0. 061 ***
	(39. 07)	(35. 36)	(31. 22)	(33. 56)	(12. 66)	(24. 70)	(20. 51)	(20. 90)	(22. 56)	(8. 91)
$empin_i$	0. 423 ***	0. 325 ***	0. 402 ***	0. 386 ***	0. 345 ***	0. 439 ***	0. 328 ***	0. 407 ***	0. 384 ***	0. 338 ***
	(29. 60)	(21. 78)	(25. 72)	(19. 78)	(14. 93)	(29. 75)	(21. 29)	(25. 60)	(19. 09)	(14. 50)
edu_i						0. 711 ***	0. 693 ***	0. 455 ***	0. 548 ***	0. 199 ***
						(58. 92)	(57. 85)	(38. 27)	(39. 97)	(12. 84)
_ cons	–1. 517 ***	–2. 034 ***	–1. 526 ***	–2. 670 ***	–2. 610 ***	–2. 519 ***	–2. 996 ***	–2. 115 ***	–3. 348 ***	–2. 857 ***
	(–37. 60)	(–47. 96)	(–34. 64)	(–48. 94)	(–40. 45)	(–55. 40)	(–63. 36)	(–44. 55)	(–57. 03)	(–42. 16)
N	41023	41023	39023	41023	41023	40777	40777	38781	40777	40777
r2_ p	0. 06	0. 06	0. 05	0. 07	0. 03	0. 13	0. 12	0. 08	0. 12	0. 04

注：(1) ***、**、* 分别表示在 1%、5%、10% 水平上显著；(2) 括号中为 t 统计量。表 6 – 21 至表 6 – 31 相同。

为除相对非就业个体可能具有较多的收入外，就业个体有更多的金融服务需求，如需要通过金融账户获得工资并进行储蓄等。整体来看，个体特征对非洲国家正规金融包容性主要指标的影响一致。

表6－21显示，中国正规金融包容性同样存在性别差异，女性获得正规金融服务的可能性更大。对正规金融的包容性与年龄也存在非线性关系，年龄越大的个体获得金融服务的可能性越高，但超过一定年龄后，年龄影响方向相反，且相关系数通过了1%的显著性检验。收入水平和教育水平除对个人借款的影响不显著，对个人获得其他金融服务的影响均显著为正。

表6－21　个体特征对中国正规金融包容性影响回归结果

变量	$account_i$	$accountfin_i$	$fin17a_i$	$fin22a_i$	$account_i$	$accountfin_i$	$fin17a_i$	$fin22a_i$
$female_i$	0.188 **	0.188 **	0.060	0.523 ***	0.267 ***	0.267 ***	0.091 **	0.521 ***
	(2.54)	(2.54)	(1.38)	(10.28)	(3.44)	(3.44)	(2.06)	(10.19)
age_i	0.089 ***	0.089 ***	0.055 ***	0.127 ***	0.096 ***	0.096 ***	0.056 ***	0.127 ***
	(6.91)	(6.91)	(5.66)	(8.52)	(7.21)	(7.21)	(5.76)	(8.44)
age_i^2	-0.001 ***	-0.001 ***	-0.001 ***	-0.002 ***	-0.001 ***	-0.001 ***	-0.001 ***	-0.002 ***
	(-7.94)	(-7.94)	(-5.60)	(-9.00)	(-7.63)	(-7.63)	(-5.23)	(-8.92)
$incq_i$	0.143 ***	0.143 ***	0.163 ***	-0.002	0.075 ***	0.075 ***	0.124 ***	-0.000
	(5.28)	(5.28)	(9.97)	(-0.12)	(2.60)	(2.60)	(7.22)	(-0.01)
edu_i					0.483 ***	0.483 ***	0.264 ***	-0.013
					(8.05)	(8.05)	(7.82)	(-0.34)
_cons	-0.363	-0.363	-1.474 ***	-3.169 ***	-1.403 ***	-1.403 ***	-2.030 ***	-3.126 ***
	(-1.34)	(-1.34)	(-7.51)	(-11.16)	(-4.50)	(-4.50)	(-9.64)	(-10.69)
N	3446	3446	3446	3446	3432	3432	3432	3432
r2_p	0.08	0.08	0.03	0.06	0.13	0.13	0.04	0.06

注：由于中国问卷调查对象所有人都属于非就业状态，造成多重共线性问题，因此不对此变量进行回归。

2. 个体特征对非正规金融包容性影响分析

对于非洲国家，在非正规储蓄方面，如表6－22所示：相对男性，女性在非正规机构储蓄的可能性更小；非正规储蓄与年龄呈非线性特征，年龄越大的个体在非正规机构储蓄可能性越大，但超过一定的临界值后，随着年龄的增长，在非正规机构储蓄可能性降低；收入越低的个体，在非正规机构储蓄越少；就业有利于增加非正规储蓄；教育水平对非正规储蓄的影响不显著。在非正规借款方面，相对男性，女性更可能向家庭或朋友借款，而较少获得非正规机构借款；非正规借款与年龄呈非线性关系，在一定临界值内，年龄越大者越容易获得非正规借款支持；收入越低的个体，获得非正规机构借款的可能性更大，但考虑受教育水平后，收入水平的影响不显著；收入水平对获得家人或朋友借款的影响不显著；受教育程度较高的人越可能向家人或朋友借款，而较少向非正规金融机构借款；就业者相对失业者更容易获得非正规金融支持。

表 6－22　个体特征对非洲国家非正规金融包容性影响回归结果

变量	$fin17b_i$	$fin22b_i$	$fin22c_i$	$fin17b_i$	$fin22b_i$	$fin22c_i$
$female_i$	−0.270***	0.078***	−0.125***	−0.270***	0.074***	−0.108***
	(−18.66)	(6.05)	(−4.52)	(−18.50)	(5.67)	(−3.89)
age_i	0.028***	0.021***	0.025***	0.028***	0.021***	0.027***
	(11.48)	(9.82)	(5.10)	(11.43)	(9.91)	(5.45)
age_i^2	−0.000***	−0.000***	−0.000***	−0.000***	−0.000***	−0.000***
	(−11.62)	(−12.85)	(−4.63)	(−11.55)	(−12.81)	(−5.13)
$incq_i$	0.070***	0.004	−0.023**	0.070***	−0.000	−0.013
	(14.08)	(0.84)	(−2.36)	(13.60)	(−0.03)	(−1.28)
$empin_i$	0.425***	0.253***	0.175***	0.424***	0.250***	0.167***
	(25.42)	(17.50)	(5.05)	(25.28)	(17.25)	(4.83)
edu_i				0.004	0.035***	−0.101***
				(0.29)	(3.16)	(−4.31)
_cons	−1.674***	−0.766***	−0.671***	−1.680***	−0.815***	−0.570***
	(−35.64)	(−18.78)	(−7.03)	(−34.02)	(−18.90)	(−5.67)
N	41023	41023	8988	40777	40777	8943
r2_p	0.03	0.02	0.01	0.03	0.02	0.01

表 6－23 显示：中国个体在非正规机构储蓄方面没有显著的性别差异；非正规机构储蓄与年龄呈非线性关系；收入水平对在非正规机构储蓄的影响显著为正；受教育水平的影响不显著。因此，除性别影响不同外，中国非正规机构储蓄的影响因素与非洲相同。在获得家人或朋友借款的影响因素方面，性别、年龄的影响与非洲相关结果一致，不同的是，收入水平和受教育水平

对获得家人和朋友借款的影响显著为负。在获得非正规机构借款的影响因素中，性别的影响显著为正，即女性相对男性更易获得非正规机构借款，年龄、收入水平和受教育水平对获得非正规机构借款的影响则不显著。

表 6－23　个体特征对中国非正规金融包容性影响回归结果

变量	$fin17b_i$	$fin22b_i$	$fin22c_i$	$fin17b_i$	$fin22b_i$	$fin22c_i$
$fomalo_i$	0.022 (0.32)	0.436*** (8.88)	0.888** (2.11)	0.031 (0.44)	0.412*** (8.31)	0.885** (2.09)
age_i	0.057*** (2.78)	0.037*** (3.46)	−0.029 (−0.27)	0.056*** (2.72)	0.036*** (3.32)	−0.028 (−0.26)
age_i^2	−0.001*** (−3.14)	−0.000*** (−3.60)	0.001 (0.48)	−0.001*** (−3.04)	−0.001*** (−3.77)	0.001 (0.46)
$incq_i$	0.062** (2.36)	−0.139*** (−7.74)	0.005 (0.03)	0.054* (1.94)	−0.107*** (−5.63)	0.011 (0.07)
edu_i				0.054 (1.01)	−0.204*** (−5.50)	−0.030 (−0.11)
_cons	−2.594*** (−6.82)	−1.197*** (−5.45)	−2.249 (−1.07)	−2.682*** (−6.84)	−0.778*** (−3.34)	−2.214 (−1.04)
N	3446	3446	212	3432	3432	212
r2_p	0.02	0.04	0.10	0.02	0.05	0.10

3. 个体特征对移动金融使用影响分析

表 6－24 结果表明，非洲国家个体在使用手机或互联网获得金融机构账户方面，没有显著的性别差异，但使用手机或互联网进行账户查询和使用数字收付方面，女性的比例高于男性，但考虑受教育水平影响后，使用手机或互联网进行账户查询没有显著的性别差异。在一定的范围内，年龄对使用手机或互联网获得金融账户或进行账户查询的影响不显著，对使用数字收付的影响显著为正，但超过一定年龄范围后，年龄越大，移动或数字金融使用的可能性越低，这与年长者使用手机和互联网频率更低有关；收入越高、就业、受教育程度越高的个体获得移动金融服务可能性更高，相关系数均通过了 1% 的显著性检验。而手机的普及率也显著促进了移动金融的使用。

表 6 – 24　个体特征对非洲国家移动金融使用影响回归结果

变量	$fin5_i$	$fin6_i$	$digpayment_i$	$fin5_i$	$fin6_i$	$digpayment_i$
$female_i$	0. 025 (1. 12)	0. 043 * (1. 94)	0. 097 *** (7. 21)	0. 009 (0. 39)	0. 019 (0. 82)	0. 041 *** (2. 99)
age_i	–0. 002 (–0. 55)	0. 001 (0. 37)	0. 014 *** (6. 68)	–0. 006 (–1. 34)	–0. 004 (–0. 89)	0. 015 *** (6. 91)
age_i^2	–0. 000 *** (–2. 59)	–0. 000 *** (–3. 82)	–0. 000 *** (–5. 73)	–0. 000 (–1. 47)	–0. 000 ** (–2. 06)	–0. 000 *** (–3. 96)
$incq_i$	0. 119 *** (14. 65)	0. 115 *** (14. 32)	0. 155 *** (33. 26)	0. 090 *** (10. 67)	0. 071 *** (8. 55)	0. 109 *** (22. 56)
$empin_i$	0. 230 *** (7. 96)	0. 219 *** (7. 77)	0. 407 *** (27. 25)	0. 229 *** (7. 86)	0. 221 *** (7. 73)	0. 426 *** (27. 83)
$mobowner_i$	0. 555 *** (12. 07)	0. 590 *** (13. 48)	1. 024 *** (58. 55)	0. 453 *** (9. 60)	0. 443 *** (9. 79)	0. 871 *** (48. 02)
edu_i				0. 278 *** (14. 67)	0. 428 *** (22. 48)	0. 578 *** (47. 30)
$\_cons$	–1. 146 *** (–12. 68)	–1. 002 *** (–11. 35)	–2. 001 *** (–46. 26)	–1. 430 *** (–15. 34)	–1. 454 *** (–15. 83)	–2. 742 *** (–58. 05)
N	13713	13713	41023	13634	13634	40777
$r2\_p$	0. 05	0. 05	0. 13	0. 06	0. 08	0. 17

表 6 – 25 结果表明，在中国，女性相对男性使用移动金融的可能性更大。使用移动金融与年龄呈明显的非线性关系。收入越高、受教育程度越高的个体获得移动金融服务可能性更高，相关系数均通过了 1% 的显著性检验。

表 6 – 25　个体特征对中国移动金融使用影响回归结果

变量	$fin5_i$	$fin6_i$	$digpayment_i$	$fin5_i$	$fin6_i$	$digpayment_i$
$female_i$	0. 095 * (1. 72)	0. 089 (1. 63)	0. 214 *** (3. 01)	0. 138 ** (2. 45)	0. 134 ** (2. 42)	0. 294 *** (3. 95)
age_i	0. 051 *** (4. 40)	0. 044 *** (3. 78)	0. 097 *** (7. 78)	0. 057 *** (4. 85)	0. 051 *** (4. 32)	0. 105 *** (8. 16)
age_i^2	–0. 001 *** (–5. 79)	–0. 001 *** (–5. 51)	–0. 001 *** (–9. 28)	–0. 001 *** (–5. 84)	–0. 001 *** (–5. 61)	–0. 001 *** (–9. 06)

续表

变量	$fin5_i$	$fin6_i$	$digpayment_i$	$fin5_i$	$fin6_i$	$digpayment_i$
$incq_i$	0.110*** (5.43)	0.136*** (6.73)	0.148*** (5.70)	0.064*** (2.98)	0.084*** (3.93)	0.078*** (2.82)
edu_i				0.317*** (7.34)	0.354*** (8.32)	0.491*** (8.55)
_cons	-0.061 (-0.26)	0.006 (0.02)	-0.535** (-2.03)	-0.790*** (-3.03)	-0.804*** (-3.08)	-1.599*** (-5.29)
N	3199	3199	3446	3189	3189	3432
r2_p	0.04	0.06	0.11	0.06	0.08	0.15

注：中国问卷调查对象均拥有手机，因此不对此变量进行回归。

（四）稳健性检验

本节使用 Global Findex 2017 年中国和 40 个非洲国家的横截面数据进行稳健性检验，如表 6 - 26 至表 6 - 31 所示。在性别因素对中国和非洲国家金融包容性发展的影响方面，2017 年数据相关结果和 2021 年数据相关结果存在较大的差异。2017 年数据相关结果表明：女性获得正规金融服务可能性低于男性，无论是金融机构账户、移动货币账户和所有金融账户，还是在金融机构的储蓄和借贷方面，相关系数均为负数，且通过了 1% 的显著性检验；中国正规金融包容性同样存在性别差异，女性更可能被排斥在正规金融服务之外。在非正规储蓄方面，非洲国家女性相对男性从非正规机构借款的可能性更大，而较少到非正规金融机构储蓄和较少向家庭或朋友借款；中国女性在非正规机构储蓄和借款方面的可能性更低，在获得家人或朋友借款方面则没有显著的性别差异。非洲国家个体在通过手机或互联网获得金融机构账户和进行账户余额查询方面，没有显著的性别差异，但在在线支付方面，女性的比例低于男性；中国女性相对男性使用手机或互联网进行账户余额查询的可能性更低，而使用手机或互联网获得金融机构账户及在线支付行为方面没有显著的差异。可见，2017 年之后中国和非洲国家数字金融、金融科技的迅速发展极大地改变了女性的消费方式、金融活动方式，使女性的金融包容性得到较大的提升。此外，年龄的影响也存在一定的差异。由前文分析可知，2021 年相

表 6-26　个体特征对非洲国家正规金融使用影响回归结果（2017 年）

变量	(1)	(2)	(3)	(4)	(5)	(6)	(7)	(8)	(9)	(10)
$female_i$	-0.209***	-0.207***	-0.098***	-0.124***	-0.089***	-0.135***	-0.129***	-0.061***	-0.066***	-0.056***
	(-16.51)	(-15.98)	(-6.67)	(-7.70)	(-4.56)	(-10.28)	(-9.54)	(-4.08)	(-4.00)	(-2.86)
age_i	0.028***	0.037***	0.006**	0.027***	0.044***	0.031***	0.040***	0.005**	0.024***	0.043***
	(15.30)	(19.69)	(2.43)	(10.34)	(12.95)	(16.38)	(20.66)	(2.09)	(9.28)	(12.55)
age_i^2	-0.000***	-0.000***	-0.000***	-0.000***	-0.000***	-0.000***	-0.000***	-0.000***	-0.000***	-0.000***
	(-13.41)	(-15.76)	(-6.74)	(-9.95)	(-12.05)	(-11.55)	(-13.70)	(-5.32)	(-7.59)	(-11.19)
$incq_i$	0.195***	0.197***	0.140***	0.221***	0.108***	0.138***	0.135***	0.103***	0.173***	0.083***
	(44.26)	(43.44)	(27.09)	(37.58)	(15.73)	(29.77)	(28.13)	(19.15)	(28.11)	(11.52)
$empin_i$	0.407***	0.324***	0.443***	0.414***	0.349***	0.402***	0.309***	0.440***	0.401***	0.341***
	(29.91)	(22.92)	(26.95)	(22.04)	(15.17)	(28.68)	(21.13)	(26.43)	(20.83)	(14.66)
edu_i						0.666***	0.699***	0.336***	0.454***	0.212***
						(58.41)	(60.58)	(26.82)	(34.91)	(13.73)
$\_cons$	-1.494***	-1.957***	-1.401***	-2.612***	-2.923***	-2.513***	-3.043***	-1.856***	-3.232***	-3.198***
	(-37.93)	(-47.24)	(-29.23)	(-47.09)	(-41.13)	(-56.57)	(-64.95)	(-36.28)	(-54.46)	(-43.13)
N	43928	43928	39934	43928	43928	43669	43669	39703	43669	43669
$r2\_p$	0.07	0.07	0.06	0.08	0.04	0.13	0.14	0.07	0.11	0.05

注：模型（1）至模型（5）对应的因变量分别为 $account_i$、$accountfin_i$、$accountmob_i$、$fin17a_i$、$fin22a_i$。模型（6）至模型（10）相同。

关数据回归结果中，在年龄对金融包容性的影响中，中国和非洲国家在三种类型的金融服务中主要体现为倒“U”形。但 2017 年相关结果表明：非洲国家个体年龄对其正规金融和非正规金融的使用主要体现为倒“U”形，而对移动金融使用的影响主要体现为负向关系，二次项的影响不显著；中国个体年龄对向正规金融机构借款的影响为倒“U”形，但对拥有金融账户和在金融机构储蓄的影响体现为“U”形，这是因为在中国年龄更大的个体因房子、子女教育方面的资金需求较大，储蓄较少，随着年龄增长，房贷还清，子女长大，资金压力变小，储蓄增加；年龄对非正规金融的影响体现为倒“U”形，对移动金融的影响无论是一次项还是二次项均体现为负的。个体获得金融服务与收入水平、就业状态、受教育水平及手机普及率主要体现为正向关系，这与 2021 年数据相关回归结果一致。

表 6－27　个体特征对中国正规金融使用影响回归结果（2017 年）

变量	$account_i$	$accountfin_i$	$fin17a_i$	$fin22a_i$	$account_i$	$accountfin_i$	$fin17a_i$	$fin22a_i$
$female_i$	-0.330***	-0.330***	-0.210***	-0.198***	-0.289***	-0.289***	-0.186***	-0.193***
	(-6.70)	(-6.70)	(-4.41)	(-3.01)	(-5.76)	(-5.76)	(-3.87)	(-2.90)
age_i	-0.071***	-0.071***	-0.027***	0.046***	-0.057***	-0.057***	-0.017**	0.056***
	(-7.83)	(-7.83)	(-3.30)	(3.41)	(-6.17)	(-6.17)	(-2.01)	(3.96)
age_i^2	0.001***	0.001***	0.000**	-0.001***	0.000***	0.000***	0.000	-0.001***
	(6.34)	(6.34)	(2.13)	(-4.14)	(5.18)	(5.18)	(1.31)	(-4.55)
$incq_i$	0.237***	0.237***	0.286***	0.055**	0.192***	0.192***	0.248***	0.023
	(13.31)	(13.31)	(16.65)	(2.31)	(10.23)	(10.23)	(13.64)	(0.89)
$empin_i$	0.333***	0.333***	0.317***	0.247***	0.327***	0.327***	0.305***	0.229***
	(6.44)	(6.44)	(5.67)	(2.96)	(6.25)	(6.25)	(5.43)	(2.73)
edu_i					0.605***	0.605***	0.318***	0.204***
					(8.69)	(8.69)	(6.66)	(3.19)
_cons	1.964***	1.964***	-0.724***	-2.414***	0.906***	0.906***	-1.354***	-2.835***
	(8.58)	(8.58)	(-3.67)	(-7.77)	(3.53)	(3.53)	(-6.17)	(-8.25)
N	3608	3608	3608	3608	3593	3593	3593	3593
r2_p	0.13	0.13	0.12	0.05	0.15	0.15	0.13	0.06

表 6-28　个体特征对非洲国家非正规金融使用影响回归结果（2017 年）

变量	$fin17b_i$	$fin22b_i$	$fin22c_i$	$fin17b_i$	$fin22b_i$	$fin22c_i$
$female_i$	-0.122***	-0.063***	0.061**	-0.097***	-0.056***	0.051*
	(-7.05)	(-4.85)	(2.23)	(-5.53)	(-4.22)	(1.86)
age_i	0.021***	0.007***	0.016***	0.021***	0.007***	0.016***
	(8.16)	(3.51)	(3.71)	(8.09)	(3.41)	(3.78)
age_i^2	-0.000***	-0.000***	-0.000***	-0.000***	-0.000***	-0.000***
	(-5.39)	(-6.39)	(-3.20)	(-4.74)	(-6.05)	(-3.42)
$incq_i$	0.151***	0.008*	-0.017*	0.129***	0.002	-0.007
	(24.28)	(1.77)	(-1.70)	(19.97)	(0.37)	(-0.71)
$empin_i$	0.363***	0.302***	0.189***	0.358***	0.300***	0.194***
	(18.18)	(21.31)	(5.63)	(17.77)	(21.08)	(5.76)
edu_i				0.194***	0.059***	-0.096***
				(13.48)	(5.44)	(-3.98)
_cons	-2.466***	-0.753***	-0.652***	-2.734***	-0.831***	-0.530***
	(-43.34)	(-18.56)	(-6.90)	(-45.19)	(-19.21)	(-5.28)
N	41926	43928	8972	41673	43669	8922
r2_p	0.05	0.02	0.00	0.06	0.02	0.01

表 6-29　个体特征对中国非正规金融使用影响回归结果（2017 年）

变量	$fin17b_i$	$fin22b_i$	$fin22c_i$	$fin17b_i$	$fin22b_i$	$fin22c_i$
$female_i$	-0.155***	-0.057	-0.726*	-0.138***	-0.071	-0.809*
	(-3.19)	(-1.23)	(-1.73)	(-2.81)	(-1.52)	(-1.86)
age_i	0.030***	0.048***	-0.017	0.040***	0.043***	-0.043
	(3.47)	(5.61)	(-0.19)	(4.37)	(4.94)	(-0.49)
age_i^2	-0.000**	-0.001***	-0.000	-0.000***	-0.001***	0.000
	(-2.31)	(-6.47)	(-0.09)	(-2.94)	(-6.02)	(0.26)
$incq_i$	0.219***	-0.193***	0.057	0.191***	-0.177***	-0.009
	(12.48)	(-11.46)	(0.34)	(10.25)	(-9.91)	(-0.05)
$empin_i$	0.251***	0.183***		0.246***	0.192***	
	(4.40)	(3.50)		(4.27)	(3.66)	
edu_i				0.252***	-0.148***	0.309
				(5.01)	(-2.88)	(0.99)

续表

变量	$fin17b_i$	$fin22b_i$	$fin22c_i$	$fin17b_i$	$fin22b_i$	$fin22c_i$
_cons	-2.488***	-0.981***	-0.517	-3.031***	-0.684***	-0.393
	(-11.12)	(-4.73)	(-0.29)	(-12.10)	(-2.98)	(-0.22)
N	3608	3608	98	3593	3593	98
$r2\_p$	0.06	0.05	0.09	0.07	0.05	0.10

表 6-30　个体特征对非洲国家移动金融使用影响回归结果（2017 年）

变量	$fin5_i$	$fin6_i$	$payonline_i$	$fin5_i$	$fin6_i$	$payonline_i$
$female_i$	0.011	-0.024	-0.174***	0.026	-0.005	-0.154***
	(0.45)	(-1.03)	(-4.72)	(1.02)	(-0.22)	(-4.06)
age_i	-0.011**	-0.010**	-0.011	-0.013***	-0.013***	-0.015**
	(-2.27)	(-2.28)	(-1.61)	(-2.87)	(-3.10)	(-2.33)
age_i^2	-0.000	-0.000	0.000	-0.000	-0.000	0.000
	(-1.28)	(-1.40)	(0.17)	(-0.33)	(-0.12)	(1.19)
$incq_i$	0.105***	0.103***	0.132***	0.083***	0.071***	0.091***
	(11.40)	(11.78)	(9.45)	(8.68)	(7.87)	(6.24)
$empin_i$	0.195***	0.204***	0.188***	0.191***	0.194***	0.177***
	(6.45)	(7.12)	(4.37)	(6.26)	(6.72)	(4.01)
$mobowner_i$	0.316***	0.464***	0.486***	0.242***	0.364***	0.344***
	(6.93)	(10.56)	(8.42)	(5.19)	(8.10)	(5.77)
edu_i				0.229***	0.304***	0.392***
				(11.65)	(16.18)	(12.87)
_cons	-1.051***	-0.969***	-2.854***	-1.313***	-1.301***	-3.226***
	(-10.34)	(-10.10)	(-21.91)	(-12.61)	(-13.19)	(-24.15)
N	13634	13634	41926	13563	13563	41673
$r2\_p$	0.05	0.05	0.07	0.05	0.06	0.10

注：2017 年数据未涉及数字收付问题，用在线支付情况（$payonline_i$）进行替换，表 6-31 相同。

表 6－31　个体特征对中国移动金融使用影响回归结果（2017 年）

变量	$fin5_i$	$fin6_i$	$payonline_i$	$fin5_i$	$fin6_i$	$payonline_i$
$female_i$	-0.061 (-0.93)	-0.226*** (-3.64)	-0.012 (-0.20)	-0.025 (-0.38)	-0.199*** (-3.15)	0.046 (0.75)
age_i	-0.062*** (-4.47)	-0.023* (-1.81)	-0.026* (-1.81)	-0.047*** (-3.35)	-0.008 (-0.59)	-0.015 (-1.05)
age_i^2	0.000 (0.35)	-0.000* (-1.65)	-0.000** (-2.56)	-0.000 (-0.36)	-0.000** (-2.44)	-0.000*** (-2.79)
$incq_i$	0.269*** (11.24)	0.225*** (10.03)	0.297*** (13.65)	0.214*** (8.44)	0.165*** (6.92)	0.202*** (8.63)
$empin_i$	0.264*** (3.27)	0.198*** (2.63)	0.236*** (3.26)	0.252*** (3.10)	0.187** (2.46)	0.205*** (2.78)
$mobowner_i$	0.151 (0.74)	0.373* (1.86)	0.659*** (3.76)	0.101 (0.49)	0.326 (1.62)	0.559*** (3.14)
edu_i				0.414*** (6.66)	0.449*** (7.64)	0.649*** (11.46)
_cons	1.207*** (3.44)	0.220 (0.66)	-0.413 (-1.31)	0.433 (1.17)	-0.612* (-1.74)	-1.302*** (-3.98)
N	2235	2235	3608	2228	2228	3593
r2_p	0.33	0.24	0.39	0.34	0.26	0.43

三、结论

基于 2021 年中国和 40 个非洲国家的横截面数据，使用 Probit 模型比较分析微观个体特征对中国和非洲国家金融包容性的影响，并以 2017 年的样本数据进行稳健性检验，得出主要结论如下。

第一，从个体金融包容性平均值看，非洲、中国和世界整体金融包容性均处于较低的水平，其中，非洲国家金融账户拥有率低于中国和世界整体平均水平，但在移动货币账户、非正规金融发展方面快于世界平均水平。中国整体金融包容性水平高于非洲国家平均值，尤其是金融账户拥有率和移动金融使用方面，甚至高于世界平均水平。

第二，个体特征对正规金融包容性影响。在非洲国家，年轻人、受教育程度较低、收入较低以及失业个体更可能被排斥在正规金融服务之外，其中金融包容性与年龄呈倒“U”形的非线性关系，即年轻人和年老者将更可能被正规金融排斥。个体特征对拥有金融账户、金融机构账户、移动货币账户、金融机构借款和储蓄行为等主要指标的影响一致。非洲国家女性获得正规金融服务的可能性已经高于男性，这得益于金融科技的发展提升了女性获得储蓄、信贷等金融服务的能力。个体特征对中国正规金融包容性水平的影响与非洲国家基本一致。

第三，个体特征对非正规金融包容性影响。不同个体特征对非正规储蓄和借款行为的影响存在一定差异。其中，非洲国家女性更容易获得家人或朋友的借款，但在非正规金融机构储蓄或借款的可能性更低，中国女性更容易从家人或朋友及非正规金融机构获得借款，但非正规储蓄则没有显著的性别差异。在非洲国家和中国，获得非正规金融服务与个体年龄均主要呈倒“U”形的非线性关系。而非洲收入较低的个体在非正规机构储蓄较少，中国收入低的个体则较多从家人或朋友处获得借款。在受教育水平对非正规金融的影响方面，非洲国家和中国也存在一定差异。

第四，个体特征对移动金融使用的影响。非洲国家和中国个体特征对移动金融使用的影响基本一致。无论是中国还是非洲国家，移动金融使用与个体年龄主要体现为非线性特征，而受教育程度越高、收入越高的个体，使用移动金融的可能性更大，女性移动金融使用方面均多于男性。在非洲国家中，个体就业状态和手机普及率对移动金融使用的影响显著为正。

总之，中国和非洲国家金融包容性水平仍处于较低的水平，无论是非洲国家还是中国，年轻人或年老者、受教育较低者、收入较低者和失业者往往更容易被排斥在金融服务之外；受益于金融科技的发展，女性获得金融服务的可能性已经高于男性。个体特征对金融包容性发展大部分相关指标的影响一致，但部分个体特征对非洲国家和中国金融包容性不同指标的影响存在一定差异。

第四节　推动中非商业银行及其他金融领域合作的对策建议

一、推动中非商业银行合作

鼓励更多中资商业银行走进非洲，通过设立分支机构或并购方式拓宽经营网络，为在非中资企业提供金融支持。在非洲国家选择方面，可重点在中非经贸往来密切及中资企业较多的非洲国家，支持中非经贸和投资企业的融资需求，同时也向中国企业、个人在非洲的客户提供跨境人民币服务；扩大与东部非洲、西部非洲、南部非洲这些银行较为集中的非洲地区的业务合作，而对商业银行不多的北部非洲、中部非洲，可发挥刚果（布）中刚非洲银行的示范效应，在这些区域设立中国和非洲国家合资的商业银行，推动当地金融服务便利化（罗青林，2023）。除国有银行外，积极推动民营银行和其他私人资本开拓非洲市场，对大部分经济体量较小的非洲国家而言，更具活力。在进入方式上，可首先采用与非洲银行合作的方式进入非洲，在了解和熟悉非洲金融环境后，再开办中国独资的商业银行（廖永安和洪永红，2023）。同时，也鼓励非洲银行进入中国金融市场，这可丰富中国金融机构的参与主体，也有利于非洲银行跨境业务的拓展。而非洲的银行可利用其在非洲的网点资源提供跨境结算、资金池及内保外贷等金融服务（黄梅波和唐正明，2016）。

二、推动中非保险业合作

在保险业合作方面，需要从国家的信用保险层面和商业保险层面完善企业对非投资的保险体系。中国信用保险公司在中国企业对非投资过程中发挥了重要的作用，但商业保险的覆盖面仍然很低，因此，在进一步加强政策性保险支持外，推进商业保险支持体系建设显得十分重要。具体而言，可通过积极引导中资保险公司开发与中非产能投资相关的保险产品和服务，鼓励中资保险公司在非洲设立分支机构或采取与当地保险公司进行战略合作的形式拓宽业务覆盖范围。同时也鼓励非洲保险公司来中国设立分支机构或与中资保险公司合作为非资企业提供保险服务。还可通过与境内外银行开展专门的对非合作业务，积极融入和配合银行共同为中非企业提供多样化金融服务，如通过提供保单贷款、信用保险、保证保险提升企业和个人的信用，增加其贷款的可获得性，并为企业和个人提供风险管理咨询、帮助和防灾减损服务，降低企业发生风险的概率，提高企业和个人的参保率，从而为企业还款和获得持续的贷款提供支持；鼓励中非保险机构积极合作开发专门针对中小企业的保险产品，如积极发展中小企业信用保险和短期抵押贷款保证保险等保险产品。另外，保险业资金在风险可控的情况下可通过债券、股权投资方式直接为企业提供资金支持。

三、推动私人资本参与非洲国家基础设施建设

推动多边开发银行、商业银行及其他私人资本参与非洲的基础设施投资，有利于解决非洲国家的基础设施资金瓶颈问题，这也是中非金融合作的重要领域。

第一，积极推动多边开发银行参与支持非洲基础设施建设，以吸引私人资本参与投资。除积极推动世界银行等传统多边金融机构参与非洲国家基础设施投资外，推动亚投行、金砖国家新开发银行积极参与非洲国家交通、通信技术、能源、水利和电力等基础设施领域的投资，有利于吸引包括中国商业银行在内的各种形式的私人资本参与非洲国家基础设施投资。新开发银行和亚投行可通过发行证券、基金等金融产品筹集资金吸引私人投资，还可以通过提供资金、担保、技术援助和管理咨询的方式共同参与非洲国家私人资本投资的基础设施项目（叶芳，2017b）。可以通过为政府提供资金的方式积极推动项目以 PPP 模式进行，同时为没有政府参与的非 PPP 模式提供担保和技术援助，对私人资本参与投资也具有重要的作用。

第二，对私人资本而言，可确定重点投资的国家和投资领域，合理利用多种投资方式，共享项目收益。包括中国商业银行在内的私人资本在参与投资的非洲国家选择方面，开始时可以投资经济发展较慢、人口较少，但制度质量好、金融发展程度较高的中等收入国家，同时应关注全球经济金融环境变化情况，注重项目的安全性问题。在投资方式方面，除传统的直接贷款和

辛迪加贷款外，包括商业银行在内的私人资本还可通过股权投资的方式享有项目本身带来的收益。

第三，目标国应完善相关制度，吸引私人资本参与。除努力推进金融体系改革、提升金融发展水平外，建立良好的制度环境也是非洲国家吸引私人资本参与基础设施投资的关键。同时，完善基础设施项目相关的制度，对吸引私人资本参与投资也至关重要，包括对基础设施项目进行评级、定时向投资者披露项目的信息、为基础设施项目提供更高级别的政府担保等。

四、推动中非金融包容性发展

当前非洲国家和中国仍需要致力于推动金融包容性发展，而中国和非洲在金融包容性的不同方面各具有比较优势，因此具有合作的空间。同时，在当前中非命运共同体构建与中非合作不断推进下，中非合作推进金融包容性发展方面具有广阔的前景。

第一，共同助力提升年轻人金融包容性水平。无论是男性还是女性，年轻人主要因为缺乏资金而被排斥在金融服务之外，因此，增加年轻人就业机会和提升收入也是提升其金融包容性水平的重要途径。在中非金融合作过程中，除通过直接投资及支持企业发展等为当地民众创造大量就业机会外，助力年轻人创新创业对提升其收入也具有重要作用。可为年轻人提供创新创业贷款服务直接提升其金融包容性，也可通过提升其收入间接促其自主参与金融活动。中国金融机构在国家支持创新创业政策支持下推出了一系列针对年轻人的小额贷款，如大学生贷款、农村青年贷款等，甚至设立了专门的“创业银行”等。非洲金融机构可借鉴中国的做法，建立专门的创业贷款业务或窗口，中国金融机构也可在进入非洲过程中积极推广该业务，并与当地金融机构和担保机构等进行合作，提升非洲年轻人金融包容性水平。

第二，提高民众受教育程度和金融知识水平。受教育程度会影响个体的就业和收入状况及其对金融服务的认识和金融知识的掌握等方面。因此，中非金融机构可以通过支持教育基础设施建设、助学贷款等方式支持个体教育，提升民众受教育程度。中非在民众金融知识水平提升上，一方面可以通过多渠道宣传的方式普及金融知识，如通过电视广告、金融题材的电影电视剧、网络新闻等方式正确宣传金融知识；另一方面可通过金融教育和技能培训的方式，提升个体金融知识水平，还可以在义务教育中加入金融知识教育，从小培养金融素养。

第三，推动中非数字金融合作。数字经济金融合作是中非合作的新领域，能为新时代中非金融合作注入新动力，在中非共同提升金融包容性水平中将发挥重要的作用。非洲国家金融包容性仍处于较低的水平，这意味着非洲国家数字金融发展潜力巨大，加上近年来非洲国家金融科技发展迅速，因此，中非数字金融合作具有广阔的前景。首先，在战略层面加强中非数字金融合作重要性的认识，将中非数字金融合作作为中非金融合作的重要领域和突破口纳入《中非合作 2035 年愿景》的具体实施过程，营造良好的舆论氛围与国际政治环境，推动中非数字金融合作。在具体合作层面，鼓励中国企业积极参与非洲金融科技投资，发挥私人资本在中非金融科技合作中的积极性和自主性，并推动中非在数字货币、数字金融应用方面的合作（彭绪庶，2023）。其次，积极推动非洲的金融机构创新数字金融产品，为弱势群体提供更多可及的金融产品和金融服务。由于非洲的数字金融公司较少投入网络安全建设，加上政府网络安全法规执行方面不够严格，国家之间的网络安全合作也缺乏执行的保障，因此有必要推动中非网络安全合作，推动中国高科技公司为非洲数字金融公司提供网络安全产品，提升其网络安全水平（黄梅波，2022），推动非洲数字金融安全可持续发展。最后，推动中非在移动支付领域合作。中国和非洲在移动支付领域各有所长，可以相互借鉴经验与合作。当前，中国具有全球最大的移动支付市场，在移动支付方面如支付宝、微信等领域具有成熟的经验。目前，支付宝已经与南非的 Zapper 支付公司进行合作，这将有助于进一步拓展中国移动支付市场，这种模式可以在非洲其他国家进行推广。同时，部分非洲国家在移动支付发展方面也不落后，如肯尼亚的 M – PESA 可以使拥有非智能手机的个体享受到移动支付的便利，这对中国移动支付在偏远农村地区发展具有重要的借鉴意义。

第四，推动中非非正规金融合作。非洲金融体系为正规金融和非正规金融并存发展的二元体系，在非正规金融合作发展方面，非洲国家的发展走在前列，如非洲伊斯兰金融在银行、证券、保险方面均取得了一定的发展，解决了非洲因宗教原因自愿排斥和那些非自愿排斥在正规金融之外的个体的金融服务需求。同样，具有穆斯林人口的中国和非洲在伊斯兰金融合作方面具有广阔的前景。中国金融机构可以和非洲伊斯兰金融机构及正规金融机构合作推动伊斯兰金融发展，如合作发展伊斯兰小额信贷，实现资金提供者和个体“收益共享、风险共担”，增加机构互设，加强金融机构合作与经验借鉴，加强伊斯兰金融人才培养等。

本章小结

商业银行是中非金融合作的重要参与者。当前，中非商业银行在机构互设、对非贷款及其他业务合作方面取得了一定的进展，但仍处于初步发展阶段。中国参与合作的商业银行主要为四大国有银行，其他股份制商业银行和民营银行很少参与，双方机构互设与业务合作方面仍具有很大的空间。中国企业通过积极进入非洲国家设立商业银行、提供承包商贷款等方式，在中非金融合作中发挥了重要的作用，但总体来看，参与企业的数量和支持的项目仍然较少，中国私人资本在中非金融合作中的作用有待进一步发挥。在保险领域，无论是中国的保险市场还是非洲国家的保险市场，均处于初步发展阶段，中非保险合作尤其是商业性保险合作也处于初步阶段，双方在保险机构互设、业务合作及产品创新方面有待进一步加强。

非洲基础设施领域是中非金融合作的重要领域。基于世界银行 PPI 数据库 2000—2021 年 54 个非洲国家的非平衡面板数据，实证分析私人资本参与非洲国家基础设施投资的影响因素，结果表明：（1）多边开发银行支持是私人资本参与非洲国家基础设施投资的重要影响因素，私人资本倾向于投资有多边开发银行参与的基础设施项目；（2）金融发展程度、人均 GDP 等经济金融因素和政府支出、外债负担、制度质量等政府及其治理因素对私人资本参与基础设施项目具有显著的影响；（3）项目属性因素也是私人资本参与投资基础设施项目考虑的因素；（4）私人资本参与非洲国家基础设施建设的影响因素因不同收入水平国家样本和 2008 年国际金融危机前后不同阶段样本存在异质性。

推动中非金融包容性发展是中非金融合作的重要目标之一。基于世界银行 2021 年 Global Findex 微观个体数据，比较分析微观个体特征对中国和非洲国家金融包容性的影响，结果表明：（1）在中国和非洲国家，年轻人、受教育程度较低、收入较低的个体获得金融服务的可能性更小，年龄对金融包容性的影响呈倒"U"形的非线性特征，即年轻人和老年人更可能被金融排斥；非洲国家处于就业状态的个体获得金融服务的可能性更高；手机普及率有利于促进非洲国家移动金融使用。（2）受益于金融科技、数字金融的发展，女性获得金融服务的可能性已经高于男性。（3）个体特征对金融包容性发展大部分相关指标的影响一致，但部分个体特征对非洲国家和中国金融包容性不同指标的影响存在差异。

进一步鼓励中非商业银行互设分支机构，加强业务合作，积极推动民营银行和其他私人资本开拓非洲市场。鼓励中非保险公司互设分支机构，加强保险业务合作、保险产品创新，积极推动保险业资金支持中非合作。推动包括商业银行在内的社会资本参与非洲国家基础设施合作：积极推动多边开发银行参与支持非洲基础设施以吸引私人资本参与投资；私人资本应确定重点投资的国家和投资领域并合理利用多种投资方式，共享项目收益；目标国应完善相关制度，吸引私人资本参与；非洲国家也要努力推进金融体系改革，提升金融发展水平，建立良好的制度环境吸引私人资本参与基础设施投资。推动中非在专门针对年轻人群体金融产品和服务方面的合作，提高民众受教育程度和金融知识水平，通过中非数字金融合作、非正规金融合作，可有效提升中非金融包容性水平，推动中非命运共同体构建。

第七章
中非金融合作的效应分析

如前文所述，中非金融合作在各个领域均取得了一定的进展，那么中非金融合作的具体效应如何。本章探讨中非金融合作的效应，包括中国贷款对非洲国家福利水平的影响、中国对非金融支持对中非产能合作水平的影响、中国对非直接投资对非洲国家实现2030年可持续发展目标的影响等方面，有利于非洲国家正确认识和切实体会中非金融合作对非洲国家福利、可持续发展及中非产能合作等方面提升效应，实现中非互利共赢、推动中非命运共同体构建和国际货币体系改革。本章以中国对非贷款、中国对非直接投资作为中非金融合作的主要代表变量，在分析中国对非贷款发展现状基础上，分析中国贷款对非洲国家福利水平的影响和对中非产能合作水平的影响，接着分析中国对非直接投资对非洲国家实现2030年可持续发展的影响，最后提出提升中非金融合作效应的具体建议。

第一节　中国对非贷款对非洲国家福利水平的影响

随着债务水平的上升，非洲债务问题受到各方广泛关注，中国对非洲融资也成为各方关注与争论的焦点，并形成了债务负担或威胁论、债务陷阱论、债务贡献论（周玉渊，2020）。债务负担或威胁论认为，中国对非贷款进一步加重了非洲国家的债务负担，不利于非洲国家债务的可持续发展（Onjala，2018）。债务陷阱论则基于外交视角，认为中国通过“一带一路”倡议及亚投行等国际机构，主动地、有计划地向非洲国家提供大规模的贷款或者援助，使这些国家陷入债务泥淖，从而达到掠夺借款国资源、进行经济军事外交等战略目的①。实际上，中国没有想过把非洲国家推入债务陷阱②，非洲国家对中国的债务只占其对外债务的很小部分，“债务陷阱”实际上是西方国家为了遏制中国在全球日益增长的地位的外交说辞③。非洲国家的外债是由其内部和外部因素决定的，中国对非融资并未显著增加非洲国家外债负担（卢凌宇和古宝密，2020），反而有利于非洲国家减轻债务负担（刘青海，2018），中国贷款有利于促进非洲国家的包容性发展和促进其融资环境的改善（周玉渊，2020）。那么，当前中国对非贷款现状如何，中国贷款是否有利于非洲国家福利水平提升，如何进行量化分析。对这些问题的思考和研究，对进一步正确认识中国对非贷款和推进中非金融合作及中非命运共同体构建具有重要的理论和实际意义。

由第一章相关文献可知，已有文献对中国对非援助的动因及援助的经济增长效应、贸易效应、投资效应及其他效应等进行了较为全面、深入的研究，但相关研究仅涉及中国援助对非洲国家影响的某个方面，专门探讨中国对非贷款福利效应的文献较少。尽管一些项目以实物或者赠款的方式提供支持，但中国对非洲的非股权融资绝大多数采用贷款形式，包括零利率贷款、优惠贷款、商业贷款等，而援助则主要包括官方赠款、优惠贷款、无息贷款、债务减免等，没有包括商业银行等私营部门参与提供的商业性贷款等资金支持情况。同时，研究中涉及的中国对非援助数据主要来自 AidData 数据库 2014 年以前的数据，无法反映 2014 年以后中国资金支持对非洲国家福利的影响。鉴于此，本章在已有文献基础上，实证分析中国贷款对非洲国家福利的影响，以期为进一步推动中非金融合作及中非命运共同体构建提供有益的启示。边际贡献主要体现在两个方面。一是在数据选取方面，与以往文献主要关注中国对非援助对非洲的经济增长效应等不同，本书使用约翰斯·霍普金斯大学中非研究中心（China - Africa Research Initiative，CARI）和波士顿大学全球发

① 卢凌宇，古宝密．怀璧其罪：中国在非洲推行“债务陷阱式外交”？［J］．西亚非洲，2020（1）：27 -46.

② 中华人民共和国驻非盟使团经济商务处．非洲开发银行行长：中国没有把非洲带入“债务陷阱”［EB/OL］．http：//www.mofcom.gov.cn/article/i/dxfw/gzzd/201909/20190902896183.shtml.

③ XINHUA. Why Belt and Road Initiative is anything but debt trap［EB/OL］．http：//en.people.cn/n3/2019/0414/c90000 -9566410.html.

展政策（Global Development Policy，GDP）中心中国对非贷款数据库（The Chinese Loans to Africa，CLA）的数据更为全面地分析中国对非贷款现状，同时在时间序列上选取更长的2000—2020年的数据，更全面地分析中国资金支持对非洲国家福利的影响①。二是选取人类发展指数作为福利效应的代表变量。一方面，不同于相关研究仅涉及中国援助对非洲国家影响的某个方面，人类发展指数是由预期寿命、受教育年限、人均国民收入构成的综合性指标，相对能够更为全面地反映国家福利水平；该指数也在相关的实证文献中被广泛用作衡量人类发展或福利水平的代表变量，也被世贸组织、世界银行和国际货币基金组织接受（Aksentijevi 等，2021）。另一方面，人类发展指数中预期寿命、受教育年限、人均国民收入三个维度指标分别是2030年可持续发展目标中目标3（过上健康的生活并提高福祉）、目标4（优质教育）和目标8（体面的工作和经济增长）的内容，因此，也可反映中国贷款对非洲国家实现2030年可持续发展部分目标的影响情况。

一、中国对非贷款发展现状

选取中国对非贷款数据库数据，分析中国对非贷款发展现状。该数据库较为全面地收集了2000年以来中国每年对非洲国家贷款的国别分布、部门分布及贷款提供方分布等方面数据，其公开数据涉及的贷款对象主要是非洲国家政府、国有企业及非洲国家政府参与合资的企业或特殊目的实体。贷款类型除零利率贷款、优惠贷款外，还包括商业银行等私营部门参与提供的商业性贷款等。

从中国对非洲国家贷款发展趋势看，自2000年中非合作论坛成立以来，中国每年对非贷款增长较为迅速，但占非洲国家总体债务比例并不高。2016年当年贷款金额达293.45亿美元，2017年之后呈现下降趋势，2020年贷款金额降到了18.57亿美元，2000年至2020年中国对非洲政府与国有企业及相

① 该数据库由约翰斯·霍普金斯大学高级国际研究学院的中非研究倡议启动，收集2000—2019年数据，2020年之后的数据则由波士顿大学全球发展政策（GDP）中心收集，并对该数据库进行管理。本部分撰写时其数据更新至2020年。

关各类贷款累计总额达1552.95亿美元（见图7-1）。世界银行数据显示，撒哈拉以南非洲国家截至2020年末的整体外债存量为7020亿美元，在非洲国家的外部债务中，来自中国债务占比约为20%①，私营部门和世界银行等多边金融机构则是其外债主要来源，占比分别为47%、26%②。

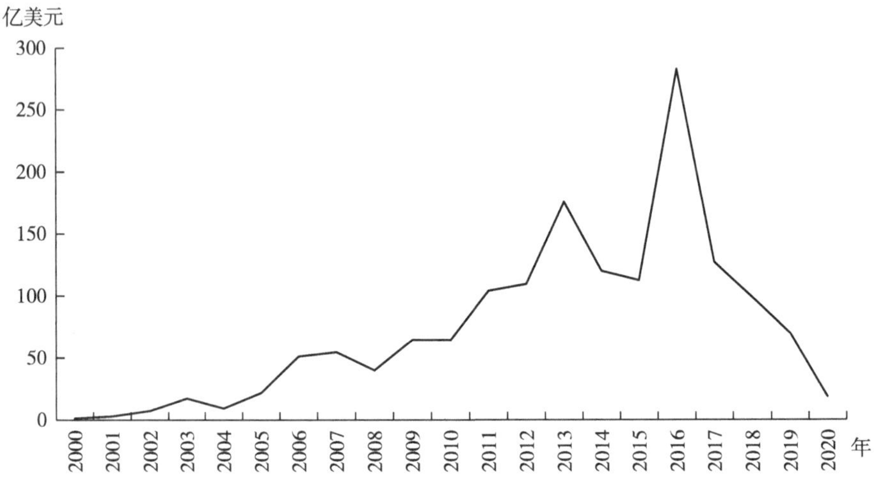

图7-1　2000—2020年每年中国对非洲国家贷款总额

（资料来源：Chinese loans to Africa（CLA）database，中国对非洲贷款数据库，图7-2和图7-3相同）

在国别分布上，中国对非贷款主要集中在少数国家。2000—2020年获得中国累计贷款总额占中国对非洲全部累计贷款总额比例超过1%的国家有21个，超过5%的国家仅有4个，这4个国家为安哥拉、埃塞俄比亚、肯尼亚、赞比亚，其累计贷款总额占中国对非贷款总额的一半左右，比例约为48.53%。其中，安哥拉是中国发放贷款最多的国家，2016年当年贷款金额达193.43亿美元，占当年中国对非贷款总额的65.92%，2000年至2020年累计贷款总额为426.19亿美元，占中国对非贷款总额的比例为27.44%（见图7-2）。

① CARI收集的中国对非洲国家每年贷款数据主要基于意向性或承诺性的贷款协议，并未核实其实际是否发放，同时也未跟踪每年本金和利息的偿还，因此计算出的每年中国对非贷款数额将高于实际数额，因而中国对贷款占非洲外部债务的比例实际低于20%。

② 朝阳少侠微信公众号．"中国债务陷阱"？原来是西方话语陷阱［EB/OL］．https：//m.thepaper.cn/baijiahao_18222369.

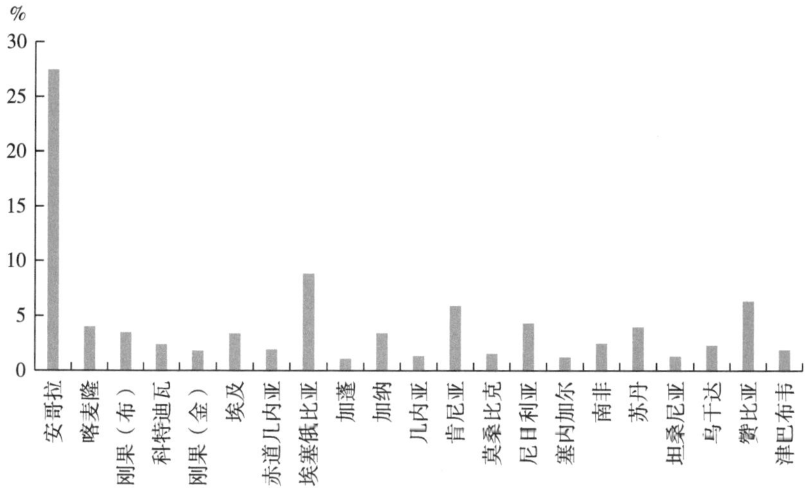

注：图中仅展示了贷款占比超过1%的非洲国家。

图7-2　2000—2020年中国对非贷款国别分布

从部门分布来看，2000年至2020年中国对非洲国家交通运输部门、电力部门累计贷款占比超过了20%，比例分别为30.48%、24.69%，矿业部门贷款占比排名第三，比例为11.84%，其他部门贷款占比均低于10%，其中教育和健康卫生部门贷款的比例不到1%（见图7-3）。从主要部门贷款发展趋势看，2008年到2020年，交通运输和电力部门一直以来是中国对非贷款最主要的两个部门，其中矿业部门贷款尽管部分年份占比较高，但大部分年份占比较低甚至贷款为零，从而进一步证明中国对非贷款并非西方国家所臆断的“资源掠夺”（刘青海，2018）①；对非教育和健康卫生部门的贷款除2005年分别达到10.62%和10.37%外，其他年份比例相对较低（见图7-4）。

从贷款提供方来看，中国对非贷款提供方包括中国进出口银行、国家开发银行、商业银行及提供商业信贷的承包商等。其中，中国进出口银行和国家开发银行两家政策性银行是中国对非提供贷款的主体，中国进出口银行2000年至2020年累计向非洲国家提供贷款达869.61亿美元，占中国对非累

① 钱珊铭. 中国非洲经济研究专家：中国对非投资和对非贷款优先发展基础设施［EB/OL］. https：//baijiahao.baidu.com/s？id=1601142494402663314&wfr=spider&for=pc.

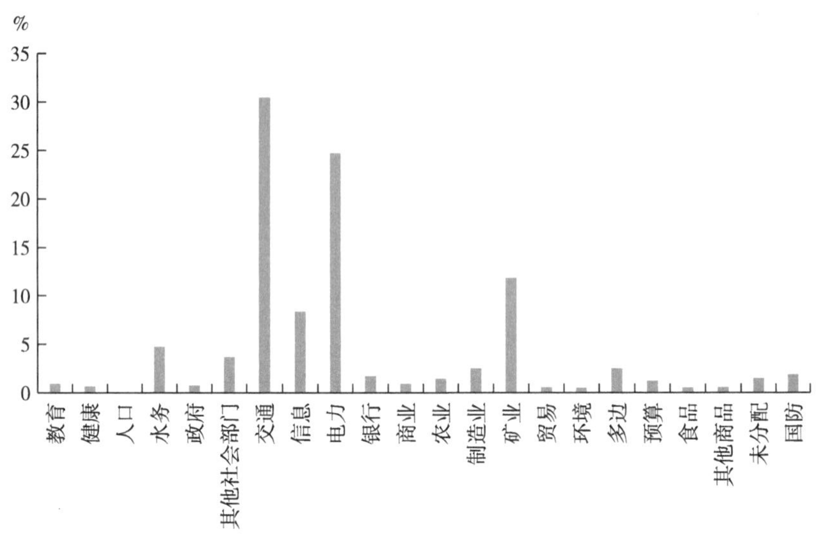

图 7－3　2000—2020 年中国对非贷款部门分布

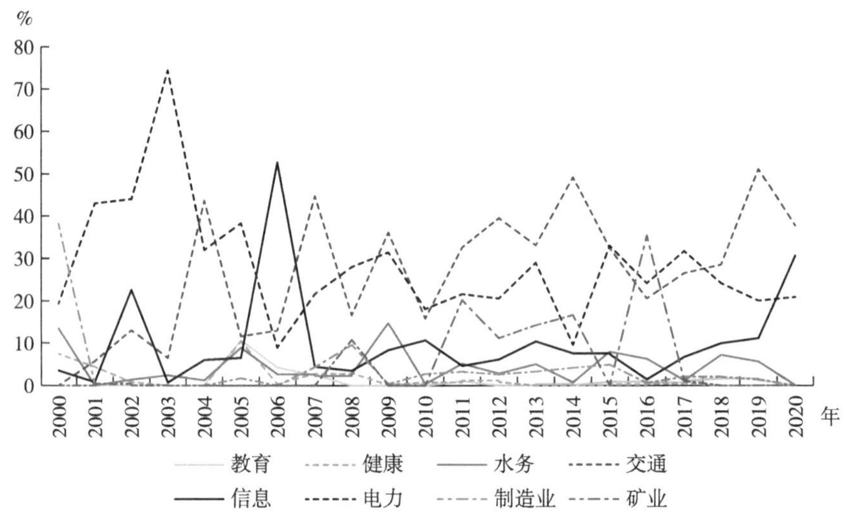

图 7－4　2000—2020 年中国对非贷款主要部门分布及历年发展趋势

计贷款总额的比例为 54. 39%，涉及非洲 46 个国家；国家开发银行则累计向安哥拉、埃及、加纳、埃塞俄比亚、肯尼亚、南非等 10 个国家提供了 388. 53 亿美元贷款，占中国对非累计贷款总额的比例为 24. 30%；其他包括承包商贷款及商业银行贷款等私营部门商业性贷款占中国对非累计贷款总额的比例为21.30%。

二、实证分析

（一）模型构建

选用人类发展指数作为非洲国家福利水平的代表变量。该指数是由预期寿命、受教育年限、人均国民收入构成的综合性指标，相对能够更为全面地反映国家福利水平。中国贷款对非洲国家人类发展指数的影响机制主要体现于：中国对非基础设施领域的资金支持，有利于推动非洲国家基础设施发展，降低成本，提升效率，从而推动非洲经济增长，提高非洲人民的就业水平和收入水平；中国对非卫生、健康领域的资金支持有利于提高非洲人民的健康水平和预期寿命；对教育、人力资本培训领域的资金支持则有利于提高非洲人民的受教育水平和技能水平。而一国本身的经济发展程度和宏观经济稳定性（通货膨胀水平）（Shah，2016）、金融发展程度（Monacelli 等，2011）、信息与通信技术（Asongu 和 Roux，2017；Aksentijevi 等，2021）、制度质量（Hadi 和 Naser，2014；Aksentijevi 等，2021）、城市化率（Njoh，2003）、政府教育支出和医疗支出（Prasetyo 和 Zuhdi，2013；Haque 和 Khan，2019）等因素也是该国人类发展指数的重要影响因素。

同时，考虑中国对非贷款的福利效应可能受非洲国家经济发展水平的影响，引入中国对非贷款与非洲国家人均 GDP 的交叉项。由此，建立如下计量模型：

$$hdi_{it} = \beta_0 + \beta_1 \ln loan_{it} + \beta_2 X_{it} + \beta_3 \lg dp_{it} + u_i + v_t + \varepsilon_{it} \qquad (7-1)$$

各变量的含义和处理如下：

（1）hdi_{it} 为被解释变量，表示非洲国家 i 在第 t 年的人类发展指数，作为非洲国家福利水平的代表变量。

（2）$\ln loan_{it}$、$\lg dp_{it}$ 为核心解释变量，分别表示中国对非洲国家 i 在第 t 年的贷款对数、中国对非洲国家 i 在第 t 年贷款对数与非洲国家 i 在第 t 年的人均 GDP 对数的交叉项。

（3）X_{it} 为控制变量，包括非洲国家 i 在第 t 年的人均 GDP 对数、通货膨胀水平、金融发展程度、每 100 人中移动手机订阅量、制度质量、城市化率、政府医疗支出、政府教育支出，分别用 $\ln gdpp_{it}$、$gdpdf_{it}$、fd_{it}、$mobile_{it}$、wgi_{it}、$urban_{it}$、$healex_{it}$、$eduex_{it}$ 表示。其中：通货膨胀水平使用 GDP 平减指数作为代表变量；制度质量取世界银行 WGI 数据库中公众自由度、政治稳定性、政府监管质量、法制化水平、管理效能、控制腐败程度六个指标的平均值，取值越大，表示国家制度质量越高；政府健康费用支出用当前健康费用占 GDP 的比值（Current health expenditure（% of GDP））表示；政府教育费用支出用教育费用占 GNI 的比值（Education expenditure（% of GNI））表示；城市化率为城镇人口占总人口比值。

（4）u_i、v_t 分别表示国家个体固定效应和时间固定效应，ε_{it} 则为随机扰动项。

主要变量描述性统计结果与数据来源如表 7－1 所示。

表 7－1　主要变量描述性统计结果与数据来源

变量	观测值	标准差	均值	最小值	最大值	数据来源
hdi_{it}	1093	0.115	0.52	0.26	0.82	UNDP，http：//hdr.undp.org/en/data
$\ln loan_{it}$	1134	8.879	6.85	0.00	23.67	CLA，https：//www.bu.edu/gdp/chinese－loans－to－africa－database/？lang＝en
$\ln gdpp_{it}$	1098	1.092	7.09	4.72	10.04	世界银行 WDI 数据库
$\lg dp_{it}$	1098	65.581	50.51	0.00	196.86	作者计算
$gdpdf_{it}$	1080	84.681	12.05	－26.70	2630.12	世界银行 WDI 数据库
fd_{it}	1092	0.109	0.14	0.00	0.64	IMF 的 IFS 数据库
$mobile_{it}$	1114	44.255	50.27	0.00	198.15	世界银行 WDI 数据库
wgi_{it}	1124	0.622	－0.67	－2.45	0.88	世界银行 WGI 数据库
$urban_{it}$	1125	17.956	42.22	8.25	90.09	世界银行 WDI 数据库
$healex_{it}$	1077	2.228	5.27	1.26	20.41	世界银行 WDI 数据库
$eduex_{it}$	1132	1.938	3.67	0.85	9.73	世界银行 WDI 数据库

（二）基准回归结果分析

本节数据为2000—2020 年54 个非洲国家的面板数据，但由于部分变量存在数据缺失，因此数据为非平衡面板数据。变量的相关系数检验和 VIF 检验结果显示模型变量间多重共线性问题并不严重。选用静态面板数据模型进行分析，根据 Hausman 检验结果选用固定效应模型，同时，由于 White 检验结果表明面板数据存在异方差，因此，也使用 FGLS 模型进行分析。由于部分变量数据缺失，采用逐步回归法逐步加入缺失数据较多的变量，相关回归结果如表 7－2 和表 7－3 的模型（1）至模型（7）所示。

表 7－2 和表 7－3 结果表明，中国贷款对非洲国家福利的影响为正，相关系数均通过了 1% 或 10% 的显著性检验，也即中国贷款有利于提升非洲国家的福利水平。从交互效应看，中国贷款对非洲国家福利水平的影响与非洲国家经济发展水平呈显著的负相关关系，即贷款对非洲国家福利的正向影响随着人均 GDP 的增加而减少，当非洲国家人均 GDP 超过一定水平时，贷款的影响将变为负的，这是因为当非洲国家处于较低的经济发展水平时，急需中国贷款等资金支持其发展，经济发展到较高水平时，对资金的需求减少，此时如果还接受更多的贷款将使不必要的外债负担加重，反而降低人们的福利水平。在控制变量中，表 7－2 显示，人均 GDP、金融发展程度、基础设施发展、制度质量、城市化率、教育支出和健康支出对非洲国家人类发展指数的影响均为正，除模型（7）部分变量不显著外，其他模型均通过了 1% 或 5% 的显著性检验；通货膨胀对人类发展指数的影响为负，且在模型（1）至模型（5）均通过了 1% 或 10% 的显著性检验。表 7－3 中，除通货膨胀和教育支出的影响不显著外，其他变量的影响与表 7－2 基本一致。

表 7－2　固定效应模型回归结果

变量	(1)	(2)	(3)	(4)	(5)	(6)	(7)
$\ln loan_{it}$	−0.000	0.002***	0.002***	0.002***	0.002***	0.001***	0.001**
	(−0.17)	(3.68)	(3.55)	(3.58)	(3.12)	(2.81)	(2.50)
$\ln gdpp_{it}$	0.068***	0.070***	0.041***	0.040***	0.034***	0.033***	0.032***
	(33.39)	(33.63)	(17.20)	(16.75)	(14.66)	(14.43)	(14.37)
$gdpdf_{it}$	−0.000***	−0.000***	−0.000***	−0.000***	−0.000*	−0.000	−0.000
	(−3.12)	(−3.22)	(−3.16)	(−2.83)	(−1.74)	(−1.59)	(−1.36)
fd_{it}	0.351***	0.340***	0.109***	0.093***	0.056**	0.047*	0.025
	(11.50)	(11.20)	(3.77)	(3.22)	(2.04)	(1.72)	(0.92)

续表

变量	(1)	(2)	(3)	(4)	(5)	(6)	(7)
$lgdp_{it}$		-0.000*** (-3.75)	-0.000*** (-3.27)	-0.000*** (-3.31)	-0.000*** (-2.84)	-0.000** (-2.49)	-0.000** (-2.24)
$mobile_{it}$			0.001*** (18.45)	0.001*** (19.02)	0.000*** (12.06)	0.000*** (12.47)	0.000*** (12.42)
wgi_{it}				0.016*** (3.99)	0.023*** (6.00)	0.019*** (4.74)	0.022*** (5.60)
$urban_{it}$					0.003*** (11.13)	0.003*** (11.00)	0.003*** (11.42)
$healex_{it}$						0.002*** (4.48)	0.002*** (4.00)
$eduex_{it}$							0.005*** (5.21)
cons	-0.018 (-1.40)	-0.029** (-2.14)	0.184*** (11.35)	0.203*** (12.11)	0.124*** (7.13)	0.117*** (6.69)	0.106*** (6.06)
N	1041	1041	1032	1031	1031	1018	1018
r2_a	0.648	0.653	0.742	0.746	0.775	0.785	0.791

注：(1) ***、**、* 分别表示在1%、5%、10%水平上显著；(2) 括号中为 t 统计量。表7-3至表7-7相同。

表7-3　考虑异方差的FGLS模型回归结果

变量	(1)	(2)	(3)	(4)	(5)	(6)	(7)
$lnloan_{it}$	-0.000* (-1.79)	0.004*** (4.79)	0.004*** (4.41)	0.004*** (4.54)	0.006*** (6.87)	0.005*** (6.31)	0.005*** (6.27)
$lngdpp_{it}$	0.081*** (65.97)	0.084*** (56.05)	0.072*** (43.35)	0.072*** (42.82)	0.054*** (27.26)	0.053*** (23.85)	0.054*** (23.70)
$gdpdf_{it}$	-0.000 (-1.13)	-0.000 (-1.46)	-0.000 (-1.12)	-0.000 (-0.35)	-0.000 (-0.47)	-0.000 (-0.20)	-0.000 (-0.19)
fd_{it}	0.201*** (13.76)	0.196*** (12.97)	0.175*** (13.15)	0.100*** (6.55)	0.130*** (7.89)	0.121*** (7.28)	0.120*** (7.08)
$lgdp_{it}$		-0.001*** (-5.07)	-0.001*** (-4.30)	-0.001*** (-4.53)	-0.001*** (-6.72)	-0.001*** (-6.14)	-0.001*** (-6.11)

续表

变量	(1)	(2)	(3)	(4)	(5)	(6)	(7)
$mobile_{it}$			0.000*** (13.60)	0.000*** (13.00)	0.000*** (11.84)	0.000*** (11.63)	0.000*** (11.42)
wgi_{it}				0.024*** (9.88)	0.028*** (12.71)	0.030*** (13.23)	0.030*** (12.01)
$urban_{it}$					0.001*** (15.25)	0.001*** (15.38)	0.001*** (15.44)
$healex_{it}$						0.001** (2.10)	0.001** (2.25)
$eduex_{it}$							-0.000 (-0.32)
$cons$	-0.000* (-1.79)	0.004*** (4.79)	0.004*** (4.41)	0.004*** (4.54)	0.006*** (6.87)	0.005*** (6.31)	0.005*** (6.27)
N	1041	1041	1032	1031	1031	1018	1018

（三）稳健性检验

接下来对实证结果进行三方面的稳健性检验，包括使用不同的回归方法、改变样本容量和替换解释变量。

（1）不同回归方法稳健性检验。由于中国对非贷款相关数据存在较多的零值，因此使用 PPML（Poisson 伪最大似然）估计法进行稳健性估计。相关回归结果如表 7-4 所示。中国贷款对非洲国家福利水平的影响及其边际效应的方向和显著性与表 7-2 和表 7-3 结果一致，可见中国对非贷款对非洲国家福利水平的影响结果在不同回归方法下是稳健的。在控制变量中，人均 GDP、通货膨胀率、手机订阅、城市化率等对非洲国家人类发展指数的影响基本达到预期，但金融发展程度相关系数在部分模型中不显著，制度质量和健康支出的影响也不显著。

表 7 – 4　PPML 模型回归结果

变量	(1)	(2)	(3)	(4)	(5)	(6)	(7)
$\ln loan_{it}$	0. 000 (0. 89)	0. 006 *** (3. 93)	0. 006 *** (3. 74)	0. 006 *** (3. 69)	0. 005 *** (2. 88)	0. 004 *** (2. 71)	0. 004 ** (2. 50)
$\ln gdpp_{it}$	0. 139 *** (9. 37)	0. 143 *** (9. 81)	0. 094 *** (5. 13)	0. 092 *** (5. 14)	0. 079 *** (4. 47)	0. 078 *** (4. 33)	0. 077 *** (4. 30)
$gdpdf_{it}$	–0. 000 *** (–5. 20)	–0. 000 *** (–4. 85)	–0. 000 *** (–3. 43)	–0. 000 *** (–3. 53)	–0. 000 *** (–3. 80)	–0. 000 *** (–3. 12)	–0. 000 *** (–2. 79)
fd_{it}	0. 530 *** (3. 20)	0. 507 *** (3. 09)	0. 159 (1. 08)	0. 134 (0. 91)	0. 050 (0. 34)	0. 028 (0. 21)	–0. 023 (–0. 19)
$\lg dp_{it}$		–0. 001 *** (–3. 67)	–0. 001 *** (–3. 34)	–0. 001 *** (–3. 26)	–0. 001 ** (–2. 55)	–0. 000 ** (–2. 35)	–0. 000 ** (–2. 15)
$mobile_{it}$			0. 001 *** (3. 59)	0. 001 *** (3. 78)	0. 001 ** (1. 98)	0. 001 ** (2. 10)	0. 001 ** (2. 10)
wgi_{it}				0. 028 (1. 10)	0. 043 (1. 59)	0. 035 (1. 11)	0. 044 (1. 38)
$urban_{it}$					0. 007 *** (2. 93)	0. 007 *** (2. 91)	0. 007 *** (3. 04)
$healex_{it}$						0. 005 (1. 50)	0. 005 (1. 40)
$eduex_{it}$							0. 013 ** (2. 37)
$cons$	–1. 549 *** (–13. 49)	–1. 578 *** (–14. 03)	–1. 192 *** (–8. 33)	–1. 151 *** (–8. 19)	–1. 466 *** (–6. 89)	–1. 490 *** (–6. 70)	–1. 534 *** (–6. 79)
个体固定效应	Yes	Yes	Yes	Yes	Yes	Yes	Yes
时间固定效应	No	No	No	No	No	No	No
N	1041	1041	1032	1031	1031	1018	1018

（2）改变样本容量稳健性检验。剔除整体样本中的阿尔及利亚、埃及、利比亚、摩洛哥、苏丹、突尼斯共 6 个北非国家，对剩余撒哈拉以南非洲国家样本进行回归，相关结果如表 7 – 5 所示。中国贷款对撒哈拉以南非洲国家福利水平的影响与整体样本一致。其他控制变量对撒哈拉以南非洲国家福利水平的影响方向均达预期，但金融发展程度相关系数在部分模型中不显著。

表 7-5 撒哈拉以南非洲国家样本回归结果（固定效应模型）

变量	(1)	(2)	(3)	(4)	(5)	(6)	(7)
$\ln loan_{it}$	-0.000	0.003***	0.002***	0.002***	0.002***	0.002***	0.002***
	(-0.36)	(3.94)	(3.67)	(3.72)	(3.57)	(3.11)	(2.82)
$\ln gdpp_{it}$	0.070***	0.072***	0.041***	0.040***	0.035***	0.034***	0.034***
	(31.52)	(31.95)	(16.63)	(16.21)	(14.20)	(14.12)	(14.15)
$gdpdf_{it}$	-0.000***	-0.000***	-0.000***	-0.000***	-0.000**	-0.000*	-0.000
	(-3.28)	(-3.41)	(-3.32)	(-3.07)	(-2.21)	(-1.85)	(-1.62)
fd_{it}	0.351***	0.341***	0.047	0.037	0.031	0.026	0.002
	(10.52)	(10.28)	(1.48)	(1.18)	(1.03)	(0.86)	(0.08)
$\lg dp_{it}$		-0.000***	-0.000***	-0.000***	-0.000***	-0.000***	0.000***
		(-4.05)	(-3.43)	(-3.50)	(-3.31)	(-2.85)	(-2.61)
$mobile_{it}$			0.001***	0.001***	0.000***	0.000***	0.000***
			(19.55)	(19.81)	(12.71)	(12.53)	(12.40)
wgi_{it}				0.011***	0.019***	0.018***	0.022***
				(2.69)	(4.46)	(4.32)	(5.19)
$urban_{it}$					0.003***	0.003***	0.003***
					(7.72)	(8.32)	(8.73)
$healex_{it}$						0.003***	0.002***
						(4.77)	(4.28)
$eduex_{it}$							0.005***
							(5.05)
$cons$	-0.040***	-0.051***	0.178***	0.191***	0.136***	0.119***	0.107***
	(-2.87)	(-3.63)	(10.79)	(11.17)	(7.52)	(6.55)	(5.92)
N	915	915	907	906	906	901	901
$r2\_a$	0.664	0.670	0.771	0.773	0.788	0.794	0.799

（3）替换解释变量稳健性检验。替换通货膨胀率和制度质量的代理变量，其中，通货膨胀率替换为消费者物价指数 cpi_{it}，制度质量替换为民主指数 $polity2_{it}$，该指数取值 -10 ~ 10，数值越大，表示民主程度越高[①]。相关回归结果

① 消费者物价指数数据来源于世界银行 WDI 数据库；民主指数数据来源于 Integrated Network for Societal Conflict Research (INSCR)，http://www.systemicpeace.org/inscrdata.html.

如表7－6所示。中国贷款对非洲国家福利水平的影响和边际效应与表7－2结果一致，因此相关结果是稳健的。其他控制变量对非洲国家福利水平的影响与表7－2基本一致，但民主指数对非洲国家福利水平的影响不显著。

表7－6　替换解释变量后回归结果（固定效应模型）

变量	(1)	(2)	(3)	(4)	(5)	(6)	(7)
$\ln loan_{it}$	0.000 (0.18)	0.002*** (3.06)	0.002*** (2.67)	0.002*** (2.99)	0.001*** (2.68)	0.001** (2.43)	0.001** (2.13)
$\ln gdpp_{it}$	0.066*** (32.83)	0.068*** (32.82)	0.039*** (16.79)	0.040*** (16.64)	0.037*** (15.80)	0.037*** (15.88)	0.036*** (15.96)
cpi_{it}	－0.000* (－1.79)	－0.000* (－1.80)	－0.000*** (－3.19)	－0.000*** (－3.72)	－0.000** (－2.57)	－0.000** (－2.41)	－0.000** (－2.27)
fd_{it}	0.373*** (12.12)	0.364*** (11.82)	0.124*** (4.22)	0.120*** (3.99)	0.107*** (3.74)	0.095*** (3.35)	0.086*** (3.06)
$\lg dp_{it}$		－0.000*** (－3.06)	－0.000** (－2.37)	－0.000*** (－2.73)	－0.000** (－2.38)	－0.000** (－2.11)	－0.000* (－1.85)
$mobile_{it}$			0.001*** (18.52)	0.001*** (17.51)	0.000*** (10.33)	0.000*** (10.72)	0.000*** (10.34)
$polity2_{it}$				－0.000 (－0.72)	－0.000 (－1.24)	－0.000 (－1.21)	－0.000 (－0.99)
$urban_{it}$					0.003*** (9.41)	0.003*** (9.29)	0.003*** (9.53)
$healex_{it}$						0.002*** (3.78)	0.002*** (3.36)
$eduex_{it}$							0.004*** (4.09)
$cons$	－0.011 (－0.81)	－0.019 (－1.42)	0.193*** (11.95)	0.183*** (11.03)	0.092*** (4.92)	0.086*** (4.61)	0.071*** (3.77)
N	998	998	993	944	944	937	937
$r2\_a$	0.655	0.658	0.749	0.753	0.775	0.783	0.787

（四）进一步分析

如前文所述，人类发展指数三个维度分指标——预期寿命、受教育年限、人均国民收入实际上分别是2030年可持续发展目标中目标SDG3（过上健康的生活并提高福祉）、目标 SDG4（优质教育）和目标 SDG8（体面的工作和经济增长）的内容。因此，进一步基于 HDI 的分指标，探讨中国对非贷款对非洲国家 2030 年人类发展相关维度部分可持续发展目标的影响，结果如表 7－7所示。

表 7－7　基于不同发展指标回归结果（固定效应模型）

变量	预期寿命（SDG 3）		人均 GNI（SDG 8.5）		预期受教育年限（SDG4.3）		平均受教育年限（SDG4.4）	
	(1)	(2)	(3)	(4)	(5)	(6)	(7)	(8)
$\ln loan_{it}$	0.015* (1.80)	0.143** (2.51)	0.002*** (4.86)	0.001 (0.34)	0.009*** (2.73)	0.035 (1.61)	−0.002 (−0.93)	0.016 (1.38)
$\ln gdpp_{it}$	1.979*** (8.34)	2.100*** (8.65)		0.237*** (20.39)	0.954*** (10.49)	0.978*** (10.50)	0.069 (1.46)	0.085* (1.76)
$gdpdf_{it}$	−0.000 (−0.59)	−0.001 (−0.67)	−0.000 (−0.15)	−0.000 (−1.16)	−0.000 (−1.19)	−0.000 (−1.23)	−0.000* (−1.69)	−0.000* (−1.75)
fd_{it}	4.524 (1.53)	4.343 (1.47)	0.202 (1.19)	0.357** (2.54)	−2.356** (−2.09)	−2.393** (−2.12)	0.940 (1.60)	0.915 (1.56)
$\lg dp_{it}$		−0.018** (−2.27)		−0.000 (−0.24)		−0.004 (−1.21)		−0.002 (−1.53)
$mobile_{it}$	0.024*** (7.45)	0.024*** (7.41)	0.002*** (13.13)	0.001*** (5.13)	0.008*** (6.34)	0.008*** (6.31)	0.010*** (15.08)	0.010*** (15.06)
wgi_{it}	2.025*** (4.71)	2.013*** (4.70)	0.299*** (12.26)	0.239*** (11.67)	0.499*** (3.04)	0.497*** (3.02)	−0.288*** (−3.33)	−0.289*** (−3.35)
$urban_{it}$	0.375*** (11.81)	0.370*** (11.65)	0.009*** (4.92)	0.001 (0.78)	0.094*** (7.75)	0.093*** (7.65)	0.032*** (4.99)	0.031*** (4.86)
$healex_{it}$	0.307*** (5.42)	0.297*** (5.23)	−0.004 (−1.35)	−0.006** (−2.35)	0.079*** (3.63)	0.077*** (3.52)	0.031*** (2.77)	0.030*** (2.64)
$eduex_{it}$	0.303*** (2.90)	0.289*** (2.77)	0.007 (1.21)	0.005 (0.92)	0.230*** (5.76)	0.228*** (5.68)	0.042** (2.00)	0.040* (1.92)
$cons$	26.436*** (14.26)	25.938*** (13.92)	7.756*** (103.70)	6.444*** (72.41)	−1.916*** (−2.70)	−2.018*** (−2.82)	1.888*** (5.03)	1.825*** (4.84)
N	1028	1028	1028	1028	1028	1028	1018	1018
$r2\_a$	0.667	0.668	0.503	0.657	0.587	0.587	0.609	0.610

由表7-7可见，中国对非贷款对非洲国家可持续发展目标3（预期寿命）的影响显著为正，人均GDP交叉项的影响也显著为负，即中国贷款对非洲国家SDG3的影响也因非洲国家不同经济发展水平而存在差异；中国对非贷款对非洲国家可持续发展目标8（人均GNI）的影响在不考虑人均GDP及其与中国对非贷款交叉项时的影响显著为正；中国对非贷款对非洲国家可持续发展目标4的影响则体现为不考虑人均GDP交互项时，对SDG4.3（预期受教育年限）的影响显著为正，但对SDG4.4（平均受教育年限）的影响则不显著。综上所述，中国贷款有利于推动非洲国家2030年人类发展相关可持续发展目标的实现，主要体现为有利于提升非洲国家预期寿命、人均GNI和预期受教育年限。

三、结论

本节在分析中国对非贷款现状基础上，基于2000—2020年54个非洲国家的面板数据，使用静态面板回归模型分析中国贷款对非洲国家福利水平的影响，通过使用不同的回归方法、改变样本容量和替换解释变量等进行稳健性检验，并基于人类发展指数不同维度指标分析中国贷款对非洲国家2030年可持续发展目标的影响，得出主要结论如下。

第一，中国对非贷款呈现较快增长趋势，但占非洲国家整体外债比例不高，且主要集中于非洲少数几个国家和少数部门，并以官方贷款为主。中国对非债务占非洲国家外债的比例并不高，多边金融机构和私营机构债务才是非洲国家债务的主要来源。安哥拉、埃塞俄比亚、肯尼亚、赞比亚获得了中国一半左右的贷款，而安哥拉是中国贷款大国，累计贷款约占中国对非累计贷款的30%；交通运输和电力部门是中国对非贷款最主要的两个部门，占比总和超过一半，其中矿业部门贷款尽管部分年份占比较高，但大部分年份占比较低甚至为零，可见中国对非贷款并非资源驱动为主，而教育和健康卫生部门贷款占比相对较低；中国进出口银行、国家开发银行两家政策性银行是中国对非贷款提供主体，提供贷款占比约80%，包括一般承包商的卖方信用及商业银行贷款等私营部门商业性贷款占比约为20%。

第二，中国贷款有利于非洲国家福利水平提升，但其边际效应与非洲国家的经济发展水平呈负相关关系。无论是基本回归模型还是稳健性回归模型结果均表明中国贷款促进了非洲国家福利水平的提升，但这种正向影响随着人均 GDP 的增加而减少，当非洲国家人均 GDP 超过一定水平时，贷款对福利的影响将变为负的。这是因为当非洲国家处于较低的经济发展水平时，需要包括中国贷款在内的大量外部资金支持，当经济发展到较高水平时，对外部资金的需求减少，此时如果还接受更多的外部贷款将使外债负担加重，反而不利于其福利水平提升。同时，基于中国贷款对非洲国家人类发展水平不同维度指标的影响结果表明，中国贷款有利于推动非洲国家 2030 年人类发展相关可持续发展目标的实现，主要体现为有利于提升非洲国家预期寿命（SDG3）、人均 GNI（SDG8. 5）和预期受教育年限（SDG4. 3）。

第三，控制变量对非洲国家福利水平的影响基本达预期。经济发展水平、金融发展程度、基础设施发展、制度质量、城市化率、健康支出、教育支出等均是非洲国家人类发展指数的重要影响变量，这些变量数值越高，人类发展指数越高；而以通货膨胀水平为代表变量的宏观经济不稳定性则不利于非洲国家人类发展指数的提升。

第二节　中国对非金融支持对中非产能合作水平的影响

2015 年 5 月，国务院发布的《关于推进国际产能和装备制造合作的指导意见》指出，国际产能合作是推动中国高水平对外开放、增强国际竞争优势的重要内容和互利共赢的重要抓手，主要包括对外贸易与产业转移两种方式，而产业转移则主要包括对外直接投资和承包工程等方式。中非产能合作为国际产能合作的重要组成部分，对化解中国过剩产能和促进国际产能合作具有重要的意义。基于中非之间良好的政治与经贸合作关系，中非在产能合作方面进行了较早探索并取得了一定的进展。尽管取得一定进展，但中非产能合作中仍面临诸多因素约束，其中资金缺口问题尤为突出，中非产能合作的实现和提升离不开中非金融合作。那么，如何量化分析中国对非金融支持对中非产能合作的作用，这种作用是否受中非金融发展差异的影响，同时，中国对非金融支持对产能合作的影响效果是否因建立中非经贸合作区、国家收入水平和不同产能合作方式而存在异质性，如何发挥中国的金融优势进一步推进中非产能合作，对这些问题的研究和思考，对中非金融合作、中非产能合作及中非命运共同体构建均具有重要的理论和实践意义。

一、文献综述

国际产能合作的相关研究主要集中于国内文献，且主要集中于中国与“一带一路”共建国家的产能合作研究。推动中国与“一带一路”共建国家产能合作是中国化解产能过剩的有效举措（刘瑞和高峰，2016；卓丽洪等，2015），也为中国提供了新的市场机会，有利于企业降低成本，实现转型升级和全球价值链分工地位的提升（李军，2019）。在“一带一路”倡议下，推动中国和中亚国家的国际产能合作，对完善中亚地区的基础生产体系和健全货币发行的国家信用基础具有重要作用（王玉柱，2017）。但由于“一带一路”共建国家存在一些不稳定因素，诸如社会动荡、外交摩擦及制度风险等，因此，国际产能合作还需注意风险防范（赵德宇和刘苏文，2016）。郭朝先和刘芳（2020）探讨了中国与“一带一路”共建国家产能合作新进展及主要问题，并提出了促进“一带一路”产能合作高质量发展的对策建议。王维然和蔡玉洁（2022）分析了中国与中亚国家国际产能合作的收益及合作中存在的困难，并提出了相应的对策建议。在产能合作的影响因素方面，刘京星等（2018）研究了地理距离、经济距离、文化距离和制度距离等多维度距离对中国与“一带一路”共建国家钢铁产能合作的影响；黄森等（2020）指出，投资贸易便利化水平对中国与“一带一路”共建国家国际产能合作具有推动作用，但对投资和贸易的影响具有差异；谢孟军（2019）发现，语言自信可以显著推动中国与“一带一路”共建国家的产能合作，且这种推动作用具有显著的洲际差异和经济偏好；刘兵（2021）则指出，来华留学生交流、中国文化产品出口、孔子学院和中国文化中心的设立是中国与“一带一路”共建国家产能合作效率的重要推进因素，境外经贸合作区的设立则显著加强了中国文化海外传播对产能合作效率的提升作用。

在金融与国际产能合作的关系方面，谭璐（2016）、乔晓楠和张晓宁（2017）、项义军和周宜昕（2018）指出，金融支持是国际产能合作的前提和关键力量，综合运用技术创新和金融创新等措施，在提升产业竞争的同时可化解过剩产能问题（盛朝迅，2013），但在金融支持方式上考虑本国利益的同时应注重合作国家和地区福利的改善（乔晓楠和张晓宁，2017）。金融支持国际产能合作过程中也会面临地缘政治、经济及社会的风险，因此需要防范相关的风险（赵德宇和刘苏文，2016；梅建平，2018）。同时，母国与东道国金融发展差异会影响国际产能合作的动机和绩效（史恩义，2020）。在金融支持国际产能合作的措施方面，杜龙政和林伟芬（2018）提出应完善金融政策措施、推进金融创新、建立金融合作框架体系；包括政策性金融、开发性金融、商业性金融在内的多种金融模式应互相补充（张继栋，2017；李世鹏和朱兴龙，2018），中国参与企业应首选金砖国家银行、亚投行和丝路基金等金融机构，以确保合作的安全性（郑炜，2017），提供与国际产能合作项目在准备、运营及调整等各阶段相匹配的金融支持（尤宏兵和乌兰，2017）。梅建平（2018）分析了国际产能合作项目在落地、风险防控及其可持续发展方面的金融支持措施。张超（2021）则提出通过发挥银政优势、创新融资模式、培育多元合作模式支持和推动国际产能合作境外园区高质量发展。一些学者探讨了澜湄国际产能合作的金融支持问题，指出可以沿边金融综合改革创新为突破口，推动构建区域性的人民币结算、双向贷款、直接投资机制，推动跨境金融基础设施建设及信息共享（刘稚和徐秀良，2017），中国可通过深化与澜湄各国的金融监管合作，明确金融支持产能合作的关键领域和重点任务，同时以创新金融产品和服务、丰富保险产品、拓宽金融合作“朋友圈”等方式推动澜湄国际产能合作（王伟，2021）。郭朝先和刘芳（2020）认为应从多维度推动产能合作与资金融通的有机结合，降低项目投资风险。

在中非产能合作的研究方面，黄梅波和张晓倩（2016）等探讨了中非产能对接合作推进非洲“三网一化”建设的策略和合作重点领域；姚桂梅（2017）、隆国强（2018）分析了中非产能合作的进展、问题及对策；李安山（2018）则探讨了中非产能合作的优势和劣势；赵蜀蓉等（2019）基于问卷调查法分析了中国企业在中非产能合作过程中面临的风险与对策。陈弘和文春晖（2020）分析了中非在农业产能合作方面的战略意义、环境条件及对策。刘冬（2020）分析了埃及制造业的发展，提出了推进中国和埃及在制造业领域产能合作的建议。在中非产能合作的绩效方面，阎虹戎和严兵（2021）发现，中非产能合作提升了企业的产能利用率，这主要体现在对生产侧企业影响方面，对消费侧企业的影响不显著；陈默等（2021）发现，中非产能合作对非洲项目所在国家经济具有促进作用，同时还通过空间溢出效应拉动邻国经济增长，且存在明显的异质性；贺文萍（2015）指出，中非产能合作具有强大的现实基础，且有利于非洲工业化和经济一体化进程的推进。在中非产能合作的影响因素方面，陈默等（2022）研究指出，中国对非基础设施建设有利于中非产能合作水平提升，且主要通过基础设施改善和全要素生产率提高两个渠道发挥作用。金融支持中非产能合作方面相关研究见本书第一章。

综上可见，已有文献对中国与“一带一路”共建国家产能合作问题进行了较为全面和深入的研究，同时金融支持国际产能合作方面的必要性和具体措施方面的文献也较为丰富，而中非产能合作的相关文献相对较少，主要集中于中非产能合作的意义、对策及中非产能合作的成效，部分文献探讨了金融支持与中非产能合作的关系，但主要以理论分析为主，鲜有文献量化分析金融支持对中非产能合作的影响。而且，大部分文献仅选择贸易、对外直接投资或对外承包工程中的某一个单一指标衡量国际产能合作水平，尽管研究中使用了“产能合作”的名称而实质与已有关于贸易、对外直接投资、对外承包工程相关研究无异，无法全面反映产能合作的实际情况。

鉴于此，本书在已有文献基础上，实证分析了中国对非金融支持对中非产能合作的影响，边际贡献在于：一是首次量化分析了中国对非金融支持对中非产能合作水平的影响。二是对中非产能合作水平进行了更加合理的量化。不同于已有文献，它们仅从中国对非贸易、对非直接投资或对非承包工程某一方面指标衡量中非产能合作水平，本书使用指数化的方式，选用中国对非贸易、中国对非直接投资、中国对非工程承包完成额三个指标，通过熵值法计算中非产能合作水平指数，因而更全面地反映中非产能合作水平。三是使用中国对非贷款数据库2000—2020年的中国对非贷款数据反映中国对非金融支持情况，该数据相对援助数据更全面。

二、指标选取和模型构建

（一）中非产能合作指标的选取

已有文献主要选择出口贸易（刘京星等，2018；史恩义等，2020；黄森等，2020；陈默等，2022）、中国对非直接投资（谢孟军，2019；史恩义等，2020；黄森等，2020；阎虹戎和严兵，2021）、中国对非承包工程（谢孟军，2019；陈默等，2021）等单一指标或其中两个指标作为国际产能合作的代表变量；陶长琪和杨雨晴（2019）则采用虚拟变量进行衡量，企业有进行出口贸易、对外直接投资或者对外承包工程中的一项，则赋值为1，否则赋值为0。国际产能合作范围涉及进出口贸易、跨国投资、产业转移，甚至劳务合作、资源合作等方面的国际经济关系，国际产能合作呈现高度的复合性与复杂性（乔晓楠和张晓宁，2017）。为全面反映中非产能合作水平并体现国际产能合作的复合性，本书使用指数化的方式，选用中国对非出口、中国对非直接投资、中国对非承包工程完成营业额三个指标，通过熵值法计算中非产能合作水平指数。

从中非产能合作的发展趋势看，图7－5显示，2003年以来中非产能合作水平整体呈现不断增长趋势，2018年达到最高水平。从国别分布看（见图7－6），2020年的中非产能合作中，中国与之合作最多的前5个国家分别

图7－5　2003—2020年中非产能合作指数发展趋势

是尼日利亚、埃及、南非、阿尔及利亚、肯尼亚，这些国家在非洲国家中经济发展水平较高，更有利于推动中非产能合作中产业落地和发展。

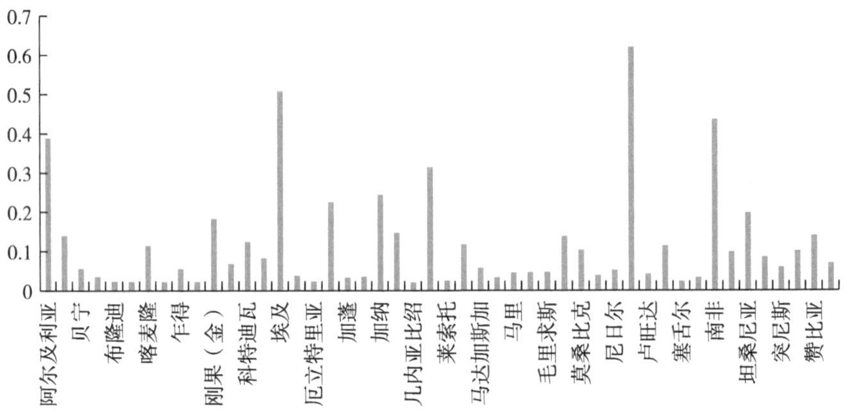

图 7－6　2020 年中国和非洲各国产能合作情况

（二）模型构建

本节研究的核心问题是中国对非金融支持对中非产能合作的影响。由已有文献可知，中国对非金融支持有利于缓解中国对非洲贸易、直接投资、对外承包工程建设等产能合作过程中面临的资金瓶颈问题，是推动中非产能合作的重要力量。而非洲国家的基础设施发展水平、经济开放度、人口增长率、政府支出、制度环境等因素也会影响中非产能合作水平。其中，较高的基础设施水平可以降低要素流动壁垒，有利于提升贸易的效率（Mbekeani，2010）、吸引外商直接投资（Abdul 等，2011），推动产能合作的开展；经济开放度影响贸易和投资，人口增长使需求增加及劳动力供给增加，推动产能合作（史恩义等，2020）；政府支出反映了政府因素在中非产能合作中的作用（陈默等，2022）；制度环境会影响产能合作的绩效（阎虹戎和严兵，2021），良好的制度环境有利于产能合作政策的制定和产能合作的顺利完成。产能合作双方的金融发展水平差异如果悬殊过大，会阻碍双方产能合作发展（谭璐，2016）；金融合作则有利于减小双方金融发展差异，从而降低金融发展差异对产能合作的抑制效应；金融发展差异也会影响金融合作，从而影响金融支持对产能合作的促进效应。因此，进一步引入金融发展差异及其与中国对非金融支持的交互项。由此，构建如下计量模型。

$$cnhz_{it} = \beta_0 + \beta_1 \ln loan_{it} + \beta_2 loanxfd_{it} + \beta_3 X_{it} + u_i + v_t + \varepsilon_{it} \quad (7-2)$$

各变量的含义和处理如下：

（1）$cnhz_{it}$为被解释变量，表示中国和非洲国家 i 在第 t 年的产能合作指数。

（2）$\ln loan_{it}$、$loanxfd_{it}$ 为核心解释变量。$\ln loan_{it}$ 表示中国对非洲国家 i 在第 t 年的金融支持水平，以中国对非洲国家贷款作为代表变量，并进行对数处理[①]；$loanxfd_{it}$ 为中国对非贷款对数与中非金融发展差异交互项。

（3）X_{it} 为控制变量，包括非洲国家 i 在第 t 年的基础设施发展水平、经济开放度、人口增长率、政府支出、制度环境、中非金融发展差异等，分别用 $\ln mobile_{it}$、$open_{it}$、$popgr_{it}$、gov_{it}、pve_{it}、fdc_{it} 表示。其中，基础设施水平使用每百人移动电话使用量的对数作为代表变量；经济开放度以贸易总额与 GDP 比值作为代表变量；政府支出为政府最终消费支出占 GDP 的比值；制度环境选用世界银行 WGI 数据库中政治稳定性维度数据为代表变量，取值越大，表示政治稳定性越高，制度环境越好；金融发展差异为中国金融发展水平与非洲国家金融发展水平的比值。

（4）u_i、v_t 分别表示国家个体固定效应和时间固定效应，ε_{it}为随机扰动项。

主要变量描述性统计结果与数据来源如表 7-8 所示。

表 7-8　主要变量描述性统计结果与数据来源

变量	观测值	标准差	均值	最小值	最大值	数据来源
$cnhz_{it}$	782	0.115	0.10	0.02	0.66	作者计算而得。原始数据中，中国对非直接投资源于《中国对外直接投资统计年报》，中国对非出口源于 IMF DOT 数据库，中国对非承包工程完成营业额源于《中国对外承包工程统计年报》及《中国统计年鉴》

① 由于中国对非贷款数据存在零值，本书采用贷款原值加 1 再取自然对数的方式进行处理。

续表

变量	观测值	标准差	均值	最小值	最大值	数据来源
$\ln loan_{it}$	1134	5.577	4.24	0.00	16.76	CLA，https：//www.bu.edu/gdp/chinese - loans - to - africa - database/？lang = en
$\ln mobile_{it}$	1102	1.735	3.13	-4.01	5.29	世界银行 WDI 数据库
$open_{it}$	996	39.132	71.69	0.78	348.00	世界银行 WDI 数据库
$popgr_{it}$	1125	0.952	2.38	-2.63	5.60	世界银行 WDI 数据库
gov_{it}	955	7.253	15.26	0.95	56.85	世界银行 WDI 数据库
pve_{it}	1123	0.915	-0.58	-3.31	1.28	世界银行 WGI 数据库
fdc_{it}	1083	3.068	5.17	0.76	19.36	IMF 金融发展指数数据库
$loanxfd_{it}$	1083	35.963	21.83	0.00	231.58	作者计算所得

三、实证结果分析

（一）基准回归分析

由于中非产能合作指数中中国对非直接投资数据从 2003 年开始统计，本节最终选取 2003—2020 年 54 个非洲国家的面板数据。变量的相关系数检验和 VIF 检验结果显示模型变量间多重共线性问题并不严重。由于 White 检验结果表明面板数据存在异方差，故使用异方差校正的 FGLS 模型进行分析，回归结果见表 7－9 模型（1）至模型（3）。其中模型（2）和模型（3）在模型（1）的基础上依次加入金融发展差异及其与中国对非贷款的交互项 $loanxfd_{it}$，以考虑金融发展差异对中非产能合作的影响及其与中国对非金融支持对中非产能合作的交互影响。

表 7－9 基准回归结果

变量	(1)	(2)	(3)
$\ln loan_{it}$	0.001*** (3.80)	0.001*** (4.16)	0.001** (1.97)
$\ln mobile_{it}$	0.027*** (18.40)	0.027*** (15.67)	0.028*** (15.54)
$open_{it}$	-0.000*** (-6.63)	-0.000*** (-2.58)	0.000*** (-2.60)

续表

变量	(1)	(2)	(3)
$popgr_{it}$	0.001 (0.62)	0.013*** (5.79)	0.013*** (5.83)
gov_{it}	-0.001*** (-5.54)	-0.002*** (-5.68)	-0.002*** (-5.65)
pve_{it}	-0.020*** (-8.54)	-0.036*** (-11.69)	-0.035*** (-11.66)
fdc_{it}		-0.008*** (-10.26)	-0.009*** (-9.45)
$loanxfd_{it}$			0.000 (0.59)
N	694	676	676

注：（1）***、**、*分别表示在1%、5%、10%水平上显著；（2）括号中为 t 值。表7-10至表7-14相同。

表7-9结果表明，中国对非金融支持对中非产能合作的影响系数为正，且在不同回归模型中均通过了1%或5%的显著性检验，即中国对非洲金融支持有利于提升中非产能合作水平。中非金融发展差异对中非产能合作水平的影响显著为负，表明金融发展差异不利于中非产能合作，这是因为中国与非洲国家金融发展差异的存在使企业融资难度不对等，加大了企业“走出去”成本，降低了企业参与国际产能合作的积极性（史恩义等，2020）。金融发展差异与中国对非金融支持的交互项系数影响则不显著，表明中国对非金融支持对中非产能合作水平的提升效应并没有受金融发展差异影响，同时金融发展差异对中非产能合作的抑制效应也未受金融支持的影响。

在控制变量的影响方面，非洲国家基础设施水平对中非产能合作的影响显著为正，即基础设施水平提升有利于推动中非产能合作，与预期一致。经济开放度的影响显著为负，即经济开放度高的国家，中非产能合作水平越低，这是因为经济开放度高的国家在产能合作方面有更多的选择，从而对中国产能合作产生挤出效应。人口增长率系数在模型（2）至模型（3）中均显著为正，与预期一致。政府支出的相关系数显著为负，这是因为非洲国家政府支出越高，政府财政负担越重，不利于政府参与支持产能合作，从而对中非产能合作产生消极影响。政治稳定性系数符号与预期相反，模型（1）至模型（3）中均显著为负，这是因为政治稳定性较差的非洲国家通常经济发展也较为落后，更需要通过产能合作的方式推动自身发展，在合作共赢和支持非洲国家发展的原则下，中国增加了与这些国家的产能合作。

（二）稳健性检验

为进一步检验基准回归结果的可靠性，采用如下方法进行稳健性检验：(1) 使用不同的回归方法。考虑内生性问题，进一步使用系统 GMM 模型进行分析，回归结果见表 7 - 10。(2) 替换被解释变量。用等权重法计算中非产能合作水平，替换基准回归中用熵值法计算的中非产能合作水平，回归结果如表 7 - 11 所示。(3) 改变样本容量。使用撒哈拉以南非洲国家样本数据进行检验，结果如表 7 - 12 所示。可见，前文基准回归的核心结论是稳健的，即中国对非金融支持有利于提升中非产能合作水平，金融发展差异抑制了中非产能合作水平的提升，但金融发展差异与中国对非金融支持的交互项系数影响不显著（除 GMM 回归结果显著为负外）。

表 7 - 10　系统 GMM 回归结果

变量	(1)	(2)	(3)
$\ln loan_{it}$	0.000***	0.000***	0.001***
	(12.54)	(7.73)	(9.42)
$\ln mobile_{it}$	0.022***	0.020***	0.021***
	(42.33)	(23.70)	(28.47)
$open_{it}$	0.000***	0.000***	0.000***
	(6.03)	(7.14)	(4.79)
$popgr_{it}$	-0.004***	-0.001***	-0.002***
	(-7.88)	(-2.67)	(-3.49)
gov_{it}	-0.002***	-0.002***	-0.002***
	(-28.14)	(-16.55)	(-18.12)
pve_{it}	-0.001	-0.003***	-0.002**
	(-1.36)	(-2.77)	(-2.17)

续表

变量	(1)	(2)	(3)
fdc_{it}		-0.001** (-2.00)	-0.001** (-2.41)
$loanxfd_{it}$			-0.000*** (-7.33)
$cnhz_{i,t-1}$	0.927*** (382.79)	0.935*** (195.93)	0.938*** (225.64)
$cnhz_{i,t-2}$	-0.139*** (-57.33)	-0.140*** (-71.97)	-0.141*** (-70.89)
N	585	569	569
$AR(2)$	0.122	0.111	0.118
Sargan	1.00	1.00	1.00

表 7-11　替换被解释变量回归结果

变量	(1)	(2)	(3)
$\ln loan_{it}$	0.001*** (4.53)	0.001*** (4.74)	0.002*** (3.13)
$\ln mobile_{it}$	0.025*** (20.83)	0.025*** (17.83)	0.025*** (17.36)
$open_{it}$	-0.000*** (-5.89)	-0.000 (-1.60)	-0.000 (-1.61)
$popgr_{it}$	0.005*** (3.71)	0.014*** (7.99)	0.014*** (8.01)
gov_{it}	-0.001*** (-3.35)	-0.001*** (-4.42)	-0.001*** (-4.42)
pve_{it}	-0.017*** (-9.09)	-0.029*** (-11.41)	-0.029*** (-11.43)
fdc_{it}		-0.006*** (-9.45)	-0.006*** (-8.50)
$loanxfd_{it}$			-0.000 (-0.39)
N	694	676	676

表 7-12 撒哈拉以南非洲国家样本回归结果

变量	(1)	(2)	(4)
$\ln loan_{it}$	0.001 *** (3.89)	0.002 *** (4.74)	0.002 *** (2.60)
$\ln mobile_{it}$	0.023 *** (13.18)	0.027 *** (13.43)	0.027 *** (13.33)
$open_{it}$	-0.000 *** (-5.30)	-0.000 *** (-2.71)	-0.000 *** (-2.76)
$popgr_{it}$	0.003 (1.42)	0.010 *** (4.08)	0.010 *** (4.11)
gov_{it}	-0.001 *** (-4.25)	-0.001 *** (-4.44)	-0.001 *** (-4.38)
pve_{it}	-0.013 *** (-4.57)	-0.035 *** (-8.87)	-0.035 *** (-8.84)
fdc_{it}		-0.008 *** (-8.62)	-0.008 *** (-8.04)
$loanxfd_{it}$			0.000 (0.25)
N	594	576	576

（三）异质性分析

1. 基于境外合作区划分国家样本的异质性分析

经贸合作区是中非产能合作重要载体与平台（陈默等，2022）。建立经贸合作区有利于优势的产业抱团出海，有效带动中国企业产能转移（刘晨和葛顺奇，2019），显著扩大东道国的进出口贸易规模（严兵等，2021），促进中国对东道国直接投资（张相伟和龙小宁，2022）。因此，相对还没有建立中非经贸合作区的国家，中国对非金融支持对建立经贸合作区国家的产能合作促进作用可能更明显。将样本国家分为建立中非经贸合作区国家和未建立中非经贸合作区国家两组进行异质性检验，结果如表 7-13 所示。

表 7－13　建立经贸合作区国家和未建立经贸合作区国家异质性回归结果

变量	建立中非经贸合作区国家			未建立中非经贸合作区国家		
	(1)	(2)	(3)	(1)	(2)	(3)
$\ln loan_{it}$	0.001 (0.78)	−0.000 (−0.37)	0.003* (1.68)	0.001*** (3.46)	0.001*** (3.22)	−0.000 (−0.06)
$\ln mobile_{it}$	0.043*** (11.88)	0.053*** (12.70)	0.050*** (10.87)	0.020*** (14.45)	0.020*** (13.94)	0.021*** (14.27)
$open_{it}$	−0.000 (−1.22)	−0.000 (−0.48)	−0.000 (−0.53)	−0.000*** (−4.12)	−0.000*** (−2.62)	−0.000*** (−2.70)
$popgr_{it}$	−0.002 (−0.46)	0.011* (1.66)	0.009 (1.44)	0.004*** (2.80)	0.008*** (4.93)	0.009*** (4.80)
gov_{it}	−0.005*** (−4.14)	−0.005*** (−4.02)	−0.005*** (−3.99)	−0.001*** (−3.98)	−0.001*** (−3.16)	−0.001*** (−2.91)
pve_{it}	−0.066*** (−8.99)	−0.071*** (−10.05)	−0.074*** (−10.25)	−0.002 (−0.77)	−0.012*** (−4.36)	−0.012*** (−4.37)
fdc_{it}		−0.015*** (−6.55)	−0.012*** (−4.78)		−0.004*** (−6.88)	−0.005*** (−6.45)
$loanxfd_{it}$			−0.001** (−1.98)			0.000** (2.03)
N	235	217	217	459	459	459

由表 7－13 可见，中国对非金融支持对中非产能合作水平影响相关系数在建立中非经贸合作区国家样本回归模型（1）和模型（2）中不显著，但加入中国对非金融支持与金融发展差异的交互项后显著为正，而没有建立经贸合作区国家样本回归结果则相反，模型（1）和模型（2）相关系数显著为正，但加入交互项后为负且不显著。金融发展差异的影响系数在两组样本回归中均显著为负。交互项相关系数在两组样本中的符号相反。在建立经贸合作区国家样本中，交互项的影响显著为负，说明金融发展差异降低了中国对非金融支持对产能合作的正向效应，同时中国对非金融支持也加深了金融发展差异对中非产能合作水平的抑制效应；未建立经贸合作区的国家样本中，交互项的影响显著为正，说明中国对非金融支持有利于减小金融发展差异对中非产能合作水平的抑制效应。

2. 基于不同收入水平国家样本的异质性分析

中国对非金融支持在不同国家分布存在明显的差异（见本章第一节），且产能合作的分布也与东道国的经济发展水平高度相关（王鑫静等，2019；肖雁飞等，2021），因此中国对非金融支持对中非产能合作的影响在不同收入水平的国家可能存在差异。根据 IMF 的划分标准①，将样本国家分为中等收入国家和低收入国家两组样本进行回归，结果如表 7-14 所示。可见，中国对非金融支持对中等收入国家和低收入国家的影响均主要体现为正向效应，考虑与金融发展差异的交互项后，中等收入国家样本回归中变得不显著，交互项的影响也不显著，而低收入国家样本回归中的系数为负且不显著，但交互项的影响显著为正，说明在低收入国家中，中国对非金融支持有利于降低金融发展差异对中非产能合作水平的抑制效应。

表 7-14　不同收入水平国家异质性回归结果

变量	中等收入国家			低收入国家		
	(1)	(2)	(3)	(1)	(2)	(3)
$\ln loan_{it}$	0.001**	0.001*	0.001	0.001***	0.001***	-0.002
	(2.01)	(1.73)	(1.39)	(3.25)	(3.30)	(-1.64)
$\ln mobile_{it}$	0.033***	0.037***	0.037***	0.008***	0.010***	0.011***
	(16.25)	(16.61)	(15.81)	(4.95)	(6.04)	(6.59)
$open_{it}$	-0.000***	-0.000***	-0.000***	0.000	0.000	0.000*
	(-5.51)	(-3.33)	(-3.32)	(0.55)	(1.42)	(1.82)
$popgr_{it}$	0.006***	0.019***	0.018***	0.003	0.005*	0.004
	(3.06)	(6.74)	(6.47)	(1.02)	(1.88)	(1.53)
gov_{it}	-0.002***	-0.003***	-0.003***	-0.000	-0.000	0.000
	(-5.69)	(-6.12)	(-6.09)	(-1.19)	(-1.26)	(0.06)
pve_{it}	-0.040***	-0.061***	-0.061***	-0.013***	-0.018***	-0.017***
	(-10.02)	(-12.33)	(-12.29)	(-4.44)	(-6.07)	(-5.68)

① IMF 在 2022 年 4 月发布的《地区经济展望：撒哈拉以南非洲》中将 2018—2020 年人均国民总收入高于 1045.00 美元的国家划分为中等收入国家，将等于或低于 1045.00 美元的国家划分为低收入国家。

续表

变量	中等收入国家			低收入国家		
	(1)	(2)	(3)	(1)	(2)	(3)
fdc_{it}		-0.012***	-0.012***		-0.003***	-0.004***
		(-8.41)	(-6.98)		(-4.58)	(-5.60)
$loanxfd_{it}$			-0.000			0.000***
			(-0.37)			(3.28)
N	442	424	424	252	252	252

四、结论

本节基于2000—2020年54个非洲国家中国对非贷款数据，选用中国对非出口、中国对非直接投资、中国对非工程承包完成额三个指标计算中非产能合作水平，实证分析中国对非洲金融支持对中非产能合作水平的影响，通过使用不同的回归方法、替换被解释变量、改变样本容量等进行稳健性检验，并基于是否建立中非经贸合作区、不同收入水平国家进行异质性检验，结果表明：（1）中国对非洲金融支持对中非产能合作水平具有显著的促进作用，但其与中非金融发展差异的交互项效应不显著，即中国对非金融支持对产能合作水平的促进效应未受中非金融发展差异的影响；金融发展差异对中非产能合作体现为抑制效应，且这种抑制效应未受中非金融支持的影响。（2）中国对非金融支持对中非产能合作水平的影响在不同类型样本国家下均主要体现为促进效应，但考虑其与中非金融发展差异的交互影响后存在一定异质性：在建立经贸合作区国家样本中，金融发展差异降低了中国对非金融支持对产能合作的正向效应，同时中国对非金融支持也加深金融发展差异对产能合作的抑制效应；在未建立经贸合作区的国家样本、低收入国家样本中，中国对非金融支持对中非产能合作的影响变得不显著，但有利于减小金融发展差异对产能合作水平的抑制效应；在中等收入国家样本中，中国对非金融支持和交互项影响均不显著。（3）基础设施水平、经济开放度、人口增长率、政府支出、政治稳定性等其他控制变量也是中非产能合作水平的重要影响变量。基础设施发展越完善、人口增长率越高、政府财政负担越轻的国家，中非产能合作水平越高；经济开放度越高的国家，产能合作选择性越大，则对中非产能合作产生挤出效应；政治稳定性越低的国家，越需要中非产能合作推动其发展。

第三节　中国对非直接投资对非洲国家实现 2030 年可持续发展目标的影响①

2015 年，联合国可持续发展峰会制定了包含 17 个涉及经济、社会、环境维度的可持续发展目标的《2030 年可持续发展议程》，致力于消除贫困，保护地球，构建包容、和平、繁荣的社会及新型的全球伙伴关系。17 项目标中每项目标的实现都需要大量资金的支持，尤其需要包括外商直接投资在内的私营部门资金的参与。非洲国家大部分为发展中经济体，经济发展水平低，基础设施落后，缺乏财政资金的支持。缺乏资金成为其实现可持续发展目标的最大挑战，根据联合国可持续发展行动网络（UNSDSN）估计，非洲每年要增加 6140 亿美元至 6380 亿美元才可能实现 2030 年议程的目标。因此，对非洲国家而言，外国直接投资可能成为其实现可持续发展目标重要资金来源之一。如前文所述，近年来，中国对非洲直接投资增长迅速，那么，在 2030 年议程框架下，中国对非洲的直接投资是否有助于非洲国家可持续发展目标的实现，其对非洲国家社会、经济、环境等不同维度可持续发展目标的进展程度及其变动趋势的影响是否存在差异，如何深化中国对非直接投资与合作，对这些问题的研究和思考对非洲国家 2030 年可持续发展目标的实现、中国关于 2030 年议程中支持与促进发展中经济体发展要求的落实及中非命运共同体构建具有重要的理论和实践意义。

一、文献综述

（一）2030 年议程与其他合作机制的关系及可持续发展具体目标相关研究

关于 2030 年议程与其他合作机制的关系，崔文星（2016）探讨了中国的

① 本节主要内容发表于《中国人口·资源与环境》2021 年第 4 期。

南南合作与2030年议程的相互推动作用；张海冰（2016）指出G20平台在2030年议程的落实中将发挥引领和补充作用，而2030年议程也为G20由危机应对向长效治理的转型提供了机遇（朱杰进，2016）；朱磊和陈迎（2019）探讨了"一带一路"倡议和2030年议程对接的内涵、目标与路径；贺双荣（2018）指出中国与拉美合作作为"一带一路"的延伸为2030年议程的实施提供了重要的动力和平台。

在可持续发展具体目标方面，Martín等（2020）评估了以自然为基础的解决方案对可持续发展目标的贡献；Miralles－Quirós等（2020）基于Fama－French五因素模型分析了可持续发展目标相关的资产或项目的投资策略；Acheampong等（2019）通过分析加纳可再生能源发展的潜力和障碍探讨其实现可持续发展目标7（可负担的清洁的能源）的潜力；Moyer和Hedden（2020）使用情景分析法分析可持续发展目标中与人类发展相关的9个指标的进展情况。

（二）FDI对可持续发展的影响相关研究

相关文献分别研究了外商直接投资（FDI）对东道国经济、环境和减贫的影响。经济效应相关研究结果表明FDI对东道国经济增长有积极影响（Reiter和Steensma，2010；Malikane和Chitambara，2017），但也可能产生负面影响（Reiter和Steensma，2010；Kardos，2014）。对于FDI对中国经济增长的影响，甘星和印赟（2016）指出，FDI显著促进中国经济增长但具有较强的时滞效应，且合资型和独资型FDI的促进机制存在差异（金宏平等，2016）；随洪光等（2017）指出，中国的FDI存在较大比例的非耐心资本，整体不利于经济增长质量提升，而田素华等（2019）则认为FDI可通过竞争效应、联系效应及模仿效应提高中国经济质量。在FDI的环境效应方面，一些学者研究指出发达经济体通常会将其污染程度高的企业转向发展中经济体，而发展中经济体为了促进经济增长往往放松对FDI的环境管制，从而使环境恶化，成为发达经济体的"污染天堂"（Abdouli和Hammami，2018；Sarkodie和Strezov，2019；Zafar等，2020）；一些学者则认为，外商直接投资企业会带来更先进的污染治理技术和环境相关的管理体系，从而有利于提高东道国的环境质量，即认可了“污染光环”假说（Ridzuan 等，2017；Asumadu - Sarkodie 等，2020）。一些学者基于中国数据验证了“污染天堂”假说（张宇和蒋殿春，2014；刘玉凤和高良谋，2019）和“污染光环”假说（Huang 等，2017；陈媛媛和李坤望，2010）。有学者认为 FDI 对环境的改善作用与中国双向 FDI 的协调发展水平、产业结构发展水平正相关（龚梦琪和刘海云，2020）；也有学者认为 FDI 对环境影响通常在经济发展初期加剧污染而经济发展转型期降低污染（霍伟东等，2019）。在 FDI 的减贫效应方面，Van 和 Durowah（2018）、Dhahri（2020）指出 FDI 是发展中经济体减贫的有效工具；在非洲国家中，喀麦隆可以 FDI 作为短期的减贫工具（Nguea 等，2020），但 FDI 对博茨瓦纳减贫的长期影响不显著（Magombeyi 等，2018），而以基尼指数衡量北非地区贫困时，FDI 甚至增加了贫困（Lazreg 和 Zouari，2018）。

部分学者直接探讨 FDI 对可持续发展目标的影响。FDI 作为重要的资金来源有利于发展中经济体可持续发展目标的实现（Thomas，2020）；Matei 和 Stanescu（2018）从理论上较为全面地分析了 FDI 对可持续发展的经济、社会、环境三个维度的影响机制。Aust 等（2019）基于非洲国家 2018 年的截面数据研究发现，FDI 有利于非洲国家可持续发展目标实现，尤其对非洲基础设施、清洁水、卫生和可再生能源等领域可持续发展目标的实现有积极影响，但不利于气候行动目标的实现。

（三）中国对非洲直接投资相关研究

中国对非直接投资的相关研究详见第一章。

（四）简要述评

综上可知，已有文献对 2030 年议程与其他合作机制的关系、可持续发展具体目标以及 FDI 分别对东道国经济、环境、社会等维度的影响进行了较为全面、深入的研究。其中，中国对非直接投资相关研究主要集中于投资动机和投资的经济效应等方面，而鲜有文献专门探讨中国对非直接投资对非洲国家实现 2030 年可持续发展目标的影响。尽管 Aust 等（2019）首次分析了 FDI 与非洲国家实现可持续发展目标的关系，但其样本量较小（仅涉及非洲 44 个国家 2018 年的截面数据），且只分析了 FDI 对可持续发展目标总体得分的影响而未分析其对三个维度 17 个具体目标得分的影响。鉴于此，本节实证分析了中国对非直接投资对非洲国家可持续发展目标进展程度和速度的影响，边际贡献在于：一是首次探讨了中国对非直接投资与非洲国家实现 2030 年可持续发展目标的关系；二是使用非洲国家可持续发展目标得分的面板数据，以增加样本量和反映数据的动态变化；三是对比分析中国对非直接投资对非洲国家社会、经济、环境三个维度 17 个可持续发展目标得分及其变动趋势影响的差异性，以期为促进非洲国家实现 2030 年可持续发展目标及中非命运共同体构建提供有益的启示。

二、非洲 2030 年可持续发展目标及其进展情况

2030 年可持续发展议程中共设立了 17 个可持续发展目标（Sustainable Development Goals，SDGs）和 169 个具体目标，包括经济、社会、环境三个维度的内容，涉及消除贫困和饥饿、健康与福祉、教育和性别平等、水和能源、气候、生态及经济可持续发展等具体领域（鲜祖德等，2020）。具体指标及内容如表 7－15 所示。

表 7－15　2030 年可持续发展议程 17 个目标及其内容

目标维度	具体目标	目标内容
社会维度：人类生存发展的基本需求、保障	目标 1	消除贫困
	目标 2	消除饥饿
	目标 3	过上健康的生活并提高福祉
	目标 4	优质教育
	目标 5	性别平等
经济维度：能源使用、经济可持续发展	目标 6	清洁的水和卫生设施
	目标 7	可负担的清洁的能源
	目标 8	体面的工作和经济增长
	目标 9	工业化、创新和基础设施
	目标 10	降低不平等
	目标 11	可持续城市和社区
	目标 12	可持续的生产和消费模式

续表

目标维度	具体目标	目标内容
环境维度：生态安全和环境可持续发展	目标 13	气候行动
	目标 14	海洋生态
	目标 15	陆地生态
环境维度：和平有序发展的国内经济社会环境和国际合作环境	目标 16	和平、正义、有效的机构
	目标 17	全球伙伴关系

从国家和区域层面探讨和执行是可持续发展目标实现的关键。2016 年以来，包括亚太、欧盟、非洲在内的各区域组织根据联合国相关要求，开始制定区域层面可持续发展指标体系的构建并评估各区域可持续发展目标的实现情况。2017 年后，非洲国家每年发布了非洲实现可持续发展目标的进展情况和具体的指标统计和监测，包括非洲可持续发展目标中心（SDGCAfrica）分别于 2017 年 1 月和 11 月发布的两个版本《非洲 2030：非洲如何实现可持续发展目标》、2019 年发布的《非洲 2030：可持续发展目标近三年发展情况》及 SDGCAfrica 和 UNSDSN 于 2018 年和 2019 年共同发布的《非洲 SDG 指数与指示板报告》。非洲从区域层面构建的可持续发展目标相关指标体系与全球可持续发展目标指标体系的核心部分是相同的，但在具体指标方面则添加了与非洲国情相适应的一些指标，体现为非洲可持续发展目标 17 个具体指标名称与全球框架下相同，但其具体构成指标存在一定的差异。相关报告的 SDG 指数表示可持续发展目标的进展程度。根据 2019 年《非洲 SDG 指数与指示板报告》，非洲可持续发展目标进展程度高于 50% 的国家有 34 个，其中毛里求斯、突尼斯和阿尔及利亚排名前 3，进展程度分别为 66.2%、66.1% 和 65.8%，摩洛哥、佛得角和埃及次之，进展程度为 64.4%、64.1% 和 63.8%，乍得和中非的进展程度低于 40%，南苏丹则排名最后，进展程度为 29.2%。

三、实证分析

（一）计量模型构建

由已有文献可知，外商直接投资可能影响东道国社会、经济、环境等不同维度的可持续发展。同时，一国可持续发展目标的实现往往与该国经济发展程度、人口密度、金融发展程度和制度质量及教育发展程度相关（Zafa 等，2020；Aust 等，2019）。鉴于此，综合借鉴 Zafar 等（2020）、Aust 等（2019）模型做法，构建如下计量模型，以探讨中国对非洲直接投资是否有助于非洲国家实现可持续发展目标。

$$SDG_{it} = \beta_0 + \beta_1 fdi_{it} + \beta_2 gdp_{it} + \beta_3 popd_{it} + \beta_4 fd_{it} + \beta_5 wgi_{it} + \beta_6 edu_{it} + \beta_7 region_{it} + \varepsilon_{it} \quad (7-3)$$

$$SDG_{it} = \beta_0 + \beta_1 fdi_{it} + \beta_2 fdi_{it}^2 + \beta_3 gdp_{it} + \beta_4 gdp_{it}^2 + \beta_5 popd_{it} + \beta_6 fd_{it} + \beta_7 wgi_{it} + \beta_8 edu_{it} + \beta_9 region_i + \varepsilon_{it} \quad (7-4)$$

$$P(trend_{it} > j) = f(X_{it}\beta_j) = \frac{\exp(\alpha_j + X_{it}\beta_j)}{1 + \exp(\alpha_j + X_{it}\beta_j)} \quad j = 0,1,2,3 \quad (7-5)$$

模型（7-3）分析了中国对非直接投资对非洲国家可持续发展目标得分的影响。其中，SDG_{it} 为非洲国家 i 在 t 时期可持续发展目标的得分（也即目标的进展程度），包括总体得分和 17 个具体目标得分，分别用 sdg_{it}、$sdg1_{it}$ 至 $sdg17_{it}$ 表示；fdi_{it} 为中国对非直接投资，使用 t 时期中国对非洲国家 i 的直接投资流量与国家 i 的 GDP 的比值表示；gdp_{it} 为非洲国家 i 在 t 时期的经济增长率；$popd_{it}$、fd_{it}、wgi_{it}、edu_{it} 分别表示非洲国家 i 在 t 时期的人口密度、金融发展程度指数和制度质量、政府教育支出占政府总支出比重，其中制度质量，取世界银行 WGI 数据库中公众自由度、政治稳定性、政府监管质量、法制化水平、管理效能、控制腐败程度六个指标的平均值，该指标取值越大，国家制度质量越高；$region_i$ 为区域虚拟变量，包括中非、东非、北非、南非、西非 5 个虚拟变量，分别用 $region1_i$ 至 $region5_i$ 表示；ε_{it} 为随机扰动项。

模型（7-4）在模型（7-3）的基础上加入 fdi_{it} 和 gdp_{it} 的平方项，以进一步探讨 fdi_{it} 和 gdp_{it} 对非洲国家可持续发展目标得分影响可能存在的非线性特征（Zafa 等，2020）。相关变量的含义及处理同模型（7-3）。

模型（7-5）是有序 probit（即 Ordered probit，简称 Oprobit）模型，用于分析中国对非直接投资对非洲可持续发展目标得分变动趋势的影响。其中，$trend_{it}$ 为 17 个目标得分的变动趋势，分别用 $trend1_{it}$ 至 $trend17_{it}$ 表示，该变量是一个介于0到3之间的序数变量，通过将目标得分变化趋势指示板颜色转换为数值而得。其中，变化趋势指示板中绿色箭头赋值为3，表示目标以高于或正在以实现2030年可持续发展目标所需的速度实现目标；黄色箭头赋值为2，表示目标分数增长率高于实现2030年可持续发展目标所需增长率的50%但低于所需增长率；橙色赋值为1，表示目标停滞不前，保持停滞或低于实现2030年可持续发展目标所需增长率的50%；红色赋值为0，表示目标得分下降，国家在可持续发展实践中朝着错误的方向发展。X_{it} 为模型（7－3）和模型（7－4）中的相关解释变量矩阵。

主要变量描述性统计结果及数据来源如表7－16所示。

表7－16　各变量描述性统计及数据来源

变量	观测值	均值	标准差	最小值	最大值	数据来源
fdi_{it}	180	0.61	2.354	－0.91	25.59	直接投资数据来源于历年中国对外直接投资统计公报，GDP数据来源于世界银行WDI数据库
gdp_{it}	205	3.36	4.160	－20.60	26.68	世界银行WDI数据库
$popd_{it}$	204	104.06	129.144	2.81	623.30	世界银行WDI数据库
fd_{it}	208	0.16	0.107	0.05	0.63	IMF的IFS数据库
wgi_{it}	211	－0.71	0.639	－2.13	0.85	世界银行WGI数据库
edu_{it}	118	16.43	5.066	0.88	32.47	世界银行WDI数据库
$region1_i$	216	0.15	0.356	0.00	1.00	中非国家取值为1，否则为0
$region2_i$	216	0.24	0.429	0.00	1.00	东非国家取值为1，否则为0
$region3_i$	216	0.11	0.315	0.00	1.00	北非国家取值为1，否则为0
$region4_i$	216	0.22	0.417	0.00	1.00	南非国家取值为1，否则为0
$region5_i$	216	0.28	0.449	0.00	1.00	西非国家取值为1，否则为0
sdg_{it}	183	50.92	8.679	26.10	68.80	可持续发展年度报告及非洲SDG指数与指示板报告 https://www.sdgindex.org/reports/
$sdg1_{it}$	180	50.52	27.652	0.00	99.80	
$sdg2_{it}$	183	35.61	15.590	6.94	75.07	
$sdg3_{it}$	183	62.24	34.588	16.80	209.91	
$sdg4_{it}$	183	48.21	21.954	1.85	151.83	

续表

变量	观测值	均值	标准差	最小值	最大值	数据来源
$sdg5_{it}$	183	52.00	14.433	21.10	87.41	可持续发展年度报告及非洲 SDG 指数与指示板报告 https://www.sdgindex.org/reports/
$sdg6_{it}$	183	54.74	15.238	21.61	106.90	
$sdg7_{it}$	183	35.55	22.920	0.00	89.20	
$sdg8_{it}$	183	41.71	21.002	4.23	84.80	
$sdg9_{it}$	183	15.30	11.637	0.26	49.61	
$sdg10_{it}$	177	44.26	21.934	0.00	91.56	
$sdg11_{it}$	183	48.76	18.428	11.04	94.90	
$sdg12_{it}$	183	62.04	33.636	0.00	98.64	
$sdg13_{it}$	183	65.06	37.371	0.06	99.43	
$sdg14_{it}$	153	47.69	11.322	8.08	79.65	
$sdg15_{it}$	183	54.57	25.607	0.67	90.40	
$sdg16_{it}$	183	52.17	13.933	19.78	103.57	
$sdg17_{it}$	183	51.44	22.816	6.76	100.00	
$trend1_{it}$	103	1.39	1.012	0.00	3.00	
$trend2_{it}$	100	1.46	0.558	0.00	2.00	
$trend3_{it}$	107	1.63	0.486	1.00	2.00	
$trend4_{it}$	81	1.23	0.618	0.00	3.00	
$trend5_{it}$	105	1.72	0.672	1.00	3.00	
$trend6_{it}$	93	1.26	0.690	0.00	3.00	
$trend7_{it}$	104	1.26	0.591	0.00	3.00	
$trend8_{it}$	62	1.74	0.651	0.00	3.00	
$trend9_{it}$	105	1.63	0.737	0.00	3.00	
$trend11_{it}$	70	0.99	0.625	0.00	3.00	
$trend13_{it}$	105	2.65	0.930	0.00	3.00	
$trend14_{it}$	69	1.32	0.556	0.00	2.00	
$trend15_{it}$	108	1.70	0.940	0.00	3.00	
$trend16_{it}$	94	1.23	0.594	0.00	3.00	
$trend17_{it}$	102	1.56	0.929	0.00	3.00	

注：（1）其中 *trend*10 和 *trend*12 数据缺失；（2）可持续发展目标得分及相关比率变量单位均为%。

（二）实证结果分析

本节数据涉及时间范围为2015—2019年，可持续发展目标得分数据时间范围为2016—2019年，解释变量时间则滞后一年，为2015—2018年。对可持续发展目标得分相关模型分整体目标得分和17个具体目标得分进行分析；由于教育支出数据缺失较多，故分包含教育支出和不包含教育支出两组样本，最终可持续发展目标得分模型涉及两个样本，分别包含了44个和28个非洲国家。由于样本涉及时间序列仅有4年，属于短面板数据，同时包含不随时间变化的区域虚拟变量，最终选用随机效应模型进行回归；而非洲国家可持续发展目标得分变动趋势仅在2018年和2019年的《非洲SDG指数与指示板报告》中才开始涉及且数据缺失较多，故按照混合数据处理，使用Oprobit模型进行回归。中国对非直接投资和非洲国家经济增长对可持续发展目标得分影响的非线性特征并不显著，在17个具体目标得分回归中不再列出相关结果，同时仅列出中国对非直接投资影响显著的目标相关回归结果，最终回归结果如表7-17至表7-19所示。

表7-17　中国对非直接投资对非洲国家可持续发展整体目标得分的影响

变量	(1)	(2)	(3)	(4)	(5)	(6)
fdi_{it}	1.139	1.963**	1.893	4.197**	2.247	4.240**
	(1.43)	(2.06)	(1.24)	(2.11)	(1.45)	(2.11)
gdp_{it}	0.068	0.491	0.073	0.465	-0.145	0.283
	(0.46)	(1.50)	(0.50)	(1.43)	(-0.66)	(0.54)
$popd_{it}$	0.005	0.006	0.005	0.006	0.005	0.006
	(0.64)	(0.80)	(0.63)	(0.82)	(0.59)	(0.79)
fd_{it}	24.211**	28.243***	25.088**	28.786***	24.073**	29.650***
	(2.17)	(2.84)	(2.22)	(2.89)	(2.14)	(2.81)
wgi_{it}	6.119***	3.749	5.882**	3.556	6.540***	3.425
	(2.60)	(1.37)	(2.46)	(1.30)	(2.70)	(1.19)
$region1_i$	3.873	0.072	3.926	0.097	3.561	0.001
	(1.28)	(0.02)	(1.27)	(0.03)	(1.16)	(0.00)

续表

变量	(1)	(2)	(3)	(4)	(5)	(6)
$region2_i$	1.481 (0.45)	2.959 (1.07)	1.370 (0.41)	2.855 (1.03)	1.338 (0.41)	2.777 (0.95)
$region3_i$	6.899** (2.08)	8.733* (1.80)	6.833** (2.03)	8.257* (1.70)	6.432* (1.92)	8.309* (1.66)
$region4_i$	-1.786 (-0.59)	-0.925 (-0.32)	-1.830 (-0.59)	-1.316 (-0.45)	-2.328 (-0.75)	-1.203 (-0.39)
edu_{it}		0.002 (0.01)		0.037 (0.19)		0.016 (0.08)
fdi_{it}^2			-0.268 (-0.58)	-0.674 (-1.28)	-0.341 (-0.73)	-0.682 (-1.29)
gdp_{it}^2					0.016 (1.31)	0.026 (0.47)
_cons	47.767*** (14.40)	43.311*** (7.70)	47.361*** (13.98)	42.153*** (7.41)	48.469*** (14.04)	42.422*** (7.16)
N	148	88	148	88	148	88

注：（1）***、**、*分别表示在1%、5%、10%水平上显著；（2）括号中为t统计量。表7-18至表7-19相同。

1. 中国对非洲直接投资对非洲国家可持续发展目标整体得分影响

表7-17结果显示，中国对非洲直接投资对非洲可持续发展目标总体得分的影响为正，相关系数在加入教育支出变量模型中通过5%的显著性检验。教育支出对可持续发展目标整体得分的影响为正但不显著；其他控制变量中，非洲国家金融发展程度有利于其可持续发展目标得分的增加，相关系数通过了1%或5%的显著性检验，这是因为金融发展程度越高的国家，实现可持续发展目标所需的资金就越容易得到支持；制度质量越高的国家，越容易实现可持续发展目标，相关系数在模型（1）、模型（3）、模型（5）中分别通过了1%、5%、1%的显著性检验；而经济发展和人口密度对非洲国家可持续发展目标得分的影响不显著；中国对非直接投资和非洲国家经济增长的二次项的相关系数也不显著，即两者对非洲国家可持续发展目标得分的影响并不存在显著的非线性；非洲国家可持续发展目标进展程度存在一定的区域差异，

相对西非国家，北非国家可持续发展目标进展更快，相关系数在 5% 或 10% 的显著性水平下显著，其他区域则没有显著的差异。

2. 中国对非洲直接投资对非洲国家可持续发展具体目标得分的影响

表 7－18 结果显示，中国对非直接投资对非洲国家可持续发展 17 个目标得分的影响中，对目标 3（健康和提升福祉）的影响在 10% 的显著性水平下为负，但引入教育支出变量后并不显著；中国对非直接投资对目标 7（可负担的清洁的能源）和目标 13（气候行动）的影响无论是整体样本还是引入教育支出后的样本回归相关系数均显著为正，即中国对非直接投资有助于非洲国家实现获得可负担的清洁能源和气候行动目标；在引入教育支出样本中，中国对非直接投资有利于提升非洲国家目标 8（体面的工作和经济增长）、目标 9（工业化、创新和基础设施）、目标 12（可持续的生产和消费模式）、目标 15（陆地生态）得分，相关系数通过了 1%、5% 或 10% 的显著性检验。对其他目标得分的影响在两组样本中均不显著。可见，中国对非直接投资有利于推动非洲国家经济、环境维度部分可持续发展目标的实现，但对非洲国家社会维度可持续发展目标进展程度的影响几乎不显著，这可能与中国当前对非直接投资主要集中于促进非洲经济发展和环境改善相关行业而医疗、教育等行业领域的投资比例相对较低有关。非洲国家经济增长、金融发展程度、制度质量和教育支出等控制变量对部分目标得分的影响显著为正，人口密度的影响则不显著；而在引入教育支出变量样本中，目标 7、目标 9 和目标 15 的进展程度存在一定的区域差异。

表 7－18　中国对非直接投资对非洲国家可持续发展各目标得分的影响

变量	$sdg3_{it}$	$sdg7_{it}$	$sdg13_{it}$	$sdg7_{it}$	$sdg8_{it}$	$sdg9_{it}$	$sdg12_{it}$	$sdg13_{it}$	$sdg15_{it}$
fdi_{it}	-8.619*	5.063**	8.596*	8.645***	7.739**	3.243**	9.440*	12.067**	7.984**
	(-1.88)	(2.40)	(1.74)	(3.50)	(2.22)	(2.45)	(1.68)	(1.98)	(2.05)
gdp_{it}	-0.202	-0.189	0.661	2.105**	2.297*	0.636	2.211	2.819	-0.109
	(-0.25)	(-0.48)	(0.75)	(2.49)	(1.96)	(1.40)	(1.17)	(1.38)	(-0.08)
$popd_{it}$	-0.006	0.016	0.001	0.008	0.011	-0.011	0.011	0.000	-0.007
	(-0.20)	(0.66)	(0.02)	(0.48)	(0.54)	(-1.19)	(0.36)	(0.00)	(-0.32)

续表

变量	$sdg3_{it}$	$sdg7_{it}$	$sdg13_{it}$	$sdg7_{it}$	$sdg8_{it}$	$sdg9_{it}$	$sdg12_{it}$	$sdg13_{it}$	$sdg15_{it}$
fd_{it}	-26.306	104.449 ***	37.923	99.735 ***	32.568	64.505 ***	-0.621	35.138	-12.147
	(-0.69)	(3.26)	(0.99)	(4.18)	(1.19)	(5.03)	(-0.01)	(0.74)	(-0.40)
wgi_{it}	6.706	3.684	-10.943	5.756	2.858	6.041 *	-16.73	-18.228	-14.177
	(0.84)	(0.54)	(-1.37)	(0.87)	(0.37)	(1.70)	(-1.34)	(-1.35)	(-1.64)
edu_{it}				0.949 *	0.366	-0.066	0.743	0.633	-0.123
				(1.94)	(0.56)	(-0.25)	(0.70)	(0.56)	(-0.17)
$region1_i$	9.586	14.218	-7.255	13.507 *	1.964	1.528	-10.99	-6.543	-20.136 **
	(0.93)	(1.62)	(-0.70)	(1.88)	(0.23)	(0.40)	(-0.80)	(-0.44)	(-2.12)
$region2_i$	9.563	-8.244	-3.066	-3.164	7.339	7.032 **	2.155	3.603	-8.130
	(0.88)	(-0.87)	(-0.28)	(-0.48)	(0.95)	(1.98)	(0.17)	(0.27)	(-0.94)
$region3_i$	10.506	13.258	-8.627	24.434 **	-13.482	-3.589	-11.27	-25.734	-33.232 *
	(0.95)	(1.38)	(-0.78)	(1.99)	(-0.78)	(-0.55)	(-0.41)	(-0.86)	(-1.73)
$region4_i$	16.183	-3.819	-14.769	3.049	0.686	-1.380	4.338	-0.321	-9.538
	(1.57)	(-0.43)	(-1.42)	(0.44)	(0.08)	(-0.37)	(0.33)	(-0.02)	(-1.04)
_cons	66.548 ***	14.529	53.165 ***	-15.177	16.313	4.188	25.652	22.495	55.781 ***
	(5.39)	(1.53)	(4.21)	(-1.07)	(0.87)	(0.55)	(0.85)	(0.69)	(2.65)
N	148	148	148	88	88	88	88	88	88

3. 中国对非直接投资对非洲国家可持续发展各目标得分变动趋势的影响

表7－19回归结果表明，无论是整体样本还是引入教育支出样本，中国对非直接投资对非洲国家可持续发展目标11（可持续的城市和社区）得分变动趋势的影响显著为正，相关系数分别通过了10%和5%的显著性检验。此外，整体样本中，中国对非直接投资对非洲国家可持续发展目标7（可负担的清洁的能源）得分变动趋势的影响显著为正；在引入教育支出样本中，中国对非直接投资对非洲国家可持续发展目标8（体面的工作和经济增长）、目标9（工业化、创新和基础设施）、目标14（海洋生态）得分变动趋势的影响显著为正。可见，中国对非直接投资有利于提升非洲国家在经济、环境维度部分可持性发展目标的实现速度，但对社会维度可持续发展目标的实现速度没有显著影响。在表7－19模型中，非洲国家人口密度、金融发展程度和制度

质量及教育支出等控制变量对部分目标得分变动趋势的影响显著为正；目标7、目标8和目标14进展速度也存在一定的区域差异。

表7-19 中国对非直接投资对非洲可持续发展各目标得分变动趋势的影响

变量	$trend7_{it}$	$trend11_{it}$	$trend8_{it}$	$trend9_{it}$	$trend11_{it}$	$trend14_{it}$
fdi_{it}	0.096** (2.34)	0.389* (1.94)	0.544* (1.86)	0.489* (1.81)	0.638** (2.33)	2.066** (2.16)
gdp_{it}	0.001 (0.84)	-0.000 (-0.08)	0.003 (1.64)	-0.003 (-1.14)	0.003 (1.50)	-0.009** (-2.33)
$popd_{it}$	-0.059 (-1.30)	0.046 (1.01)	0.068 (0.53)	0.286* (1.75)	0.095 (0.79)	0.211 (1.00)
fd_{it}	3.286* (1.89)	2.192 (1.26)	-3.822 (-1.18)	4.012 (1.64)	4.802** (2.00)	-6.120 (-1.07)
wgi_{it}	0.660* (1.78)	0.641 (1.49)	-0.022 (-0.03)	1.662* (1.72)	-0.636 (-0.74)	4.949*** (2.79)
edu_{it}			0.155** (2.03)	-0.053 (-0.79)	-0.011 (-0.15)	0.026 (0.32)
$region1_i$	1.754*** (3.31)	0.135 (0.26)	-0.947 (-1.15)	0.454 (0.42)	-0.162 (-0.19)	1.637 (1.33)
$region2_i$	0.810* (1.66)	-0.078 (-0.14)	1.217* (1.80)	0.918 (1.57)	-0.132 (-0.22)	1.722* (1.79)
$region3_i$	1.256** (2.40)	-0.393 (-0.75)				
$region4_i$	-0.192 (-0.36)	0.001 (0.00)	-0.452 (-0.55)	1.212 (1.62)	-0.223 (-0.31)	-0.802 (-0.40)
N	82	59	38	47	38	28
$r2\_p$	0.25	0.13	0.31	0.36	0.16	0.51

注：加入教育支出后的样本回归结果中 $region3_i$ 因为多重共线性问题自动删除。

四、结论

本节基于2015—2019年非洲国家相关面板数据，以解决截面数据样本量较小的问题，并使用面板数据随机效应模型分析中国对非直接投资对非洲国家可持续发展目标得分的影响；同时基于 2018 年和 2019 年混合数据，使用 Oprobit 模型探讨中国对非直接投资对非洲国家可持续发展目标得分变化趋势的影响，但由于非洲国家可持续发展目标得分变化趋势仅有两年数据且数据缺失较多，样本量仍偏小，因此有待未来进一步扩大样本量。基于以上方法，本节从社会、经济、环境三个维度探讨中国对非直接投资是否有助于非洲国家实现可持续发展目标，得出主要结论如下。

第一，中国对非直接投资有助于非洲国家经济、环境维度部分可持续发展目标的实现，但对社会维度可持续发展目标的进展程度没有显著影响。中国对非直接投资有利于提升非洲国家可持续发展目标整体的进展程度，同时在具体 17 个目标中，中国对非直接投资对非洲国家可持续发展经济维度的目标 7（可负担的清洁的能源）、目标 8（体面的工作和经济增长）、目标 9（工业化、创新和基础设施）、目标 12（可持续的生产和消费模式）及环境维度的目标 13（气候行动）、目标 15（陆地生态）进展程度的影响显著为正。可见，2030 年议程框架下，中国对非直接投资在注重对非洲国家经济可持续增长的同时已开始注重投资的环境效应，从而对非洲国家气候行动等环境领域产生了积极的影响；但目前中国对教育、医疗卫生等社会领域投资以援助为主，私营部门为主的直接投资比例尚低，因而直接投资对社会维度可持续发展目标的效应还未显现。

第二，中国对非直接投资有利于提升非洲国家经济、环境维度部分可持续发展目标的实现速度，对社会维度可持续发展目标的实现速度影响不显著。中国对非直接投资对非洲国家可持续发展目标 7（可负担的清洁的能源）、目标 8（体面的工作和经济增长）、目标 9（工业化、创新和基础设施）、目标 11（可持续的城市和社区）、目标 14（海洋生态）得分变动趋势的影响显著为正。

第三，非洲国家国别因素对其实现可持续发展也具有重要影响。非洲国家自身经济增长、金融发展程度和制度质量和教育支出、人口密度等控制变量对部分目标进展程度及其变动趋势的影响显著为正，同时，非洲国家可持续发展目标进展程度及其发展趋势也存在一定的区域差异。

第四节　提升中非金融合作效应的对策建议

由前文分析可知，以中国贷款为代表变量的中非金融合作有利于提升非洲国家福利水平，促进非洲国家人类发展相关的可持续发展目标的实现，同时有利于提升中非产能合作水平，而中国对非直接投资作为中非产能合作水平的重要方式和中非金融合作的重要内容，有利于推动非洲国家实现2030年可持续发展目标。这进一步驳斥了国际上关于中国对非金融支持方面的无效论、债务陷阱论等谬论。但也应看到，中国对非金融支持主要集中在经济基础设施领域，对教育、健康等社会基础设施领域的支持较少，对非洲国家社会维度可持续发展目标的影响还没发挥明显的效应。基于前文结论，本节提出如下建议以进一步提升中非金融合作的效应。

一、中非金融合作推动非洲国家福利水平提升

一是推动中国对非贷款领域和贷款主体多样化。如前文所述，中国对非贷款目前在教育和健康卫生部门贷款占比还比较低，贷款的提供主体主要是中国进出口银行、国家开发银行两家政策性银行，商业银行和私人资本参与的比例仍然较低。进一步发挥中国贷款对非洲国家福利水平的提升效应，除继续重点支持经济基础设施建设外，可进一步增加对非洲国家教育、医疗卫生等社会基础设施领域的支持，提高非洲人民的受教育程度和健康水平。一方面，非洲国家在公共卫生建设方面较为落后，新冠疫情更是暴露了其长期存在的不足，推动构建中非卫生健康共同体成为新时代中非合作的重要内容，也成为中国对非金融支持的重要领域。另一方面，非洲是青年人群最为密集的大陆，其人口中70%为年轻人，因此加大非洲国家学校、图书馆、师资水平等教育基础设施方面建设的贷款支持，提升非洲的青年人受教育程度和就业水平，对推动非洲国家发展具有重要的意义。加大中国对非贷款的规模，除加大中国进出口银行和国家开发银行政策性贷款支持外，还需要积极推动商业银行和其他社会资本参与提供商业性贷款，推动中国对非贷款主体的多样化，从而助力非洲国家福利水平提升。

二是在贷款政策制定时考虑非洲国家经济发展差异对贷款效应的影响。进一步加大对经济发展水平落后的非洲国家贷款支持，主要助力其经济基础设施领域发展，而对经济发展水平较高的国家，则要考虑贷款支持领域的转型，适应这些国家发展领域的需要，从而最大限度发挥贷款对其福利的提升效应。

三是深化中非交流合作，增进民心相通。尽管中国贷款促进了非洲国家经济增长，提升了非洲国家的福利水平，但仍有舆论不顾事实地指责和抹黑中国对非贷款，造成了非洲民众对中国贷款的误解。因此，加大对外宣传力度和舆论引导，进一步推动中非在广播影视、媒体、旅游等领域的交流与合作，积极发挥中非民间论坛、中非青年领导人论坛、亚非青年联欢节及中非青年大联欢等民间活动，推进中非民间交流，发挥中非智库的作用，推动中非学术交流合作等，增进民心相通，提升中国的正面形象，有利于非洲国家正确认识和切实体会到中国贷款的福利效应，实现中非互利共赢和推动中非命运共同体构建。

此外，非洲国家应进一步推动自身的金融发展和城市化进程，提升制度质量和宏观经济稳定性，增加健康领域支出尤其是加大公共卫生领域的支出，发挥政府在公共卫生领域的主导作用，提升低收入人群、农村的卫生健康水平，还应加大对教育领域的支持，加强校园基础设施建设，提升教学质量，降低教育不平等性等，这对提升非洲国家福利水平也至关重要。

二、中非金融合作推动中非产能合作水平提升

第一，进一步加强中国对非金融支持，推动中非产能合作。一方面，进一步扩大中国对非金融支持规模，发挥金融支持在中国对非贸易、对非直接投资、对非工程承包等不同产能合作方式下的积极作用。另一方面，除传统援助和政策性融资外，积极推动商业银行、其他私人资本、保险公司及多边金融机构参与，有利于中国对非投融资主体的多元化，助力中非产能合作水平提升。同时，中国对非金融支持应与非洲各国的实际需求相适应，对不同类型国家如对低收入水平国家和中等收入水平国家在贷款支持的重点领域方面应实施差异化策略，从而最大限度发挥金融对产能合作的提升效应。而加

大对中非经贸合作区的融资支持，推动中非经贸合作区建设，也有利于中非产能合作水平的提升。

第二，减小中非金融发展差异，推动中非产能合作。减小中非金融发展差异不仅有利于直接降低其对中非产能合作水平的负向影响，长期看，还有利于中非金融合作推进，进一步提升产能合作水平。可通过推动金融机构互设减小中非金融发展差异。一方面，中国金融机构在非洲国家设立分支机构，可为非洲国家提供中国金融发展的经验和技术，促进非洲国家金融机构发展，同时中国金融机构进入后也可形成一定程度的竞争机制，有利于推进非洲金融机构和金融体系的改革。另一方面，非洲国家金融机构入驻中国，在中国金融环境下也可直接借鉴学习中国金融发展经验。此外，中非金融机构共同推进参与国际产能合作双边企业的金融知识普及也有利于降低金融发展差异对中非产能合作水平的负向影响。金融发展较为落后的非洲国家，还应推动自身金融改革，提升金融发展水平。

此外，尽管目前中国与制度环境（政治稳定性）较差、经济开放度较低的非洲国家进行产能合作较多，但中非产能合作水平的进一步提升仍需非洲国家进一步营造良好的制度环境和实行更加开放的经济政策。同时，推动非洲国家基础设施水平发展、帮助政府减轻财政负担，也有利于推动中非产能合作水平。

三、中非金融合作推动非洲国家实现 2030 年可持续发展目标

一是进一步扩大中国对非洲直接投资规模。中国对非直接投资将成为非洲国家实现 2030 年可持续发展目标的重要资金来源，“一带一路”倡议和中非命运共同体构建为中国对非直接投资与合作提供了良好的机遇。在此机遇下，通过加大对参与非洲直接投资的企业商业性贷款、政策性贷款等资金支持，提供更加详细可行的投资指南使企业更加了解非洲，为企业走进非洲提供便利性和其他政策支持等，鼓励更多企业尤其是民营企业积极投资非洲，在增加投资主体多元化的同时进一步扩大中国对非直接投资规模，支持非洲国家实现可持续发展目标。

二是拓展中国对非直接投资的行业领域，尤其增加对社会维度相关领域

投资。对非直接投资领域可涵盖教育、医疗卫生、环境合作、基础设施、能源合作等关乎非洲实现可持续发展目标的各个领域，帮助非洲国家实现经济增长的同时，提高其就业与改善民生，保护环境和生态多样性，从而全面推动非洲国家经济、社会、环境维度可持续发展目标的实现。

三是深化中非合作，为中国对非直接投资企业营造良好的投资环境。深化中非合作本身是中国及非洲国家实现“全球伙伴关系”可持续发展目标的重要途径，同时通过合作加强中国与非洲国家政府间的协调沟通、推动非洲国家完善针对中国直接投资的法律等，有助于中资在非企业营商和投资环境的改善，从而最大限度发挥直接投资对非洲可持续发展目标的助力作用。此外，非洲国家进一步提升制度质量、增加教育支出和推动金融发展等对其实现可持续发展目标也至关重要。

本章小结

本章探讨了中非金融合作的效应，其包括中国贷款对非洲国家福利水平的影响、中国对非金融支持对中非产能合作水平的影响、中国对非直投资对非洲国家实现2030年可持续发展目标的影响等方面。首先，在分析中国对非贷款现状基础上，基于2000—2020年54个非洲国家的面板数据分析了中国贷款对非洲国家福利水平的影响，结果显示：(1）中国对非贷款呈现较快增长趋势，但占非洲国家整体外债比例不高，且主要集中于非洲少数几个国家和少数部门，并以官方贷款为主。(2）中国贷款有利于提升非洲国家的福利水平，但福利提升效应与非洲国家经济发展水平呈显著的负相关关系；中国贷款有利于推动非洲国家2030年人类发展相关可持续发展目标的实现。其次，基于2000—2020年54个非洲国家的面板数据，实证分析了中国对非洲金融支持对中非产能合作水平的影响，结果表明：(1）中国对非洲金融支持对中非产能合作水平具有显著的促进作用，金融发展差异对中非产能合作水平具有显著的抑制作用，但两者的交互项影响不显著。(2）中国对非金融支持对中非产能合作水平的影响在不同类型样本国家主要体现为促进效应，但考虑其与中非金融发展差异的交互影响后存在一定异质性，交互项的影响也存在异质性。最后，基于2015—2019年非洲国家相关数据，从社会、经济、环境三个维度，分析中国对非直接投资对非洲国家可持续发展目标得分、各目标得分变动趋势的影响，结果表明：（1）中国对非直接投资有利于提升非洲国家可持续发展目标的整体得分，有助于非洲国家经济、环境维度部分可持续发展目标的实现。（2）中国对非直接投资有利于提升非洲国家经济和环境维度部分可持续发展目标的实现速度。（3）中国对非直接投资对非洲国家实现社会维度可持续发展目标的影响基本不显著。

进一步提升中非金融合作的效应，推动构建中非命运共同体，可通过推动中国对非贷款领域和贷款主体多样化、贷款政策制定时考虑非洲国家经济发展差异对贷款效应的影响、深化中非交流合作和增进民心相通等措施，发挥中国贷款的福利效应。通过扩大中国对非金融支持规模、推动对非投资融资主体多元化、对不同国家实施差异化金融支持策略、加大对中非经贸合作区的融资支持、支持中非金融机构互设以减小金融发展差异等措施，推动中非产能合作。通过进一步扩大中国对非洲直接投资规模、拓展对非直接投资的行业领域尤其增加对社会维度相关领域投资、深化中非合作以营造良好的投资环境，助力非洲国家实现各个维度可持续发展目标。

第八章 中非金融合作的机制建设[①]

根据前文分析可知，中非金融合作在货币合作、开发性金融合作、资本市场合作、商业银行合作等领域均取得了一定的进展，但合作总体仍处于初级阶段，表现为合作具有明显的双边性、松散性、非制度性，合作仍缺乏完整的组织架构和制度安排，合作方式主要体现为交流、磋商、沟通、为促进经贸合作所建立的清算体系及开发性金融支持等，即体现为“功能性”合作（张晓峰，2013）。因此，除继续推动前述具体领域合作外，还需推进中非金融合作机制化建设。中非金融合作机制建设有利于深化中非金融合作，且金融合作的机制化也是对国际货币治理体系改革的探索和实践过程。本章首先基于国际区域金融合作理论、国际机制理论分别探讨中非金融合作的本质及其阶段性特征、中非金融合作机制建设的理论内涵，其次分析中非金融合作机制建设的现状和问题，最后提出在中非合作论坛框架下、“一带一路”倡议和金砖合作机制等国际多边合作框架下推动中非金融合作机制建设的建议。

第一节 中非金融合作机制建设的理论基础

一、国际区域金融合作与中非金融合作

（一）国际区域金融合作的含义

国际区域金融合作是指具有某些属性（如区域各国之间的互动性、经济的相互依存性、各国的集体认同感等）的国际区域内的主权国家间或者国家

① 本章部分内容发表于《经济纵横》2024 年第 3 期。

集团间，在国际政治环境及经济金融环境不断变化情况下，为维护各自利益或区域的共同利益，通过沟通、协商和相关的联合行为，在货币金融领域所形成的各种正式、非正式的制度安排（张建政，2008）。

从合作范畴看，国际区域金融合作包括狭义和广义两个范畴。其中狭义的合作即国际区域货币合作，指区域各国的货币当局为维持货币、金融稳定进行的一系列多边合作，如建立汇率目标区制度，形成统一的货币安排等。广义的国际区域金融合作，除货币合作外，金融监管尤其是金融危机的预警和管理、支付结算体系的建立等也是合作的重要内容。前述国际区域金融合作定义则属于广义的范畴。

此外，从合作层次看，戴金平和万志宏（2005）将国际区域金融合作分为三个阶段：（1）初级阶段。该阶段金融合作的特点是合作的双边性、松散性、非制度性，合作功能单一，缺乏完善、统一的组织机制。合作方式主要是普通的信息交流与沟通、磋商，内容涉及货币政策、金融市场发展与经贸合作等方面。该阶段合作的最高形态是当成员国面临国际收支困难时，建立双边货币互换协议。（2）中级阶段。该阶段主要是建立汇率协调和联动机制。这一阶段的合作特征为参与国采取多边合作方式，信息交流机制的设定更具规范性、组织性和保障性。其中，汇率目标区制度是参与国汇率合作的主要形式，该制度通常具有较清晰的干预界限和相应的干预责任，干预通过建立基金的方式予以保证，同时所建立的基金还可以用于缓解参与国的国际收支困难。因此，该阶段合作属于真正意义上的货币合作。1979 年的欧洲货币体系就属于这一阶段的区域金融合作。（3）高级阶段。这一阶段合作体现为成员国或区域间实现货币统一。这一阶段，成员国之间具有高度协调的经济政策和宏观经济运行情况，区域内只有一种货币、一个中央银行，并实行统一的货币政策。该制度的成功运行还需要各国高度统一的财政政策的支持。欧元区就属于该阶段的区域性金融合作。概括而言，初级阶段的国际区域金融合作强调合作的功能性，可称为功能性合作；中级阶段和高级阶段的合作则突出制度性，可称为制度性合作。

（二）中非金融合作：特殊的国际区域金融合作

由国际区域金融合作的定义及内涵可知，中国与非洲国家具有互动性、经济的相互依存性、发展中经济体身份的集体认同感属性，同时中非之间已经建立起中非合作论坛、中非金融合作银联体、中非合作相关的论坛或会议合作备忘录等一系列正式和非正式的安排。因此，中非金融合作的本质属于国际区域金融合作，且属于亚洲国家与非洲国家的跨区域国际金融合作。在合作层次上，由于中国与非洲国家在政治、文化等方面存在较大的差异，中非金融合作仍处于初级阶段，具有明显的双边性、松散性、非制度性，缺乏完整的组织架构和制度安排等。当然，中非金融合作阶段的划分并不需要局限于前述划分方式，而是根据自身特点，在合作过程中设定多样化和更加丰富的合作内容。

二、国际机制与中非金融合作机制

“机制”是指在同一系统内，使各要素间能发挥最好作用的运行方式。奥兰·扬（2007）指出，机制是一系列规则、决策程序、项目规划，主要分配社会实践活动参与者的角色并管理参与者相互间的作用。合作机制则指双方或多方参与合作的系统中，合作各方相互关系及其行为过程中应遵循的制度化方式，包括保证这些方式更好发挥作用的机构设置（陈朋亲和张潇，2023）。自由主义、现实主义及建构主义不同理论学派对国际机制的解读存在一定的差异。自由主义认为机制是对国家行为的制约，可以促进国家间利益的实现；现实主义认为机制是国家之间进行权力博弈的工具；建构主义则强调知识、思想意识及价值观念等主观因素在国际机制形成中的重要作用，并认为机制是动态的、进化的、学习的过程（门洪华，2000）。而被普遍接受的“国际机制”的定义由 Krasner（1982）提出，即“在国际关系的特定领域，由行为体的预期汇聚而形成的一系列明示或暗示的原则、准则及规则和决策程序”。该定义具有包容现实主义、自由主义和建构主义三大理论解释进路的能力（王彦志，2011）。在国际关系中，多边外交的机制化被界定成对参与国行为的规制，其中“规则”是多边外交机制的核心，是机制化的保障与标志（赵晨光，2021），多边合作的机制化主要体现为各方合作关系的固定化、实体化与规范化（赵晨光，2022）。国际合作机制按合作形式可分为正式和非正式合作机制，按参与合作的行为体数量可分为双边机制、多边机制（陈朋亲和张潇，2023）。

不同学者根据国际机制理论对一些具体机制进行了定义。王彦志（2011）认为双边投资条约网络具备共享性信念的规范性共识，从而产生了具备多边化效果的模式化行为，由此在外国直接投资领域形成一套调整国家行为的原则、规范、规则及决策机制。叶玮和张瑾（2020）指出，中阿金融合作机制是中阿在金融合作目的下围绕金融体系的运行原则及准则、规则、决策程序而达成的对接，是对中阿双方功能性的金融合作行为的一种机制化塑造，属于国际机制理论的实践体现。赵晨光（2021）基于中非合作论坛峰会机制化问题，指出中非合作论坛峰会已形成了以论坛的"后续机制程序"作为依托、以实践惯例作为主要形式的会议规范，具备一定机制化基础，但中非双方甚至国际社会对峰会未来的召开情况没有形成明确的预期，因此仍处于准机制化的阶段，其机制化建设需要确立"时间规则"，对论坛机制架构特别是峰会和部长级会议的机制性关系进行明确的安排。基于此，将中非金融合作机制定义为中非双方在金融合作领域形成的一套调整相关行为体行为的原则、规范、规则及决策机制，是双方功能性金融合作行为的一种机制化塑造，具有规范性、系统性、常态性、连续性。

第二节　中非金融合作机制建设的现状及问题

一、中非金融合作机制建设现状

目前，中非金融合作相关的机制主要包括中非合作论坛、中非合作论坛框架下的中非经贸博览会、中非金融合作银联体及涉中非金融合作为主题的相关论坛或会议等。其中，中非金融合作是中非合作论坛、中非经贸博览会的重要议题领域，中非金融合作银联体则是中国与非洲国家的首个多边金融合作机制，而其他金融合作机制则体现于相关的论坛和会议及在商业银行、资本市场、货币合作等具体领域相关的协议或备忘录等。

（一）中非合作论坛

2000 年 10 月，中非合作论坛第一次部长级会议在北京正式召开，意味着中非合作论坛正式成立。经过20多年的发展，中非合作论坛已经成为中国和非洲53个国家及非盟进行集体对话及多边务实合作的重要平台与有效机制，也成为“南南合作”的典范，引领国际对非洲合作的新发展（贺文萍，2020；杨民，2020；王新影，2022），且随着中国、非洲及国际形势的发展和变化不断完善。中非合作论坛在机制设置上具有如下特点。

一是建立有效的后续行动机制。体现在三个级别的机制性会议上，包括每3年举行一次的部长级会议，分别在部长级会议的前一年和前数日各举行一次的高官级后续会议和为部长级会议进行准备的高官预备会，每年至少举行两次会议的非洲驻华使节和中方后续行动委员会秘书处。其中，部长级会议、高官会在中国和非洲国家轮流举行，中国与承办会议的非洲国家共同担任主席国、主持会议和牵头落实会议相关成果；中方后续行动委员会共有外交部、商务部及财政部、商务部等37家单位参与。除这三个级别的会议外，根据中非关系发展的需要，2006年、2015年和2018年的三届部长级会议还升格为峰会形式。随着中非合作的扩展和深化，中非合作论坛陆续成立了一系列的分论坛，包括中非民间论坛、中非部长级卫生合作发展研讨会、中非青年领导人论坛、中非媒体合作论坛、中非减贫与发展会议、中非地方政府合作论坛、中非合作论坛—法律论坛、中非智库论坛等。

二是构建问题解决与快速反应机制。中非合作论坛机制是根据新形势和新问题进行动态完善的，在应对重大危机如新冠疫情方面，中非合作论坛正在构建和形成问题解决与快速反应机制。新冠疫情暴发后，非洲国家面临严重的公共卫生危机，经济社会发展也面临严峻的挑战，加之疫情被政治化、污名化使中非关系特别是民间互信出现了新问题。在此背景下，2020年6月中非召开了中非团结抗疫特别峰会，进一步凝聚中非团结抗疫的共识，推动中非合作在新形势下实现新发展。这次会议是中非合作论坛20年来举行的首次特别峰会，是中非合作论坛机制在新形势新问题上进行快速反应的一次机制创新，为论坛的可持续发展和中非关系的长远发展提供了强有力的保障（周玉渊，2020）。同时，中非合作论坛还规划了常态合作或可持续合作内容。规划或形成常态合作或可持续合作是国际合作机制化的核心目标与重要标志，主要体现为合作主体达成了各种中长期合作文件（赵晨光，2022）。2021年中非合作论坛第八届部长级会议除发布《中非合作论坛第八届部长级会议达喀尔宣言》及《中非合作论坛—达喀尔行动计划（2022—2024）》这些机制性的成果外，还发布了《中非合作2035年愿景》和《中非应对气候变化合作宣言》两份文件。其中，《中非合作2035年愿景》是中非合作论坛第一次发布的中长期中非合作规划，《中非应对气候变化合作宣言》则是第一次针对特定领域的合作宣言，体现了论坛机制建设的进一步完善（赵晨光，2022）。

三是中非合作论坛涉及的领域包括经贸、人文交流、公共卫生、和平安全等各个领域，且在各核心领域与问题上形成了一套整体性的规划。其中，投资和金融是发展中经济体合作的重点领域，因此也成为历届部长级会议的一个重要议题，主要体现为对非投资、对非援助、减免债务及提供优惠贷款等方面。例如，《中非合作论坛—北京行动计划（2019—2021年）》关于投资和金融合作方面进行了具体的规定，包括继续鼓励和支持双向投资、减少投资壁垒、创造良好投资环境、通过中非发展基金和中非产能合作基金鼓励中国企业到非洲投资，中方通过提供优惠性质贷款、出口信贷、出口信用保险额度等支持非洲国家，支持双方包括政策性银行、开发性金融机构及商业银行、多边金融机构等金融机构之间的合作，加强亚投行、新开发银行、世界银行等多边开发金融合作促进非洲基础设施建设等方面。

（二）中国—非洲经贸博览会

2018年中非合作论坛北京峰会上习近平主席宣布设立中非经贸博览会，这属于中国第一个国家级的对非经贸合作平台，也是中非合作论坛机制下的经贸合作平台，对整合中国与非洲双方中央和地方资源、深化中非经贸合作具有重大的意义。2019年和2021年分别成功举办两届博览会，共吸引非洲国家53个、国际组织10多个、中国地方省区市31个、中国国家部委和机构29个、中央企业及子公司200多家参与，上千家中非企业、商协会及金融机构也积极参会参展，累计签约合作项目或合作协议达216个，金额为430.2亿美元。

中国—非洲经贸博览会在机制设计上具有如下特点：

一是多方参与共建博览会。论坛每两年举办一次，由商务部和湖南省人民政府共同主办，湖南省商务厅、商务部外贸发展事务局等 5 家单位承办。博览会汇集了中国和非洲国家政府、地方及智库、企业、金融机构等多方力量，以设主宾国与主题省为亮点，以加速汇聚中非双边资源。其中，2019 年第一届的主宾国为乌干达、埃及、安哥拉、塞内加尔、坦桑尼亚、科特迪瓦；2021 年第二届的为南非、阿尔及利亚、卢旺达、埃塞俄比亚、肯尼亚、塞内加尔，并第一次设置和邀请浙江省和江西省作为主题省参与；2023 年第三届则邀请贝宁、摩洛哥、刚果（金）、马达加斯加、莫桑比克、马拉维、尼日利亚、赞比亚等 8 个国家为主宾国，山东省、湖北省为 2 个主题省。

二是议题设置方面与中非合作论坛保持一致。作为中非合作论坛下的经贸合作平台，博览会主要参照中非合作论坛设置大会的主题。第一届博览会主题是“合作共赢，务实推进中非经贸关系”，这与 2018 年中非合作论坛北京峰会的主题“合作共赢，携手构建更加紧密的中非命运共同体”高度一致；第二届博览会的主题是“新起点、新机遇、新作为”，主要基于新冠疫情的特殊背景。第三届博览会的主题是“共谋发展、共享未来”，也与 2021 年中非合作论坛第八届部长级会议“深化中非伙伴合作，促进可持续发展，构建新时代中非命运共同体”主题高度契合。具体议题包括农产品合作、基础设施合作、医药健康发展、人文交流和金融合作等，与中非合作“八大行动”“九项工程”等内容也高度契合。在金融合作方面，2021 年第二届中非经贸博览会上，来自 80 多家中非企业与机构的 200 多名代表通过中非金融合作对话会方式探讨中非金融合作面临的机遇、挑战与发展趋势，这是历届博览会上仅有的一场金融论坛，有助于深化中非金融合作。

（三）中非金融合作银联体

银联体为区域国别的开发性金融机构合作及协调机制，是区域国别商业银行合作、中央银行合作之外的重要金融合作平台，其关注的项目主要是基础设施和可持续发展相关领域。区域银联体合作机制在推动国际金融体系改革、改善双边和多边关系方面发挥了积极的作用（徐奇渊，2017）。中非金融合作银联体由国家开发银行牵头于 2018 年 9 月成立，作为金融界积极落实中非合作论坛北京峰会的重要成果，被纳入《中非合作论坛—北京行动计划

（2019—2021 年）》中。其成员由国家开发银行与 16 家具有区域代表性和影响力的非洲金融机构组成，是中国与非洲的第一个多边性金融合作机制。在银联体框架下，各成员行将发挥各自优势，支持中非双方在经贸合作、产能合作及基础设施建设、人文交流和培训等领域务实合作，助力非洲可持续发展。银联体成立后不到一年，国家开发银行已与 10 家成员银行进行业务合作，发放贷款近 18 亿美元，涉及基础设施、非洲中小企业等领域的 16 个项目①。

（四）其他金融合作机制

在中非合作论坛和中非经贸博览会合作框架下，中非还举办了一系列涉及中非金融合作的会议或论坛（见表 8－1），包括由非洲进出口银行、中国进出口银行共同主办的中非金融合作论坛，中国国际商会与渣打银行共同连续举办了三届的走进非洲——中非投资金融论坛，作为 2015 年中非合作论坛约翰内斯堡峰会的重要成果之一且每年举办一届的对非投资论坛，以及 2018 年中非合作论坛北京峰会提出的中非开发性金融论坛等。在其他双边合作机制方面，如前文所述，中国先后与南非、摩洛哥、埃及、尼日利亚四个国家的中央银行签署了双边本币互换协议，与埃及、南非、尼日利亚监管机构签订了证券（期货）监管合作谅解备忘录，上海证券交易所和南非约翰内斯堡证券交易所于 2012 年 9 月签署合作谅解备忘录，以及商业银行之间签订的战略合作协议等。

表 8－1　中非金融合作相关会议或论坛

名称	主办方	时间
中非金融合作论坛	非洲进出口银行、中国进出口银行共同主办	2012 年 7 月 13 日
走进非洲——中非投资金融论坛	中国国际商会与渣打银行共同举办	2013 年、2014 年、2015 年
中非投资论坛	上海对外经贸大学主办	每年举办一次

① 资料来源：https：//baijiahao. baidu. com/s？id＝1637849241012980464&wfr＝spider&for＝pc.

续表

名称	主办方	时间
中非金融合作研讨会	中非民间商会主办，全球南南发展中心项目支持	2022 年 7 月 25 日
“一带一路”中非数字普惠金融论坛	中国人民大学中国普惠金融研究院与南南合作金融中心、Financial Sector Deepening（FSD Kenya）共同举办	2019 年 5 月 28 日至 31 日
中非开发性金融论坛暨 2019 年中非金融合作银联体高官会	国家开发银行牵头举办	2019 年 6 月 26 日
对非投资论坛（是 2015 年中非合作论坛约翰内斯堡峰会的重要成果）	在中国和非洲国家轮流举办	2015 年开始，每年一届
中非投融资合作高质量发展研讨会	国家开发银行和联合国驻华协调员办公室	2023 年 6 月 2 日

资料来源：根据公开资料整理。

二、中非金融合作机制建设存在的问题

从发展现状可见，中非金融合作的机制化建设尚处于起步阶段，当前合作成果仍停留在谅解备忘录、双边协议、联合声明等非约束性的协定上，部分合作论坛或会议主要由民间商会、学术机构发起举办，会议或论坛没有连续性，有些连续举办三年，有些仅举办一次，均属于没有强制约束力的非正式机制。具体而言，中非金融合作机制建设还存在如下问题。

一是中非合作论坛缺少专门的金融分论坛，且中非合作论坛机制建设本身仍有待进一步优化。尽管金融合作是历届中非合作论坛的重要议题和重点领域，但中非合作论坛并未设置专门的金融合作分论坛，中非经贸博览会设置了一次金融对话会，也没有连续性。同时，尽管中非合作论坛已经建立了较为完善的后续机制，但后续机制在非洲国家的协调及相关项目的评估方面仍存在一定的不足（赵晨光，2021）。协调问题体现在两个方面：一方面，论坛非洲成员多，没有能够代表非方整体的机构跟进和落实论坛相关决策。尽管非盟的加入在一定程度上有利于缓解集体行动问题，但非洲国家基于自身利益担心，很难将其在论坛中的相关权利完全交由非盟。另一方面，除南非

和埃塞俄比亚外，大部分非洲国家均没有建立专门的后续行动委员会，而主要依赖各自的驻华使团或者外交部等机构进行论坛后续事宜的协调。同时，论坛仍未建立专门的项目评估机制，主要依赖国际智库的评估，而一些西方智库的评估报告具有明显的偏见，影响项目评估结果的客观性和公正性。在分论坛的机制建设方面，已有的分论坛如中非合作论坛—法律论坛在开始成立时并没有出台相应的机制，直到第三届论坛通过《中非合作论坛—法律论坛指导委员会章程》，指导委员会正式成立，才意味着论坛的机制建设取得一定的成果，但论坛除了指导委员会，并没有建立类似中非合作论坛的后续机制和常备交流机制，无法落实和及时解决中非合作过程中出现的法律问题。论坛成员主要是中非司法界高官及部分学者，缺乏一线需要法律实务合作的企业参与。同时，论坛缺乏持续性，自《沙姆沙伊赫行动计划（2010—2012)》提出成立法律分论坛到2015年，仅连续举办了六届。同时，关于分论坛的宣传和报道不足，没有专门官方网站介绍论坛的发展历程和相关新闻。其他分论坛机制化建设方面也存在类似的问题。

二是中非金融监管合作机制有待进一步完善。非洲国家大多为发展中经济体，政治环境复杂，政府更迭频繁，区域冲突频发，且非洲大陆经济环境不稳定，通货膨胀率较高，存在贸易保护主义及外汇管制等问题，使中非金融合作过程中面临多重风险，但中非金融监管仍缺乏实质性的合作。目前，中国证监会仅与埃及资本市场委员会、南非共和国金融服务委员会、尼日利亚证券交易委员会签署了证券（期货）合作谅解备忘录，但备忘录涉及的内容也十分有限。在金融合作实践中，中非间缺乏在跨境资金的监管、信息披露与共享、金融合规和争议的解决、金融风险防控机制的建设等方面实质性交流与协作。

三是金融人才培养机制需要进一步建立与完善。中非金融合作的发展需要金融人才的支持，尤其需要中非合作背景下的跨文化交流合作的国际化人才和通晓中非金融相关知识的复合型人才。这类复合型的人才既要掌握金融投资的基础知识，也要懂相关的法律，同时还要了解中非文化，既是有实践业务经验的实务型人才，又是能进行理论研究的研究型人才，既要有国际视野又要有国际合作思维。当前中非人才合作主要体现在文化交流、职业技能培训和一些精英人才的培育方面，在经贸、金融人才领域的合作相对较少。

而中国教育领域在非洲的国别研究、中非经贸金融发展方面研究相对薄弱，也缺乏中非经贸、金融领域的课程体系和教材方面的开发和教学。

四是认同差异阻碍中非金融合作机制建设。非洲国家在民族、宗教等文化因素的影响和西方势力干扰下，对中国对非洲金融支持存在认识偏差甚至误解，加之中国与非洲国家间经济、金融发展和合作基础存在较大的差异，非洲国家高官、经济和金融行业人士等对中国经济金融发展情况缺乏足够的了解和认识，因此，合作过程中可能存在误解与冲突，从而阻碍中非金融合作机制建设。如何在开放包容的合作理念下推动双方合作共识，促进中非双方身份的认同，成为推动中非金融合作机制建设的关键。

第三节　推进中非金融合作机制建设的建议

包括金融合作机制在内的国际合作机制建设是一个渐进的过程，在把握中非金融合作机制现状及其存在问题基础上，本节拟基于中非合作论坛框架及“一带一路”倡议、金砖合作机制等国际多边合作框架提出推进中非金融合作机制建设的具体建议。

一、中非合作论坛框架下中非金融合作机制建设

（一）推动中非金融合作分论坛机制建设

首先，推动中非合作论坛后续机制进一步优化。可通过调整、优化部长级会议的方式缓解前述中非合作论坛后续机制在非洲国家的协调和相关项目的评估方面的问题。具体可通过专门召开部长级会议，或者借助其他诸如联合国、20 国集团、77 国集团等多边合作场合进行协调和沟通，如举办类似 2023 年 7 月 4 日的“77 国集团和中国”在古巴举行的关于环境、科学、技术、创新等问题的部长级会议。同时可推动论坛设立专门的项目评估机制对相关项目进行评估，以提高项目的成效。

其次，设立中非金融合作分论坛并推动其机制化建设。鉴于分论坛存在前文所述的问题，推动中非金融合作分论坛机制化建设可从如下几个方面进

行：一是在论坛启动前可先成立中非合作论坛—金融合作论坛指导委员会，负责论坛的决策和协调事宜，指导委员会设立中方与非方两位主席，其中，非方主席可采用轮值形式，委员会下设秘书处负责论坛的具体事务。二是建立起中非合作论坛类似的后续机制和常备交流机制。可建立金融论坛后续行动委员会，保障论坛会议相关成果的落实，后续行动委员会成员可以由中非合作论坛机制后续委员会成员中与金融合作相关的部门组成，该委员会可视为中非合作论坛整体委员会成员的具体分工，避免机制建设的交叉和重复；常备交流机制主要随时关注中非金融合作中存在的问题，及时进行问题的交流、沟通和解决。三是论坛成员应包括中非金融界的高官、高校学者及中非双方的金融机构、企业，以真正实现理论和实务的交流合作。四是论坛要保持系统性、常态性、连续性，这是机制化的特点，是对论坛机制化建设的内在要求。论坛可每年举办一次，举办地点和主办方可采用中国和非洲轮流的方式。五是加大对论坛及相关成果的宣传和报道，设立中非金融合作论坛官方网站（可用多种语言），网站内容可涉及论坛发展情况、相关合作成果、合作具体项目及项目落实情况。

（二）建立中非金融监管合作机制

因地制宜、因时制宜地建立和健全金融监管合作及风险防控机制，是中非双方金融合作持续深入的关键。

一是推动建立中非金融监管合作平台。通过建立中国与非洲国家财金对话会、资本市场研讨会等与非洲国家建立金融监管合作的沟通交流机制。可以通过发表联合声明的方式确立双方对监管的共识部分，形成具有可操作性的监管合作行动指南。同时，可建立国家间的金融监管联席会议制度，将所有合作的非洲国家纳入，并定期召开金融监管高层会议，对监管领域的热点和现实议题进行交流磋商，形成金融监管合作的规范并进行实践（蒋瑛等，2021）。金融监管机构要加强跨境金融监管的交流与技术协助，提升协调能力。金融监管机构、行业协会及企业可定期举行研讨会，对主要项目进行推介和洽谈，设立信息交流和分享平台，加强双方资金、项目的日常监管交流沟通，同时加强对各国宏观经济政策、金融市场形势及监管制度相关信息的共享。中非应设立交叉联合检查机制，并明确双方监管机构的责任。

二是建立区域性金融监管合作体系。金融监管合作机制建设的核心之一是提升合作主体抵御金融风险的协同能力（叶玮和张瑾，2020）。中非应在双方政府和金融监管部门的协调下，做好相关项目和资金运行过程中的风险管理合作，保障投资者的利益。中国与非洲各国金融发展水平各异，决定了中非金融监管发展水平存在较大的差异，金融监管模式方面也不尽相同。可设立专门的金融风险管理委员会，委员会成员可以是各国金融监管机构或者高层代表，可根据金融合作实践和各国监管情况协商建立起区域性的监管公约，以约束和监督中非共同参与的金融合作项目和相关的金融机构行为（蒋瑛等，2021）。可鼓励中非双方监管部门就市场准入、投资者保护以及争端解决等风险问题建立机制化的沟通渠道。同时，中非双方还应合作建立金融危机的应对机制，共同推进宏观审慎和微观审慎监管原则，提升监管合作的深度和广度。在金融风险防范和预警方面，中国应建立和完善对项目及其所在国家信用风险评级体系，完善信用评级及风险预警机制建设。中国信用评级公司应加强与非洲当地信用评级公司的合作，建立专门针对非洲项目和企业相关的信用评级体系，并立足风险的动态防范，还应加强与国际主要信用评级机构及征信机构的跨境合作，同时应建立信用担保体系，并积极推动国际商业保险、信用担保机构共同参与分担金融投资风险。

三是丰富和优化金融监管合作的内容。可进一步推动中国与更多非洲国家签订金融监管合作备忘录，并根据金融合作实践不断丰富备忘录内容，明确中非双方之间的监管责任，备忘录对诸如资本充足率、流动性比率、清偿能力等监管指标进行统一，以避免各方监管准则不一致导致的监管套利行为（蒋瑛等，2021）。

（三）建立中非金融人才培养交流机制

一是推进高校金融人才培养。中国高校在国际金融专业人才培养中可以增加对中非经贸、金融领域的课程体系和教材方面的开发和教学。促进中非金融合作，需要一批来自非洲且熟悉中国经济金融并认同中国文化的高级管理人才。可进一步盘活非洲来华留学生资源，积极培育中非经济金融合作领域中非洲籍的高级管理人员。同时，可积极推动中国学生尤其是经济金融专业的学生到非洲国家的高校和金融机构进行交流和实习。还可采用联合办学培养模式，金融专业的学生在中国和非洲的高校各学习一段时间，毕业时可获得两校毕业证书。已互设金融机构的中国和非洲国家，在高校学生实习实践方面，可推动金融机构与高校形成战略合作关系，在中国设立分支机构的非洲金融机构接受中国金融专业的学生和在中国的非洲留学生进行实习，在非洲设立分支机构的中国金融机构接受中国在非留学生或交流学生进行实习，如此，可在提升学生实践能力的同时增加学生对中非金融具体业务的了解，为中非金融合作人才的培养奠定基础。

二是推进设立金融人才培训机制。中国已与非洲多个国家开展职业院校培训合作。例如：在赞比亚的中国经济贸易合作区的中赞职业技术学院举行了50多期的员工技能培训，培训人员已经超过了1000人；中国金华职业技术学院、卢旺达穆桑泽职业技术学校建立的穆桑泽国际学院已培训5000多人。可借鉴已有的做法，设立中国与非洲国家在金融人才方面常态化的培训机制。还可通过开展金融机构、金融监管机构官员研修研讨机制、金融技术人员培训机制等推动金融实践人才、金融监管人才的培训。

三是通过建立金融人才数据库，促进金融人才的交流和人才信息的共享。推进中非金融合作相关领域金融人才数据库建设，及时完善相关的制度与配套措施，建立金融人才供需的信息撮合平台，实现双方人才信息的共享。建立中国和非洲国家金融人才的定期交流机制，如双方监管当局的高层、金融机构的高管等可以报告—研讨—参访的方式每半年或一年开展的定期交流活动，推动中非金融人才的交流与合作。

二、国际多边合作框架下中非金融合作机制建设

在“一带一路”倡议、金砖合作机制等国际多边合作框架下，推动中非金融合作，有利于进一步推动中非双方合作共识，促进中非双方身份的认同，推动中非金融合作平台多样化，推动中非金融合作机制建设。

（一）“一带一路”倡议下中非金融合作机制建设

非洲是“一带一路”的历史与自然延伸。“一带一路”倡议提出以来，

非洲国家积极支持并踊跃参与。截至 2021 年末，同中国建交的 53 个非洲国家中，已有非盟委员会和 52 个国家同中国签署了共建“一带一路”合作文件。2018 年中非合作论坛北京峰会的召开，意味着“一带一路”倡议和中非合作迈入了精准对接和高质量发展的新阶段，推动中非合作不断向全方位、宽领域、纵深化发展，中非合作内容从“五通”拓展至绿色发展、能力建设、健康卫生及和平安全等更多新领域（贺文萍，2019）。“一带一路”倡议推动中非合作迈上了新台阶，其具体体现是：在共商、共建、共享原则下，中非合作更行稳致远；在五通目标下，中非合作内容更丰富；在全球化增长动能不足和不均衡发展困境下，“一带一路”倡议为中非命运共同体建设带来新动力（智宇琛，2018b），也为构建新型国际关系及人类命运共同体作出新贡献（姚桂梅和许蔓，2019）。同时，中非合作的不断推进也丰富了“一带一路”倡议的实践，为推动新时代的南南合作与国际对非合作发挥重要的引领及示范作用（贺文萍，2019；保建云，2018）。因此，可在“一带一路”倡议机制下，推动中非金融合作机制建设。

一是借助“一带一路”国际合作高峰论坛资金融通分论坛推动中非金融合作。资金融通分论坛是第二届“一带一路”国际合作高峰论坛的分论坛之一，参加论坛代表包括英国、俄罗斯、瑞士等国家的财政部，以及 IMF、亚投行、世界银行、金砖国家新开发银行等国际金融机构，还有近 300 位来自金融机构与企业界的代表，旨在推动构建高质量和可持续的“一带一路”投融资体系。推动非洲国家财政部及区域性多边开发银行、金融机构与企业界代表参与该论坛，不仅可以推动中非金融合作交流和沟通，还可以在论坛期间，推动双方签署项目融资和合作协议等，同时论坛议题还可涉及多边金融机构治理改革、国际货币体系改革等全球金融合作问题。因此该论坛也可作为中非金融合作的重要平台。但该论坛仅在第二届“一带一路”国际合作高峰论坛下举办过一次，因此需要推动该论坛的机制化建设。而要推动资金融通分论坛成为机制化论坛，首先需要推动“一带一路”国际合作高峰论坛的机制化。“一带一路”国际合作高峰论坛是“一带一路”框架下的重要国际性合作平台，论坛迄今仅举办三届（分别于 2017 年、2019 年、2023 年举办），活动涉及开幕式、领导人圆桌峰会和高级别会议及分论坛、企业家大会等。论坛目前仍处于起步阶段，在其功能定位及运行机制、办会模式等方面均有较大的提升空间，因而推动论坛的机制化运行成为下阶段的重要任务（吴润生等，2018）。可从以下几个方面推动高峰论坛机制化建设：推动高峰论坛逐渐由“官方”模式转向“官方＋民间＋国际”模式，增设青年、妇女、工商等领域非官方分论坛，在两届高峰论坛的中间年份，探索举行“一带一路”国际合作高峰会晤，进一步强化论坛的国际化、规范化特征；在高峰论坛框架下，创设类似中非经贸博览会的“一带一路”经贸博览会，将论坛的影响力、凝聚力转化为实实在在的经贸合作成果，同时为金融、人文等领域的对话交流提供机会。在论坛后续行动机制方面，可借鉴中非合作论坛的做法：设立机制化的部长级会议、高官会对话会机制和后续行动委员会秘书处，推动已有的包括资金融通分论坛在内的分论坛常态化和可持续化，并根据实际需要扩展分论坛的领域；逐步构建起高峰论坛合作共识及合作协议的落实、评估与监督机制，进一步发挥“一带一路”国际合作高峰论坛咨询委员会①的作用，推动论坛成果的真正转化，提高机制的约束力（赵晨光，2022）。

二是依托“一带一路”倡议下的文化交流机制，提升中非金融合作共识。中国可以依托“一带一路”倡议下的文化交流机制，开展政府高层、业界、学界及企业、公民等多层面的人文交流活动，提升非洲国家对中国的经济金融的理解与认同。具体做法是：通过推进“一带一路”国家官员研修班的机制性建设，吸引非洲国家高层来华研修，增进非洲国家高层对中非金融合作的认同；在“一带一路”共建国家的国别研究和区域研究中，发挥学界与业界的作用，增加对非洲国家的研究，并专门围绕中非金融合作议题定期举行学术交流，强化中非金融合作领域的理论与应用研究；积极搭建金融行业组织、行业人士之间的互动渠道。

三是在“一带一路”倡议下，发掘中非双方在金融业务与合作创新方面的契合点，共同构建金融创新的制度化、常态化合作机制。非洲国家金融科

① 该委员会成立于2018年，属于非营利性、国际性的政策咨询机构，主要为“一带一路”及其高峰论坛提供智力支持。该委员会由相关国家的前政要、国际组织负责人及工商界领袖和相关领域知名学者等有国际影响力的人士组成，已于2018年、2019年、2021年、2023年举行了四次会议，并取得了一定的成果。

技的发展势头迅猛，发展前景广阔，2021 年互联网普及率高于 50% 的非洲国家超过 15 个。非洲是全球拥有电子账户最多的大陆，其移动支付用户的增长量仅次于亚洲，2020 年非洲共有 1.6 亿的活跃电子货币用户，其电子支付交易额大于 4950 亿美元。普惠金融有利于减贫和增长目标的实现，如前文所述，非洲国家也积极推动普惠金融发展。非洲的“绿色长城”计划等项目在有序推进，有利于非洲国家强化基础设施和能力方面建设，实现其可持续发展（李亚敏和王浩，2022）。而中国也在积极推动金融科技、普惠金融、绿色金融的发展，因此，在全球金融竞争激烈的情况下，双方可以积极在金融科技、普惠金融及绿色金融等阻力较小的金融业务领域进行合作，构建制度化、常态化的金融创新合作机制（叶玮和张瑾，2020）。

（二）金砖国家合作机制下中非金融合作机制建设

金砖国家合作的内在属性之一是新型南南合作，而携手非洲国家共同推进新型国际关系的构建，推动人类命运共同体建设，正是金砖国家合作的内在属性要求（王磊，2018b）。中非金融合作机制可以依托已有的金砖合作机制平台推进。

第一，依托金砖国家交易所联盟推动中非证券交易所合作机制建设。2011 年 10 月 14 日，在南非约翰内斯堡成立了金砖国家交易所联盟。参与联盟的交易所首先将其基准股市指数衍生产品在各成员市场相互挂牌买卖，然后共同合作开发可以追踪金砖国家市场表现的创新金融产品，最后实现其他资产类别与服务领域金融产品的开发。这种合作机制不仅为金砖国家投资者相互投资各个金砖国家的发展提供了渠道，增加了各成员交易所的金融产品品种并提高了产品的流动性，也为全球投资者参与投资金砖国家发展提供了机会。在中非交易所合作机制建设方面，可借助金砖交易所联盟，首先实现中国与南非证券交易所合作，实现两国交易所金融产品互挂买卖，待运行成熟后，再推广至与其他非洲国家交易所的合作，金融产品可逐步推广至金砖国家发展相关金融创新产品、非洲国家发展相关金融产品及其他类别和服务领域的金融产品。

第二，在金砖—非洲对话机制下，推动中非金融合作机制建设。金砖—

非洲对话机制是金砖国家探索形成的与发展中经济体领导人的机制化对话会，成为金砖国家领导人年度会晤的机制化安排，有利于金砖国家对非洲国家合作的整合和协调推进（王磊，2018b）。2013 年德班会晤，以“金砖国家与非洲：实现发展、融合、工业化的伙伴关系”为主题，旨在通过推动金砖国家与非洲合作，推动非洲工业化建设与可持续发展；2017 年金砖国家领导人于厦门会晤时，邀请了安哥拉、乌干达、埃及、塞内加尔、赤道几内亚、几内亚、贝宁、科特迪瓦、莫桑比克、刚果共和国、埃塞俄比亚、乍得等 12 个非洲国家领导人及非盟主席参与举行了金砖—非洲领导人对话会，对金砖国家与非洲国家基础设施领域的合作问题进行了对话；2018 年的金砖国家领导人峰会又一次突出非洲元素，主题为“金砖国家在非洲：在第四次工业革命中共谋包容增长和共同繁荣”，并邀请卢旺达、安哥拉、纳米比亚、埃及、博茨瓦纳、马达加斯加、刚果民主共和国、加蓬、马拉维、莱索托、乌干达、莫桑比克、塞舌尔、坦桑尼亚、塞内加尔、多哥、津巴布韦、赞比亚等 18 个非洲国家领导人与非盟主席等多个非洲区域组织负责人出席金砖—非洲领导人对话会。通过金砖—非洲对话机制，不仅可以实现中国与非洲国家在基础设施领域及其工业化建设等具体领域的金融合作，同时包括中国在内的金砖国家还可以与非洲国家在国际货币体系改革等议题下进行合作，充分利用金砖机制和平台，提升非洲国家和金砖国家整体的国际金融话语权和影响力。

第三，借助金砖国家新开发银行推进中非金融合作。金砖国家新开发银行旨在为金砖国家及其他的新兴经济体、发展中经济体的基础设施与可持续发展项目筹集资金，其第一个区域中心在约翰内斯堡正式成立并运行，为非洲大陆与发展中经济体的发展带来了希望，有利于非洲基础设施建设、可持续发展及《2063 年议程》的实施。中国作为新开发银行的成员国，联合其他金砖国家一起助力非洲国家发展也是其对非金融合作的重要形式，同时还可以借由新开发银行，推进中非金融合作。一方面，中国和其他金砖国家可以推动新开发银行与非洲开发银行、西非开发银行、东南非贸易与开发银行等非洲区域多边开发银行合作支持非洲国家的发展。另一方面，如前文所述，还可借由新开发银行，为非洲基础设施项目和可持续发展项目的投融资活动提供人民币贷款或发行人民币债券，并推动商业银行和其他金融机构、企业等私人机构和新开发银行共同参与支持相关项目发展。同时，新开发银行与非洲区域性开发银行在治理机制改革方面的合作也有利于提升金砖国家和非洲国家在开发性金融体系中的话语权。

本章小结

中非金融合作机制是指中非双方在金融合作领域形成的一套调整相关行为体行为的原则、规范、规则及决策机制，是双方功能性金融合作行为的一种机制化塑造，具有规范性、系统性、常态性、连续性。从中非金融合作机制现状看，当前中非双方金融层面的合作主要体现在具体的业务合作层面，金融合作的机制化建设尚处于起步阶段，缺少专门的金融分论坛，且中非合作论坛机制建设本身仍有待进一步优化，中非金融监管合作机制、金融人才培养机制等有待进一步完善，而非洲国家认同差异也阻碍中非金融合作机制建设。当然包括金融合作机制在内的国际合作机制建设是一个渐进的过程，本书在把握中非金融合作机制现状及其问题基础上，基于中非合作论坛框架及“一带一路”倡议、金砖合作机制等国际多边合作框架，提出分阶段推进中非金融合作机制建设的具体建议：（1）在中非合作论坛框架下，可推动中非合作论坛后续机制进一步优化，推动中非金融合作分论坛机制化建设，建立中非金融监管合作机制和中非金融人才培养交流机制。（2）在“一带一路”倡议下，可借助“一带一路”国际合作高峰论坛资金融通分论坛推动中非金融合作，依托“一带一路”倡议下的文化交流机制提升中非金融合作共识，发掘中非双方在金融业务与合作创新方面的契合点，共同构建金融创新的制度化、常态化合作机制。（3）在金砖国家合作机制下，依托金砖国家交易所联盟，推动中非证券交易所合作机制建设；在金砖—非洲对话机制下，推动中非金融合作机制建设；借助金砖国家新开发银行推进中非金融合作。

参考文献

［1］奥兰·扬．世界事务中的治理［M］．上海：上海人民出版社，2007：4－5．

［2］保建云．“一带一路”与中非命运共同体［J］．人民论坛，2018（26）：44－46．

［3］蔡彤娟，陈丽雪．两岸四地人民币周边化的可行性与路径——基于货币锚与汇率联动视角的实证研究［J］．金融经济学研究，2017（4）：36－47．

［4］蔡彤娟，陈丽雪．人民币与东亚国家货币汇率动态联动研究——基于VAR－MVGARCH－BEKK模型的实证分析［J］．亚太经济，2016（5）：23－29．

［5］蔡彤娟，林润红．人民币与“一带一路”主要国家货币汇率动态联动研究——基于VAR－DCC－MVGARCH－BEKK模型的实证分析［J］．国际金融研究，2018（2）：19－29．

［6］蔡彤娟，林润红．中日韩货币合作与东亚独立货币板块的构建：基于核心货币汇率联动的实证研究［J］．世界经济研究，2020（6）：24－34＋135．

［7］曹璐琦，高悦蓬．人民币在“一带一路”区域的货币锚效应及影响因素［J］．金融评论，2020（3）：92－104＋126．

［8］曹伟，冯颖姣．人民币在“一带一路”沿线国家货币圈中的影响力研究［J］．数量经济技术经济研究，2020（9）：24－41．

［9］曹亚雄，孟颖．“一带一路”倡议与中非命运共同体建构［J］．陕西师范大学学报（哲学社会科学版），2019（3）：55－64．

［10］查晓刚，叶玉．金砖银行的发展及其对非洲的影响［J］．国际经济合作，2017（8）：27－30．

［11］陈弘，文春晖．中非农业产能合作的战略意义、环境条件和政策支撑［J］．湖南农业大学学报（社会科学版），2020（6）：15－19.

［12］陈佳琪．非洲地区内人民币替代效应的实证研究［J］．福建质量管理，2019（6）：119－121.

［13］陈黎明，王亚方，龙汪涛，等．不确定性冲击对金砖国家股市联动性的影响［J］．调研世界，2022（10）：12－25.

［14］陈默，李荣，冯凯．中国对非基础设施建设能否推动中非产能合作——基于贸易增加值的视角［J］．国际贸易问题，2022（3）：51－67.

［15］陈默，李荣林，冯凯．中非产能合作能否照亮非洲经济腾飞之路：基于对外承包工程视角［J］．世界经济研究，2021（10）：119－133＋136.

［16］陈朋亲，张潇．国际合作机制与“一带一路”机制化建设研究——以中国—葡语国家经贸合作论坛（澳门）为例［J］．学术探索，2023（2）：57－68.

［17］陈思，马野青．政治风险与中国企业对非洲直接投资［J］．江苏社会科学，2017（6）：51－58.

［18］陈向阳，佘文青．沪市与美国、欧洲股市的联动性研究［J］．区域金融研究，2019（4）：47－57.

［19］陈潇，杨恩．中美股市杠杆效应与波动溢出效应——基于 GARCH 模型的实证分析［J］．财经科学，2011（4）：17－24.

［20］陈银娥，尹湘，金润楚．中国农村普惠金融发展的影响因素及其时空异质性［J］．数量经济技术经济研究，2020（5）：44－59.

［21］陈媛媛，李坤望．中国工业行业 SO_2 排放强度因素分解及其影响因素——基于 FDI 产业前后向联系的分析［J］．管理世界，2010（3）：14－21.

［22］程诚．中国特色的官方开发金融——中非发展合作的新模式［J］．复旦国际关系评论，2016（12）：1－34.

［23］程贵，王舒婷，马润平．丝绸之路经济带建设与人民币区域化的前景——以中亚地区为例的研究［J］．财贸经济，2018（6）：103－116.

［24］仇娟东，黄海楠，马赫然．多边金融机构如何影响 PPP 项目中私人部门的投资额？——来自“一带一路”沿线经济体 3858 个项目的经验证据

[J]. 中国软科学, 2021 (1): 85 - 97.

[25] 仇娟东, 黄海楠, 赵军. "一带一路"沿线国家 PPP 项目发起政府级别如何影响私人部门的投资额: "差序信任"还是"贴近市场"? [J]. 财政研究, 2020 (1): 96 - 112.

[26] 崔文星. 2030 年可持续发展议程与中国的南南合作 [J]. 国际展望, 2016 (1): 34 - 55.

[27] 戴金平, 万志宏. APEC 的货币金融合作: 经济基础与构想 [J]. 世界经济, 2005 (5): 12 - 20.

[28] 戴凌祎. 中美股票市场联动性分析——基于上证指数和标准普尔 500 指数的实证分析 [J]. 现代经济信息, 2019 (5): 328 + 330.

[29] 董凯, 王少楠, 陈强. 人民币与东亚国家货币汇率动态联动效应研究 [J]. 亚太经济, 2021 (2): 37 - 46.

[30] 董艳, 樊此君. 援助会促进投资吗——基于中国对非洲援助及直接投资的实证研究 [J]. 国际贸易问题, 2016 (3): 59 - 69.

[31] 杜龙政, 林伟芬. 中国对"一带一路"沿线直接投资的产能合作效率研究——基于 24 个新兴国家、发展中国家的数据 [J]. 数量经济技术经济研究, 2018 (12): 3 - 21.

[32] 樊云杉, 丁肇勇. 中美股票市场联动性研究——基于次贷危机前后的对比分析 [J]. 经济视角, 2019 (3): 95 - 104.

[33] 范香梅, 廖迪. 中外金融包容性发展差异及其影响因素研究 [J]. 经济体制改革, 2017 (5): 175 - 180.

[34] 冯凯, 李荣林, 陈默. 中国对非援助与非洲国家的经济增长: 理论模型与实证分析 [J]. 国际贸易问题, 2021 (11): 21 - 36.

[35] 冯凯, 李荣林, 陈默. 中国对非援助与非洲国家经济增长的动态关系研究 [J]. 经济学 (季刊), 2022 (1): 175 - 196.

[36] 冯维江. 国际货币权力的历史经验与"第三世界货币区"的可能性 [J]. 当代亚太, 2010 (5): 23 - 50.

[37] 冯永琦, 代佳航, 瞿亢. 人民币在东亚区域货币"锚"效应及其影响因素研究 [J]. 国际金融研究, 2020 (2): 56 - 65.

[38] 冯永琦，赵佳楠．中国同发达国家及金砖国家股市联动性比较研究[J]．湖南财政经济学院学报，2020（2）：13-23.

[39] 甘星，印赟．外商直接投资对我国经济增长影响的研究——基于动态分布滞后模型[J]．湖北社会科学，2016（3）：83-88.

[40] 高明宇，李婧．基于货币锚模型的人民币影响力空间分布特征分析——兼论东亚人民币区是否形成[J]．上海经济研究，2020（10）：119-128.

[41] 耿楠．多边开发金融体系新成员：创新与合作——新开发银行与亚投行机制研究[J]．国际经济合作，2016（1）：90-95.

[42] 龚金国，史代敏．金融自由化、贸易强度与股市联动——来自中美市场的证据[J]．国际金融研究，2015（6）：85-96.

[43] 龚梦琪，刘海云．中国双向FDI协调发展、产业结构演进与环境污染[J]．国际贸易问题，2020（2）：110-124.

[44] 顾振华，高翔．中国对非援助能否减少非洲对华贸易限制？——基于53个非洲国家数据的理论与实证研究[J]．世界经济研究，2019（8）：73-87+135-136.

[45] 郭朝先，刘芳．“一带一路”产能合作新进展与高质量发展研究[J]．社会科学文摘，2020（8）：8-10.

[46] 郭田勇，丁潇．普惠金融的国际比较研究——基于银行服务的视角[J]．国际金融研究，2015（2）：55-64.

[47] 郭晓莹，吴昊．中埃数字经济合作：现状、挑战与深化路径[J]．对外经贸实务，2023（7）：83-88.

[48] 哈巍，卢可伦，康乐．中国对非洲国家的教育援助是否具有能源导向？[J]．复旦教育论坛，2018（2）：5-13.

[49] 韩彩珍，王煜皓．中国对南部非洲经济援助推动中非双边贸易的实证分析——基于2001—2012年13个南部非洲国家面板数据的计量模型[J]．经济研究导刊，2018（23）：137-139+142.

[50] 韩红梅．金融支持中非产能合作[J]．中国金融，2018（17）：31-32.

[51] 韩民春，袁秀林．基于贸易视角的人民币区域化研究[J]．经济学

(季刊), 2007 (2): 401 - 420.

[52] 贺双荣. 2030 年可持续发展议程与中拉合作 [J]. 拉丁美洲研究, 2018 (2): 1 - 15.

[53] 贺文萍. 中非命运共同体: 历史基础、现实条件和发展方向 [J]. 统一战线学研究, 2018 (5): 89 - 96.

[54] 贺文萍. "一带一路" 与中非合作: 精准对接与高质量发展 [J]. 当代世界, 2019 (6): 17 - 23.

[55] 贺文萍. 百年未有之大变局与中非命运共同体建设 [J]. 当代中国与世界, 2022 (4): 100 - 108.

[56] 贺文萍. 在抗疫合作中建设更紧密的中非命运共同体 [J]. 当代世界, 2020 (7): 22 - 27.

[57] 贺文萍. 中非产能合作助推非洲工业化和经济一体化 [J]. 当代世界, 2015 (12): 22 - 23.

[58] 贺文萍. 中非合作论坛 20 年: 回顾与展望 [J]. 浙江师范大学学报 (社会科学版), 2020 (6): 1 - 9.

[59] 胡建梅, 单磊. 中国对非援助、基础设施和受援国经济增长——基于中介效应模型的实证分析 [J]. 国际经济合作, 2022 (5): 53 - 68 + 95.

[60] 黄梅波, 沈婧. 非洲银行业竞争格局及中非银行业合作空间 [J]. 国际经济评论, 2017 (6): 144 - 158 + 8.

[61] 黄梅波, 唐正明. 非洲金融业与中非金融合作发展现状 [J]. 海外投资与出口信贷, 2017 (3): 18 - 21.

[62] 黄梅波, 唐正明. 中非产能合作的金融需求及中非金融合作的推进 [J]. 国际经济评论, 2016 (4): 91 - 107.

[63] 黄梅波, 张晓倩. 中非产能对接与非洲三网一化建设: 合作基础及作用机制 [J]. 国际论坛, 2016 (1): 59 - 65 + 81.

[64] 黄梅波. 中非经贸合作——数字金融释潜能 [Z]. 中国商务新闻网, 2022 - 11 - 22.

[65] 黄森, 蒋婷玉, 呙小明. 投资贸易便利化水平对国际产能合作的影响 [J]. 统计与决策, 2020 (16): 140 - 144.

[66] 黄少军．资本市场联动及风险防范——国际股市、债市、汇市现状研判［J］．开放导报，2020（3）：51－57.

[67] 黄昭宇．中非命运共同体建设进入新阶段［J］．现代国际关系，2018（8）：7－10.

[68] 黄振乾．中国援助项目对当地经济发展的影响——以坦桑尼亚为个案的考察［J］．世界经济与政治，2019（8）：127－153＋159－160.

[69] 霍伟东，陈若愚，李行云．制度质量、多边金融机构支持与 PPP 项目成效——来自非洲 PPP 项目数据的经验证据［J］．经济与管理研究，2018（3）：52－64.

[70] 霍伟东，李杰锋，陈若愚．绿色发展与 FDI 环境效应——从“污染天堂”到“污染光环”的数据实证［J］．财经科学，2019（4）：106－119.

[71] 霍伟东，杨碧琴，郭璇．自由贸易区战略助推人民币区域化［J］．国际贸易论坛，2013（1）：60－64.

[72] 简志宏，郑晓旭．汇率改革进程中人民币的东亚影响力研究——基于空间、时间双重维度动态关系的考量［J］．世界经济研究，2016（3）：61－69＋135.

[73] 蒋庆正，李红，刘香甜．农村数字普惠金融发展水平测度及影响因素研究［J］．金融经济学研究，2019（4）：123－133.

[74] 蒋瑛，陈钰晓，邵旭阳．中国与南亚国家金融监管合作研究［J］．南亚研究季刊，2021（1）：77－94.

[75] 蒋彧，张玖瑜．中国与世界主要股市间的波动溢出效应研究——基于 2002—2017 年样本的实证检验［J］．中国经济问题，2019（6）：28－43.

[76] 金宏平，周晓博，张倩肖．合资型 FDI、独资型 FDI 与中国经济增长——基于省级面板数据的实证分析［J］．当代经济科学，2016（3）：44－52＋125.

[77] 金永明．推动人类命运共同体落地生根［N］．解放日报，2018－01－30.

[78] 黎明，夏昕鸣，朱晟君．中国对非直接投资时空演化及其影响因素［J］．经济地理，2017（11）：19－27.

[79] 李安山．人类命运共同体视阈下中非产能合作：潜力、优势与风险[J]．统一战线学研究，2018（3）：97－106.

[80] 李安山．中非合作论坛二十周年：历程、成就与思考［J］．当代世界，2020（10）：17－23.

[81] 李岸，陈美林，乔海曙．中国对发达国家与金砖国家股市波动溢出效应研究［J］．东岳论丛，2016（5）：76－85.

[82] 李峰，吴海霞．非洲人民币国际化现状及路径选择［J］．现代国际关系，2015（7）：32－41＋64.

[83] 李国红，赵息．中非金融合作进展与发展前景［N］．光明日报，2014－08－28.

[84] 李合龙，刘方舟．基于EEMD的中美股市联动性分析［J］．广西大学学报（哲学社会科学版），2019（1）：80－86.

[85] 李红权，何敏园．我国股市的对外溢出效应与国际影响力研究——基于Copula－DCC－GARCH模型［J］．系统科学与数学，2017（8）：1790－1806.

[86] 李军，甘劲燕，杨学儒．“一带一路”倡议如何影响中国企业转型升级［J］．南方经济，2019（4）：1－22.

[87] 李林，舒莉．中非法郎的汇率货币危机与中非金融合作［J］．金融市场研究，2017（10）：114－128.

[88] 李平一，王萌．携手构建更加紧密的中非命运共同体［N］．学习时报，2023－06－30.

[89] 李荣林，徐邦栋．中国对非直接投资与出口增加值——基于产能合作视角的分析［J］．国际经贸探索，2021（6）：4－19.

[90] 李蕊．二十国集团与国际货币体系改革［J］．国际展望，2015（3）：67－84.

[91] 李世鹏，朱兴龙．金融支持与“一带一路”倡议下国际产能合作［J］．武汉金融，2018（11）：35－37.

[92] 李伟建，张忠祥，张春，等．迈向新的十年：中非合作论坛可持续发展研究［J］．西亚非洲，2010（9）：5－10＋79.

[93] 李晓，丁一兵．人民币汇率变动趋势及其对区域货币合作的影响

[J]. 国际金融研究，2009 (3)：8 - 15.

[94] 李晓，张李云鹏，庄宇航. 中国对非援助的减贫效应：基于时空估计策略的研究 [J]. 世界经济，2023 (7)：56 - 87.

[95] 李晓. 美元体系的金融逻辑与权力——中美贸易争端的货币金融背景及其思考 [J]. 国际经济评论，2018 (6)：52 - 71.

[96] 李鑫，朱冬青. 我国股票市场和债券市场收益率的相关性和联动性研究——基于时变 Copula 和 VAR 模型 [J]. 经济体制改革，2022 (4)：194 - 200.

[97] 李雪冬，王严. 构建更加紧密的中非命运共同体：意义、内涵与实现路径 [J]. 非洲研究，2019 (1)：155 - 163 + 209 - 210.

[98] 李亚敏，王浩. 非洲重要国际金融中心的发展现状及展望 [J]. 银行家，2022 (5)：92 - 95 + 7.

[99] 李勇，袁晓玲. 基于最优货币区视角的古丝绸之路地区人民币区域化研究——以欧亚十国为例 [J]. 经济经纬，2017 (3)：55 - 61.

[100] 李智，彭志浩，王梓谊. 人民币与东盟国家货币汇率联动性研究——来自 1995—2018 年的证据 [J]. 武汉金融，2020 (1)：28 - 36.

[101] 李子文，李青. 中国对非洲直接投资的双边领导人访问效应——理论解释与实证检验 [J]. 国际经贸探索，2017 (12)：52 - 71.

[102] 廖永安，洪永红. 力推投资非洲银行深化中非经贸合作 [N]. 湖南日报，2023 - 06 - 27.

[103] 林海. 深化中国与非洲法郎区国家货币合作的可行性分析 [J]. 金融与经济，2012 (8)：29 - 32.

[104] 林松添. 中南合作硕果累累 [N]. 国际商报，2018 - 07 - 25.

[105] 刘爱兰，王智烜，黄梅波. 中国对非援助是“新殖民主义”吗——来自中国和欧盟对非援助贸易效应对比的经验证据 [J]. 国际贸易问题，2018 (3)：163 - 174.

[106] 刘爱兰，王智烜，黄梅波. 资源掠夺还是多因素驱动？——非正规经济视角下中国对非直接投资的动因研究 [J]. 世界经济研究，2017 (1)：70 - 84.

[107] 刘兵. 中国与“一带一路”沿线国家产能合作效率的影响因素分

析［J］. 统计与决策，2021（24）：67－70.

［108］刘晨，葛顺奇. 中国境外合作区建设与东道国经济发展：非洲的实践［J］. 国际经济评论，2019（3）：73－100.

［109］刘晨，葛顺奇. 中国企业对非洲投资：经济增长与结构变革［J］. 国际经济评论，2018（5）：9－31.

［110］刘冬. 埃及制造业发展战略与中埃产能合作［J］. 西亚非洲，2020（3）：138－160.

［111］刘刚，张友泽. 人民币在“一带一路”货币圈发挥了锚效应吗？——基于人民币与主要国际货币比较研究［J］. 国际金融研究，2018（7）：32－41.

［112］刘光溪. 互补性竞争论：区域集团与多边贸易体制［M］. 北京：经济日报出版社，1996.

［113］刘宏松. G20 议题的扩展及其对机制有效性的影响［J］. 国际论坛，2015（3）：7－11.

［114］刘京星，黄健柏，刘天琦. 中国与“一带一路”国家钢铁产能合作影响因素研究——基于多维动态距离的新视角［J］. 经济地理，2018（10）：99－110.

［115］刘明志. 非洲经济走势与中非金融合作［J］. 中国金融，2019（12）：49－51.

［116］刘青海. 中国投资有助于促进非洲可持续发展［N］. 人民日报，2018－05－28.

［117］刘瑞，高峰. “一带一路”战略的区位路径选择与化解传统产业产能过剩［J］. 社会科学研究，2016（1）：45－56.

［118］刘晓星，段斌，谢福座. 股票市场风险溢出效应研究：基于 EVT－Copula－CoVaR 模型的分析［J］. 世界经济，2011（11）：145－159.

［119］刘玉凤，高良谋. 中国省域 FDI 对环境污染的影响研究［J］. 经济地理，2019（5）：47－54.

［120］刘增彬. “马歇尔计划”对推进人民币走向非洲、拉美的启示［J］. 金融与经济，2012（8）：33－36.

［121］刘钊轶．疫情以来南非金融市场变化及对中南合作的影响［Z］．中国社会科学网，2022－06－29.

［122］刘志高，薛嘉顺，王涛，等．中国对非洲承包工程时空演变过程与影响机制［J］．地理研究，2020（12）：2669－2684.

［123］刘稚，徐秀良．“一带一路”背景下澜湄合作的定位及发展［J］．云南大学学报（社会科学版），2017（5）：94－100.

［124］隆国强．中非产能合作的成效、问题与对策［J］．国际贸易，2018（8）：4－8.

［125］卢凌宇，古宝密．怀璧其罪：中国在非洲推行“债务陷阱式外交”？［J］．西亚非洲，2020（1）：27－46.

［126］罗刚．构建责任共同体的多维度解析［N］．中国社会科学报，2018－10－30.

［127］罗青林．不断深化中非金融合作［J］．中国金融，2023（5）：84－85.

［128］罗斯，哈罗德，凯莱布，等．财经观察：人民币在非洲获得更多认可［EB/OL］．http：//economy. gmw. cn/2018－08/16/content_30562765. htm，2018.

［129］罗煜，王芳，陈熙．制度质量和国际金融机构如何影响 PPP 项目的成效——基于“一带一路”46 国经验数据的研究［J］．金融研究，2017（4）：61－77.

［130］马广奇，李洁．“一带一路”建设中人民币区域化问题研究［J］．经济纵横，2015（6）：41－46.

［131］马汉智．打造“中非卫生健康共同体”正当时［EB/OL］．中国社会科学网，2020－06－26.

［132］马骏．中非绿色金融合作有很大潜力［EB/OL］．https：//weibo. com/2347014803/Gw7bYB9mE，2018.

［133］毛小菁．金融危机下的西方与中国对非援助［J］．国际经济合作，2009（9）：36－38.

［134］梅建平．“一带一路”建设中国际产能合作的国别风险与金融选择［J］．江西社会科学，2018（6）：68－73.

［135］门洪华．对国际机制理论主要流派的批评［J］．世界经济与政治，

2000（3）：23－29.

［136］苗晴，石盈芳，孔玉生．国际金融新旧秩序下股市波动溢出效应的比较［J］．统计与决策，2016（24）：155－158.

［137］倪明明，王满仓．丝绸之路经济带区域货币合作与人民币区域化的现实困境及实现路径［J］．人文杂志，2015（2）：31－38.

［138］庞磊，李丛文．中国股票市场国际一体化研究——基于联动性与传染性结合视角［J］．投资研究，2019（2）：131－147.

［139］庞殉，何枻焜．霸权与制度：美国如何操控地区开发银行［J］．世界经济与政治，2015（9）：4－30.

［140］彭红枫，谭小玉，陈文博，等．亚洲货币合作和人民币区域化进程——基于带傅里叶变换的 SURADF 实证研究［J］．世界经济研究，2015（1）：36－47.

［141］彭绪庶．数字金融开辟中非合作新通道［N］．中国社会科学报，2023－07－18.

［142］乔晓楠，张晓宁．国际产能合作、金融支持与共赢的经济逻辑［J］．产业经济评论，2017（2）：39－54.

［143］邱兆祥，何丽芬．当前人民币区域化的可行性［J］．中国金融，2008（10）：46－47.

［144］沈铭辉．亚太地区基础设施投资 PPP 合作模式：中国的角色［J］．国际经济合作，2015（3）：33－38.

［145］沈晓雷．论中非合作论坛的起源、发展与贡献［J］．太平洋学报，2020（3）：80－93.

［146］沈言言，刘小川．促进私人部门 PPP 投资的政府担保政策研究——基于中低收入国家 PPP 项目的证据［J］．财政研究，2019（5）：33－46.

［147］盛朝迅．化解产能过剩的国际经验与策略催生［J］．改革，2013（8）：94－99.

［148］石建勋，全淑琴，钟建飞．人民币成为区域主导货币的实证研究——基于汇率视角的考察［J］．财经问题研究，2011（1）：58－67.

［149］时秀梅，孙梁．“一带一路”中私人部门参与 PPP 项目的影响因

素研究［J］. 财经问题研究，2017（5）：12－17.

［150］史恩义，张瀚文，闫晓光. 金融发展差异与国际产能合作绩效：机制、效用与条件［J］. 国际金融研究，2020（9）：56－66.

［151］司马亚玺. 中非合作中推动人民币国际化的策略研究［J］. 金融经济，2020（12）：21－28.

［152］宋微. 共建中非命运共同体的新年开局［N］. 光明日报，2019a－01－12.

［153］宋微. 破解中非产能合作的资金难题——金融合作的实施路径［J］. 海外投资与出口信贷，2016（5）：38－40.

［154］宋微. 中国对非援助70年——理念与实践创新［J］. 国际展望，2019b（5）：73－93＋155－156.

［155］苏杭. 命运共同体、国际公共产品与制度性话语权提升——以中美关于中国对非洲投资的角色论争为例［J］. 区域与全球发展，2017（2）：113－126.

［156］粟芳，邹奕格，韩冬梅. 政府精准致力农村互联网金融普惠的路径分析——基于上海财经大学2017年“千村调查”［J］. 财经研究，2020（1）：4－18.

［157］隋建利，杨庆伟，宋涛. 汇率网络结构变迁、人民币影响力与汇率波动传导——来自“一带一路”沿线国家的证据［J］. 国际金融研究，2020（10）：75－85.

［158］随洪光，余李，段鹏飞. 外商直接投资、汇率甄别与经济增长质量——基于中国省级样本的经验分析［J］. 经济科学，2017（2）：61－75.

［159］孙楚仁，何茹，刘雅莹. 对非援助与中国企业对外直接投资［J］. 中国工业经济，2021（3）：99－117.

［160］孙楚仁，梁晶晶，徐锦强，等. 对非援助与中国产品出口二元边际［J］. 世界经济研究，2020（2）：3－18.

［161］孙楚仁，徐锦强，梁晶晶. 中国对非援助与受援国出口结构转换［J］. 财贸经济，2019（7）：82－94.

［162］孙英杰，林春. 中国普惠金融发展的影响因素及其收敛性——基

于中国省级面板数据检验［J］. 广东财经大学学报，2018（2）：89－98.

［163］孙志娜. 中国对非洲直接投资的环境影响［EB/OL］. http：//www.cssn.cn/jjx_lljjx_1/lljjx_gd/201811/t20181121_4778939.html，2018.

［164］谭璐. 完善金融支撑体系推进国际产能合作［J］. 中国发展观察，2016（15）：16－18＋37.

［165］唐洁尘，李容. 人民币区域化视角下人民币与东亚货币联动性研究［J］. 世界经济研究，2018（7）：38－55＋135－136.

［166］陶长琪，杨雨晴. 产能利用率对企业国际产能合作决策的影响研究：来自微观企业的证据［J］. 世界经济研究，2019（3）：122－134.

［167］田昊扬，王军礼. 后危机时期中、日、韩三国股市间溢出效应研究［J］. 统计与决策，2018（2）：159－163.

［168］田霖. 金融包容的逻辑起点及体系构建——兼论新背景下金融包容的推进与应用［J］. 金融理论与实践，2020（4）：10－17.

［169］田素华，李筱妍，王璇. 双向直接投资与中国经济高质量发展［J］. 上海经济研究，2019（8）：25－36.

［170］仝菲. 中国与非洲高质量共建"一带一路"：理念、基础、困境及应对［J］. 世界社会主义研究，2022（11）：107－114＋135.

［171］涂志明，张凯. 中非跨区域整体合作与非洲地区主义［J］. 世界经济与政治论坛，2017（5）：58－71.

［172］万千，吴宛珊，方建春. 金融包容性水平测度及其影响因素研究——基于G20的实证分析［J］. 西南民族大学学报（人文社科版），2020（2）：163－169.

［173］万喆. 金融活水助推中非合作跃上新高度［N］. 经济日报，2018－09－03.

［174］王刚. 公共物品供给的集体行动问题——兼论奥尔森集体行动的逻辑［J］. 重庆大学学报（社会科学版），2013（4）：61－66.

［175］王皓晔，杨坤. 基于EVT－Copula－CoVaR模型的"一带一路"沿线国家股市风险溢出效应研究［J］. 金融发展研究，2019（9）：79－85.

［176］王珩，朱伟铭. 中非命运共同体：历史、现实与未来［Z］. 中国

社会科学网，2022－07－22.

［177］王锦霞．非洲保险市场的发展情况及其启示［J］．保险职业学院学报，2013（2）：85－90.

［178］王镭．全球发展倡议：促进共同发展的国际公共产品［J］．社会科学文摘，2022（9）：8－10.

［179］王磊．创新南南合作模式，推动金砖国家和非洲命运共同体建设［EB/OL］．光明网，2018b－09－03. http：//www. china. com. cn/opinion/theory/2018－09/03/content_61830392. htm，2018.

［180］王磊．中美在非洲的竞争与合作［J］．国际展望，2018a（4）：16－33＋153.

［181］王立国，王昱睿．私人资本参与“一带一路”沿线基础设施项目的影响因素分析——基于沿线41个发展中国家的实证分析［J］．投资研究，2019（10）：81－92.

［182］王林聪．携手抗疫，谱写中非关系新篇章——为构建全球治理体系贡献中非力量［J］．中国非洲学刊，2022（3）：3－16.

［183］王泺．对非援助促进中非产能合作的目标、原则及政策建议［J］．国际贸易，2016（12）：23－25＋58.

［184］王倩．东亚经济体汇率的锚货币及汇率制度弹性检验——基于新外部货币模型的实证分析［J］．国际金融研究，2011（11）：30－38.

［185］王珊珊，黄梅波．中非产能合作与人民币支付结算：问题及潜力［J］．国际贸易，2019（4）：86－96.

［186］王珊珊，黄梅波．中非金融合作的现状及影响因素：基于非洲金融市场发展视角下的实证研究［J］．上海对外经贸大学学报，2020（4）：30－43.

［187］王伟．澜湄命运共同体视阈下国际产能合作与金融支持［J］．商业经济研究，2021（17）：152－156.

［188］王晓芳，于江波．丝绸之路经济带人民币流通的实际情境与相机抉择［J］．改革，2014（12）：90－97.

［189］王新影．中非合作论坛在全球发展议程设置中的作用和提升路径［J］．中国非洲学刊，2022（3）：17－33＋154.

[190] 王鑫静，程钰，王建事，等. 中国对“一带一路”沿线国家产业转移的区位选择 [J]. 经济地理，2019（8）：95-105.

[191] 王雪冬. “一带一路”背景下人民币国际化的进展、面临的挑战与推进路径 [J]. 经济参考研究，2020（9）：99-107.

[192] 王彦志. 新自由主义国际投资机制初探——以国际机制理论为视角 [J]. 国际关系与国际法学刊，2011：113-163.

[193] 王玉柱. “产能合作”对区域货币流通的影响机制研究——兼论中亚地区货币流通的实现机制 [J]. 太平洋学报，2017（5）：84-91.

[194] 闻岳春，王婕，程天笑. 国内股市与国际股市、大宗商品市场的溢出效应研究 [J]. 国际金融研究，2015（8）：31-43.

[195] 吴传华. 中非命运共同体：历史地位、典范作用与世界意义 [J]. 西亚非洲，2020（2）：12-21.

[196] 吴芳. 非洲保险市场拓展可行性研究 [J]. 中国保险，2018（4）：60-64.

[197] 吴佳茗. 中国与海合会国家金融合作研究——基于共同利益视角 [D]. 上海：上海外国语大学博士论文，2019.

[198] 吴涧生，杨长湧，苑生龙. 推动“一带一路”国际合作高峰论坛机制化实体化发展 [J]. 中国发展观察，2018（2）：56-59.

[199] 吴金旺，郭福春，顾洲一. 数字普惠金融发展影响因素的实证分析——基于空间面板模型的检验 [J]. 浙江学刊，2018（3）：136-146.

[200] 吴凌芳，戴金平. 中国对非援助、直接投资与非洲在全球价值链的地位提升 [J]. 上海对外经贸大学学报，2019（4）：27-37.

[201] 吴秋实，朱小梅，张坦. 东亚区域内人民币的货币锚地位研究 [J]. 亚太经济，2013（5）：36-40.

[202] 吴筱菲，朱淑珍，白正午. 基于 MRS-SJC-Copula 模型对 A 股与港股的动态联动性研究 [J]. 运筹与管理，2020（1）：176-184.

[203] 吴筱菲，朱淑珍，王苏雪. 基于 DAG-SEM 模型的中美股票市场间信息溢出研究 [J]. 运筹与管理，2021（9）：172-179.

[204] 武涛. 中非命运共同体：理论内涵、实践路径与时代意义 [J].

长春理工大学学报（社会科学版），2020（4）：26－32.

［205］武涛．中非卫生健康共同体：理论基础、实践路径与当代意义［J］．未来与发展，2023（6）：7－12.

［206］武小菲，沙文兵．人民币在“一带一路”沿线国家的货币锚效应［J］．中南财经政法大学学报，2019（6）：121－131.

［207］鲜祖德，王全众，成金璟．联合国可持续发展目标（SDG）统计监测的进展与思考［J］．统计研究，2020（5）：3－13.

［208］项义军，周宜昕．新时代推进我国国际产能合作建设：新模式、新机制和新路径［J］．商业研究，2018（10）：1－9.

［209］肖文珍．中非产能合作中扩大人民币支付结算的困境及策略［J］．对外经贸实务，2020（4）：59－62.

［210］肖雁飞，胡立涛，刘友金，等．长三角地区对外产业转移区位选择及协同推进——基于“一带一路”107 个成员国家的分析［J］．湖南科技大学学报（自然科学版），2021（4）：82－90.

［211］谢孟军．语言自信能否推进产能合作：HSK 数据的实证检验［J］．世界经济研究，2019（3）：81－92.

［212］谢汶磊．农村数字普惠金融县域差异的影响因素分析——基于婺源县和嘉鱼县的调研［J］．湖北经济学院学报（人文社会科学版），2019（11）：51－54.

［213］徐奇渊，杨盼盼，肖立晟．“一带一路”投融资机制建设：中国如何更有效地参与［J］．国际经济评论，2017（5）：134－148＋7.

［214］徐奇渊．中国应推动设立 10＋3 银联体机制［J］．东北师大学报（哲学社会科学版），2017（6）：71－73.

［215］徐秀军．中非为推动构建人类命运共同体树立典范［Z］．央视网，2018－09－04.

［216］许祥云，贡慧．人民币美元汇率走势对东亚货币影响的实证研究［J］．国际经贸探索，2012（28）：70－79.

［217］许尧．人权视角下中非合作的主要领域及框架性机制——基于对中非合作论坛的分析［J］．人权，2021（4）：124－144.

[218] 薛志华．金融服务自由化视野下中国——南非金融合作 [J]．湖北社会科学，2018 (10)：79 - 88.

[219] 亚历山大·温特著，秦亚青译．国际政治的社会理论 [M]．上海：上海人民出版社，2014.

[220] 闫树熙，吴建銮，张娥．人民币和日元汇率联动效应的实证检验 [J]．统计与决策，2018 (20)：159 - 162.

[221] 严兵，谢心获，张禹．境外经贸合作区贸易效应评估——基于东道国视角 [J]．中国工业经济，2021 (7)：119 - 136.

[222] 阎虹戎，严兵．中非产能合作效应研究——基于产能利用率的视角 [J]．国际贸易问题，2021 (3)：17 - 31.

[223] 阎虹戎．扩大对非洲人民币直接投资 [N]．中国社会科学报，2018 - 11 - 19.

[224] 杨国英．中非需加强金融合作 [J]．金融博览，2013 (5)：17.

[225] 杨丽花，王喆．私人资本参与 PPP 项目的影响因素分析——基于亚投行背景下的经验分析 [J]．亚太经济，2018 (1)：53 - 61 + 146.

[226] 杨励，谭伟杰，陈钊泳，等．中国对非援助能否破解反贫困“伊斯特利悲剧”难题 [J]．国际经贸探索，2022 (8)：68 - 84.

[227] 杨民．中非合作论坛：国际对非合作的典范 [J]．中国非洲学刊，2020 (2)：56 - 69.

[228] 杨荣海．人民币周边化与东盟国家“货币锚”调整的效应分析 [J]．国际贸易问题，2011 (3)：61 - 68.

[229] 杨望，穆蓉，杜超．普惠金融发展水平测度及其影响因素研究——基于中国省级面板数据分析 [J]．甘肃金融，2020 (2)：52 - 56 + 35.

[230] 杨亚平，李琳琳．对非援助会减轻腐败对投资的“摩擦效应”吗——兼论“一带一路”倡议下中非经贸合作策略 [J]．财贸经济，2018 (3)：95 - 108 + 122.

[231] 姚桂梅，许蔓．中非合作与“一带一路”建设战略对接：现状与前景 [J]．国际经济合作，2019 (3)：4 - 16.

[232] 姚桂梅．中非产能合作：成效、问题与前景 [J]．国际经济合作，

2017 (6): 67 - 71.

[233] 姚遥. 中非命运共同体的历史意义与理论价值 [J]. 中国非洲学刊, 2021 (1): 3 - 23 + 154.

[234] 叶芳. 多边开发银行参与基础设施项目投资空间分布的影响因素——基于世界银行 PPI 数据库的实证分析 [J]. 财政研究, 2017b (10): 65 - 75.

[235] 叶芳. 国际货币体系改革视角下金砖国家金融合作机制研究 [M]. 北京: 中国金融出版社, 2019.

[236] 叶芳. 集体行动逻辑下的金砖国家金融合作机制——基于区域间国际公共产品视角 [J]. 财政研究, 2018 (4): 98 - 107.

[237] 叶芳. 金砖银行与现有国际金融机构的关系——基于互补性竞争的视角 [J]. 亚太经济, 2017a (3): 171 - 178 + 201.

[238] 叶玮, 张瑾. "一带一路" 背景下中国与阿拉伯国家金融合作机制研究 [J]. 阿拉伯世界研究, 2020 (5): 107 - 125 + 159 - 160.

[239] 叶五一, 赵晋海, 缪柏其. 欧美与国内股市流动性风险间的相互关系及风险溢出效应研究——流行病爆发背景下的分析 [J]. 数理统计与管理, 2021 (2): 292 - 309.

[240] 叶永刚, 李林, 舒莉. 中非法郎区银行风险预警研究——基于层次法和熵值法的组合分析 [J]. 国际金融研究, 2018 (4): 66 - 75.

[241] 尹力博, 吴优. 离岸人民币区域影响力研究——基于信息溢出的视角 [J]. 金融研究, 2017 (8): 1 - 18.

[242] 尤宏兵, 乌兰. 中外国际产能合作中的金融支持 [J]. 浙江金融, 2017 (4): 16 - 22.

[243] 于宁. 非洲建立人民币离岸清算中心的思考——以肯尼亚地区为例 [J]. 中国市场, 2014 (32): 34 - 38.

[244] 余林徽, 李莹. 中国对非援助的实际效应研究 [J]. 国际贸易问题, 2023 (5): 158 - 174.

[245] 余涛, 张宏明. 全球治理背景下的中非命运共同体研究 [J]. 河南师范大学学报 (哲学社会科学版), 2021 (4): 38 - 45.

［246］袁菲，任芳容，田泽．数字支付在中非数字普惠金融合作中的困难、路径及前景［J］．对外经贸实务，2023（7）：89－96.

［247］詹向阳，邹新，马素红．中国工商银行拓展非洲市场策略研究——兼谈后金融危机背景下的中非金融合作［J］．西亚非洲，2010（11）：23－28.

［248］张超．开发性金融更好支持“一带一路”国际产能合作境外产业园区建设问题研究——基于东南亚 A 国业务实践的案例［J］．开发性金融研究，2021（5）：62－73.

［249］张春．共建“一带一路”打造更加紧密的中非命运共同体［N］．光明日报，2019a－05－02.

［250］张春．中非合作论坛与中国特色国际公共产品供应探索［J］．外交评论（外交学院学报），2019b（3）：1－28.

［251］张春宇，唐军．中非金融合作新进展［J］．亚非纵横，2014（1）：91－108＋123＋126.

［252］张发林，张巍．均衡困境与金融安全：国际货币制度变迁及问题［J］．国际安全研究，2018（6）：42－63＋155.

［253］张海冰．G20 与联合国 2030 可持续发展议程［J］．国际观察，2016（5）：47－60.

［254］张号栋，尹志超．金融知识和中国家庭的金融排斥——基于 CHFS 数据的实证研究［J］．金融研究，2016（7）：80－95.

［255］张宏明．“多重关系”交互作用下的中法在非洲关系［J］．西亚非洲，2019（3）：3－36.

［256］张宏明．论坛机制助推中非合作转型升级［J］．当代世界，2018（2）：48－51.

［257］张继栋．融资支撑助力国际产能合作的对策研究［J］．全球化，2017（7）：79－90＋135－136.

［258］张建政．国际区域金融合作的制度分析［D］．长春：吉林大学博士论文，2008.

［259］张敬敏，周石鹏．基于 DCC－GARCH 模型对金融危机后中美股市

联动性研究［J］．改革与开放，2015（20）：9－11.

［260］张鹏飞，黄烨菁．中国企业参与“一带一路”基础设施建设 PPP 合作模式的影响因素研究——以亚洲发展中国家为合作对象的分析［J］．新金融，2019（1）：25－31.

［261］张相伟，龙小宁．“一带一路”倡议下境外经贸合作区和对外直接投资［J］．山东大学学报（哲学社会科学版），2022（4）：79－92.

［262］张小峰，沈虹．南非金融发展新动态与中南金融合作［J］．国际观察，2015（3）：146－157.

［263］张小峰，吴珊．人民币在非洲的国际化：挑战与出路［J］．国际问题研究，2016（3）：95－105.

［264］张小峰．非洲银行业发展趋势与中非金融合作［J］．国际问题研究，2014（3）：118－130.

［265］张小峰．中非金融合作：进展、挑战与应对［J］．国际问题研究，2013（6）：100－112.

［266］张晓燕．股票市场的国际联动性分析［J］．清华金融评论，2019（12）：103－104.

［267］张银山，秦放鸣，张雯．中国与哈萨克斯坦金融市场联动效应研究——基于四元 VAR－MGARCH－BEKK 模型的分析［J］．金融发展评论，2019（2）：23－41.

［268］张莹莹．人民币与亚洲主要货币汇率波动溢出效应研究——对在岸人民币和离岸人民币的考察［J］．东北财经大学学报，2019（6）：79－87.

［269］张莹莹．人民币在“一带一路”货币圈影响力分析——信息溢出效应及其作用渠道［J］．商业研究，2020（1）：74－84.

［270］张颖，潘敬国．中非“命运共同体”的历史传承与现实含义［J］．现代国际关系，2017（7）：39－45.

［271］张永蓬．中非合作推动践行多边主义［J］．中国非洲学刊，2020（2）：13－21.

［272］张宇，蒋殿春．FDI、政府监管与中国水污染——基于产业结构与技术进步分解指标的实证检验［J］．经济学（季刊），2014（2）：491－514.

[273] 张宇燕，张静春. 货币的性质与人民币的未来选择——兼论亚洲货币合作 [J]. 当代亚太，2008 (2)：9－43.

[274] 张玉. "一带一路"沿线国家普惠金融发展的空间特征及影响因素 [J]. 投资研究，2022 (9)：127－142.

[275] 张喆. A 股市场在开放过程中与其他主要股市的联动性——基于 GARCH 族模型的分析 [J]. 东岳论丛，2022 (8)：97－108.

[276] 张忠祥，陶陶. 中非合作论坛 20 年：回顾与展望 [J]. 西亚非洲，2020 (6)：53－77.

[277] 张忠祥. 21 世纪以来的金砖国家与非洲——兼论中国的战略选择 [J]. 人民论坛·学术前沿，2014 (15)：62－71.

[278] 张忠祥. 中非共同抗击新冠疫情，践行人类命运共同体思想 [J]. 中国非洲学刊，2020 (1)：40－47.

[279] 赵晨光. 中非"一带一路"合作机制化建设述评 [J]. 当代世界，2022 (4)：66－70.

[280] 赵晨光. 中非合作论坛峰会的机制化：趋向、基础与发展建议 [J]. 西亚非洲，2021 (5)：32－53.

[281] 赵春明，马龙，熊珍琴. 中国对非洲国家直接投资的影响效应研究 [J]. 亚太经济，2021 (2)：81－91.

[282] 赵德宇，刘苏文. 国际产能合作风险防控问题研究 [J]. 国际经济合作，2016 (3)：66－70.

[283] 赵慧，张浓. "一带一路"框架下人民币区域化条件分析——基于东盟地区金融可行性视角 [J]. 区域金融研究，2019 (5)：13－22.

[284] 赵静. 制度质量、多边金融机构支持对 PPP 项目成效的影响研究——基于东盟国家 PPP 项目数据的实证研究 [J]. 国际贸易问题，2020 (5)：161－174.

[285] 赵可金. 从"国际社会"到"人类命运共同体" [N]. 北京日报，2017－02－20.

[286] 赵蜀蓉，杨科科，谭梦涵，龙林岸. 中非国际产能合作面临的风险与对策研究 [J]. 经济问题，2019 (4)：92－97＋122.

［287］郑凌云．人民币区域化与边贸本币结算功能扩展［J］．国际贸易，2006（7）：43－45.

［288］郑炜．我国与“一带一路”国家传统产能比较与合作研究［J］．经济体制改革，2017（3）：53－58.

［289］郑先武．构建区域间合作“中国模式”——中非合作论坛进程评析［J］．社会科学，2010（6）：20－27＋187.

［290］郑燕霞，朱丹丹，黄梅波．中国对外直接投资对非洲资源依赖国制造业发展的影响研究［J］．经济经纬，2019（6）：55－61.

［291］郑周胜．丝绸之路经济带跨境经贸合作对人民币区域化的影响研究——基于中国与哈萨克斯坦相关数据的检验［J］．金融理论与实践，2017（6）：39－47.

［292］郑子龙．政府治理与PPP项目投资：来自发展中国家面板数据的经验分析［J］．世界经济研究，2017（5）：62－77＋136.

［293］智宇琛．“一带一路”引领中非合作改变全球经济格局［J］．公共外交季刊，2018b（3）：35－42.

［294］智宇琛．中非命运共同体新动能［J］．中国投资，2018a（2）：96－98.

［295］周诚君，张奎，侯加林，张慎．人民币在非洲使用研究［J］．金融经济，2022（8）：3－19.

［296］周倩，苏韦铨．中非命运共同体缘何是构建人类命运共同体的典范［Z］．中国社会科学网，2022.

［297］周洋，任柯蓁，刘雪瑾．家庭财富水平与金融排斥——基于CFPS数据的实证分析［J］．金融经济学研究，2018（2）：106－116.

［298］周洋，王维昊，刘雪瑾．认知能力和中国家庭的金融排斥——基于CFPS数据的实证研究［J］．经济科学，2018（1）：96－112.

［299］周玉渊．从南南合作到全球合作：中非合作论坛的本质特征与国际影响［J］．中国非洲学刊，2020（2）：70－84.

［300］周玉渊．大变局时代中非合作的新征程与新思考［J］．西亚非洲，2023（3）：3－25.

［301］周玉渊．地区间主义的两种形式——基于欧盟与中国对非地区间合作经验的分析［J］．世界经济与政治，2011（7）：21－43.

［302］周玉渊．开放包容的中非合作与中非关系的前景——以中非合作论坛为主线［J］．外交评论（外交学院学报），2021（3）：1－26.

［303］周玉渊．中非合作论坛 15 年：成就、挑战与展望［J］．西亚非洲，2016（1）：4－21.

［304］周玉渊．中国在非洲债务问题的争论与真相［J］．西亚非洲，2020（1）：3－26.

［305］周元元．中国—东盟区域货币合作与人民币区域化研究［J］．金融研究，2008（5）：163－171.

［306］周志伟．中拉论坛与中非合作论坛比较研究：基于地区差异性分析［J］．拉丁美洲研究，2018（3）：31－50＋155.

［307］朱丹丹，黄梅波．中国对外援助能够促进受援国的贸易发展吗？——基于非洲 16 个受援国面板数据的实证研究［J］．广东社会科学，2017（1）：19－28.

［308］朱杰进．2030 年可持续发展议程与 G20 机制转型［J］．国际展望，2016（4）：44－56.

［309］朱磊，陈迎．“一带一路”倡议对接 2030 年可持续发展议程——内涵、目标与路径［J］．世界经济与政治，2019（4）：79－100.

［310］朱丽萌，韩雨．“资源掠夺”还是市场与效率驱动？——中国对非直接投资动因研究［J］．河南师范大学学报（哲学社会科学版），2023（3）：76－81.

［311］朱孟楠，叶芳．人民币区域化的影响因素研究——基于引力模型的实证分析［J］．厦门大学学报（哲学社会科学版），2012（6）：102－109.

［312］朱赛飞，孙亚忠．人类命运共同体：跨越“金德尔伯格陷阱”的中国智慧［J］．思想教育研究，2018（5）：44－48.

［313］朱玮玮，徐康宁，王美昌．中国援助是否促进了非洲经济增长［J］．国际贸易问题，2018（7）：108－120.

［314］卓丽洪，贺俊，黄阳华．“一带一路”战略下中外产能合作新格

局研究［J］. 东岳论丛，2015（10）：175－179.

［315］邹旭鑫，何超，宋顺锋．腐败与金融包容性国际经验研究［J］. 经济与管理研究，2019（5）：30－46.

［316］ABDOULI M，HAMMAMI S. The dynamic links between environmental quality，foreign direct investment，and economic growth in the Middle Eastern and North African Countries（MENA Region）［J］. Journal of The Knowledge Economy，2018，9（3）：833－853.

［317］ABDUL R C，MUHAMMAD I，HASSAN M A et al. The impact of infrastructure on foreign direct Investment：The case of Pakistan［J］. International Journal of Business and Management，2011，65（5）：268－276.

［318］ACHEAMPONG M，YU Q，ERTEM F C et al. Is Ghana ready to attain sustainable development goal（SDG）number 7？—A comprehensive assessment of its renewable energy potential and pitfalls［J］. Energies，2019，12（3）：1－40.

［319］ADRIAN T，BRUNNERMEIER M. Hedge fund tail risk－proposal for Q－group［J］. SSRN Electronic Journal，2007.

［320］ADRIAN T，BRUNNERMEIER M. CoVaR：A method for macroprudential regulation［R］. NBER Working Paper No. 17454，2011.

［321］AHMED A D，HUO R. China－Africa financial markets linkages：Volatility and interdependence［J］. Journal of Policy Modeling，2018，40（6）：1140－1164.

［322］AHMED A D，HUO R. Impacts of China's crash on Asia－Pacific financial integration：Volatility interdependence，information transmission and market co－movement［J］. Economic Modelling，2019，79：28－46.

［323］AKILENG G，LAWINO G M，NZIBONERA E et al. Evaluation of determinants of financial inclusion in Uganda［J］. Journal of Applied Finance & Banking，2018，8（4）：47－66.

［324］AKSENTIJEVI N K，JEI Z，ZANINOVI P A. The effects of information and communication technology（ICT）use on human development－A macroeconomic approach［J］. Economies，2021，9（3）：128.

［325］ALBER N. Determinants of financial inclusion：The case of 125 countries from 2004 to 2017 [A]. In: Ozatac N., Gokmenoglu K. (eds) Global Issues in Banking and Finance. Springer Proceedings in Business and Economics, 2019.

[326] ALFIERI S. China and South Africa: a new kind of Sino – African partnership? [D]. Master Thesis, University of Bologna, 2014.

[327] ARNER D W, Buckley R P, Zetzsche D A et al. Sustainability, FinTech and financial inclusion [J]. European Business Organization Law Review, 2020, 21 (1): 7 –35.

[328] ASONGU S A, ROUX S L. Enhancing ICT for inclusive human development in Sub – Saharan Africa [J]. Technological Forecasting and Social Change, 2017, 118: 44 –54.

[329] ASSEFA Y. The social effects of Chinese foreign aid [J]. International Journal of Accounting and Finance Studies, 2022, 5 (2): 61.

[330] ASUMADU – SARKODIE S, ADAMS S, LEIRVIK T. Foreign direct investment and renewable energy in climate change mitigation: does governance matter? [J]. Journal of Cleaner Production, 2020, 263: 1 –11.

[331] ATENGA E M E, MOUGOUÉ M. Return and volatility spillovers to African equity markets and their determinants [J]. Empirical Economics , 2021, 61: 883 –918.

[332] ATERIDO R, BECK T, IACOVONE L. Access to finance in sub – Saharan Africa: Is there a gender gap? [J]. World Development, 2013, 47 (3): 102 –120.

[333] ATITIANTI P A. The impact of Chinese aid on political trust [J]. Journal of International Development, 2022, 35 (2): 1 –27.

[334] AUST V, MORAIS A I, PINTO I. How does foreign direct investment contribute to sustainable development goals? Evidence from African countries [J]. Journal of Cleaner Production, 2019, 245 (1): 1 –10.

[335] BARNES C S. The African development bank's role in promoting regional integration in the economic community of West African states [D]. Graduate Thesis of MIT, 1982.

[336] BASILIO M S. The determinants of multilateral development banks'

participation in infrastructure projects [J]. Journal of Infrastructure Development, 2014, 6 (2): 83 -110.

[337] BASILIO M. The determinants of private sector and multilateral development agencies' participation in infrastructure projects [C]. Portuguese Stata Users' Group Meetings, 2010.

[338] BATONDO M, UWILINGIYE J. Comovement across BRICS and the US stock markets: A multitime scale wavelet analysis [J]. International Journal of Financial Studies, 2022, 10 (2): 1 -21.

[339] BAZARBASH M. FinTech in financial inclusion: Machine learning applications in assessing credit risk [R]. IMF Working Papers, 2019.

[340] BECK T, BEHR P, MADESTAM A. Sex and credit: Is there agender bias in lending? [R]. European Banking Center Discussion Paper, 2015.

[341] BERGER A, BRAUTIGAM D, BAUMGARTNER P. Why are we so critical about China's engagement in Africa? [J]. The Current Column, 2011.

[342] BERNARDS N. "Fintech" and financial inclusion [A]. In: Shaw T, Mahrenbach L, Modi R, Yi - chong X. (eds) The Palgrave Handbook of Contemporary International Political Economy. Palgrave Handbooks in IPE, 2019.

[343] BERTHELEMY J C. China's engagement and aid effectiveness in Africa [R]. African Development Bank Working Paper, 2011.

[344] BEZUIDENHOUT H, KLEYNHANS E P J. Modern trends in Chinese foreign direct investment in Africa: an OLI approach [J]. Managing Global Transitions, 2018, 16 (3): 279 -300.

[345] BHATTACHARYAY B N. Infrastructure development for ASEAN economic integration [R]. ADBI Working Paper, 2009.

[346] BLUHM R, DREHER A, FUCHS A et al. Connective financing: Chinese infrastructure projects and the diffusion of economic activity in developing countries [R]. AidData Working Paper, 2018.

[347] BOLLERSLEV T. Modelling the coherence in short - run nominal exchange rates: A multivariate generalized ARCH model [J]. The Review of Econom-

ics and Statistics, 1990, 72 (3): 498 -505.

[348] BONGOMIN G O C, MUNENE J C, YOUROUGOU P. Examining the role of financial intermediaries in promoting financial literacy and financial inclusion among the poor in developing countries: Lessons from rural Uganda [J]. Cogent Economics & Finance, 2020, 8: 1 -21.

[349] BROICH T. Do authoritarian regimes receive more Chinese development finance than democratic ones? Empirical evidence for Africa [J]. China Economic Review, 2017, 46: 180 -207.

[350] BUSSE M, ERDOGAN C, MUHLEN H. China's impact on Africa - the role of trade, FDI and aid [J]. Kyklos, 2016, 69 (2): 228 -262.

[351] CARBONE, MAURIZIO. The European Union and China's rise in Africa: Competing visions, external coherence and trilateral cooperation [J]. Journal of Contemporary African Studies, 2011, 29 (2): 203 -221.

[352] CHAKRABORTY C, NANDI B. "Mainline" telecommunications infrastructure, levels of development and economic growth: Evidence from a panel of developing countries [J]. Telecommunications Policy, 2011, 35 (5): 441 -449.

[353] CHETENI P. Stock market volatility using GARCH models: Evidence from South Africa and China stock markets [J]. Journal of Economics and Behavioral Studies, 2017, 8 (6): 237 -245.

[354] CHIAPPINI R, LAHET D. Exchange rate movements in emerging economies - Global vs regional factors in Asia [J]. China Economic Review, 2020, 79 (60): 12 -41.

[355] CHIKAZA Z, SIMATELE M. Private financing for infrastructural development: A search for determinants in public - private partnerships in SSA [J]. OEconomica, 2021, 17 (6): 170 -188.

[356] CICCHIELLO A F, KAZEMIKHASRAGH A, MONFERRÁ STEFANO et al. Financial inclusion and development in the least developed countries in Asia and Africa [J]. Journal of Innovation and Entrepreneurship, 2021, 10 (1): 1 -13.

[357] CLAUDIO - QUIROGA G, GIL - ALANA L A, MAIZA - LARRARTE

A. The impact of China's FDI on economic growth: Evidence from Africa with a long memory approach [J]. Emerging Markets Finance and Trade, 2022, 58 (6): 1753 – 1770.

[358] COULIBALY S S. An analysis of the factors affecting the financial inclusion in Côte d'Ivoire [J]. International Journal of Finance & Banking Studies, 2022, 11 (1): 69 – 84.

[359] DARKO E M, XU K N. An examination of the relationship between China's foreign direct investment and industrial performance in Africa [J]. The Singapore Economic Review, 2022.

[360] DATTA S K, SINGH K. Variation and determinants of financial inclusion and association with human development: A cross country analysis [J]. IIMB Management Review, 2019, 31 (4): 336 – 349.

[361] DAVIES R, KLASEN S. Darlings and orphans: interactions across donors in international aid [J]. Scandinavian Journal of Economics, 2019, 121 (1): 243 – 277.

[362] DELGADO D L. Discourse, identity, and international development cooperation: China, Africa and FOCAC [J]. Asia Pacific Social Science Review, 2015, 15 (2): 1 – 18.

[363] DELMON J. Mobilizing private finance with IBRD/IDA guarantees to bridge the infrastructure funding gap [R]. 2007. https://doi.org/10.1596/37382.

[364] DEMIRGÜC KUNT A, KLAPPER L, SINGER D. Financial inclusion and legal discrimination against women: Evidence from developing countries [R]. The World Bank Policy Research Working Paper, 2013.

[365] DHAHRI S, OMRI A. Are international capital flows really matter for achieving SDGs 1 and 2: ending poverty and hunger? [J]. Review of World Economics, 2020, 156 (4): 731 – 767.

[366] DIEBOLD F X, YILMAZ K. Better to give than to receive: Predictive directional measurement of volatility spillovers [J]. International Journal of Forecasting, 2012, 28 (1): 57 – 66.

[367] DJANKOV S, MCLIESH C, SHLEIFER A. Private credit in 129 countries [J]. Journal of Financial Economics, 2007, 84 (2): 299 – 329.

[368] DO A, POWELL R, YONG J, SINGH A. Time – varying asymmetric volatility spillover between global markets and China's A, B and H – shares using EGARCH and DCC – EGARCH models [J]. North American Journal of Economics and Finance, 2019, 54 (5) .

[369] DONG Y, FAN C. The role of China's aid and ODI in the economic growth of African countries [J]. Emerging Markets Review, 2020, 44 (4): 1 – 15.

[370] DREHER A, FUCHS A, HODLER R et al. Is favoritism a threat to Chinese aid effectiveness? A subnational analysis of Chinese development projects [J]. World Development, 2021, 139 (3): 1 – 12.

[371] DREHER A, FUCHS A, PARKS B et al. China, and growth: Evidence from a new global development finance dataset [R]. AidData Working Paper, 2017.

[372] DREHER A, FUCHS A. Rogue Aid? The Determinants of China's Aid Allocation [R]. CESifo Working Paper, 2011.

[373] DREHER A, MATZAT J, CRUZATTI J. Chinese aid and health at the country and local level [J]. World Development, 2023: 1 – 16.

[374] DUTTA S, DUTTA P. The effect of literacy and bank penetration on financial inclusion in India: A statistical analysis [R]. Working Paper, 2022.

[375] ENGLE R . Dynamic condition correlation: A simple class of muitivariate generalized autoreg – ressive condition heteroskedasticity model [J]. Journal of Bussiness and Economic Statistics, 2002, 20 (3): 339 – 350.

[376] ENUKA C. The Forum on China – Africa Cooperation (FOCAC): A framework for China's re – engagement with Africa in the 21st century [J]. Journal of Public Governance and Policy: Latin American Review, 2011: 49 – 62.

[377] RUIZ – NUNEZ F. PPI Investments in IDA Countries, 2011 to 2015 [R]. 2016. This note is a product of the Public – Private Partnership Group of the World Bank, and the Private Participation in Infrastructure Database (PPI Database), edited by Alison Buckholtz.

[378] FOSTER V, BUTTERFIELD W, CHEN C et al. Building Bridges: China's growing role as infrastructure financier for sub - Saharan Africa [R]. Working Papers, 2008.

[379] FRANKEL J A, WEI S J. Yen bloc or Dollar bloc? Exchange rate policies of the East Asian economies [J]. NBER - EASE, 1994 (3): 295 - 333.

[380] FRATZSCHER M, MEHL A. China's Dominance Hypothesis and the emergence of a tripolar global currency system [J]. The Economic Journal, 2014, 124 (581): 1343 - 1370.

[381] FUCHS A, NUNNENKAMP P, OHLER H. Why donors of foreign aid do not coordinate: The role of competition for export markets and political support [J]. The World Economy, 2015, 38 (2): 255 - 285.

[382] FUNGÁČOVÁ Z, WEILL L. Determinants of financial inclusion in Asia [A]. In: Gopalan S, Kikuchi T (eds) Financial inclusion in Asia. Palgrave Studies in Impact Finance, 2016.

[383] FUNGÁČOVÁ Z, WEILL L. Understanding financial inclusion in China [J]. China Economic Review, 2015, 34: 196 - 206.

[384] GABOR D, BROOKS S. The digital revolution in financial inclusion: international development in the fintech era [J]. Journal New Political Economy, 2017, 2 (4): 423 - 436.

[385] GAGNE O. Cultural distance and FDI: China Africa perspective [J]. Open Journal of Business and Management, 2018, 6 (2): 382 - 399.

[386] GANGULY S, BHUNIA A. Testing volatility and relationship among BRICS stock market returns [J]. SN Business & Economics, 2022, 2: 1 - 15.

[387] GAZIBO M, MBABIA O. Reordering international affairs: The forum on China - Africa cooperation [J]. Brazilian Journal of Strategy and International Relations, 2012, 1 (1): 51 - 74.

[388] GEHRING K S, LENNART KAPLAN L, WONG M H L. China and the World Bank—How contrasting development approaches affect the stability of African states [J]. Journal of Development Economics, 2022, 158 (4): 1 - 12.

[389] GHOSH S, VINOD D. What constrains financial inclusion for women? Evidence from Indian Micro data [J]. World Development, 2017, 92: 60 – 81.

[390] GILPIN S I. China, Africa and the International Aid System: A challenge to (the norms underpinning) the neoliberal world order? [J]. Journal of Asian and African Studies, 2023, 58 (3): 277 – 297.

[391] GIOVANNETTI G, VELUCCHI M. A spillover analysis of shocks from US, UK and China on African financial markets [J]. Review of Development Finance, 2013, 3 (4): 169 – 179.

[392] GNIMASSOUN B, COULIBALY I. Current account sustainability in Sub – Saharan Africa: Does the exchange rate regime matter? [J]. Economic Modelling, 2014, 40: 208 – 226.

[393] GOURENE G A Z, MENDY P, N'GBO AKE G M. Multiple time – scales analysis of global stock markets spillovers effects in African stock markets [J]. International Economics, 2019, 157: 82 – 98.

[394] GREENHILL R, PRIZZON A, ROGERSON A. The age of choice: Developing countries in a new aid landscape [R]. ODI Working Paper, 2013.

[395] GROHMANN A, KLLHS T, MENKHOFF L. Does financial literacy improve financial inclusion? Cross country evidence [J]. World Development, 2018, 111: 84 – 96.

[396] GUILLONA M, MATHONNATB J. What can we learn on Chinese aid allocation motivations from available data? A sectorial analysis of Chinese aid to African countries [J]. China Economic Review, 2020, 60: 1 – 21.

[397] GUO B, IBHAGUI O. China – Africa stock market linkages and the global financial crisis [J]. Journal of Asset Management, 2019, 20 (4): 301 – 316.

[398] HADI R D, NASER S. The effect of government size and good governance on human development by using geographical weighted regression [J]. Iranian Journal of Economic Research, 2014, 19 (58): 153 – 181.

[399] HAIDER M I, CHANGCHUN C, AKRAM T et al. Exploring gender effects in intention to islamic mobile banking adoption: an empirical study [J]. Ar-

ab Economics and Business Journal, 2018, 13 (1): 25 -38.

[400] HAMMAMI M, RUHASHYANKIKO J F, YEHOUE E B. Determinants of public - private partnerships in infrastructure [R]. IMF Working Paper 06 (99), 2006.

[401] HAQUE M I, KHAN M R. Role of oil production and government expenditure in improving human development index: Evidence from Saudi Arabia [J]. International Journal of Energy Economics and Policy, 2019, 9 (2): 251 -256.

[402] HARUVY E et al. Communication and visibility in public goods provision [J]. Games and Economic Behavior, 2017, 105 (9): 276 -296.

[403] HASAN M, LE T HOQUE A. How does financial literacy impact on inclusive finance? [J]. Financial Innovation, 2021, 7 (1): 1 -23.

[404] HENISZ W J. The institutional environment for infrastructure investment [J]. Industrial and Corporate Change, 2002, 11 (2): 355 -389.

[405] HERMAN F. Does trust facilitate cooperation in the forum on China - Africa cooperation (FOCAC)? A sociopsychological approach [J]. Africa Review, 2020, 13 (3): 1 -18.

[406] HERNANDEZ D. Are "new" donors challenging World Bank conditionality? [J]. World Development, 2017, 96: 529 -549.

[407] HOEFFLER A, STERCK O. Is Chinese aid different? [J]. World Development, 2022, 156 (1): 1 -16.

[408] HUANG J, CHEN X, HUANG B et al. Economic and environmental impacts of foreign direct investment in China: A spatial spillover analysis [J]. China Economic Review, 2017, 45: 289 -309.

[409] HUMPHREY C, MICHAELOWA K. China in Africa: Competition for traditional development finance institutions? [J]. World Development, 2019, 120: 15 -28.

[410] HWANG K M , PARK D , SHIN K . Capital Market Openness and Output Volatility [J]. Pacific Economic Review, 2013, 18 (3): 403 -430.

[411] ISSOUF S, TCHANA T, KENGNE F. Thierry Martial. Analysis of the

determinants of financial inclusion in Central and West Africa [J]. Transnational Corporations Review, 2016, 8 (4): 231 - 249.

[412] ITO T. A new financial order in Asia: Will a RMB bloc emerge? [J]. Journal of International Money and Finance, 2017 , 74: 232 - 257.

[413] JAKOBOWSKI J. Chinese - led regional multilateralism in central and Eastern Europe, Africa, and Latin America: 16 + 1, FOCAC, and CCF [J]. Journal of Contemporary China, 2018, 27 (113): 659 - 673.

[414] JI Q, LIU B Y, CUNADO J, GUPTA R. Risk spillover between the US and the remaining G7 stock markets using time - varying copulas with Markov switching: Evidence from over a century of data [J]. The North American Journal of Economics and Finance, 2020, 51: 1 - 34.

[415] JIANG Y S, BOROJO D G, Miao M et al. The driving factors of Chinese aid allocation to African countries [J]. Cogent Business & Management, 2020, 7 (1): 1 - 25.

[416] KAIRIZA T, KIPRONO P, MAGADZIRE V. Gender differences in financial inclusion amongst entrepreneurs in Zimbabwe [J]. Small Business Economics, 2017, 48 (1): 259 - 272.

[417] KAISER T, MENKHOFF L. Does financial education impact financial literacy and financial behavior and if so, when? [J]. World Bank Economic Review, 2017, 31 (3): 611 - 630.

[418] KANG S H, UDDIN G S, TROSTER V et al. Directional spillover effects between ASEAN and world stock markets [J]. Journal of Multinational Financial Management, 2019, 52: 52 - 53.

[419] KANNADHASAN M, DAS D. Has co - movement dynamics in Brazil, Russia, India, China and South Africa (BRICS) markets changed after global financial crisis? New evidence from wavelet analysis [J]. Asian Academy of Management Journal of Accounting and Finance, 2019, 15 (1): 1 - 26.

[420] KARDOS M. The relevance of foreign direct investment for sustainable development. Empirical evidence from European Union [J]. Procedia Economics &

Finance, 2014, 15: 1349 - 1354.

[421] KAUL. Global Public Goods: International cooperation in the 21St century [M]. New York: Oxford Univeristy Press, 1999.

[422] KAWAI M, PONTINES V. Is there really a Renminbi bloc in Asia? [R]. ADBI Working Paper, 2014.

[423] KEDDAD B. How do the Renminbi and other East Asian currencies co - move? [J]. Journal of International Money and Finance, 2019, 91: 49 - 70.

[424] KILAMA E G. Evidences on donors competition in Africa: Traditional donors versus China [J]. Journal of International Development, 2016a, 28 (4): 528 - 551.

[425] KILAMA E G. The influence of China and emerging donors aid allocation: A recipient perspective [J]. China Economic Review, 2016b, 38 (4): 76 - 91.

[426] KIM B H, KIM H, MIN H G. Reassessing the link between the Japanese yen and emerging Asian currencies [J]. Journal of International Money and Finance, 2013, 33: 306 - 326.

[427] KIM Y, TUKIĆ N. South Africa - China multi - lateral co - operation: BRICS and FOCAC [J]. Policy Briefing , 2015.

[428] KRASNER S D. Structural causes and regime consequences: Regimes as intervening variables [J]. International Organization, 1982, 36 (2): 185 - 205.

[429] KURLANTZICK J. Beijing's Safari: China's move into Africa and its implications for aid, development, and governance [R]. Working Paper, 2006.

[430] KWAK Y H, CHIH Y Y, IBBS C W. Towards a comprehensive understanding of public private partnerships for infrastructure development [J]. California Management Review, 2009, 51 (2): 51 - 78.

[431] LANDRY D. Making it rain? Comparing the determinants of Chinese and Western FDI flows to Africa [J]. Global Policy, 2021, 12 (4): 468 - 481.

[432] LANIE T. Demand - driven determinants and self - reported barriers to financial inclusion in the West African Economic and Monetary Union (WAEMU) [J]. Journal of Economics and International Finance, 2017, 9 (11): 120 - 130.

[433] LARRY B. America and China in Africa: Future competition or cooperation? [J]. Competition Forum Indiana , 2015, 13 (1): 92 -98.

[434] LAZREG M, ZOUARI E. The impact of FDI on poverty reduction in North Africa [R]. Working Papers, 2018.

[435] LIU A, TANG B. US and China aid to Africa: Impact on the donor - recipient trade relations [J]. China Economic Review, 2018, 48: 46 -65.

[436] LU J W, LI W, WU A et al. Political hazards and entry modes of Chinese investments in Africa [J]. Asia Pacific Journal of Management, 2018, 35 (1): 39 -61.

[437] LUO C, XIE C, YU C et al. Measuring financial market risk contagion using dynamic MRS - Copula models: The case of Chinese and other international stock markets [J]. Economic Modelling, 2015, 51 (9) : 657 -671.

[438] MAGOMBEYI M T, ODHIAMBO N M, WATSON D . FDI inflows and poverty reduction in Botswana: an empirical investigation [J]. Cogent Economics & Finance, 2018, 6 (1): 1 -15.

[439] MALAPIT H J L. Are women more likely to be credit constrained? Evidence from low - income urban households in the Philippines [J]. Feminist Economics, 2012, 18 (3): 81 -108.

[440] MALIKANE C, CHITAMBARA P. Foreign direct investment, democracy and economic growth in Southern Africa [J]. African Development Review, 2017, 29 (1): 92 -102.

[441] MANDON P, WOLDEMICHAEL M T. Has Chinese aid benefited recipient countries? Evidence from a meta - regression analysis [J]. World Development, 2023, 166: 1 -18.

[442] MARCONI D. Currency co - movements in Asia - Pacific: The regional role of the Renminbi [J]. Social Science Electronic Publishing, 2016.

[443] MARTÍN E G, GIORDANO R, PAGANO A et al. Using a system thinking approach to assess the contribution of nature based solutions to sustainable development goals [J]. Science of the Total Environment, 2020 (10): 1 -11.

[444] MARTORANOA B, METZGERB L, SANFILIPPOC M. Chinese development assistance and household welfare in Sub – Saharan Africa [J]. World Development, 2020, 129: 1 – 21.

[445] MARTUSCELLI A. The economics of China's engagement with Africa: What is the empirical evidence? [J]. Development Policy Review, 2020, 38 (3): 285 – 302.

[446] MATEI G, STANESCU M D. Foreign direct investments – sustainable development factor [J]. Scientific Bulletin – Economic Sciences, 2018, 17 (3): 27 – 34.

[447] MBEKEANI K K. Infrastructure, Trade expansion and regional integration: Global experience and lessons for Africa [J]. Journal of African Economies, 2010, 19 (suppl_1): 88 – 113.

[448] MCCAULEY J F, PEARSON M M, WANG X. Does Chinese FDI in Africa inspire support for a China model of development? [J]. World Development, 2022, 150: 1 – 12.

[449] MCIVER R P, KANG S H. Financial crises and the dynamics of the spillovers between the U. S. and BRICS stock markets [J]. Research in International Business and Finance, 2020, 54: 1 – 17.

[450] MIRALLES – QUIRÓS J L, MIRALLES – QUIRÓS M M, NOGUEIRA J M. Sustainable development goals and investment strategies: the profitability of using five factor fama – french alphas [J]. Sustainability, 2020, 12 (5): 1 – 16.

[451] MONACELLI T, IOVINO L, PASCUCCI F. Financial development and human development index [R]. Working Paper, 2011.

[452] MONYAE D. China and Africa, 20 years since the Forum on Africa – China cooperation [A]. In book: Oxford Research Encyclopedia of International Studies, 2023.

[453] MORANA C, BELTRATTI A. Comovements in international stock markets [J]. Journal of International Financial Markets, 2008, 18 (1): 31 – 45.

[454] MOSS T, ROSE S. China ExIm bank and Africa: New lending, new

challenges [R]. CGD Notes, 2006.

[455] MOTHE S, PONTEMAYOR F. The complementarities of Chinese and western development finance in Sub – Saharan Africa [J]. African Review of Economics and Finance, 2016, 8 (1): 78 – 105.

[456] MOTTA V, FARIAS L E G. Determinants of financial inclusion in Latin America and the Caribbean [J]. Development in Practice, 2022, 32 (8): 1063 – 1077.

[457] MOYER J D, HEDDEN S. Are we on the right path to achieve the sustainable development goals? [J]. World Development, 2020, 127 (3): 1 – 13.

[458] MUSHINDA B N, LESTARI Y, JOSEPHINE K et al. The Xi Jinping's community with a shared future for mankind: Understanding in China – Africa cooperation [J]. Open Journal of Political Science, 2023 (2): 230 – 239.

[459] MWASE M. Determinants of development financing flows from Brazil, Russia, India, and China to low – income countries [R]. IMF Working Paper, 2011.

[460] NAIM M. Rogue aid [J]. Foreign Policy, 2007: 95 – 96.

[461] NARAYANA M R. Telecommunications services and economic growth: Evidence from India [J]. Telecommunications Policy, 2011, 35 (2): 115 – 127.

[462] NGEPAH N, NGUNDU M. The impact of China's FDI and FDI from other sources on growth in Sub – Sahara Africa through export upgrading [J]. Journal for Studies in Economics and Econometrics, 2019, 43 (3): 1 – 29.

[463] NGUEA S M, NOUMBA I, NOULA A G. Does foreign direct investment contribute to poverty reduction in Cameroon? An ARDL – bounds testing approach [R]. Working Papers, 2020.

[464] NGUYEN V C, NGUYEN T T. Dependence between Chinese stock market and Vietnamese stock market during the Covid – 19 pandemic [J]. Heliyon, 2022, 8 (10): 1 – 12.

[465] NJOH A J. Urbanization and development in sub – Saharan Africa [J]. Cities, 2003, 20 (3): 167 – 174.

[466] OECD. Using ODA to promote private investment for development: Policy guidance for donors [J]. OECD Papers, 2006, 6 (1): 1 -20.

[467] OFORI I K, DOSSOU T A M, ASONGU S A et al. Bridging Africa's income inequality gap: How relevant is China's outward FDI to Africa? [J]. EconStor Preprints, 2021.

[468] OKOROAFOR O K D, OLUSEYI A S, EMMANUEL A. Empirical analysis of the determinants of financial inclusion in Nigeria: 1990 -2016 [J]. Journal of Finance and Economics, 2018, 6 (1): 19 -25.

[469] OMORUYI E M M, LI Z, KONG L et al. China's aid and poverty reduction in Africa: The case study of Ethiopia [J]. International Affairs and Global Strategy, 2017, 59: 1 -11.

[470] ONJALA J. China's development loans and the threat of debt crisis in Kenya [J]. Development Policy Review, 2018, 36 (S2): 0710 -0728.

[471] OPREA et al. Continuous time and communication in a public - goods experiment [J]. Journal of Economic Behavior and Organization, 2014, 108 (12): 212 -223.

[472] OSARUMWENSE O I. Testing for causality - in - mean and in - variance among the U. S. , China, and some Africa capital markets: A CCF approach [J]. Journal of Economics and Management, 2021, 43 (1): 131 -153.

[473] OUATTARA S B. Re - examining stock market integration among BRICS countries [J]. Eurasian Journal of Economics and Finance, 2017, 5 (3): 109 -132.

[474] PANDA P, THIRIPALRAJU M. Return and volatility spillovers among stock markets: BRICS countries experience [J]. Afro - Asian J of Finance and Accounting, 2018, 8 (2): 148 -166.

[475] PEHNELT G. The political economy of China's aid policy in Africa [R]. Jena Economic Research Papers, 2007.

[476] PERCOCO M. Quality of institutions and private participation in transport infrastructure investment: Evidence from developing countries [J]. Transporta-

tion Research Part A, 2014, 70: 50 –58.

[477] PHILIPPON T. On fintech and financial inclusion [R]. NBER Working Papers, 2019.

[478] PRASETYO A D, ZUHDI U. The government expenditure efficiency towards the human development [J]. Procedia Economics & Finance, 2013, 5: 615 –622.

[479] PRETORIUS J. Non – alignment in the current world order: The impact of the rise of China [J]. Strategic Review for Southern Africa, 2008 (1): 1 –27.

[480] RAJEEV M, BHATTACHARJEE M. Access to financial services: Are poor excluded – A case study of India [R]. NUPI Working Paper, 2015.

[481] REITER S L, STEENSMA H K. Human development and foreign direct investment in developing countries: the influence of FDI policy and corruption [J]. World Development, 2010, 38 (12): 1678 –1691.

[482] RIDZUAN A R, ISMAIL N A, HAMAT A F C. Does foreign direct investment successfully lead to sustainable development in Singapore? [J]. Economies, 2017, 5 (3): 29 –48.

[483] ROUSSET M V, LAMBERT F, TORRES J et al. Fintech and financial inclusion in Latin America and the Caribbean [R]. IMF Working Papers, 2021.

[484] MOORE R, KERR S. On a highway to help: multilateral development bank financing and support for infrastructure [J]. Economic Roundup, 2014 (1): 21 –32.

[485] SANUSI L. Africa Must get real about Chinese ties [N]. Financial Times, 2013: 3 –11.

[486] SARKODIE S A, STREZOV V. Effect of foreign direct investments, economic development and energy consumption on greenhouse gas emissions in developing countries [J]. Science of The Total Environment, 2019, 646: 862 –871.

[487] SAVIN I, MARSON M, SUTORMINA M. How different aid flows affect different trade flows: Evidence from Africa and its largest donors [J]. Structural Change and Economic Dynamics, 2020, 55: 119 –136.

[488] SAYED M N, SHUSHA N. Determinants of financial inclusion in Egypt [J]. Asian Economic and Financial Review, 2019, 9 (12): 1383 - 1404.

[489] SHA'BAN M, GIRARDONE C, SARKISYAN A. Financial inclusion: Trends and determinants [A]. In: Gualandri E, Venturelli V, Sclip A. (eds) Frontier Topics in Banking. Palgrave Macmillan Studies in Banking and Financial Institutions, 2019.

[490] SHAH S. Determinants of human development index: A cross - country empirical analysis [R]. MPRA Paper, 2016.

[491] SHARMA G D, MAHENDRU M, SINGH S. Are the stock exchanges of emerging economies interlinked: Evidence from BRICS [J]. Social Science Electronic Publishing, 2014, 7 (1): 26 - 37.

[492] SHELTON G. China, Africa and South Africa Advancing South - South Co - operation [A]. in Politics and Social Movements in an Hegemonic World: Lessons from Africa, Asia and Latin America (eds. Boron, A. A. and Lechini, G.), Consejo Latinoamericano de Ciencias Sociales, 2005: 184 - 203. https://core.ac.uk/download/pdf/35175886.pdf.

[493] SHU C, CHOW N, CHAN J. Impact of the Renminbi exchange rate on Asian currencies [J]. China Economic Issues, 2007 (3): 1 - 17.

[494] SINGH S N, DUBEY O P, DEEP K et al. Role of information technology in financial inclusion [A]. In: Pant M, Deep K, Nagar A, Bansal J. (eds) Proceedings of the Third International Conference on Soft Computing for Problem Solving. Advances in Intelligent Systems and Computing, 2014.

[495] SIOSON E P, KIM C J. Closing the gender gap in financial inclusion through fintech [R]. ADBI Policy Brief, 2019.

[496] SOUMYA G, AMALENDU B. Testing volatility and relationship among BRICS stock market returns [J]. SN Business & Economics, 2022, 2 (8): 1 - 15.

[497] STRANGE A, PARKS B, TIERNEY M et al. China's development finance to Africa: A media - based approach to data collection [R]. Center for Global Development Working Paper, 2013.

[498] SU X F. Measuring extreme risk spillovers across international stock markets: A quantile variance decomposition analysis [J]. The North American Journal of Economics and Finance, 2020, 51: 1 – 14.

[499] SUBRAMANIAN A, KESSLER M. The Renminbi bloc is here: Asia down, rest of the world to go? [J]. Journal of Globalization and Development, 2013, 4 (1): 49 – 94.

[500] SUGIMOTO K, MATSUKI T, YOSHIDA Y. The global financial crisis: An analysis of the spillover effects on African stock markets [J]. Emerging Markets Review, 2014, 21: 201 – 233.

[501] SWEDLUND H. Is China eroding the bargaining power of traditional donors in Africa? [J]. International Affairs, 2017, 93 (2): 389 – 408.

[502] TACHIBANA M. Relationship between stock and currency markets conditional on the US stock returns: A vine copula approach [J]. Journal of Multinational Financial Management, 2018, 46: 75 – 106.

[503] TANG K, SHEN Y. Do China – financed dams in Sub – Saharan Africa improve the region's social welfare? A case study of the impacts of Ghana's Bui Dam [J]. Energy Policy, 2020, 136: 1 – 14.

[504] TAYLOR I, ZAJONTZ T. In a fix: Africa's place in the belt and road initiative and the reproduction of dependency [J]. South African Journal of International Affairs, 2020, 27 (3): 277 – 295.

[505] TAYLOR I. The forum on China – Africa cooperation (FOCAC) [M]. London: Routledge, 2010.

[506] TEMBE P. The temptations and promotion of "China Dream": Calling for Africa's home – grown rhetoric [J]. Ishinomaki Senshu University Business Administration Review, 2015, 15 (2): 23 – 46.

[507] THOMAS L S. Financing the sustainable development goals [J]. Sustainability, 2020, 61 (7): 1 – 22.

[508] TINTA A A, OUÉDRAOGO I M, AL HASSAN R M. The micro determinants of financial inclusion and financial resilience in Africa [J]. African De-

velopment Review, 2022, 34 (2): 293 -306.

[509] TOBIA B. Do authoritarian regimes receive more Chinese development finance than femocratic ones? Empirical evidence for Africa [J]. China Economic Review, 2017, 46 : 180 -207.

[510] TOK Y W, HENG D. Fintech: Financial inclusion or exclusion? [R]. IMF Working Papers, 2022.

[511] TSERNG H P, RUSSELL J S, HSU C W et al. Analyzing the role of national PPP units in promoting PPPs: Using new institutional economics and a case study [J]. Journal of Construction Engineering and Management, 2012, 138 (2): 242 -249.

[512] TUESTA D, SORENSEN G, HARING S et al. Financial inclusion and its determinants: the case of Argentina [R]. BBVA Bank Working Papers, 2015.

[513] VAN D S E, DUROWAH O. Aid for trade and foreign direct investment: Effects on poverty reduction [C]. 30th International Conference of Agricultural Economists, 2018.

[514] VOLZ U. RMB internationalisation and currency cooperation in East Asia [J]. Working Papers, 2014, 38: 57 -81.

[515] VUONG G T H, NGUYEN M H, HUYNH A N Q. Volatility spillovers from the Chinese stock market to the U. S. stock market: The role of the COVID -19 pandemic [J]. Journal of Economic Asymmetries, 2022, 26: 1 -14.

[516] WAKO H A. Aid, institutions and economic growth in Sub - Saharan Africa: Heterogeneous donors and heterogeneous responses [J]. Review of Development Economics, 2018, 22 (1): 23 -44.

[517] WANG R, BAR F, HONG Y. ICT aid flows from China to African countries: A communication network perspective [J]. International Journal of Communication, 2020, 14: 1498 -1523.

[518] WATKINS M. Undermining conditionality? The effect of Chinese development assistance on compliance with World Bank project agreements [J]. The Review of International Organizations, 2022, 17 (4): 667 -690.

[519] WOKABI V W, FATOKI O I. Determinants of financial inclusion in East Africa [J]. International Journal of Business and Management, International Institute of Social and Economic Sciences, 2019, 7 (1): 125 – 143.

[520] XU W Z. Challenges and opportunities in development cooperation between China and traditional donors in Africa [J]. Contemporary International Relations, 2011, 21 (4): 46 – 56.

[521] XU Z C, ZHANG Y, LI D Y. Chinese aid and nutrition improvement in Sub – Saharan Africa [J]. Applied Economics, 2023.

[522] XU Z C, ZHANG Y. Lightening up Africa: The effects of Chinese aid on the economic development in Africa [J]. China Economic Quarterly International, 2022, 2 (3): 178 – 189.

[523] YEBOAH N O A. A comparative analysis of South African and Chinese system of corporate governance: A case of Standard Bank South Africa and Agricultural Bank of China [J]. International Journal of Business and Management Invention, 2022, 11 (9): 1 – 21.

[524] YURDAKUL H, KAMAŞAK R, ÖZTÜRK T Y. Macroeconomic drivers of Public Private Partnership (PPP) projects in low income and developing countries: A panel data analysis [J]. Borsa Istanbul Review, 2022, 22 (1): 37 – 46.

[525] ZAFAR M W, QIN Q, MALIK M N et al. Foreign direct investment and education as determinants of environmental quality: The importance of post Paris Agreement (COP21) [J]. Journal of Environmental Management, 2020, 270 (2): 1 – 11.

[526] ZEITZ A O. Emulate or differentiate? Chinese development finance, competition, and World Bank infrastructure funding [J]. The Review of International Organizations, 2021, 16 (2): 265 – 292 .

[527] ZHANG Z. Promoting FOCAC more maturely in the next decade [J]. Law, Democracy and Development, 2011, 15: 500 – 513.

[528] ZINS A, WEILL L. The determinants of financial inclusion in Africa [J]. Review of Development Finance, 2016, 6 (1): 46 – 57.